中文社会科学引文索引(CSSCI)来源集刊

南京大学法律评论

NANJING UNIVERSITY LAW REVIEW

主编 解亘

2018年
秋季卷
总第50卷

南京大学出版社

《南京大学法律评论》编辑委员会

名誉主任　苏永钦

主　　任　叶金强

委　　员　（以汉语拼音为序）

　　　　　　李友根　宋　晓　肖泽晟　严仁群

　　　　　　叶金强　张仁善　周安平

《南京大学法律评论》编辑部

主　　编　解　亘

编辑成员　艾佳慧　宋亚辉　吕炳斌　张　华

　　　　　　尚连杰　徐凌波

主　办　南京大学法学院

衷心感谢张金全先生对本刊的友情支持!

总编寄语

《南京大学法律评论·2018年春季卷》终于面世了。从栏目设计上看,与近年的几期《南京大学法律评论》相比,2018年春季卷也许没有明显的差异,但实际上,这一期的编选由改组后全新的编辑部操刀。2017年秋,因《南京大学法律评论》编辑部发生了人事上的变化,由过往的主编全权负责制变换成为由编辑部团队集体负责的新体制。新的编辑团队也许在经验上还有些稚嫩,不过,团队成员在整体上偏年轻,也许更能确保编辑团队的朝气和热情。但愿读者可以透过本期刊载的稿件体察到我们的用心。

《南京大学法律评论》是我国最早的法律评论,具有辉煌的历史。我们这个团队之所以愿意接过这副重担,完全是出于对学术的热爱,出于对学术共同体的敬意。在当下的评价体系之中,我们依然坚信,文章的良莠,决不依赖于其载体是否华贵。大浪淘沙,经过时间的洗礼,最终留在学术史的长河中能够长久夺目的学术成果,一定是因为其本身的质地优异。而且,我们更加乐观地相信,广大的学人也秉持着同样的信念。正是基于这样的共识,我们愿意通过《南京大学法律评论》这个载体,继续为学术中坚提供宣传其辉煌思想的阵地,同时我们也会通过这个载体,以热切的目光见证年轻学子的成长。

今后,我们将尝试在栏目上作新的探索。或许会就某一个主题设定专栏,围绕主题组稿,或者围绕一篇核心论文邀请学术批评。此外,我们还设想设置判例评论的栏目,以鼓励这种更接地气的努力。

我们承诺,仅以来稿的质量作为唯一的选稿标准。

请与我们同行,为了法学的进步!

解 亘
2018 年 5 月

目 录

· **主题研讨:"指导性案例"识别、区分与推翻** ·

论案例区别与先例推翻
　　——美国最高法院 Janus 案的启示 …………… 李友根（3）
案例识别视野下的类案审判
　　——以指导性案例 24 号的司法适用为切入点 ………… 刘　岩（22）
"异案异判":指导性案例的退出适用研究 ……………… 雷槟硕（47）

· **法学理论** ·

法律中的社会时间
　　——以土地承包经营期限为例 ………………………… 吴义龙（73）
法官如何思考
　　——以撤销监护权案件为中心的实证研究 …………… 张剑源（95）

· **法律史学** ·

民初田宅买卖契约制度中法律与社会的冲突与整合 ………… 刘海波（115）

· **民商法学** ·

德国民法现代化与日本民法解释学
　　…………………………………… ［日］潮见佳男 著　叶周侠 译（135）
从世界民法制定史的角度考察日本民法典的修正
　　…………………………………… ［日］加藤雅信 著　吴　彦 译（157）
"寻找"信托财产所有权主体
　　——关于对学者的解读的审视和对信托法的回避态度的检讨
　　………………………………………………………………… 张　淳（243）
邮轮旅游旅行社责任限制权利研究
　　——基于《旅游法》第 71 条的法律漏洞及其填补 ……… 孙思琪（276）

· 知识产权法学 ·

《著作权法》中"其他权利"的理解与适用……………………… 赵杰宏(299)
商标诉讼消费者调查证据的比较法研究………………………… 湛 茜(312)

· 刑事法学 ·

轮奸的法教义学展开……………………………………………… 黄旭巍(333)
城市街面犯罪热点测量的新方法及新推进……………………… 阮重骏(344)

· 行政法学 ·

公私合作的域外适用范围及其行政法治启示…………………… 邹焕聪(371)

主题研讨:『指导性案例』识别、区分与推翻

编者按

改革开放以来,随着市场经济的高速发展和社会结构的急剧转型,曾经被绑在土地上的乡土中国已然华丽转身。今天,谁都不能否认,这片古老的土地正在孕育或者已经孕育了一个日渐陌生人化的现代工商社会和城市中国。不同于守望相助的传统农业社会,以陌生人合作为基础的现代工商社会内生了对规则之治(也即法治)的急迫需求。根据富勒的定义,法治的首要原则就是法律的普遍性,也即法律应该被统一、普遍地适用,这既体现了法律面前的人人平等,又保障了市场经济主体的稳定预期,是一国经济增长和人权保障的基础和前提。以此观之,在城市中国,以指导性案例为基准"以案释法",统一适用(既包括地理空间上的统一,也包括历时维度上的前后统一)可能存在模糊、冲突、僵化的既有立法,其重要性怎么强调也不为过。因为同案同判或类案类判,不仅是法律系统保证自身内在同一性最基本的方式,也是司法正当性或司法权威的重要来源。也因此,2011年年底

正式实施案例指导制度以来,已发布的96个指导性案例及其司法适用不仅意在统一法律适用和提升司法公信力,更在很大程度上标志着以补充立法为己任的、基于事后司法个案的补充性的规则之治在中国的具体实践。

  但问题在于,有了指导性案例,并不等于补充性规则之治的当然实现。如何落实和完善已落地但并未生根的指导性案例制度,对于中国未来的法治建设至关重要。这也是我们选择指导性案例的制度实践作为本期主题研讨的缘由所在。具体而言,在中国的语境下,我们需要了解:当前适用指导性案例的情形如何?是否存在适用指导性案例的激励机制?判断案件相似性和差异性的标准和难点何在,或者该如何运用类比推理以识别和区分案例?什么情况下又该"推翻"或取代既有的指导性案例?以及为何强调法官的论证义务?更根本性的,既有指导性案例是否是合格先例,目前制度是否存在某些需要进一步调整或补强的可能性?在很大程度上,本期主题研讨的三篇论文在有限的篇幅内分别从实证数据、具体区分技术和比较法视野三个不同的角度切入,不仅相对深入地探讨了中国指导性案例的识别、区分和未来可能的推翻,也基于数据和案例对上述问题进行了有效回应。但是,我们也发现,这三篇论文在回答了问题的同时也"制造"了一些值得进一步展开和延伸讨论的问题,比如,以指导性案例为标准的类案类判和以既有类似案例为标准的类案类判(或者,自发性适用)之间的存在何种理论差异和应用难点;如果法官自发性适用类似案例,已有类似案例存在相互冲突甚至相互矛盾的判决时,法官该依据何种标准和程序类案类判,以及什么情况下退出适用,又该在什么时候推翻既有的先例,等等。由于理论研究很多时候就是一场接力赛,我们希望关注中国指导性案例制度的法学者就此展开进一步的理论思考,以助力中国的指导性案例制度不仅落地还能生根。

本期主题研讨责任编辑:艾佳慧

论案例区别与先例推翻
——美国最高法院 Janus 案的启示

李友根*

[摘 要] 待审案件与指导性案例的区别将是我国案例指导制度能否起到实际作用的重要因素,司法实践中法官对于区别技术的运用,需要进行理论的分析与总结。美国最高法院 2018 年判决的 Janus v. American Federation of State, County, and Municipal Employees, Council 31 案及其涉及的诸多先前案件,一定程度上展示了美国法院在案例区别与推翻先例方面的实践。对这些案件的分析,可以为我们提供相应的启示,例如案例区别具有一定的主观性与个案性,推翻先例应当进行特殊的正当性论证。

[关键词] 案例区别;先例推翻;案例指导制度;Janus 案

一、问题的提出

以最高人民法院 2010 年发布《关于案例指导工作的规定》为标志,在司法界的长期呼吁与学术界的极力推动下,我国案例指导制度于 2010 年正式建立。2011 年 12 月,以最高人民法院发布第一批共 8 个指导案例为标志,案例指导制度正式在司法实务中运行。迄今为止,最高人民法院一共发布了 96 个指导案例。虽然有关实证研究表明,指导案例在司法实践中的引用状况堪忧,[1]但作为一项正式实施的制度,随着社会各界观念的转变、认识的提高、技术的精细,指导案例的遴选、案例文本的裁剪、裁判要旨的撰写、发布方式的选择等均有不断改进、完善的空间与可能。因此,一切的问题都可能只是发展中的问题,不应成为否定、抛弃案例指导制度或判例制度的理由。

---

* 李友根,南京大学法学院教授,南京大学中国法律案例研究中心主任。
[1] 参见张双根:《指导案例制度的功能及其限度——以指导案例 8 号的引用情况为分析样本》,载《清华法学》2017 年第 3 期。

但是,有一个问题倒是值得我们引起高度重视的,即基于案例区别技术而对指导案例的拒绝适用。最高人民法院《关于案例指导工作的规定》及其实施细则要求:"最高人民法院发布的指导性案例,各级人民法院审判类似案例时应当参照。""各级人民法院正在审理的案件,在基本案情和法律适用方面,与最高人民法院发布的指导性案例相类似的,应当参照相关指导性案例的裁判要点作出裁判。"根据反对解释,如果待审案件与指导案例不属于"类似案件",则无须参照。因此案例指导制度能否真正实现制度设计者的初衷,极为关键的一个因素便是如何正确界定"类似案件"的判断标准。而我国案例指导制度实施以来的有限实践已初步展示了这一问题的紧迫性。

以最高人民法院第8号指导案例的区别和适用为例。我国2005年《公司法》第183条规定:"公司经营管理发生严重困难,继续存续会使股东利益受到重大损失,通过其他途径不能解决的,持有公司全部股东表决权百分之十以上的股东,可以请求人民法院解散公司。"①2008年最高人民法院发布了《公司法》的司法解释,对该条文特别是"公司经营管理发生严重困难"作了解释性的规定:"单独或者合计持有公司全部股东表决权百分之十以上的股东,以下列事由之一提起解散公司诉讼,并符合公司法第一百八十三条规定的,人民法院应予受理:(一)公司持续两年以上无法召开股东会或者股东大会,公司经营管理发生严重困难的;(二)股东表决时无法达到法定或者公司章程规定的比例,持续两年以上不能做出有效的股东会或者股东大会决议,公司经营管理发生严重困难的;(三)公司董事长期冲突,且无法通过股东会或者股东大会解决,公司经营管理发生严重困难的;(四)经营管理发生其他严重困难,公司继续存续会使股东利益受到重大损失的情形。"

对于司法解释中关于"经营管理发生严重困难"是否必然意味着公司经营亏损,即如果公司符合这些困难的情形却处于盈利状态,能否适用强制解散?最高人民法院发布了第8号指导案例回答了这一问题,其裁判要点指出:

> 公司法第一百八十三条将"公司经营管理发生严重困难"作为股东提起解散公司之诉的条件之一。判断"公司经营管理是否发生严重困难",应从公司组织机构的运行状态进行综合分析。公司虽处于盈利状态,但其股东会机制长期失灵,内部管理有严重障碍,已陷入僵局状态,可以认定为公司经营管理发生严重困难。对于符合公司法及相关司法解释规定的其他条件的,人民法院可以依法判决公司解散。

但是在李秀针与青岛杰盛置业有限公司、薛晓明公司解散纠纷一案的再审

---

① 2013年全国人大常委会修改《公司法》后,该条文序号改为第182条。

中,山东省高级人民法院通过案例区别而拒绝了对该指导案例的参照:

  李秀针主张本案与最高人民法院公布的指导案例案情相似,应予以参照适用。本院认为,两案相同之处在于公司均因股东之间存有分歧、互不配合而持续两年以上无法召开股东会,公司经营管理发生严重困难,对股东的利益都造成一定损害。但本案又存在一定特殊性,杰盛公司经营的房地产项目相比凯莱实业有限公司经营的普通产品而言,承担着更大的社会责任。本院认为,在判断公司应否解散时,不仅要考虑股东利益还要考虑到社会公众利益。①

  如果将山东高院认定的待审案件基本事实与第 8 号指导案例的裁判要点进行比较,可以说是完全符合其认定要件的。而山东高院强调的该案特殊性,并不属于裁判要点所提及的内容。因此,在不考虑指导案例裁判立场与理由的正确与否的前提下,②仅从技术的角度,该案提出了案例指导制度今后将普遍面临的严重问题:此种对类似案件的判断方法是否合适?一方面,世界上没有相同的两片叶子,任何两个案件均必然存在差别,倘若任何差别均能导致不参照指导案例,则案例指导制度必然名存实亡;另一方面,倘若无视待审案件与指导案例的实质区别,必然导致指导案例的裁判要点完全脱离案例而成为抽象性的法律条文或司法解释,则案例指导制度必然没有存在的意义与价值。

  因此,对类似案件的判断或案例的区别终将成为案例指导制度实施的关键一环,需要理论与实务界予以深入研究。③

二、方法的说明

  自从开展判例法、判例制度、案例指导制度的呼吁与研究以来,我国法学界与司法实务界对案例区别一直有所关注。例如,有学者指出:"识别技术,就是法官在寻找和适用判例中的法律规则时,通过区别重要事实与一般事实、判决理由

---

① 山东省高级人民法院(2015)鲁民再字第 5 号民事判决书。
② 例如有学者提出批评,认为该指导案例的裁判立场与理由存在严重问题,参见吴建斌:《公司纠纷指导性案例的效力定位》,载《法学》2015 年第 6 期。
③ 当然,有学者持不同看法。例如,解亘教授认为大陆法系的判例或指导性案例的裁判要点应当是由要件、定型化事实、效果三部分组成,是具体化的规范,不应采用英美法系的类比推理加以适用。参见解亘:《论学者在案例指导制度中的作用》,载《南京大学学报》2012 年第 4 期。但是,从前面的案例可见,我国法官们实际上已经在运用类比来区别对待指导性案例,因此还是有研究的必要。

与附带说明等方法,在过去判例的基础上发展新的原则,创立新的判例。"①沈宗灵教授则告诫说:"判例法制度或遵从前例的原则是极为复杂的。例如区别是判例制度的重要术语,其意思是说明作为前例的以前案件和现在审理案件中的事实或法律问题上的区别,目的在于确定这些区别是否在实质上或意义上已达到必须作出不同裁决。"并在论文中援引了《美国法律总论》中转载的纽约州法院卡多佐法官判决的一个案件作为说明,不过也未具体介绍卡多佐是如何进行区别的。② 近年来,随着我国案例指导制度的正式实施,理论界对案例区别、类似案件判断进行了更多的研究,以张骐教授为代表的学者发表了诸多的研究成果。③ 张骐教授在梳理总结了理论与实务界对于类似案件判断的研究成果后,指出:"案例类比虽然以类比推理为工具,但案件类比并不是一个简单的逻辑作业过程,我们以往多是在形式逻辑的框架下谈论类比推理,难免使我们对类比推理的理解和使用具有唯理主义的倾向,这反而限制了我们运用类比推理判断类似案件。"④ 基于对 14 个案例的文本分析和田野调查,张骐教授也总结了我国法官分析类似案件及引用指导案例的现状,对区别技术进行了研究。⑤

这些研究成果及其研究方法对于我们继续进行案例区别的研究是十分重要的。当然,由于我国案例指导制度实施尚处于起步阶段,法官们对指导案例的运用不仅并不普遍甚至十分罕见,⑥而且对于案例的区别也没有成熟的方法与成形的规则,除了可以展示我国法官案例区别有限的现状外,对于理论研究的贡献十分有限。

于是,案例区别技术的研究,有必要从国外判例制度的理论与实践中进行比较研究与借鉴,即系统、深入地考察研究国外判例制度下法官是如何进行案例区别的,学者们是如何分析、总结与研究案例区别技术的,从而为我国指导案例的区别提供有益的借鉴。尽管我国的案例指导制度及其所依托的司法制度、法律

---

① 钟建华:《关于借鉴判例制度的几个问题》,载《中国法学》1989 年第 6 期。
② 沈宗灵:《当代中国的判例:一个比较法研究》,载《中国法学》1992 年第 1 期。
③ 张骐教授的系列论文有:《论类似案件的判断》,载《中外法学》2014 年第 2 期;《论类似案件应当类似审判》,载《环球法律评论》214 年第三期;《再论类似案件的判断与指导性案例的使用》,载《法制与社会发展》2015 年第 5 期。
④ 张骐:《论类似案件的判断》,载《中外法学》2014 年第 2 期。
⑤ 张骐:《再论类似案件的判断与指导性案例的使用》,载《法制与社会发展》2015 年第 5 期。
⑥ 例如,笔者 2018 年 8 月 31 日登录中国裁判文书网进行全文检索,在 5100 万份裁判文书中,含有"指导性案例"的有 2732 份,含有"指导案例"的有 3570 份,含有"案例指导"的有 439 份。更遑论这些裁判文书中大量都只是当事人提及指导案例,而法官根本就未予考虑。因此真正进行案例区别或类似案件判断的裁判文书,可谓极为罕见。

制度及政治制度与国外存在着巨大的区别,但其作为一种纯粹的法律技术,一定程度上还是可以为我们提供启示的。

当然,由于与我国同属于大陆法系成文法国家,德国、日本、法国、意大利等国家判例制度的实践与理论可能对于我国案例指导制度的研究与借鉴更具意义。无论是成文法体制的基本约束,还是判例的约束力与表现形式,大陆法系国家的判例制度与我国更具亲近性。但一方面,"德国法院并没有高度发达的有关区别技术的实践,虽然判决的区别仍是常见的。区别技术并不是偏离判例时的必要方法,所以滥用区别技术或者虚假区别的情况很少"。① 另一方面,由于翻译成中文的文献资料相对匮乏,对这些国家判例制度尤其是案例区别技术的研究,需要以能够阅读研究这些国家第一手的判例、法律和理论文献为前提。因此,由于语言能力的限制,笔者只能选择美国为比较对象,并以美国最高法院2018年6月判决的 Janus v. American Federation of State, County, and Municipal Employees, Council 31, et al.案为素材。② 之所以选择该案,还基于下列几点理由:

第一,美国判例对于我国案例指导制度的研究具有借鉴意义。尽管美国是典型的判例法国家,并被视为与大陆法系判例制度存在着本质区别,但仔细研究其判例制度,则可以发现,事实上美国存在着宪法判例、普通法判例和制定法判例三种不同类型的判例。"宪法裁判和普通法及制定法问题的司法解决之间存在结构性的区别,为每一种先例指定了一个不同的地位。"③我国理论界与实务界对于美国判例的印象和研究,主要是针对这些宪法判例与普通法判例而形成的。而制定法判例虽然仍然深受普通法判例传统的影响,但毕竟与成文法国家的判例有着更为共同的特征,如法院裁判的主要依据是制定法文本、法官的解释与裁量权不能侵入立法权边界、法官是解释制定法而不是重写制定法等,因此对于我国案例制度研究而言具有可借鉴性。

第二,对于案例区别技术的研究,必须基于对相关案件的深入透彻的研究。由于美国判例制度中并不存在类似于我国案例指导制度中明确整理归纳的"裁判要点",待审案件与作为先例援引的判例的区别,是基于裁判文书整体而进行分析的。因此,只有全面了解相关案件,才能真正理解法官对案件进行区别的思路、依据与论证。不对相关案件进行研究,实际上是难以真正总结与归纳案例区

---

① [德]罗伯特·阿列克西、拉尔夫·德莱尔:《德国法中的判例》,高尚译,载《中国应用法学》2018年第2期。

② Janus v. American Federation of State, County, and Municipal Employees, Council 31, et al., 138 S. Ct. 2448(2018). 585 U. S. ＿＿(2018).

③ [美]迈克尔·J·格哈特:《先例的力量》,杨飞等译,中国法制出版社2013年版。

别技术的。

第三,Janus 案是美国最高法院最新的案例,可以全面反映与展示美国司法界在案件区别和推翻先例领域的最新实践及其理论。在我国学者有关美国判例制度及判例方法的研究中,卡多佐、霍姆斯、罗埃林等法官与学者的论著及其审理的案件经常被援引并作为研究的重要素材,这些八十多年前的文献当然是非常有价值的。但也应当注意到,美国的法律、判例技术也在不断地发展变化之中,我们也应注意到当下美国司法界判例制度与技术的变化。

第四,Janus 案的重要意义还在于,它以 5∶4 的表决结果推翻了美国最高法院 1977 年的 Abood v. Detroit Bd. of Ed. 案,四位大法官发表了激烈的异议意见反对这一结果。该案集中展示了美国法律界关于推翻先例的分歧观点,全面展示了这一问题的复杂性。此外,该案的推翻至少牵动着美国最高法院 1956 年 Railway Employes' Dept. v. Hanson 案以来的十多个判例,其间涉及相关案例之间的区别、适用、质疑等复杂的问题,可以全面展示美国法官对于案例区别技术的理解与适用。

因此,尽管就实体问题而言(政府雇员工会能否强制收取非会员雇员的集体谈判费用),该案对于我国法治建设与法学研究可能并无直接的借鉴意义,但是仅就判例制度与判例技术而言是有研究价值的。本文将就该案及其涉及的相关先例进行研读,并着重介绍、分析其案例区别技术与推翻先例的条件与标准,最后谈一点启示。

三、案件的背景

在美国经济社会发展过程中,工人运动和工会组织的权力与地位是一个重要的问题。其中,企业的雇员是否必须加入工会一直存在着争议,也使得相关的法律规定前后反复,司法判例也相应地变化,有关 closed shop 和 union shop 制度就是其中的典型问题。

依据《元照英美法词典》的翻译与解释,closed shop 是指不雇佣非工会会员的工厂,即此类企业的雇员必须是与雇主缔约的工会会员;而 union shop 则是 closed shop 的变体,被翻译成"工会商店",指雇主可以雇员在特定期限内加入工会为条件,雇佣非工会成员。①

---

① 我国有学者分别将其翻译为排他性雇佣制(closed shop)、雇员限制入会的雇佣制(union shop),参见[美]罗伯特·A·高尔曼:《劳动法基本教程》,马静等译,中国政法大学出版社 2003 年版,第 557 页。

1934年美国国会制定的铁路劳动法(Railway Labor Act)禁止企业与工会制定union shop(以下简称为工会商店)条款,但由于该法同时规定由多数雇员选举的工会作为集体谈判(collective bargaining)的唯一代表,而非工会会员的雇员既不能另外选举谈判代表也不能个别进行谈判,因此这一条款剥夺了大量非工会成员雇员的集体谈判权利。[①] 实际上由于工会代表会员与雇主进行集体谈判后,非工会会员的雇员也相应地享受到了此类谈判的利益,但因为他们不是工会会员而无须缴纳费用,于是成为搭便车者(free riders)。于是,1951年美国国会修订了该法律允许订立工会商店条款,其第2条第11项规定:承运人可以与劳工组织(labor organization)订立协议,要求雇员在规定时间内成为该组织的成员,只要不存在歧视。该法律同时规定,协议可以要求雇员交纳相关的费用(不包括罚款)作为其被雇用或继续被雇用的条件。

联合太平洋铁路公司(Union Pacific Railroad Co.)和代表该公司各类员工的劳工组织签订了集体谈判协议,规定了上述的工会商店条款,要求雇员必须在60天内加入该劳工组织。该公司未加入该劳动组织并且以后也不打算加入的部分员工向内布拉斯州(Nebraska)法院提起诉讼,指控该协议违反州宪法所规定的劳动权(right to work)并要求法院下达禁止实施该条款的禁止令。被告答辩称,该条款是铁路劳动法所授权的,并且该法规定排除州法的适用(notwithstanding the law of any State)。

州初审法院(trial court)颁发了禁令,州最高法院维持了该判决,理由是:工会商店条款因剥夺了雇员结社自由而违反了美国联邦宪法第1修正案,因要求员工支付集体谈判成本之外的费用而违反了第5修正案(针对联邦行为的正当法律程序条款)。

联邦最高法院推翻了上述判决。在由道格拉斯大法官撰写的、全体法官一致同意的判决意见中,最高法院认为:

> 联邦制定法是权力的来源和私人权利被牺牲的依据。制定有关授权订立工会商店条款的联邦法律是宪法规定的政府行为。依据宪法中的最高效力条款,联邦法律认可的工会商店条款不能因州法的任何规定而被宣告为违法。如果没有与联邦立法相冲突,则禁止工会商店条款毫无疑问属于州治安权(police power)的范围。宪法的州际商业条款赋予了国会在调整州际商业活动中采取所有合适的措施来促进和平解决威胁到州际交通运输机构所提供服务的那些争端,其中就包括鼓励集体谈判的规定。商业主渠道(即铁路)的产业和平是政府的合法目标,国会有选择方法以实现这一目标

---

① Steele v. Louisville & N. R. Co., 323 U. S. 192, 200(1944).

的自由,工会商店作为一种稳定的力量就是国会的选择,应当被允许。至于工会商店作为政策问题是可以争论的(例如布兰代斯就强烈反对 closed shop 条款),但政策问题与司法机关无关,国会是政策的最终决定者,司法机关的任务只是审查这些立法措施是否与宪法权力相关联或者相适合。非工会会员的经费支持,与工会集体谈判领域的工作相关。至于第 1 修正案问题,强制成为工会会员将被用于损害表达自由,并未在本案提出。如果实际上设定了其他条件或者工会收取的经费被使用在强制意识形态统一或者与第 1 修正案相冲突的活动中,则本案的判决将另当别论(this judgment will not prejudice the decision in that case)。本案只是裁决:要求所有从集体谈判机构的活动中获益的人为该机构提供经费支持,这属于国会州际商业条款的权力范围,并不违反宪法第 1 和第 5 修正案。[①]

笔者之所以详细地摘录该判决中的上述重要判词,因为该案不仅是作为此后所有工会集体谈判及费用案件的基础性与决定性判例,确定了该领域最为重要的法律原则,也是此后诉讼各方及各级法院、最高法院大法官们争论的焦点所在,更是理解和分析 2018 年 Janus 案的理论前提。

例如,该案判决的依据是铁路劳动法,适用的是铁路企业与工会订立的集体谈判协议,而铁路企业显然是属于私营部门;工会商店案件的核心争议是宪法第 1 修正案的结社自由和言论自由问题;最高法院维持工会商店条款合宪性的正当性论证,最为核心的是政府维护产业和平与防止搭便车这两类利益;非工会会员的雇员交纳的费用应当是用于与工会开展集体谈判相关的活动。

此后,最高法院连续审理了几起案件,均与上述问题的展开与深化密切相关。

1961 年的 Street 案所解决的就是如何判断工会相关活动的开支与集体谈判开支的关系。在该案中,同样是铁路企业与工会根据铁路劳动法订立了集体谈判协议并规定了工会商店条款。企业的一部分雇员认为他们被迫向工会所交纳的费用被使用于资助政府官员的选举活动以及政治经济原则和意识形态的宣传,而这些活动都是他们所反对的,因此提起诉讼。佐治亚州的县法院判决工会商店条款违反联邦宪法并禁止实施该条款,州最高法院维持。布伦南大法官撰写的法院意见,推翻了州法院的判决,并裁定发回重审。

最高法院的判决意见首先将该案与前述的 hanson 案先例进行了区别,指出:在前案中,最高法院并没有对强制结社和经费使用于政治活动进行过裁判,因为没有相关材料说明工会费用被用于政治活动。而本案则有充分

[①] Railway Employees' Dept. v. Hanson, 351 U. S. 225(1956).

的具体资料表明了这一点,因此提出了 Hanson 案中保留的重要宪法问题。但基于节制不必要宪法裁判的原则(restraints against unnecessary constitutional decisions),除非国会在制定铁路劳动法时明确工会可以不顾雇员的反对自由地使用经费从事政治活动,那么法院就不讨论宪法问题,联邦制定法应当这样来解释以避免对是否合宪的严重质疑。在对铁路劳动法进行了详细的立法史考察后,布伦南大法官指出,1951 年该法修订时就是充分考虑到作为独家谈判代表的工会为集体谈判付出了巨大的费用成本而非会员雇员则无须交纳费用的情形,才规定了有关交纳费用作为雇用或继续雇用的条件。立法史考察也同时表明,国会也充分认识到保护异议雇员言论自由与信仰自由的问题。因此法院在解释铁路劳动法的这一条款时,尊重国会的目的,即并未赋予工会无限制使用其收取费用的权力。因此,本案中工会支持政府官员候选人、推动政治项目的活动开支,并非用于帮助支付谈判、集体协议或者处理纠纷的费用,不属于工会推动并由国会接受的理由范围。但是依据 Hanson 案,工会商店条款本身是合法的,因此原告仍须依此交纳费用。对于本案的救济,最高法院要求下级法院在重审时既要保护异议雇员的第 1 修正案权利,也要保护多数雇员表达其观点的权利,不能因为异议者而保持沉默,因此应选择最大限度地保护双方利益而不损害另一方的救济措施。最后,最高法院指出,只有那些已经通知工会并表达了他们反对意见的雇员才能获得救济,包括禁止在雇员反对时将所收取的经费使用于政治活动;返还每位反对者相应的经费,数额依据该反对者交纳费用在此类政治活动总开支中的比例。①

随着该案所确立的原则,相继又产生了新的法律问题。

第一,雇员特别是那些未加入工会的雇员如何知道工会经费使用于哪些活动进而表达其反对意见? 换言之,在纠纷解决特别是司法诉讼中,由谁来证明哪些费用使用于政治活动呢? 为此,最高法院在 1963 年的 Allen 案中指出:

  只要非会员雇员提出工会费用使用在政治活动上,就可以诉讼,而无须要求其对具体每项政治活动开支提供证明,但要让工会知道具体员工的反对意见。有关具体的政治活动费用所占全体活动经费的比例等,由工会负证明责任,因为工会拥有具体事实与记录。②

第二,工会活动中那些介于直接的集体谈判与典型的政治活动之间的活动,是否可以不顾非会员雇员的反对而使用其所交纳的费用? 换言之,判断可收费

---

① Machinists v. Street, 367 U.S. 740(1961).
② Railway Clerks v. Allen, 373 U.S. 113(1963).

活动与不可收费活动的标准是什么？对此，由于1961年的Street案并未涉及，最高法院在1984年的Ellis案中进行了回应：

> 判断的标准应当是这些费用是否属于工会在履行其作为雇员的独家代表同雇主在处理劳资问题时必要或合理地产生。据此，持反对意见的雇员可以被强制交纳的公平份额(fair share)，不仅包括集体谈判、集体合同管理和解决争议的直接费用，还包括工会履行其独家谈判代表职责通常或合理地所从事活动的开支。同时，最高法院还强调指出，工会商店条款与第1修正案权利的冲突问题，早就已经解决，政府的产业和平利益(governmental interest in industrial peace)已经证明该条款的合法性。①

第三，雇员应当在什么时候以及如何向工会告知他们的反对意见，工会应当建立何种程序来处理雇员的反对意见？由于1963年的Allen案判例规定了雇员只有在告知工会其反对意见后才能获得救济，因此这一问题便成为雇员权利实现的重要条件，更关系到他们的宪法权利。1986年的Hudson案回答了这一问题。②

> 工会收取代理费(agency fees)的宪法要求包括：提供收费基础的充分解释；为反对雇员有关费用的异议提供合理、快捷机会，并由公正的裁决者加以处理；争议解决前这笔费用应提存交由第三方保管(escrow)。③

在此后的法律实践中，由该案所确立的程序规则也被称为哈德逊通知(Hudson notice)。

四、先例的适用：类似与区别

正如前面所述，依据铁路劳动法所裁判的Hanson案，其双方主体是私营的铁路公司、工会与公司雇员。那么，该判例所确立的有关工会商店条款能否适用于公共部门及其雇员、工会呢？1976年最高法院审理的Abood案所面对的正是这一问题。

密歇根州在1973年修订了公共雇佣关系法(Public Employment Relations Act)，授权工会代表当地政府的雇员，并允许其与政府雇主达成工会独家代理

---

① Ellis v. Brotherhood of Ry. Employes，466 U. S. 435,456 (1984).
② 需要说明的是，本案的原告属于州公立部门的雇员，与Hanson案所适用的私营部门雇员及工会存在着主体性质的区别，但对这一问题的讨论在本文的后一部分展开。
③ Teachers v. Hudson，475 U. S. 292 (1986).

(agency shop)①的协议,非工会会员的雇员也必须支付与工会会员交纳费用相等的服务费(service fee)作为雇佣的条件。底特律教师联盟被选举为该市教育委员会所雇佣教师的独家代表(exclusive representative),与该委员会达成了集体谈判协议,规定了相关的独家代理条款,不能满足交费义务的教师将被解聘,但并未要求教师必须加入工会或者支持、参与工会事务。部分教师提起集团诉讼,指出他们不愿或者已经拒绝交付,也反对在公共部门(public sector)进行集体谈判,指控该条款违反州法和联邦宪法,剥夺了他们的结社自由。最高法院在由斯图尔特大法官撰写的法院意见中指出:在考虑集体谈判中的独家代理规定适用于政府雇员时是否符合宪法,必须从 Hanson 案和 Street 案开始。在复述了两个判例中的关键判词与结论后,斯图尔特总结道:这两个判例的裁决均反映了联邦劳动法律中熟悉的原理,全国劳动关系法(National Labor Relations Act)和铁路劳动法中的工会独家代表原则,是国会塑造产业关系的核心要素。单一谈判代表的指定避免了混乱,也使雇主免于面对不同工会提出的相互冲突的要求,因为两个或多个协议将规定不同的条款与雇用条件,而不同工会之间的竞争会引发意见的不合并消除雇员集体化的优势。而对于这些规则与原理,能否适用于公共部门的雇员与工会,斯图尔特针对原告提出的有关本案区别于先例的观点从下列几个方面进行了论述:

第一,密歇根州制定法中关于独家代理的规定所促进的利益与联邦法律相同规定所促进的利益是完全相同的,公共部门中和谐劳动关系(labor peace)和防止搭便车都是同样重要的。

第二,虽然公共部门和私营部门的集体谈判在性质上存在诸多不同,例如是否受利润动机驱使、是否受市场限制、决策的价格弹性、最终协议的决策者等差别,但是当密歇根州议会决定在公共雇用中选择独家代理制,那么正如 Hanson 案中法院尊重国会的判断,州的判断也应予以尊重。

第三,公共雇员与私人雇员在第 1 修正案权利保护上没有基本的区别,总体上他们有同类的技艺、同样的需求、寻求同样的利益。区别不在于雇员及其从事的工作,而在于雇主的不同。公、私部门之间独家代表集体谈判的真正区别并未大到会对公共雇员的第 1 修正案利益产生更大的侵害,他们仍然享有充分的自由来表达其观点,与其他公民一样参加政治活动。

---

① 《元照英美法词典》将 agency shop 翻译为"工会代理制企业",其解释是:在该企业中,工会作为全体雇员的代表与雇主订立集体合同,非工会成员也要向工会交纳与工会成员相同数量的入会费和会费,这是为保障工会活动而设立的机制;马静等翻译的《劳动法基本教程》将其翻译为"工会代理制",见该书第 557 页;鉴于该词用于政府雇员的背景,本文将其翻译为独家代理。

因此,斯图尔特得出结论,公、私部门集体谈判的区别并不转化成第 1 修正案权利的区别。因此,基于 Hanson 案和 Street 案的先例在本案中的适用(controlling in the present case),有关代理费使用于集体谈判等活动是合法的。①

显然,在斯图尔特大法官及其他加入该意见的大法官们认为,本案与先例虽然存在着某些不同,但对于核心问题而言包括州的利益、宪法权利的影响等,不存在区别,因此先例可以适用于本案。但是,鲍威尔大法官(以及加入其意见的伯格首席大法官、布莱克门大法官)在其独立意见(只同意判断结果)中,反对多数意见,认为本案不能适用先例,私营部门与公立部门的区别是十分重要的:

> 政府为一方主体的集体谈判协议具有立法的所有特性,因此应与政府立法一样受到宪法的调整。而 Hanson 案和 Street 案并未涉及政府为一方的问题,因此不能为本案提供指导。在私营部门中论证工会商店条款合法性的政府利益,在公共部门中不足以支持其合法性。在援引伯莱案认定本案的独家代理条款违宪的分析中,②鲍威尔认为公共部门的雇员工会与政党具有相同的性质,指出:只要强迫政府雇员为公共部门工会提供经费支持而无论其用途,即侵犯了第一修正案的言论自由与结社自由。③

尽管有着三位大法官对于公、私部门重大区别的异议意见及充分论证,该案作为先例被确立后一直支配着这一领域的司法裁判。1991 年同样是因密歇根州公共雇佣关系法而引发的 Lehnert 案也充分说明了公、私部门在集体谈判问题上不存在本质区别。

该案所争论的是公共部门工会所从事的游说和选举、参加上级工会会议、准备罢工等活动是否属于可收费范围。布莱克门撰写的法院意见指出:Abood 案虽然维持了公共部门工会独家代理条款的合法性,但没有明确界定允许收取的集体谈判活动费用与禁止收取的意识形态活动费用,原因是此种边界比私营部门工会活动更为模糊。因此,在该案中,法院总结了先例中有关私营部门工会可收取费用的判断标准与具体内容,并指出:

> 在 Street 和 Allen 案中,法院已经确立了至少对于私营部门而言,政治和意识形态活动不包括在集体谈判功能之中。就地区工会能否将部分会费转交给上级工会时,最高法院援引了 Ellis 案中有关大会费用属于可收取费

---

① Abood v. Detroit Bd. of Ed., 431 U.S. 209(1977).
② Buckley v. Valeo, 424 U.S. 1 (1976).该案宣布限制政治捐款数量的法律违反宪法第 1 修正案。
③ Abood v. Detroit Bd. of Ed., 431 U.S. 209,244 - 264(1977).

用的观点后,指出公立部门工会也应当同样对待。①

可以说,在这个案件中公、私部门的区别已经在实际问题的解决中被继续淡化甚至忽视了。但是,这一区别的种子随着时代的变化包括最高法院司法哲学的转向而不断地发芽。2014 年的 Harris 案是这一转向的重要标志。在该案中,阿利托大法官代表多数撰写的法院意见批评了 Abood 案的裁决,其中涉及公、私部门的区别:

> 原告提出了 Hanson 案和 Street 案不能适用,因为它们并非出现于公共部门,最高法院也认识到了公共部门的谈判在一些值得注意的方面区别于私营部门,但仍然赋予这两个判例以实质上的约束力。Abood 案的严重错误还在于,这两个先例并未讨论公共部门中强制交费的合宪性问题,Street 案根本就不是一个宪法判例,Hanson 案则仅以一句简单的句子来处理这一关键的问题,而且其作者(即道格拉斯大法官)几年后也实质性地放弃了这一结论。如此重要的第 1 修正案问题应当值得更好的对待。②

而这些批评不断地发展,直至 2018 年 Janus 案完全推翻了 Abood 案。

五、先例的推翻:条件与争议

一般来说,在美国司法传统与实践中,遵循先例被视为法治的基石,因此不会轻易推翻先例。③ 推翻先例是一项例外的行动,需要特殊的正当化论证(special justification)。④ 因此推翻了 40 年前先例的 Janus 案值得认真地研究。该案中五位大法官支持推翻先例,而四位大法官则反对推翻,双方均撰写了详细论证的司法意见,集中反映了美国法律界对于先例推翻条件的各种理解与严重分歧。

阿利托在其撰写的法院意见中,开篇就集中表达了其推翻 Abood 案的核心理由:

> 我们认识到遵循先例的重要性,除非有强烈的理由(strong reasons)不这么做。本案中存在着非常强烈的理由:事关基本的言论自由权利;Abood 案论证差劲(Abood was poorly reasoned);该案导致了出现许多实践问题以及滥用;与其他言论自由判例不一致,而且被最近的判例削弱;该先例确

---

① Lehnert v. Ferris Faculty Ass'n, 500 U. S. 507,523(1991).
② Harris v. Quinn, 573 U. S. ____ (2014).
③ Michigan v. Bay Mills Indian Community, 572 U. S. ____ (2014).
④ Arizona v. Rumsey, 467 U. S. 203, 212 (1984).

立以来的发展为代理费问题提供了新的视角；公共部门工会的信赖利益不足以论证侵犯言论自由的永久存在，而 Abood 案在过去的 41 年里支持着这种侵犯。①

接着在论证言论自由重要性、公共部门独家代理条款对言论自由的侵犯、言论自由案件的审查标准、独家条款中和谐劳动关系与防止搭便车利益等关键问题后，阿利托在判决意见的最后一部分讨论了推翻先例的五个要素，即：先例论证的质量；先例确立规则的实际可行性；先例与其他相关案例的一致性；先例确立后的发展；对该先例的信赖利益。

第一是先例的论证质量。Abood 案一开始便错在对 Hanson 案和 Street 案的归纳上，错误地认为它们认定了独家代理协议的合法性，而它们实际上并未这么做，它们只是涉及国会授权私营部门的工会商店。Abood 案没有重视当一个州要求其雇员支付代理费时所产生的非常不同的第 1 修正案问题；而且 Hanson 案和 Street 案都没有仔细地考虑第 1 修正案；Abood 案错误地以遵从标准(deferential standard)判断合宪性，而这一审查标准在言论自由判例中是得不到支持的；独家谈判代表与支付代理费并不必然地存在联系；Abood 案没有考虑公、私部门集体谈判的差异。②

而在其他几个考虑因素中，关于先例规则的实际可行性(workability)，阿利托主要讨论了可收取费用与不可收取费用界限划分的不可能性、异议雇员挑战工会收费决定的工作难度与昂贵费用；Abood 案以后的法律与实践的发展，已经侵蚀了该先例的基础，也使其与第一修正案判例格格不入，特别是经济与社会背景已经发生了重大的变化；对于信赖利益，阿利托认为在本案没有多少分量，不能因为要保护几年后将期限届满的合同而允许言论自由权利被永久地侵犯，而且 Abood 案并没有提供清楚且容易适用的标准，特别是 2012 年最高法院就已经质疑了该案的合法性，2014 年则罗列了 Abood 案的一系列弱点(weaknesses)，2016 年则在受理的一起 Friedrichs v. California Teachers Assn.案中，对于应否推翻 Abood 案先例因为 4∶4 的分歧而维持了下级法院判决。因此公共部门工会应当意识到该案的合宪性是不确定的。

而与阿利托为代表的五位保守派大法官相反，以卡根为代表的四位自由派大法官则强烈地反对多数意见推翻 Abood 案先例。

卡根大法官撰写的异议意见，首先高度评价 Abood 案，认为很好地平衡了雇员的第 1 修正案权利与政府在运营其劳动力方面的利益。其次，严厉地批评

---

① Janus v. State, County, and Municipal Employees, 585 U. S. ____ (2018).
② Janus v. State, County, and Municipal Employees, 585 U. S. ____ (2018).

了主张推翻 Abood 案的多数意见,指出其错误主要是在于没有进行特别的论证。该先例具有实际可行性,没有最新的发展已经摧毁了先例的基础,而该先例深深地扎根于法律与真实世界之中,这些法律支撑着数以千计的合同、涉及数百万的雇员,围绕着该先例没有比这更强大的信赖利益,而今天最高法院的判决将引发巨大的分裂。因此,对于推翻先例的条件,卡根的观点与阿利托的观点基本上是一致的,分歧就在于如何分析与认识每一个条件。值得注意的是,卡根对于多数意见特别是阿利托大法官做法的批评:

> 尊重遵循先例意味着坚守一些错误的决定。[1] 偏离确定的先例要求有特殊的论证,而不仅仅是坚信先例是错误的。多数意见用以论证法律发展已经侵蚀了 Abood 案先例的只有 Knox 案和 Harris 案(都是由阿利托撰写的判决意见),这些最近判决的旁论(dicta)开始攻击 Abood 案并在今天达到顶峰,依据它们步步为营地嘲弄遵循先例原则。如果不喜欢一个司法决定,则只要在两个判决意见中塞入无端的批评,几年以后就将其视为推翻先例的特殊论证。[2]

六、初步的结论:Janus 案的启示

第一,案例指导制度的必要性。

虽然美国是普通法国家和判例法国家,但同样有着丰富的制定法,也有着大量的制定法判例。前文所涉及的各起工会案件,都是由联邦或州的相关劳动立法的规定而引发的,这些案例实质上都是制定法判例。[3] 而从 1956 年的 Hanson 案到 2018 年的 Janus 案,我们可以发现,每一个判例总是在制定法或者先例遗留问题的基础上,解决实践中产生的新问题,从而一步一步地完善着这个领域的法律原则与规则,与时俱进地回应着社会发展的新需求。

我国作为成文法国家,一直以来以法律、行政法规、规章及体系化司法解释调整着社会关系,回应着社会发展所提出的新问题。然而在这个技术革命日新

---

[1] 这一表述是卡根大法官援引自己在 Kimble 案中撰写的多数意见。在那个判例中,阿利托撰写了异议意见。卡根论述道:"遵循先例只有在坚持错误司法决定的层面才有作用,正确的判决不需要这一原则来支持。"Kimble v. Marvel Entertainment, LLC, 576 U.S. ___ (2015).

[2] Janus v. State, County, and Municipal Employees, 585 U.S. ___ (2018).

[3] 当然,严格地说,Janus 案是从宪法层面通过解释第 1 修正案而推翻了先例,因此可以说是宪法判例。

月异、商业模式创新频繁的时代,立法及司法解释的应对因其本身的特点总是难以有效满足这种调整的需求,兼之立法以制度化的方式统一回应、刚性调整往往会适得其反。因此司法的个别化调整可能是非常适合的,而指导性案例制度可能在一定程度上将这种经得起考验的个别化调整上升为普遍性的应对,并适时转化为立法成果。

第二,案例区别技术的相对性与个案性。

从前述各案特别是 Abood 案对 Hanson 案和 Street 案的处理上,私营部门的工会规则能否适用于公共部门的工会,不同时期的法官、不同价值取向的法官有着完全不同的观点与结论。而按照麦卡纳教授的分析,最高法院往往是采用区别技术或者其他理由(有时甚至是杜撰的理由)来排除先例的适用,如果这个先例被认为是错误的话。[1]

在我国的司法实践中,这种情况已经出现,未来或许会更加普遍。因此,尽管案例区别具有相对性与个案性,但进行一般规律的总结与基本规则的构建,从而为指导案例的运用提供一些普遍认同的方法,应当是理论界与实务界共同努力的一个方向。

第三,先例推翻条件的研究也应引起重视。

最高人民法院《〈关于案例指导工作的规定〉实施细则》第 12 条指出:"指导性案例有下列情形之一的,不再具有指导作用:(一)与新的法律、行政法规或者司法解释相冲突的;(二)为新的指导性案例所取代的。"就第二项而言,应当理解为由最高法院自己行使这一否定或者推翻先例的权力。虽然就目前而言,这一工作未见其可能性,但是其引发的问题还是值得关注的。例如,最高人民法院以新例取代先例,是否需要特殊的论证?此种论证中是否需要借鉴美国最高法院提出的五个要素?

此外,如果指导性案例存在着严重错误(当然前提是不与新法相冲突),在未被新例取代前,是否可以被其他法院撤销或者拒绝参照?当然,即使在美国,此种做法也是不可以的。在 1980 年的判例中,联邦最高法院指出:除非我们希望联邦司法制度盛行着混乱,下级联邦法院必须遵循最高法院的先例,即便这些法院的法官们认为该先例是多么的错误。[2] 在 1997 年的一起涉及推翻反垄断法先例的案件中,奥康纳大法官肯定与赞扬了第七巡回上诉法院首席法官波斯纳对最高法院先例的态度:尽管波斯纳认为该先例存在严重问题,但依据遵循先例

---

[1] Michael W. McConnell, *The Raisin Cases*, 2015 Cato Sup. Ct. Rev. 313, 327.
[2] Hutto v. Davis, 454 U.S. 370, 375 (1982).

的原则仍然应当继续尊重该先例,只有最高法院才能推翻自己的先例。① 时任哥伦比亚特区巡回上诉法院法官的卡瓦诺(Kavanaugh,现美国联邦最高法院大法官)更是明确指出:重新审理、调整或者发展最高法院的司法裁判不是我们巡回上诉法院的工作,我们的工作是尽我们的所能仔细地、不动感情地跟随它们。②

七、余论:指导案例裁剪裁判文书的反思

回到本文开头所引述的山东高院李秀针案,该案对指导案例的态度不仅可以从区别技术角度加以分析,更可以借此反思现行案例指导制度下对裁判文书加工裁剪的一些教训。

李秀针案中,山东高院在说明其不参照最高人民法院第8号指导案例的理由时强调指出:

> 本案又存在一定特殊性,杰盛公司经营的房地产项目相比凯莱实业有限公司经营的普通产品而言承担着更大的社会责任。本院认为,在判断公司应否解散时,不仅要考虑股东利益还要考虑到社会公众利益。③

但问题是,第8号指导案例中的常熟市凯莱实业有限公司所经营的真是普通产品吗?指导案例的文本实际上通篇未提及该公司的经营内容与产品类型,既看不出经营普通产品,也看不出经营特殊产品,只是提及了江苏常熟服装城管理委员会曾经组织双方股东调解。或许山东高院的法官正是由此推测该公司是在服装城经营服装销售?而代表最高法院案例指导工作办公室撰写的说明该指导案例的文章也同样未涉及此类信息。④

而实际上如果查阅与研读该指导案例的母本——江苏省高级人民法院关于该案的终审判决书,则可以发现这样的信息:

> 公司章程规定的经营范围包括:服装、鞋帽、箱包制造、加工、销售;五金、电器、服装辅料、通信产品批发、零售;房屋租赁中介;快餐制售。凯莱公司设立鞋都分公司,并租用常熟市轻纺针织品市场的房屋进行招商。凯莱

---

① State Oil Co. v. Khan, 522 U.S. 3, 20 (1997).
② Priests for Life v. U. S. Dep't of Health & Human Servs., 808 F. 3d 1, 14 (D.C. Cir. 2015) (Kavanaugh, J., dissenting from denial of rehearing en banc).
③ 山东省高级人民法院(2015)鲁民再字第5号民事判决书。
④ 陈龙业执笔:《指导案例8号:林方清诉常熟市凯莱实业有限公司、戴小明公司解散纠纷案的理解与参照》,载《人民司法》2012年第15期。

公司设立运动鞋广场,并租用常熟市联运公司的房屋进行招商。原审人民法院认为:本案中,虽然两股东陷入僵局,但凯莱公司目前经营状况良好,不存在公司经营管理发生严重困难的情形。如果仅仅因为股东之间存在矛盾而导致公司从业人员失去工作、几百名经营户无法继续经营,既不符合《公司法》一百八十三条的立法本意,也不利于维护任何一方股东的权益。①

由此可见,凯莱公司从事的不仅有普通商品经营,更有租赁商业楼进行招商的活动,其强制解散将涉及几百名经营户无法继续经营。而山东高院所强调的李秀针案的特殊性及公司社会责任的重要内容是:

> 目前杰盛公司已经办理了建设项目所需的所有建设手续,预售许可证也已办理完毕,除原 568 套历史出售房屋外,另 110 套房产中也已售出 50 余套并办理了销售合同的备案手续;15 栋住宅楼主体已经竣工,正在进行小区内的管网、楼宇外观及小区道路绿化等工程的施工,杰盛公司承诺的交房时间为 2015 年 10 月至 2016 年 1 月。杰盛公司经营的房地产项目已经进行到收尾阶段,若此时公司解散,公司清算组势必无法履行公司应承担的后续施工及办理房产证等行为义务,进而影响项目的正常进展,阻却众多购房户的合法利益的实现,造成新的大规模上访,影响社会稳定。②

仅从案例而言区别,该案的此类情形与第 8 号指导案例中的实际情形并无本质的区别,而只是数量与规模的区别而已,而此种区别应当不足以构成非类似案件而拒绝参照。

但是,如果从原因分析,恐怕还应当考虑指导案例在裁剪原裁判文书时所存在的问题,即过多地删去了与该裁判要点可能相关的信息与案件事实。事实上,最高法院在发布该指导案例时就已经认识到:"解散公司必然要在面临着公司财产的清算、债权债务的清理以及职工妥善安置等问题,案件处理稍有不慎,可能会有负面影响甚至连锁反应。因此,人民法院在处理公司僵局案件时,不宜简单机械地采取解散公司的做法。"③或许正是基于这一考虑,而将前述有关信息予以删除?倘若真的如此,则恰好说明该案件不适合作为指导案例。无论哪种情形,该案都为案例指导制度的完善提供了一些启示。

---

① 江苏省高级人民法院(2010)苏商终字第 43 号民事判决书。
② 山东省高级人民法院(2015)鲁民再字第 5 号民事判决书。
③ 陈龙业执笔:《指导案例 8 号:林方清诉常熟市凯莱实业有限公司、戴小明公司解散纠纷案的理解与参照》,载《人民司法》2012 年第 15 期。

On Distinguishing and Overturning Legal Precedents
—Inspiration from the United States Supreme Court Decision in Janus Case

Li Yougen

Abstract: The distinction between the pending case and the guiding case is the key element that seriously affects the practical usefulness of Chinese guiding case system. consequently, the judicial practice of distinguishing guiding case should be thoroughly studied. In 2018, the United States Supreme Court decision on the case of Janus v. American Federation of State, County, and Municipal Employees, Council 31 and in numerous other cases, the Supreme Court demonstrated that for the courts in the United States there is certainly a practical dimension to distinguishing and overturning precedents. We may get inspiration from analyzing these cases, particularly from the observation that the act of distinguishing cases involves a certain subjectivity and idiosyncrasy, and the overturning of precedents should be based on special justifications.

Keywords: Distinguishing Case; Overturning Precedent; Guiding Case System; Janus Case

案例识别视野下的类案审判
——以指导性案例24号的司法适用为切入点*

刘 岩**

[摘　要]　案例指导制度的运行为"类案与关联案件检索"制度建设提供了宝贵的实践经验。类案审判的核心难点为"案例识别"中的"类似案例识别"。以指导性案例24号的司法适用为例,可以发现目前中国法官尚未普遍形成"类案"论证思维;即便是进行了"类案"推理,在"适用/不适用"指导性案例的情况下,所运用的比较点及其法律意义也存在较为明显的差异。"类似案例识别"的主要困难有两点:一是在程序上,没有将"类似案件类似审判"原则作为一项"法律义务"或"法律责任";二是在制度上,指导性案例缺乏"补强机制"。

[关键词]　类案识别;类案审判;案例指导制度;类案与关联案件检索

一、问题的提出

最高人民法院在2017年8月1日颁布施行了《最高人民法院司法责任制实施意见(试行)》。该意见在"类案与关联案件检索"的部分明确规定:"承办法官在审理案件时,均应依托办案平台、档案系统、中国裁判文书网、法信、智审等,对本院已审结或正在审理的类案和关联案件进行全面检索,制作类案与关联案件检索报告"。① 虽然从文件字面内容来看,"类案与关联案件检索"尚不属于正式审判程序的一部分,但已被最高人民法院设定为必要的庭外辅助程序,并规定了

---

* 本文为最高人民法院司法案例研究课题"司法案例类案标准研究"(课题编号:2017SFAL103)以及"指导性案例司法适用的现状与前景"(课题编号:2017SFAL011)的阶段性研究成果。在本文的写作过程中,张骐教授、孙海波博士、高尚博士、赵英男同学和王威智同学给予了笔者无私的帮助,在此一并表示感谢。一如成例,文责自负。

** 北京大学法学院博士研究生。

① 文件号:法发[2017]20号。

相配套的操作性措施。①

从经验上来看,我国的司法裁判长久以来基本上是一种"以案找法"的进路,②案例制度的建立和运行,则通过"以案找案"③的方式丰富了原有的法律发现方式。"类案与关联案件检索"的思路也是一种"以案找案",只不过所找的"案"不再限于指导性案例这一单一来源,④而是涉及与待判案件同类型的所有案件。我们将案例指导制度和"类案与关联案件检索"制度统称为"类案审判"。理论上,我国语境下的"类案审判"应包括三个步骤:第一,以待判案件为基础,寻找与之属于同一类型的案件(群);第二,对两者之间的相似性进行判断;第三,综合根据有关的法律条文和与待判案件类似的案件的法律精神做出裁判。前两个步骤是"类案审判"的重心。因为两者均涉及案例的寻找和比较,且互相之间存在一定程度的交叉,我们将其统称为"案例识别"。第一个步骤类似于普通法国家寻找先例的技术,其目的是要寻找到待判案件属于同一法律问题的案件群,我们称之为"类型案例识别";⑤第二个步骤则涉及待判案件与寻找到的类型案例

---

① 该文件第39项首先将类案检索主体限定为承办法官,并规定检索出现困难的,可由法院业务部门协助。第40项则以"裁判尺度"为标准,根据拟做出判决的裁判尺度与既有类案裁判尺度是否一致,确立了相应的操作规程。第41项则专门针对"死刑复核程序、二审程序、赔偿委员会决定程序、审判监督程序、国家赔偿监督程序审结的具有类案指导价值的案件"的类案总结做出了规定。具体内容参见上注。

② 该进路的逻辑基础即"三段论"的涵摄模式,即将"法"(在我国主要指的是制定法和立法解释、司法解释等正式的法律渊源)作为推理的大前提,将"案"(即案件事实)作为推理的小前提,而对大前提的识别则以小前提为基点。有关三段论推理,请参见[德]卡尔·拉伦茨:《法学方法论》,陈爱娥译,商务印书馆2005年版,第150—156页。

③ "以案找案"指的是普通法中的先例拘束原则,即法院在找不到立法规定时,应该注意先前的判决,如其适合待判案件事实,应该遵循先例。"以案找法"和"以案找案"实际是大陆法系与英美法系发现法律方式的根本性区别,请参见[德]K·茨威格特、H·克茨:《比较法总论》,潘汉典等译,法律出版社2003年版,第377—385页。

④ 有关寻找指导性案例的方法,请参见张骐:《论寻找指导性案例的方法——以审判经验为基础》,载《中外法学》2009年第3期,第457—468页。需要注意的是,寻找指导性案例的方法对寻找类型案件也非常具有启发性,限于篇幅,这里不再详细讨论。

⑤ "类案"可以从广义和狭义两个角度予以界定。从广义的角度上讲,"类案"指的是依据"分支法"所确定的同类案件,它们一般属于同一种案件类型或基于同一案由,而这类案件可以再继续细分。从狭义角度讲,类案指的是具有相关相似性的先前案件。参见高尚:《司法类案的判断标准及其运用》(未刊稿)。高尚博士认为我国类案制度中的类案应该从狭义角度认识。笔者与他有不同的意见,类案不应只限定在案件相似性上,应该以法律问题为基点予以界定。比如,指导性案例24号的裁判要点为:"交通事故的受害人没有过错,其体质状况对损害后果的影响不属于可以减轻侵权人责任的法定情形。"虽然这里明确说明的是(见下页)

的相似性判断,我们称之为"类似案例识别",即通常所说的"案件相似性判断"。前者涉及的是寻找可能的裁判理由之范围,后者涉及的是确定最佳的裁判理由,即在前者所确定的范围内进行比较、选择、确认。① 因此,相对于"类型案例识别","类似案例识别"无疑具有更为核心的地位。

"类似案件类似审判"作为一项"法律原则",是实现形式公正的必要条件,是司法公正的构成性因素,有助于规范法官自由裁量、限制司法专横,保证判决合理,是法治的基本要求之一。② 国内学界已经注意到了"类案审判"的价值,并在一些专门领域展开了详细的分析研究。③ 而且,案例指导制度的运行,为中国"类案审判"制度的建设、发展提供了有益的实践经验基础。尽管"案例指导"与"类案与关联案件检索"名称有别,但都是基于"判例式推理"或"范例式推理"的逻辑来展开的司法实践,因此两者具有高度的相似性。④

但总体来看,国内对既有的以案例指导制度为代表的类案审判实践研究还颇为欠缺。有关经验研究,要么偏重于数据统计与罗列而忽视了理论挖掘,⑤要么偏重于问卷调查而忽视了实际裁判。⑥ 当然,这并不意味着大数据分析或田野调查不重要,而是要指出,目前对指导性案例的适用情况,缺乏以裁判文书为核心的更为深入的专题研究,尤其在"类案审判"的核心问题——类似案例识别——上缺乏深入的经验研究。

(接上页)交通事故受害人的体质问题,但是该裁判要点的法律精神实际可以类推适用于医疗事故责任、普通侵权责任等领域。而发源于普通法国家的"蛋壳脑袋"理论关于受害人特殊体质的裁判原则,也并不限于特定事故,而是广泛应用于整个侵权法领域。See Tanya Jones, *The Commonwealth v. W L Mclean: Developments Inconsistent with the Tradition Nature of the Egg shell Skull Principle*, 8 James Cook Uni. Law Rev., 78-91(2001).

① 《〈最高人民法院关于案例指导工作的规定〉实施细则》第十条明确规定:"各级人民法院审理类似案件参照指导性案例的,应当将指导性案例作为裁判理由引述,但不作为裁判依据引用。"因此,在我国目前的法律体制下,尚不承认指导性案例等先例的正式法律渊源的地位,裁判案件的最终依据仍然是制定法或立法解释及司法解释,指导性案例等只能作为"裁判理由"用于论证裁判结果。

② 张骐:《论类似案件应当类似审判》,载《环球法律评论》2014年第3期。

③ 如潘林:《重新认识"合同"与"公司"——基于"对赌协议"类案的中美比较研究》,载《中外法学》2017年第1期。

④ 有关"判例式推理"和"范例式推理",请参见孙海波:《类似案件应类似审判吗?》(未刊稿)。

⑤ 郭叶、孙妹:《指导性案例应用大数据分析——最高人民法院指导性案例司法应用年度报告(2016)》,载《中国应用法学》2017年第4期。

⑥ 秦宗文、严正华:《刑事案例指导运行实证研究》,载《法制与社会发展》2015年第4期,第41—57页。

因此,本文的总体思路是,以指导性案例 24 号在全国范围内的司法适用为切入点,通过对有关判决书的详细解读,总结提炼出目前我国既有的"类案审判"实践的特点、揭示出类似案例识别的难点,为"类案审判"制度的发展、完善贡献力量。

二、"类案审判"的中国实践:指导性案例 24 号的司法适用

本文的研究对象是"指导性案例 24 号的司法适用情况"。之所以如此选择,是基于以下几个理由:第一,该案例涉及的案由是"机动车交通事故责任纠纷",属于全国性的常发案件;[①]且涉及的法律问题是"受害人的特殊体质对交通肇事行为人赔偿责任的影响",亦属于多发情况。因此,该类案件具有相当的普遍性,能够相对客观地反映案例指导制度背景下中国法官对该类案件的审判行为特征。第二,裁判该类案件的主要法律依据是《中华人民共和国侵权责任法》第二十六条以及《中华人民共和国道路交通安全法》第七十六条第一款第(二)项等,且有指导性案例 24 号作为补充,具有相对明晰的裁判规则。规则供给的相对清晰性和充分性,使得对该类裁判分析侧重点得以聚焦于"法官如何具体适用这些规则",更能体现法官的分析和论证思路。第三,根据有关研究,截至 2017 年 12 月 31 日,指导性案例 24 号是所有指导性案例中应用最多的,而且也是被法官主动援引最多的。[②] 即指导性案例在该类案件中适用广泛、充分,能够相对客观地反映案例指导制度的实际运行状况,也能相对准确地反映既有的"类案审判"尤其是"类似案例识别"的实际操作情况。

本文选取"北大法宝"司法案例数据库为样本来源。为了全面反映指导性案例 24 号的适用情况,我们以该指导性案例颁布的时间,即 2014 年 1 月 26 日为起点,2017 年 12 月 31 日为终点作为样本选取的时间区间,力求在时间维度上形成全封闭。具体的操作程序如下:首先在北大法宝"司法案例—高级检索—案例与裁判文书"搜索界面,将"案由"固定为"机动车交通事故责任纠纷"。其次,

---

[①] 根据有关报道,我国 2016 年共接报道路交通事故 864.3 万起,同比增加 65.9 万起,上升 16.5%。其中,涉及人员伤亡的道路交通事故 212846 起,造成 63093 人死亡、226430 人受伤,直接财产损失 12.1 亿元。道路交通事故万车死亡率为 2.14,同比上升 2.9%。参见《我国交通事故总量仍居高位,去年造成 6 万多人死亡》,载"法制网",网址:http://www.legaldaily.com.cn/index/content/2017-12/19/content_7424913.htm? node = 20908(访问时间:2018 年 4 月 3 日)。

[②] 参见郭叶、孙妹:《指导性案例应用大数据分析——最高人民法院指导性案例司法应用年度报告(2016)》,载《中国应用法学》2017 年第 4 期;郭叶、孙妹:《最高人民法院指导性案例司法应用情况 2017 年度报告》,载《中国应用法学》2018 年第 3 期;赵晓海、郭叶:《最高人民法院民商事指导性案例的司法应用研究》,载《法律适用》2017 年第 1 期。

为避免遗漏,分别在"全文"输入关键词"指导性案例"、"指导案例",各得到数据样本案例 289 个和 364 个。第三,考虑到在我国司法实践中存在的相当数量的指导性案例的"隐性适用"问题,①我们又以指导性案例 24 号案件事实中的关键术语"特殊体质"为关键词,检索到案例 504 个。如此,一共检索到 1157 个案例。第四,通过个案裁判文书读取,去除掉与指导性案例 24 号或特殊体质无关的、重复检索的 314 个案例,最后形成 843 个案例的分析样本。

根据上述条件,该样本就成为"北大法宝"司法案例数据库中自 2016 年 1 月 26 日至 2017 年 12 月 31 日之间"受害人为特殊体质的交通事故侵权纠纷"这类案件的一个"全样本"。以下是指导性案例 24 号司法适用的相关数据展示和简单分析。

1. 提出主体的特点

从是否提出适用指导性案例以及何人提出指导性案例来看,无人提及指导性案例②的有 410 个,占比约 48.64%,也就是说接近一半的裁判并未在判决书中明确涉及有关指导性案例;仅由当事人或其代理人提出适用指导性案例的有 206 个,占比约 24.44%;由法院提出适用指导性案例的有 191 个,占比约 22.66%;由当事人及法院同时提出适用指导性案例(一般情况是当事人提出参照指导性案例的要求,法官予以回应)的仅有 36 个,占比约 4.27%。如下图所示:

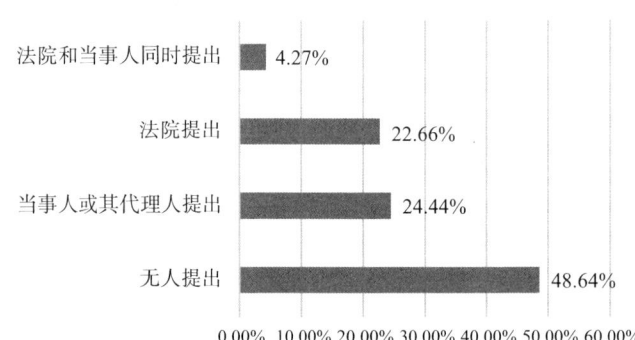

图 1 指导性案例 24 号司法适用之提出主体分布

2. 引述方式的特点

最高人民法院《〈关于案例指导工作的规定〉实施细则》第十一条规定:"在裁

---

① 孙海波:《指导性案例的隐性适用及其矫正》,载《环球法律评论》2018 年第 2 期。
② 无人提及指导性案例,指的是在"受害人为特殊体质的交通事故侵权纠纷"的案件裁判中未涉及指导性案例的情形,它们要么是对指导性案例 24 号的隐性适用,要么是背离了该指导性案例的精神。

判文书中引述相关指导性案例的,应在裁判理由部分引述指导性案例的编号和裁判要点"。从实践情况来看,对该规定的执行并不彻底:在明确提及指导性案例 24 号的 433 个判决中,只是提出存在某个指导性案例的有 78 个,占比约 18.01%;只提出指导性案例编号的有 57 个,占比约 13.16%;提出并引述指导性案例的裁判要点的有 226 个,占比约 52.19%;提出并引述指导性案例中的裁判说理部分的有 32 个,占比约 7.39%;提出并引述指导性案例的案件事实的有 8 个,占比约 1.85%;引述指导性案例中并不具有的内容的有 1 个①,占比约 0.23%;综合引述的 31 个,占比约 7.16%。如下图所示:

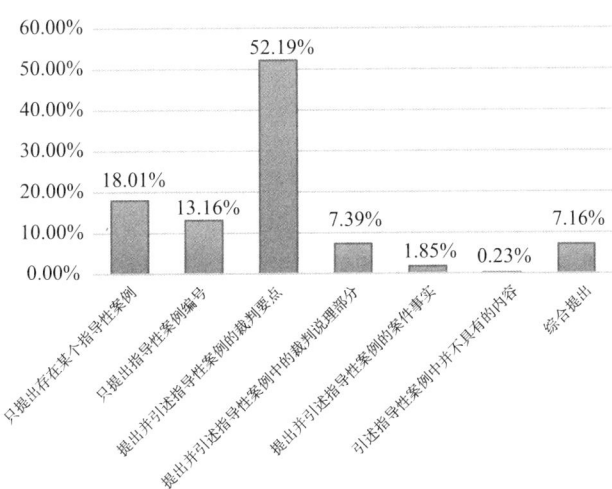

图 2　指导性案例 24 号司法适用之引述方式分布

在综合引述的 31 个裁判中,以"裁判要点+裁判理由"方式引述的有 12 个,占比约 39%;以"裁判要点+案例事实"方式引述的有 5 个,占比约 16%;以"裁

---

① 该案指的是上海市第二中级人民法院做出的(2017)沪 02 民终 5898 号判决,根据判决书内容,上诉人在上诉理由中做出如下诉称:"一审法院法律适用错误。最高院在 24 号指导案例中规定'在侵权行为未发生时,受害人自身已经处于受损状态,如残疾、疾病、旧伤,对于残疾赔偿金等定型化赔偿的项目,可参照原因力鉴定的意见,酌情确定侵权人承担的责任比例',但一审在判决赔偿金时未考虑鉴定报告中的参与度问题。"而实际上,指导性案例 24 号中根本没有这样的内容,恰恰相反,其裁判要点的精神和结果与上诉人所引述内容完全是南辕北辙。从判决书记载的内容来看,对方当事人及其代理人并没有对这一点引用错误进行驳斥;更加遗憾的是,法院对这一错误引用没有反驳。有关该案判决书,请参见《中国平安财产保险股份有限公司上海分公司与赵某某等机动车交通事故责任纠纷上诉案》,载"北大法宝网",法宝引证码:CLI.C.9842845,访问网址:http://www.pkulaw.cn/case(访问时间:2018 年 5 月 22 日)。

判要点+裁判理由+案例事实"方式引述的有 6 个,占比约 19%;以其他组合方式提出的有 8 个,占比约 26%。如下图所示:

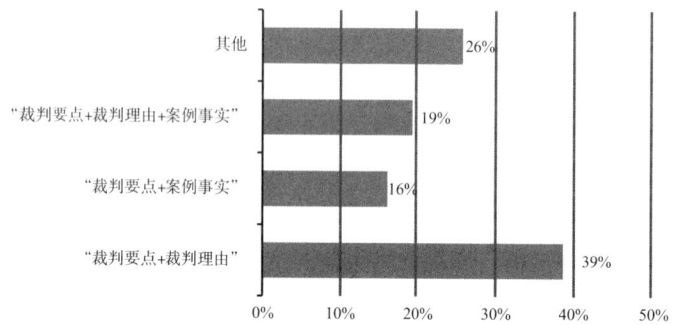

图 3　指导性案例 24 号应用之综合引述方式分布

3. 适用结果特点

就适用结果而言,对指导性案例 24 号不予适用的有 187 个,占比约 22.18%;予以适用的有 656 个,包括明示适用的有 194 个,共占比约 23.01%,隐性适用的有 462 个,共占比 54.81%。隐性适用包括两种情况:一种情况是,当事人提及指导性案例而法官不予回应,但其做出的判决结果与指导性案例保持一致,我们称之为"隐性适用一",共 146 个,占比约 17.32%,另一种情况是,当事人与法官均未提及指导性案例,但法官做出的判决结果与指导性案例保持一致,我们称之为"隐性适用二",共 316 个,占比约 37.49%。如下图所示:

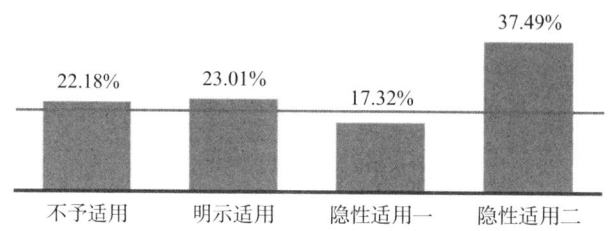

图 4　指导性案例 24 号司法适用之适用结果分布

比较突出的一点是:指导性案例 24 号的隐性适用比例达到一半以上。而根据其他的研究,不限于该指导性案例,在所有指导性案例的司法适用中,隐性适用的比例也在一半以上。①

---

①　根据郭叶、孙妹的研究:在 2017 年度,在所有指导性案例的司法适用中,明示援引共涉及 580 例,总占比 37%,包括法官主动援引的 401 例和法官被动援引的 179 例。隐性援引共涉及 980 例,总占比 62%,参见郭叶、孙妹:《最高人民法院指导性案例司法适用情况 2017 年度报告》,载《中国应用法学》2018 年第 3 期。

4. 审级分布特点

在不适用指导性案例 24 号的 187 个判决中,一审程序有 92 个,占比 49.20%,二审程序有 88 个,占比 47.06%,再审程序有 7 个,占比 3.74%。如下图所示:

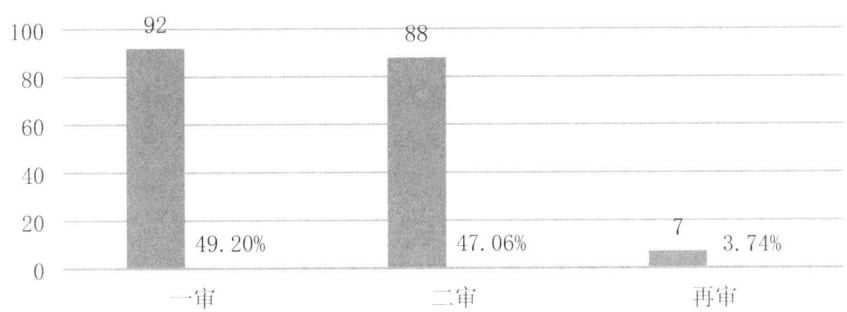

图 5　不适用指导性案例 24 号判决之审级分布情况

在明示适用指导性案例 24 号的 194 个判决中,一审程序有 103 个,占比 53.09%,二审程序有 88 个,占比 45.36%,再审程序 3 个,占比 1.55%。如下图所示:

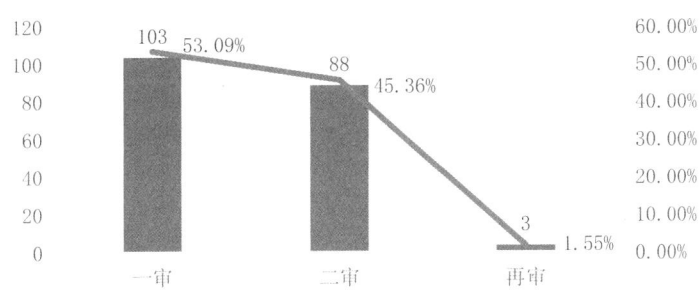

图 6　明示适用指导性案例 24 号判决之审级分布

在隐性适用指导性案例 24 号的 462 个判决中,一审程序有 175 个,占比 37.88%,二审程序有 279 个,占比 60.39%,再审程序有 8 个,占比 1.73%。如下图所示:

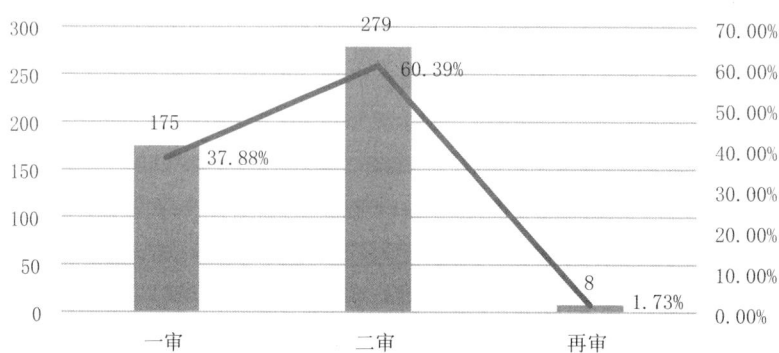

图7 隐性适用指导性案例24号判决之审级分布

对比三种情况下的审级分布不难看出:在不适用或明示适用指导性案例24号的情况中,一审与二审的数量基本持平;而在隐性适用指导性案例的情况下,二审程序明显多于一审。这组数据与其他指导性案例应用的审级分布情况略有差别。① 从笔者在四川的调研情况来看,一线法官们更重视具有"发、改"权力的上级法院对指导性案例的态度,在审判时会自觉与上级法院法官保持一致。② 这一观点也显示出科层制模式下的法官们对一致性的追求。③ 虽然还有部分二审程序不适用指导性案例24号,但从绝对数量上看,适用的情况还是占多数。因此,指导性案例24号在二审程序中的适用,无疑会给该指导性案例在未来一审程序中更为广泛的适用提供"内在"动力。④

5. 参照内容的特点

在适用指导性案例的656份判决中(包括明示适用和隐性适用),参照裁判要点的有125个,占比约19.05%;参照裁判理由的有52个,占比约7.93%;参

---

① 根据有关研究,应用指导性案例的二审程序占比约53%。参见郭叶、孙妹:"最高人民法院指导性案例司法应用情况2017年度报告",《中国应用法学》2018年第3期,第108—133页。

② 笔者在四川省法院系统调研时,多次听到基层法官表达出类似的观点。

③ 有关科层制中的秩序追求,参见【美】米尔伊安·R·达玛什卡:《司法和国家权力的多种面孔——比较视野中的司法程序》(修订版),郑戈译,中国政法大学出版社,2015年版,第25—27页。

④ 在我国法院的绩效考核体系中,普遍将二审改判率、发回重审率、再审改判率作为考核指标,考察基层法院的审判质量,上述以二审为核心的考核体系决定了一审法院特别重视二审法院对某类法律问题的观点并自觉与其保持一致。有关法院的绩效考核,请参见沐润:"法院绩效考核的评析及其完善",《云南大学学报》2012年第2期,第141—146页。

照裁判结果的有152个,占比约23.17%;综合参照的有327个,占比约49.85%。如图所示:

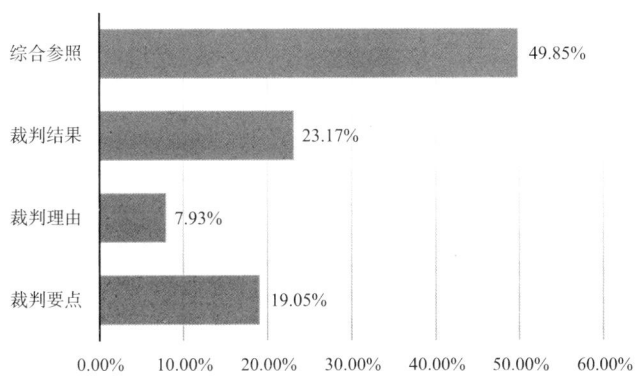

图8 指导性案例24号司法适用之参照内容分布

在综合参照的327个案件中,参照裁判要点和裁判理由的有81个,占比约25%;参照裁判要点和裁判结果的有152个,占比约46%;参照裁判理由和裁判结果的有94个,占比约29%。如图所示:

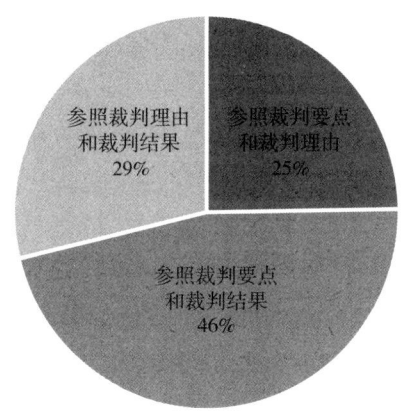

图9 指导性案例24号司法适用之综合参照分布

从参照内容来看,在适用指导性案例24号的裁判中,仅有不到五分之一的案件是参照裁判要点做出裁判,有五分一多的案件是参照裁判结果做出裁判[①],

---

[①] 参照裁判结果做出裁判属于隐性适用的典型方式之一,法官并不进行案件相似性、推理过程、裁判理由等方面的说理,直接做出结果一致的裁判。当然,隐性适用的类型并非仅参照裁判结果一种,还会参照其他部分。

大约有一半以上采用的是综合参照的方式。这与最高人民法院《〈关于案例指导工作的规定〉实施细则》第九条所规定的"参照裁判要点"的要求并不相符。① 在仅需要参照裁判要点即可满足文件要求的情况下,综合参照指导性案例中的其他部分,无疑丰富了裁判说理、强化了论证效果、增加了裁判结果的正当性。② 其背后的动力机制还有待于详细考察,但这至少说明,中国法官在裁判案件时并非真的是"说理不全、说理不透甚至干脆不说理"。③

6. 类似案例识别的总体特点

在该样本中,仅有79个判决进行了类似案例识别,即对待判案件事实与指导性案例的案件事实是否相似进行了比较分析,占比仅9.37%,绝大多数案件裁判回避了该问题。其中耐人寻味的是,在部分案件中,当事人为了支持自己的主张,对指导性案例与待判案件进行了翔实的事实比较,而法官并没有进行回应。④ 有关类似案例识别的详细特征,笔者将在下一节中详细讨论。

根据前述的数据分析,我们不难看出,从司法适用这一宏观视角出发,影响类案审判的困难在于以下几点:

第一,在主观意识上,当事人及其代理人尚未养成"类案思维"的习惯。从提出主体和适用类型的情况综合来看,约有一半以上的案件是在无人提出指导性案例、无人"言明"适用指导性案例的情况下做出与指导性案例一致的裁判。这说明,案件当事人及其代理人普遍不熟悉指导性案例的情况,以至于不能提出既有的指导性案例支持及强化自己的主张。毕竟还有近三成裁判没有适用指导性案例的裁判规则,但它们未必不与指导性案例类似。法官背离指导性案例的理由可能有很多,但当事人未以指导性案例作为支持自己主张的论据,无疑是原因

---

① 该条规定:"各级人民法院正在审理的案件,在基本案情与法律适用方面,与最高人民法院发布的指导性案例相类似的,应当参照相关指导性案例的裁判要点作出裁判。"

② 很多学者鼓励法官在参照指导性案例时不要局限于裁判要点。参见孙光宁:《反思指导性案例的原因方式》,载《法制与社会发展》2016年第4期。

③ 有关中国法官说理不足的概括,请参见庄绪龙:《裁判文书"说理难"的现实语境与制度理性》,载《法律适用》2015年第11期。

④ 如浙江省杭州市中级人民法院做出的(2015)浙杭民终字第706号判决。上诉人对本案是否与指导性案例24号案件事实相似进行了颇为详尽的分析,指出指导性案例中涉及的是"特殊体质",而本案涉及的是"病理改变",两者不能等同;而被上诉人也对此进行了自己的回应。但遗憾的是,法院并没有对上诉人提出的这种区分比较予以回应,只是简单重复了指导性案例24号的裁判要点,并直接指出上诉人的主张"于法无据",然后维持原判。有关该案判决书,请参见《安诚财产保险股份有限公司浙江分公司与姜某某等机动车交通事故责任纠纷上诉案》,载"北大法律信息网",法宝引证码:CLI.C.6259843,访问网址:http://www.pkulaw.cn/case(访问时间:2018年5月22日)。

之一。尤其在民事诉讼领域,如果当事人自己都不强化自己的主张,很难指望居于被动地位的法官有多么主动。

第二,在说理方式上,中国法官尚未普遍形成运用"类案"方法进行论证的习惯。典型的体现就是,法官普遍回避"类似案例识别"这一关键问题。理论上,无论判断"类案"的标准或方法是什么,"指导性案例与待判案件是否属于类似案件"的结论,是决定是否适用指导性案例的基础前提,是"类似案件类似审判的首要步骤之一"[①]。在全部843个裁判中,尽管适用(包括明示适用和隐性适用)指导性案例24号的裁判比例高达76%,但是只有不到10%的裁判对类似案例识别进行了专门分析。从大多数判决来看,仿佛不需要对案件相似性进行分析,裁判结论就能"自动产生"。就法律问题本身而言,指导性案例24号所涉及的是源自英美侵权法中"蛋壳脑袋(头骨)原则"[②]的司法适用。[③] 其内容实际非常丰富,[④]包括特殊体质类型判断、[⑤]损害可预见性、[⑥]赔偿项目区分、[⑦]精神

---

① 张骐:《论类似案件的判断》,载《中外法学》2014年第2期。

② "蛋壳脑袋原则"(eggshell-skull rule),又称为"蛋壳原告原则"(eggshell-plaintiff rule),"薄脑袋原则"(thin-skull rule),"特殊敏感原则"(special-sensitivity rule)或"老兵原则"(old-soldier rule)。指的是被告由于自己的疏忽或故意行为对原告造成无法预见的后果时,仍然对原告负有责任。See Bryan A. Garner (ed.) *Black Law's Dictionary* (9th edition), West,p.593.

③ 有学者专门分析了指导性案例24号的裁判规则与英美法中"蛋壳脑袋原则"的区别,认为前者是从被告人角度入手,而后者则是从原告角度入手。参见傅强:《特殊体质受害人的侵权法救济——兼评指导性案例24号》,载《北方法学》2017年第4期。

④ 有关"蛋壳脑袋原则"的发展与评析,请参见孙鹏:《"蛋壳脑袋"规则之反思与解构》,载《中国法学》2017年第1期。

⑤ 即便是在美国,关于特殊体质的认定也存在认定困难的问题。See Rowe P. J., *The Demise of the Thin Skull Rule*, 40 Mod. Law Rev. 377-388(1977).

⑥ 在澳大利亚,损害后果是否超出预期以及其对被告责任的影响也在该类诉讼中被注意到。See Tanya Jones, *The Commonwealth v. W L Mclean: Developments Inconsistent with the Tradition Nature of the Egg shell Skull Principle*, 8 James Cook University Law Rev. 78-91(2001).

⑦ 赔偿项目一般对应的是不同的伤害类型,在我国的司法实践中包括与医疗费用有关的直接费用、精神损害赔偿费用以及如果致残所产生的残疾赔偿金和如果致死所产生的丧葬费等。在美国的司法实践中,一般区分三种伤害类型:生理(物理)伤害(Physical injuries),精神损害(Emotional harms)和无形伤害(Invisible injuries)。第一种伤害普遍得到认可,但后两种在技术上很难认定而且原告负有较重的论证负担。See Shaun Cassin, *Eggshell Minds and Invisible Injuries: Can Neuroscience Challenge Longstanding Treatment of Tort Injuries*, 50 Houst. Law Rev. 929-962(2013).

损害赔偿、①参与度鉴定与适用、②保险制度构建③等等,再加上交通事故的多发性、个人特殊体质差异的多样性等因素,使得该类案件相似性的判断极为复杂,绝非可以"一眼看出"裁判结果。回避类似案例识别的论证,实际是一种贫乏的论证,也构成对中国法官说理特征的一个侧写。④

第三,在程序上,缺乏对法官怠于回应当事人的案例参照要求而实施的程序性制裁措施。根据前述分析,当事人提出参照案例要求而法官予以回应的仅占全部案件的4.27%;如果从当事人提出指导性案例的角度分析,法官予以回应的仅占14.88%(包括仅有当事人及其代理人提出的206个,和当事提出、法官予以回应的36个)。大部分情况下,面对当事人参照指导性案例的要求,法官的态度是不予理睬。胡云腾大法官曾撰文指出,案例指导制度"在效力上不能太软,应当赋予一定的严肃性和权威性",因此在起草《关于案例指导工作的规定》时特意将"可以参照"改为"应当参照"。⑤ 但有关规定对"不回应参照要求"或"不参照"并未规定制裁措施,使得法官对指导性案例的无视实际上并无任何成本。无论导致法官保持沉默的动机究竟为何,缺乏针对此种情况的程序性制裁无疑是法

---

① 在普通法国家,特殊体质损害所引发的精神损害赔偿也是一个颇为棘手的问题。理论上,需要区分受害人自身的特殊精神状况是"潜在的"(latent)还是一种"既存的"(preexisting)。如果是前者,被告需要对原告所有的损害负责;如果是后者,则被告只需要对因其行为所导致的原告精神损害的"恶化"负责。但如何区分这两者,司法上并没有统一、有效的做法。See Candice E. Renka, *The Presumed Eggshell Plaintiff Rule: Determining Liability When Mental Harm Accompanies Physical Injury*, 29 Thomas Jefferson Law Rev.289-312(2007).

② 参与度的概念来自日本学者渡边富雄提出的"事故寄予度",后来被广泛接受,其主要思路是在多因一果的情况下将特定原因的作用予以量化,并为赔偿责任的分担提供依据,但遗憾的是,虽然参与度广泛应用于交通肇事、医疗事故等领域,但国内对此的理论研究较为贫乏,大部分研究集中于法医学领域以及个案评析方面,与侵权责任法中的因果关系理论联系较少。有关参与度概念及应用的介绍,请参见成静:《试析损伤参与度在法医学鉴定中的应用》,载《安康学院学报》2012年第4期。

③ 有学者使用经济学方法分析"蛋壳脑袋原则",指出其没有充分考虑风险问题、道德问题、司法证明问题,实际降低了特殊体质人群自我保护的意识,并主张在司法中用"可预见性原则"替代之。被告只对可预见的损害负责,而保险公司则对不可预见的损害负责。See Steve P. Calandrillo & Dustin E. Buehler, *Eggshell Economics: A Revolutionary Approach to the Eggshell Plaintiff Rule*, 74 Ohio State Law J. 375-422(2013).

④ 有学者指出,法官通常采用"防守反击"的说理策略。而给出裁判理由的首要策略,其实不是如何推理,而是如何掩饰,以免被当事人、同行乃至公众轻易戳穿漏洞。参见凌斌:《法官如何说理:中国经验与普遍原理》,载《中国法学》2015年第5期。

⑤ 胡云腾:《关于参照指导性案例的几个问题》,载《人民法院报》2018年8月1日,第5版。

官有恃无恐的重要原因。① 尽管从具体裁判来看,有些二审程序对一审程序中对指导性案例的忽视或违反做出了更正,但这种更正行为是分散的个案操作,无法形成系统的制度性压力。从本质上讲,"是否应当参照指导性案例"是一个实体问题,而"是否应当对当事人提出的参照指导性案例的要求进行回应"是一个程序问题。《中华人民共和国民事诉讼法》第一百七十条第(四)项规定"原判决遗漏当事人或者违法缺席判决等严重违反法定程序的,裁定撤销原判,发回原审人民法院重审"。《中华人民共和国刑事诉讼法》第二百二十条也将"其他违反法律规定的诉讼程序,可能影响公正审判的"情形作为撤销原判并发回重审的条件。但对参照指导性案例要求不予回应是否可以归类于与"遗漏当事人"或"违法缺席判决"性质同样严重的程序性错误,是否属于"可能影响公正审判"的程序性问题,则是一个需要进一步解释的问题,更有可能,是一种政策抉择问题。

三、类似案例识别的中国实践:以案件相似性分析为视角

本部分以指导性案例24号司法适用样本中对案件相似性进行分析的79个裁判为"二级样本"进行分析。尽管裁判文书数量不多,但由于其脱胎于之前的"全样本",其有资格构成分析中国法官类似案例识别经验的适当样本。从整体来看,不适用指导性案例和适用指导性案例的裁判在类似案例识别的论证要求、论证负担、论证方法等方面存在较为明显的差异,因此,本部分以此为区分,探讨两种情形下的类似案例识别问题。

(一)"不适用指导性案例"裁判中的类似案例识别

在79个进行案件事实比较的裁判中,不适用指导性案例24号的裁判有29个,占比约36.71%。在这个29个判决中,只有1个判决简单地认为待判案件与指导性案例不同,但没有给出理由;②剩余28个判决均对待判案件与指导性案例之间的区别做出了相对详细的分析。其中,有26个案件根据一项理由区分指导性案例与待判案件,有2个案件使用了两项理由予以区分。在只使用一项理由区分的案件中,有19个案件的区分理由涉及的比较点是"交通事故与损害后

---

① 向力指出,"参照要求不具有强制力且缺乏外在形式要求"以及"参照指导性案例缺乏来自诉讼当事人的制约机制"是案例指导制度的"硬伤"。尤其后者是造成法官不予回应的重要原因。参见向力:《从鲜见参照到常规参照——基于指导性案例参照情况的实证分析》,载《法商研究》2016年第5期。

② 判决书文书号为:(2015)滨中民一终字第461号。

果之间的法律因果关系":认为两者之间"不具有法律上的因果关系"的有 4 个,①认为两者之间"不具有直接因果关系"的有 9 个,②认为两者之间"不具有主要因果关系"的有 3 个,③认为"无法证明两者之间存在因果关系"的有 1 个,④认为属于"多因一果"的有 1 个,⑤认为"在确定赔偿责任时,法律因果关系地位优先于特殊体质"的有 1 个。⑥ 剩余的只根据一项理由区分的 7 个案件中:有 3 个认为当事人不属于特殊体质,⑦有 2 个认为待判案件受害人的事故责任不同于指导性案例中受害人的事故责任,⑧有 1 个认为损害后果超出了预期,⑨有 1 个认为本案的法律问题不同于指导性案例的法律问题。⑩ 在适用两种理由区分指导性案例与待判案件的判决中,一个判决的区分理由分别是"交通事故与损害后果不具有直接因果关系"和"责任差别",⑪另一个判决的区分理由分别是"交通事故不是损害后果的主要因果关系"和"受害人并非特殊体质"。⑫

不难发现,实践中不适用指导性案例的判决所使用的理由绝大部分并不在

---

① 判决书文书号分别为:(2016)鄂 01 民终 7032 号,(2016)皖 01 民终 1457 号,(2015)寒朱民初字第 36 号,(2014)东民初字第 2978 号。

② 判决书文书号分别为:(2017)川 09 民终 672 号,(2017)内民申 1870 号,(2014)浙绍民终字第 642 号,(2013)绍诸民初字第 1905 号,(2016)鄂 01 民终 7032 号,(2016)鄂 0192 民初 3643 号,(2014)铁民初字第 1249 号,(2017)鲁 08 民终 2374 号,(2016)黑 02 民终 1442 号。

③ 判决书文书号分别为:(2016)豫 07 民终 2122 号,(2017)粤 01 民终 578 号,(2017)粤 01 民终 578 号。

④ 判决书文书号为:(2017)浙民申 203 号。

⑤ 判决书文书号为:(2015)沪二中民一(民)终字第 2767 号。

⑥ 判决书文书号为:(2016)京 02 民终 6675 号。

⑦ 判决书文书号分别为:(2017)兵 08 民终 746 号,(2017)粤 06 民终 4070 号,(2015)浦民一(民)初字第 25306 号。

⑧ 判决书文书号分别为:(2017)皖 0803 民初 1637 号,(2017)内 09 民终 752 号。

⑨ 判决书文书号为:(2015)温瓯民初字第 1320 号。

⑩ 该案为河南省新乡市中级人民法院做出的(2015)新中民一终字第 241 号判决。本案虽然也是交通事故侵权纠纷,但与特殊体质无关,原告提出指导性案例 24 号是为了主张"应由保险公司首先承担赔偿责任"。而法院则明确指出:"指导案例第六批第 24 号案例裁判要点是解决交通事故的受害人没有过错,其体质状况对损害后果的影响不属于可以减轻侵权人责任的法定情形。而本案解决的是否涉及无意思联络共同侵权人责任分配的法定情形。鉴于第 24 号指导案例与本案不属同一类案件性质,童长文请求参照第 24 号指导案例,不考虑其他介入因素,由保险公司首先承担赔偿责任的上诉理由无法律依据及事实根据,本院不予采纳。"本案法宝引证码:CLI.C.6885390,访问网址:http://www.pkulaw.cn(访问时间:2018 年 5 月 23 日)。

⑪ 判决书文书号为:(2017)内 09 民终 356 号。

⑫ 判决书文书号为:(2016)鲁 1691 民初 349 号。

裁判要点的范围内,而更多涉及裁判理由的内容。指导性案例24号的裁判要点为:"交通事故的受害人没有过错,其体质状况对损害后果的影响不属于可以减轻侵权人责任的法定情形。"裁判理由中重要的内容有如下几点:第一,"……个人体质状况对损害的后果的发生具有一定的影响,但这不是侵权责任等法律规定的过错",受害人对损害的发生或者扩大没有过错;第二,损害后果系交通事故导致,受害人无责任;第三,根据个人体质在计算残疾赔偿金时予以扣减是法律适用错误;第四,交强险立法并未涉及可以根据受害人体质状况减轻赔偿义务的内容,参照"损伤参与度"确定损害赔偿责任和交强险责任均没有法律依据。①

对比前述29个判决与指导性案例24号的主要内容,不难发现以下几个问题:第一,指导性案例虽然涉及了"个人体质"(特殊体质)问题,但对什么情形属于不能减轻被告赔偿责任的"个人体质"并没有提出明确的界定,既没有理论上的界定,也没有经验上的列举。② 第二,该指导性案例的基本裁判逻辑是"受害人个人的特殊体质不属于侵权法上的过错",那么如果受害人的情况被认为不属于"特殊体质",是否可以因此减轻赔偿义务人的赔偿责任?第三,指导性案例模糊地提及了当事人体质对损害后果产生有一定影响以及损害系交通事故所致,但没有清晰地界定特殊体质、交通事故、损害后果三者之间的"事实上的因果关系"。③ 进而,缺乏基于对事实因果关系进行评价而形成的"法律上的因果关系"。④ 第四,同样不明确的是,受害人在交通事故中的具体责任类型是否影响

---

① 《指导案例24号:荣宝英诉王阳、永诚财产保险股份有限公司江阴支公司机动车交通事故责任纠纷案》,"最高人民法院网站",网址:http://www.court.gov.cn/fabu-xiangqing-13327.html(访问时间:2018年3月1日)。对该指导性案例的解读,请参见最高人民法院案例指导工作办公室:《〈荣宝英诉王阳、永城财产保险股份有限公司江阴支公司机动车交通事故责任纠纷案〉的理解与参照——个人特殊体质不属于减轻侵权人责任的情形》,载《人民司法》2015年第12期,第9—12页。

② 在美国的司法实践中,基本是通过判例来确定具体的特殊体质类型。See Rowe P. J., *The Demise of the Thin Skull Rule*, 40 Mod. Law Rev. 377-388(1977).

③ 事实上的因果关系的确定是一个复杂的理论和实践问题。一种观点是将因果关系区分为四类:必要并充分的因果关系,必要但不充分的因果关系,充分但不必要的因果关系,促发性(contributory)因果关系。参见 John Monahan & Laurens Walker, *Social Science in Law: Cases and Materials* (8th edition), Foundation Press, 2014, pp. 55-57.

④ 指导性案例24号涉及的是侵权法问题,在承认特殊体质与交通事故均与损害后果有事实上的因果关系的基础上,如何评价该因果关系在法律上的意义就成为一个棘手的问题。从司法实践来看,很多判决提到了"原因力"理论,即关于"多因一果"的法律理论。有关分析,请参见张新宝、明俊:《侵权法上的原因力理论研究》,载《中国法学》2005年第2期;杨立新、梁清:《原因力因果关系理论及其基础应用》,载《法学家》2006年第6期。

裁判结果。①

实际上,在不予适用指导性案例的 29 个判决中,以上几点不明确的地方恰恰成为区分适用指导性案例的关键比较点。对这些关键比较点的法律判断,就成为形成判决结果的主要判决理由。"判决理由的确定不是静止不变的,而是动态的——判决理由以及实质事实是由后来的法官加以认定的。"②因此,尽管经过人为剪裁和总结的指导性案例本意或许是为了提供更为详尽、明晰、便于操作甚至无须进一步解释、可以拿来就用的规则,但在实践中也摆脱不了被后案法官"重新解读"③的命运。

上述关键比较点的解读及其在指导性案例中的意义的对比如下表所示:

表 1 "不适用指导性案例"裁判中的比较点及其法律意义

比较点	指导性案例中比较点的法律意义	后案裁判对比较点的分析结果	后案裁判赋予比较点的法律意义
特殊体质	特殊体质不减轻赔偿责任,但什么是特殊体质不明确	不属于特殊体质	不能要求全部赔偿
事故责任	不明确	受害人负有一定责任	受害人的事故责任是减轻侵权人赔偿责任的理由
损害后果	未涉及	超出预期	无须(全部)赔偿
因果关系	未涉及,但无因果关系无赔偿符合法律基本原理和通说	交通事故与损害后果不具法律上的因果关系	无须赔偿
	不明确	多因一果	按照各个原因的作用确定赔偿比例
	个人体质不减轻赔偿责任	法律上的因果关系优于特殊体质作用	个人体质首先作为致损原因来评价赔偿责任
	不明确	非直接因果关系	无须全部赔偿
	不明确	非主要因果关系	无须全部赔偿
	未涉及,但举证不能承担败诉风险符合法律规定和通说	无法证明因果关系	举证不能承担败诉风险

---

① 有学者已经注意到了指导性案例 24 号中所疏于分析的事故责任问题,以及该问题在实践应用中的具体表现。参见孙光宁:《司法实践需要何种指导性案例——以指导性案例 24 号为分析对象》,载《法律科学》2018 年第 4 期。

② 张骐:《论类似案件的判断》,载《中外法学》2014 年第 2 期。

③ 卢埃林指出,美国法上遵循先例的一个因素是"任何后来的法院总是可以重新检验某个先例"。[美] 卢埃林:《荆棘丛》,明辉译,北京大学出版社 2017 年版,第 67 页。

因此,指导性案例中所包含的比较点的法律意义越不明确,其解释空间就越大。这意味着后案法官对其做出偏离指导性案例本意的解读可能性就越大,进而,得出待判案件与指导性案例并不相似的结论的可能性就越大。所以,法律意义不明确的比较点被用来作为不适用指导性案例之理由的概率更高。这是能够从"不适用指导性案例"的裁判中解读出的中国司法中"类似案例识别"的第一个显著特点。

其次,"特殊体质"和"事故责任"虽然都属于案件事实部分,但都需要做出法律评价或者价值判断,而"法律因果关系"本来就属于"法律关系"中的内容。因此,正如张骐教授所指出的,"确定比较点的过程并非一个单纯的事实发现过程",而"充当案件比较支点的比较点,需要面对事实与法律、事实与规范或事实与价值之间的双重争议"。① 在这里,需要再次强调,我们所使用的"比较点",是"包含事实与规则"的"关键事实"。②

此外,需要注意的是,比较点的法律意义存在程度不同的不明确之处,这是难以避免的客观现实,无法在绝对意义上被消除,无须对此做过于负面的评价。对于当事人、法官和法学研究者而言,更重要的是直面这种不确定性,根据具体的案件事实、法律诉求,做出自己的主张和判断。即在具体实践中通过法律规定以及指导性案例与具体事实的彼此关照,以贯彻相关的法律精神,实现正义。

(二)"适用指导性案例"裁判中的类似案例识别

在79个进行案件比较的裁判中,适用指导性案例24号进行裁判的有50个,占比约63.29%。就类案判断而言,在这50个判决中,有多达22个判决简单地得出"本案与指导性案例类似"的结论,③占比达44%;有12个判决根据单一的比较点(理由)得出两案类似的结论,占比24%;有16个判决根据多重比较点(理由)得出两案类似的结论,占比32%。

相对于不适用指导性案例的情形,在适用指导性案例的情形中的"类似案例

---

① 张骐:《论类似案件的判断》,载《中外法学》2014年第2期。
② 有关"关键事实"的分析,请参见赵英男:《类似案件判断中比较点的确定:理论、原则与路径》(未刊稿)。
③ 判决书文书号分别为:(2016)粤03民终986号,(2017)吉01民终5090号,(2016)豫10民终1046号,(2015)宜民一终字第01515号,(2015)沭胡民初字第01042号,(2016)赣08民终79号,(2015)梅丰法民一初字第21号,(2016)内0726民初873号,(2016)鲁0983民初4690号,(2015)博民初字第609号,(2015)浙杭民终字第1012号,(2016)皖01民终5298号,(2017)粤0606民初5094号,(2014)泰姜民初字第0943号,(2017)黑05民终122号,(2016)内09民终851号,(2016)豫1622民初2511号,(2017)粤04民终2920号,(2015)峄民初字第62号,(2016)鲁04民终643号,(2016)鲁0811民初5465号,(2016)粤04民终字1399号。

识别"有着自己的特点：

第一，在适用指导性案例的情形中，简单得出结论的裁判占比更高。这恐怕与论证负担有关。① 从根本上讲，指导性案例 24 号的法律精神是有利于交通事故受害人的。在背离该指导性案例情形下，法官为了说服受害人、平息受害人的不满或者减少自己判决被改判的风险，自然要拿出更多精力来证明自己裁判的正当性；而在适用指导性案例的情形下，则没有这么重的论证负担，且涉及的大部分交通事故都是发生在机动车与非机动车或行人之间，而机动车大部分都有交强险和商业险，赔偿主体更多情况下是具有赔偿义务和赔偿能力的保险公司，案件受到的来自信访、"维稳"的压力大大减轻，因此法官不做过多论证也是可以理解的。

第二，在"适用指导性案例/不适用指导性案例"两种情形中，比较点的选择倾向存在显著差异。在 12 个根据单一比较点判断两案类似的裁判中，有 9 个裁判的比较点是"非过错认定"，②有 3 个裁判的比较点是"个人体质"。③ 在另外 16 个判决中，法官综合"非过错认定""个人体质""事故责任""案件性质"等多种比较点确认待判案件与指导性案例的相似性。④

具体而言，与不适用指导性案例的情形相比：第一，在选择适用指导性案例的情形中，"非过错认定"是被选用频率最高的比较点。首先，就法律意义而言，个人体质作为"客观现实"无法被归于"主观过错"，这就直接否定了以个人体质为由减轻赔偿义务人赔偿责任的结论。这一比较点，无法为不适用指导性案例的裁判"直接"采用，除非付出巨大的论证代价。但由于其与裁判要点的精神直接相悖，因此将面临极大的被推翻的危险，⑤是纯粹的"费力不讨好"。因此，从

---

① 有关"相似案件相似审判"中的论证负担的理论分析，请参见孙海波：《类似案件应类似审判吗？》（未刊稿）。

② 判决书文书号分别为：（2016）苏 12 民终 1074 号，（2016）浙 0205 民初 4475 号，（2017）冀 09 民终 2382 号，（2017）吉民申 274 号，（2017）津 01 民终 1318 号，（2015）肇中法民三终字第 360 号，（2017）鲁 08 民终 2667 号，（2016）津 0114 民初 4141 号，（2017）津 01 民终 1318 号。

③ 判决文书号分别为：（2016）浙 0604 民初 4368 号，（2014）东民一终字第 108 号，（2016）闽 0902 民初 2608 号。

④ 判决文书号分别为：（2016）闽 0602 民初 10771 号，（2016）闽 0602 民初 10771 号，（2017）赣 04 民终 1374 号，（2014）沪铁民初字第 278 号，（2014）阳西法民初字第 1043 号，（2017）吉 0105 民初 29 号，（2017）鲁民申 106 号，（2015）普民一（民）初字第 871 号，（2016）赣 02 民终 535 号，（2017）豫 01 民终 4626 号，（2014）沪铁中民终字第 14 号，（2015）浦民一（民）初字第 27104 号，（2017）辽 04 民终 1780 号，（2017）粤 12 民终 944 号，（2017）内 0702 民初 249 号，（2016）辽 01 民终 1641 号。

⑤ 胡云腾：《违背指导性案例的判决可被推翻》，"北大法律信息网"，网址：http://article.chinalawinfo.com/ArticleFullText.aspx? ArticleId = 100431&distType = 0。

"成本—收益"的角度来看,为了不适用指导性案例,绕开该比较点是更为经济和安全的做法。反过来讲,为了适用该指导性案例,选取该比较点则是更为经济的做法。其次,裁判要点对该比较点的法律意义进行了较为明晰的表述。根据有关规定关于参照裁判要点的要求,该比较点自然受到更多的关注,更容易被检索到或者被记住。第二,"个人体质"与"事故责任"是两者都会用到的比较点,只不过在不同的情形中对该比较点的判断结果直接相反。由于裁判要点明确规定"个人体质"不属于可以减轻侵权人责任的法定情形,因此,要想否定指导性案例的适用,进路之一就是做出本案当事人的身体情况不属于指导性案例中涉及的"特殊体质"的判断。而要想适用指导性案例,则需要做出相反的判断。在指导性案例 24 号中,"事故责任"对于赔偿义务之影响的法律意义实际是不明确的。不适用指导性案例的裁判往往会指出两案中受害人责任的不同而予以区别,[①]而适用指导性案例的裁判则会指出两案在"受害人均不负事故责任"这一点上是一致的,并因此将指导性案例的法律效果赋予待判案件。

在适用指导性案例的情形中,后案裁判对比较点意义的解读与指导性案例本身相关内容的法律意义之间的对比如下表所示:

表 2 "适用指导性案例"裁判中的比较点及其法律意义

比较点	指导性案例中比较点的法律意义	后案裁判对比较点的分析结果	后案裁判赋予比较点的法律意义
非过错认定	特殊体质不属于侵权法中的过错,不因此减轻赔偿责任	特殊体质不属于侵权法中的过错	不因此减轻赔偿责任
特殊体质	特殊体质不减轻赔偿责任,但什么是特殊体质不明确	属于特殊体质	特殊体质不减轻赔偿责任,但什么是特殊体质不明确
责任差别	不明确	不负事故责任	不因此减轻侵权人赔偿责任

第三,根据多重比较点进行案件相似性判断的裁判,论证相对较为充分、说服力强。如下面这份判决书的论证部分(括号中内容为笔者归纳)[②]:

……本案中,交通事故认定书认定孙桂琴对案涉交通事故无责任,即孙

[①] 这一点区别来自具体案件中公安机关对于事故责任的认定:在指导性案例 24 号中,受害人在事故中不负责任,在根据此点背离指导性案例的,受害人在事故中均负一定的责任,包括次要责任和同等责任。

[②] 该案来自辽宁省抚顺市中级人民法院做出的(2017)辽 04 民终 1780 号判决,法宝引证码:CLI.C.10520076,访问地址:http://www.pkulaw.cn/case(访问时间:2018 年 6 月 3 日)。

桂琴对交通事故的发生及损害后果的造成均无过错。(**事故责任及过错分析**)至于论及受害人孙桂琴的身体状况对损失的扩大是否存在过错的问题,本案中,虽然孙桂琴的个人身体状况对损害后果的发生具有一定的影响,但这不是侵权责任法等法律规定的过错(**进一步的过错分析**),孙桂琴的身体状况仅是损害后果发生的客观因素,其身体状况与损害后果的发生并无法律上的因果关系(**因果关系**)。因此,受害人孙桂琴对于损害的发生或扩大均没有过错,不存在减轻或者免除加害人赔偿责任的法定情形。我国交强险的立法中并未规定确定交强险责任时应依据受害人身体状况对损害后果的影响作相应的扣减,保险公司的免责事由也仅限于受害人故意造成交通事故的情形,即便是投保机动车无责,保险公司也应在交强险无责限额内予以赔偿。(**交强险立法规定**)因此对于受害人符合法律规定的赔偿项目和标准的损失,均属于保险公司的赔偿范围。综上,经二审审查,本案案情与指导性案例相似(**案件相似性判断**),指导性案例可以作为本案判决的依据(**适用指导性案例的判断**)。至于上诉人阳光财险提出指导性案例的伤者与本案伤者在年龄方面存在差异、个人体质与基础性疾病也属于完全不同的概念,本院认为,阳光财险提出的此二方面差异并不是指导案例指引的实质和精髓,此类案件的关键问题是审查伤者是否有过错及伤者自身身体因素对于损害的发生、扩大是否有法律上的因果关系(**对当事人异议的回应**)……

法院并没有单纯按照有关规定的要求只引述"裁判要点"进行审理,而是基本按照类似于指导性案例中"裁判理由"的分析思路,从事故责任、个人体质性质、过错分析、交强法立法原意对待判案件进行分析,并得出"本案案情与指导性案例相似,指导性案例可以作为本案判决的依据"的结论。难能可贵的是,针对对方提出的本案伤者与指导性案例中伤者的不同情况的抗辩,法院清晰地指出该差异"不是指导性案例指引的实质和精髓",并进一步明确该"类"案件的关键问题是"审查伤者是否有过错及伤者自身身体因素对于损害的发生、扩大是否有法律上的因果关系"。因此,法院在该判决中不但做了充分的正面论证,还针对当事人的异议进行了有理有据的反驳。一方面,正确地实现了立法目的和指导性案例的法律精神,有效地维护了受害人的权益;另一方面,对提出相反意见的当事人进行了充分、理性地回应,能够有效地平息当事人的不满。类似这样的判决,才符合案例指导制度的初衷。

(三)类似案例识别的难点

根据前述分析,从法律论证的微观视角来看,类似案例识别的难点在于以下几点:

第一,比较点的选取存在较大差异。对比"适用指导性案例"和"不适用指导性案例"两种情形,很容易发现两种操作对具体比较点的选择存在明显的差异。前者多选取裁判要点中予以明确表述的比较点,而后者多选取裁判理由中出现的比较点。两种比较点均来自指导性案例本身。虽然有关规定和学理分析都赋予了裁判要点相对优势的地位,但裁判理由也是论证裁判结果正当性的重要依据,不能因比较点仅存在于裁判理由中而简单拒绝选取。

第二,比较点的法律意义存在程度不同的不明确之处。指导性案例大体框定了可能的比较点选取范围,但是却无法保证其能完整地、无争议地界定所有比较点的法律意义。因为,说到底,指导性案例只是"一个"案件,而非"一簇"案件,其难免在一些"看似"不重要但"实际"很重要的法律问题上论证不足、态度暧昧。

第三,比较点法律意义存在进行差异化解读的可能性。进一步地,对这些法律意义模糊的比较点进行完全不同的解读将直接导致对"案件是否相似"做出完全相反的判断,进而导致不同的判决结果。而对这种差异化解读的正当性缺乏进一步的判断标准。因此,对由此而造成的"适用/不适用"指导性案例的正当性也无从判断。对指导性案例的遵守未必一定是正确的,与之背离未必一定是错误的,但必须要给出理由。[①] 缺乏理由的类似案例识别实际上严重制约了案例指导制度所期许的"类似案件类似审判"的制度效果的实现。

四、余论:中国的类案审判为什么难?

根据前述分析,在中国目前的司法实践中,从提出指导性案例的主体、引述指导性案例的内容、适用指导性案例的类型等方面来看,"类似案件类似审判"的情况并不普遍,这当然绝不意味着案件(群)彼此之间不存在类似性。根据本文基于指导性案例24号之司法适用和类似案例识别的经验分析可以明显看出,在中国的现实语境中,"类似案件类似审判"的实践面临以下两个核心的难点:

第一,从操作上讲,目前类案审判的核心难点在于"类似案例识别"。

一是,"类似案件类似审判"并没有作为一项"法律责任"或"法律义务"而被明确认可。制度层面缺乏违背指导性案例而导致改判的强制性的程序要求以及与之相适应的司法惩戒措施。因此所导致的结果是,"类似案例识别"就成为中国法官可有可无的论证策略。**二是,比较点的确定本身就充满争议和疑难**。不

[①] 在卢曼看来,如果将正义的判准解释为"决定一致性的判准"(即类似案件类似审判),那么一致性就被理解为信息的"冗余",非一致性就被理解为"变异"。而两者的区分,需要通过法律论证给出理由,并使得法律系统因此具有自我组织性和学习性。参见[德]尼古拉斯·卢曼:《社会中的法》,李君韬译,国立编译馆与五南图书2009年版,第406—410页。

同的人可能出于利益考量、法律理解等因素选取完全不同的比较点论证同一案件。三是,"类似案例识别"在操作方面的困难可能导致对类案相似性做出南辕北辙的判断。正是因为"类似案例识别"如此费力而且未必能够讨好,且即使不进行"类似案例识别"也没有任何责任,因此中国法官在司法判决中普遍回避"类似案例识别",就成为他们面对具体案件、法律规则、指导性案例、说理论证需要等多重压力以及即使回避也不承担责任的司法环境下所形成的一种特殊的"地方性知识"①。

第二,从制度上讲,经验研究所能揭示出来的"类似案例识别"的实际困难最后反过来指向了案例指导制度本身,即我国的指导性案例在"规则供给"方面存在如下的天然不足。

一是,裁判要点具有天然的局限性。从制度设计的角度,案例指导制度实际赋予了裁判要点更为优先的地位,甚至可以说,只承认参照裁判要点的合法性。但从实践来看,裁判要点并不能保证能够完全满足论证的需求:那些说理较为充分的裁判,均没有按照有关规定的要求只是将指导性案例的适用局限在裁判要点上,反而是更多地从指导性案例的裁判理由中寻找论据来支撑自己论述。**二是,指导性案例的人为剪裁和总结不能完全满足论证的需求。**指导性案例遴选和发布的行政化操作,虽然看似能总结出相对明确的裁判要点,但其并不能保证涵盖案例所有的比较点,更不能保证明确所有比较点的法律意义,甚至还有可能曲解原判决的法律意义。② 尤其是在裁判理由等处出现的比较点,一旦未能充分明确其法律意义,反而对类似案例识别的实践带来冲突和困惑。③ **三是,指导**

---

① 有关"法律作为一种地方性知识"的理论,请参见[美]克利福德·吉尔兹:《地方性知识:事实与法律的比较透视》,邓正来译,载梁治平主编《法律的文化解释》(增订本),三联书店1998年版,第73—171页。

② 很多学者在论及裁判要点的撰写时,仅将裁判要点作为某种"语言陈述"来看待,即从"抽象/具体"的角度入手,考察裁判要点与判决文书本身的关系。但笔者认为,应该跳出"语言陈述"的视角,回归到判决的推理过程,尤其要重视裁判要点的内容是否获得了广泛的一致性认可,并总结"规范裁判要点具体内容的规则":"裁判要点的具体内容的范围既包括该案司法裁判中直接适用的法律规范、法律解释的方法、法律解释的结果以及所有与形成最终的裁判依据有关的命题,也包括所有与形成该案最终案件事实有关的命题。但实际的撰写并非要体现以上全部内容,如何选择取决于人们对使用有关命题所进行推理的一致性认可程度;假如对该推理的一致性认可程度较高,则无须对该推理之前的系列推理过程予以表述;反之,则需要表述形成该推理的原因,直至没有争议。"请参见拙文:《指导性案例中裁判要点的撰写》,载张骐等:《中国司法先例与案例指导制度研究》,北京大学出版社2016年版,第239—274页。

③ 裁判理由撰写的不足已经被注意到。参见孙光宁:《指导性案例的技术性缺陷及其改进》,载《法治研究》2014年第7期。

性案例缺乏"补强机制"。就指导性案例 24 号而言,其实际只是对"特殊体质不属于侵权法上的'过错'"这一点做出了明确表述,而对与之密切相关甚至可能影响裁判结果的"特殊体质界定""不同因素与损害后果之间的因果关系""事故责任差别"等重要问题并未做出明确回答。而上述问题在几乎所有的"特殊体质受害人交通事故侵权纠纷"中都普遍存在,其差别有可能左右最终的裁判结果。概言之,案例指导制度在规则供给方面不足,实际导致的是"识别类案之权威标准"的供给不足,因此反过来又加剧了"类似案例识别"的困难。

从前述分析来看,中国的法官以及案件当事人并没有形成自觉使用类案的意识。意识的改变也许并非一朝一夕之功,但制度层面的问题,却可以通过查缺补漏予以改进。值得期待的是,从规定内容来看,新构建的"类案与关联案件检索"机制并未将检索的范围局限于指导性案例或其裁判要点,而是更注重"案例识别"中"类型案例识别"的问题。就"特殊体质受害人交通事故侵权纠纷"这类案件而言,在"类案与关联案件检索"机制下,承办法官理论上可以不受指导性案例 24 号的局限,而是在丰富的既往裁判中检索对前述争议比较点论证更为充分、说服力更强的判决,以协助进行判断和论证,以弥补案例指导制度在"规则供给"方面的缺陷。因此,从扩大可资利用的法律论证资源这一角度讲,"类案与关联案件检索"相对于"案例指导制度"无疑是一种进步,但该制度只是在初创阶段,一些必要的配套制度尚未建立起来,其实际效果还有待历史和实践检验。

Similar Cases Trial from the Perspective of "Cases Identification"
—In the View of Judicial Application of Guiding Case NO.24

Liu Yan

Abstract: The operation of the China Guiding Cases Project provides valuable practical experience for the construction of Similar and Relative Cases Research Project. The core difficulty of Similar Cases Trial is "similar cases identification" in "cases identification". Taking the judicial application of the Guiding Case NO.24 as an example, it can be found that Chinese judges have not yet generally formed the argumentation thinking of "similar cases". Even if the "similar cases" reasoning is carried out, in the case of "application/not application" guiding case, which comparison points are applied and what their legal significance means are obviously different. There are two main difficulties in "similar cases identification". First, the principle of "similar cases are trialed similarly" is not regarded as a "legal obligation" or "legal responsibility" in the procedure. Second, there is a lack of "strengthening mechanism" in the Guiding Cases Project.

Keywords: Similar Cases Identification; Similar Cases Trial; Guiding Cases Project; Similar and Relative Cases Research Project

"异案异判":指导性案例的退出适用研究

雷槟硕[*]

[摘 要] 为实现"统一法律适用"的目标,指导性案例使用不仅需要"类案类判",还需要"异案异判"。"异案异判"就要求法官退出适用不同于待决案件的指导性案例。退出适用的原因主要有四个方面:法律体制的融贯性要求、司法实践的发展性要求、应对隐性使用的需要以及类比推理的结果不相似。其中前两种属于广义上退出适用的原因,可通过立法技术予以解决,并不存在使用难点。退出适用的难点主要在司法裁判中。在参考判例法的区分技术的基础上,充分考虑成文法体制、演绎推理与附着于演绎推理的类比推理的要求,以"相关法条"为中心,借助法律关系为框架体系展开事实要点对比,结果为不相似的则退出适用。同时,在裁判文书中明示、充分说理。以期实现"异案异判",真正正确、有效地使用指导性案例。

[关键词] 指导性案例;退出适用;区分技术;类比推理;异案异判

为实现"统一法律适用"与"类案类判"的目标,最高人民法院在司法改革中推行了案例指导制度。根据最高人民法院《关于案例指导工作的规定》(以下简称《规定》)与《〈关于案例指导工作的规定〉实施细则》(以下简称《细则》)的规定,待决案件与指导性案例相似的,应当参照。即在满足案件相似性要求时,主审法官应参照指导性案例。同时,这也意味着案件不相似的不应当参照,或"异案异判"。"异案异判"也是"统一法律适用"的必然要求。基于此,需要主审法官识别指导性案例、做好指导性案例与待决案件之间的相似性判断工作。在相似性要求满足的基础上,应当在演绎推理大前提与演绎推理的逻辑范围内适用指导性案例;同时,在相似性阙如的状态下,还要退出适用指导性案例。但法官不能仅通过主张"异案异判"作为退出适用的证成理由,相反,需要详细说明为什么退出。并且,退出适用指导性案例还需要解决怎么退出、退出之后是否影响

---

[*] 雷槟硕,上海交通大学凯原法学院2018级博士研究生。上海:200030。

指导性案例的嗣后适用等问题。因此,为有效推行案例指导制度,不仅要明确其性质定位、适用的技术方法,还需要设计退出适用的机制。构建指导性案例使用[①]的完备方案,使指导性案例不仅能在相似时"应当参照"——"类案类判",还能在不相似时"不参照"——"异案异判"。

一、指导性案例退出适用的原因

"类案类判"要求当待决案件与指导性案例相似时,需要将指导性案例适用到待决案件中。在我国成文法体制与演绎推理的要求下,"类案类判"是"统一法律适用"的必然要求。因为法官对同一法律规范可能存在差异理解,差异理解可能会导致"类案异判"。即是说,在不同案件的演绎推理中,尽管大前提是一样的,两个案件具有盖然相似性,但因法官对大前提的理解不同得出不同的裁判结果。这可能违背了"统一法律适用"的要求,并可能侵犯了宪法规定的公民平等权。假定法律规范 R 的结构为 A+B→C,案件 1 的处理是:$A_1 + B \to C_1$;案件 2 的处理是:$A_2 + B \to C_2$。基于相同法律规范的两个相似案件却得出不同结论,这就容易使得两个案件的当事人对法律规范 R 产生疑惑。更有甚者,质疑法律的公正性,进而削弱法律的正当性基础。因此,为"统一法律适用",就需要促使"类案类判"。同时,还需要"异案异判"。因为如果案件 3 的处理是:$A_1 + D \to C_1$;而案件 4 的处理则是:$A_1 + B \to C_1$。案件并不相似,将同一法律规范同时适用于不同情形,也违背了"统一法律适用"的要求。因此,基于"异案异判"的要求,在待决案件与指导性案例不相似的情形下,需要退出适用。但仅从价值理念与目标上揭示退出适用的原因仍不具备充足的说服力,更进一步分析退出适用指导性案例的原因主要分为四个部分:法律体制的融贯性要求、司法实践的发展性需求、应对隐性使用的需要与类比推理结果不相似。

(一)规范性原因:法律体制的融贯性要求

作为一项法律制度,指导性案例必须内嵌于整体法律秩序之中。"从判决的可普遍化要求看,作为一种目标,法官应当证明本判决符合法律秩序的精神、价

[①] 为有效区分针对指导性案例开展的不同活动,在此区分"使用"与"适用","适用"在本文中是指满足相似性要求前提下的使用,而"使用"则指包括适用以及退出适用在内的指导性案例运用活动。参见高尚:《德国判例使用情况分析——以〈德国刑法典〉第 266 条"背信罪"为对象》,载《环球法律评论》2017 年第 6 期,第 141 页。

值和目的,判决与法律秩序是融贯的。"①根据《规定》第2条②规定,指导性案例首先是一个生效裁判。并且,该生效裁判并非一般意义上的个案,其还是对特定法律规范的正确理解。举例来说,第23号指导性案例的"裁判要点"即是对《食品安全法》第148条第2款(案件裁判时为旧《食品安全法》第96条第2款)的正确理解。在司法实践中,因为不同法官对该条款的差异理解,出现了"同案异判"。为保证法律的平等适用,必须将不同法官对该条的差异理解统一起来。因此,最高人民法院通过指导性案例的遴选程序,对被编辑、推送到最高人民法院案例指导办公室的备选指导性案例进行审核和必要的修订。最终将符合法律规范正确理解的备选指导性案例确定为指导性案例。因此,指导性案例必须链接到已有的法律规范上。一定程度上,指导性案例首先是"以案释法",其无法脱离相应法律规范存在。后文也会在类比推理的相似性判断中指出,指导性案例必然链接到特定法律规范上,因为我国现行的司法裁判以演绎推理为主。成文法体制下,演绎推理的大前提就需要采用抽象的规则化方案。因此,指导性案例的适用以已有法律规范为基础,借助"以案释法"③等方法将指导性案例嵌入现行法律体系。

具体指导性案例不符合法律体制融贯性要求的,需要退出适用。从正面理解,案例指导制度需要在成文法体制下构建,因为"法律的安定性这种形式正义的要求能更好地在一种(融贯)体系导向的规制而非无序与分散的规制中被实现。"④有机联系与整体规划的法律秩序或法律体系要求其内部组成部分能够协调共处,通过协力作用发挥1+1>2的效果。一旦无法有效体系化地安排特定制度,不仅特定制度本身无法得到有效运用,反而会使得1+1<2。指导性案例作为案例指导制度的具体展开,需要在法律规范的范围内发挥作用。同时,在适用上,指导性案例还必须能够融贯到演绎推理的推理方式中,否则势必会造成不同法律推理方式之间的混乱使用。从反面理解,一旦案例指导制度、具体指导性案例不符合融贯性的要求,就需要采取特定机制予以应对。对于体制性的非融贯主要是指规范性文件之间的冲突。而案例指导制度是在现行法律秩序的框架下设计的,所以非融贯主要是指具体指导性案例在公布之后以及使用时与其他

---

① 张骐:《再论类似案件的判断与指导性案例的使用——以当代中国法官对指导性案例的使用经验为契口》,载《法制与社会发展》2015年第5期,第149页。

② 《关于案例指导工作的规定》第2条:"本规定所称指导性案例,是指裁判已经发生法律效力。"

③ 参见孙光宁:《法律解释方法在指导性案例中的运用及其完善》,载《中国法学》2018年第1期,第96—97页。

④ 雷磊:《融贯性与法律体系的建构》,载《法学家》2012年第2期,第5页。

规范性文件冲突。这种冲突主要表现为如下三种样态：

第一，与法律、司法解释等抽象规则型规范性文件存在冲突。[1] 根据《细则》第12条第一项[2]与最高人民检察院《关于案例指导工作的规定》第17条第一项和第二项[3]规定，指导性案例与新颁布的法律、行政法规、司法解释存在冲突的则无效，指导性案例援引的法律、司法解释废止的，指导性案例无效。因为指导性案例是"以案释法"，而且指导性案例以相关规范为基础，当相关规范被废止，则意味着指导性案例的"基础规范"不再存在，在规范性回溯的链条上，规范性来源被废止。指导性案例的规范性就成了"无源之水，无本之木"。而与新颁布的法律、行政法规、司法解释存在冲突意味着指导性案例依赖的法律规范被替代、覆盖以及限缩，反映到指导性案例中的部分则表现为规范性阙如。此时，指导性案例就需要退出适用。

第二，不同指导性案例之间的冲突。案例指导制度不仅指最高人民法院的案例指导制度，也并非仅指司法性质的案例指导制度。除最高人民法院与最高人民检察院会发布指导性案例外，一些行政机关也发布了指导性案例。因此，在不同指导性案例之间可能存在潜在冲突。冲突方式一：最高人民法院与其他机关指导性案例之间的冲突，在司法裁判领域以最高人民法院的指导性案例为标准；冲突方式二：同一机关的新旧指导性案例发生冲突，则依据新"法"优于旧"法"的理念认定新的指导性案例为标准。但无论以何者为标准，都存在某指导性案例退出适用。同时，这也是《细则》第12条第二项与最高人民检察院《关于案例指导工作的规定》第17条第三项的要求。

第三，指导性案例与其他类型案例的冲突。在法院系统内部，不仅有指导性案例，还有公报案例、典型案例等具有指导意义的案例。除此之外，不同层级法院的部分生效裁判也可以称为案例。这些案例也可能与指导性案例冲突，但因为其他类型案例在效力上低于指导性案例，因此不能说指导性案例不符合融贯性要求，而是其他类型案例不符合指导性案例，因为指导性案例是对法律规范的

---

[1] "司法解释……具有成文法的性质，它所提供的规则同样具有抽象性与一般性。"（陈兴良：《案例指导制度的法理考察》，载《法制与社会发展》2012年第3期，第79页），因此，把具有成文法外观形式，采用条文化表达方式的规范性文件在此归纳为抽象规则型规范性文件。

[2] 《〈关于案例指导工作的规定〉实施细则》第12条："指导性案例有下列情形之一的，不再具有指导作用：（一）与新的法律、行政法规或者司法解释相冲突的；（二）为新的指导性案例所取代的。"

[3] 最高人民检察院《关于案例指导工作的规定》第17条："指导性案例具有下列情形之一的，最高人民检察院应当及时宣告失效，并在《最高人民检察院公报》《检察日报》和最高人民检察院网站公布：（一）案例援引的法律或者司法解释废止的；（二）与新颁布的法律或者司法解释相冲突的；（三）与最高人民检察院新发布的指导性案例相冲突的。"

正确理解。所以,本质上是其他类型案例不符合融贯性要求。也正是因为指导性案例是"以案释法",是对法律规范的正确理解,在不违反《细则》第12条与最高人民检察院《关于案例指导工作的规定》第17条的要求时,则是其他类型案例错误适用法律规范。此时,指导性案例无须退出适用。

(二)现实性原因:司法实践的发展性需求

案例指导制度是司法实践发展的变革产物。前文业已指出,指导性案例的功能之一是"以案释法",所释的法即是抽象规范性条文。借助语言文字表达的法律规范不可避免会存在部分模糊、争议以及差异理解的问题。"语言就像朦胧之月,法律规定的语词如若落在光亮的中心区域便是清晰可辨和明确无误的,也就是说它落在了该语词的常规语义空间之内,此时可以通过涵摄方法将法律规范与事实进行完美的对应,这是法律规则的普遍性使然。"[①]也即法律规范可能存在哈特所说的空缺结构。并且,法律规范的含义可能会随社会生活的发展产生变动,人们会对法律规范产生不同的理解,为保证法律的准确理解以及司法实践的发展性需求,需要进行法律的解释性活动。解释性活动可以依据方式、载体、主体不同进行不同类型的划分。对于司法机关而言,依据方式的不同区分为通过规则性方案解释与通过案例解释。我国现行法律体制中的司法解释属于规则性方案,指导性案例则是案例解释性方案。并且,两种方案都为现行规范性文件所允许。[②]根据《人民法院组织法》第32条[③]与第五届全国人大常委会第九次会议通过的《关于加强法律解释工作的决议》(以下简称《决议》)第2条[④]规定,最高人民法院对审判过程中遇到具体法律应用问题,可以进行解释,但并未限定解释的方式。在文义的范围内,通过案例解释法律具有容身的空间。即指导性案例是应司法实践的发展性需求产生的。

因此,指导性案例"不再适应司法实践的需要,在此情况下应当将指导性案例予以废止,包括取消其指导性案例的资格,或者以其他合适的指导性案例替代。"[⑤]

---

① 孙海波:《破解类比推理难题:成因、类别和方法》,载《甘肃政法学院学报》2013年第6期,第105页。

② 参见雷磊:《指导性案例法源地位再反思》,载《中国法学》2015年第1期,第282页。

③ 《人民法院组织法》第32条:"最高人民法院对于在审判过程中如何具体应用法律、法令的问题,进行解释。"

④ 《关于加强法律解释工作的决议》第2条:"凡属于法院审判工作中具体应用法律、法令的问题,由最高人民法院进行解释。凡属于检察院检察工作中具体应用法律、法令的问题,由最高人民检察院进行解释。"

⑤ 胡云腾、于同志:《案例指导制度若干重大疑难争议问题研究》,载《法学研究》2008年第6期,第2页。

仍以上文的第 23 号指导性案例为例,该案所关注的问题主要是"知假买假者"以及"职业打假者"是否构成《食品安全法》第 148 条第 2 款规定的消费者。司法实践中对该问题存在两种相互对立的立场:属于与不属于。认定属于《食品安全法》第 148 条第 2 款规定的消费者的,就可以适用 10 倍惩罚性赔偿;认定不属于《食品安全法》第 148 条第 2 款规定的消费者的,就不能适用 10 倍惩罚性赔偿。造成损害的可以根据《侵权责任法》的规定主张侵权责任,或者可以根据《合同法》的规定主张违约责任。在司法实践中也是两种立场都有。但在当前食品药品安全事件多发的时期,行政监管无法及时跟上。在司法裁判领域,又将"知假买假者"与"职业打假者"统统排斥在消费者之外,不仅不利于食品药品安全管理,还容易引发人们对法律公正性的质疑。"因此为了保护消费者利益,打击不良商贩,消法在具体制度上就采取了倾斜性的权利义务配置,给予消费者更多权利,经营者则承担更多义务。"①因此在第 23 号指导性案例的基础案件中,法官倾向于认为"知假买假者"属于消费者。② 但随着社会生活的持续变化,司法政策以及司法实践需求也会产生一定的变化。2017 年 5 月 19 日,最高人民法院在给第十二届全国人大五次会议第 5590 号建议的答复意见(法办函[2017]181 号)中就指出:"考虑食药安全问题的特殊性及现有司法解释和司法实践的具体情况,我们认为目前可以考虑在除购买食品、药品之外的情形,逐步限制职业打假人的牟利性打假行为。"即是说,在对待知假买假者是否属于消费者的问题上,最高人民法院的态度产生了一定的变化。就答复意见的态度可以推知,"知假买假者"只能在食品、药品领域内成立消费者的认定。更有甚者,随着行政监管的日趋完善,作为过渡措施的惩罚性赔偿将不再适用于该领域。此时,司法实践的发展性需求会促使第 23 号指导性案例退出适用。

(三)技术性原因:应对隐性使用的要求

较多的指导性案例隐性使用不利于案例指导制度落地生根。"某一法律不一定能执行,成为具文。社会现实与法律条文之间,往往存在着一定的差距。"③同样,案例指导制度真正作为一项制度运行必须发挥作用,具体的指导性案例需要被后案使用才能证明其落地生根,具有实效性。但有关实证研究表明,指导性

---

① 李剑:《论知假买假的逻辑基础、价值理念与制度建构》,载《当代法学》2016 年第 6 期,第 85 页。
② 需要指出的是,第 23 号指导性案例仅是认为"知假买假者"属于消费者。因为"知假买假者"与"职业打假者"尽管相似,但却不等同。而且,在不同领域,对于"知假买假者"与"职业打假者"是否属于消费者,或者是否受惩罚性赔偿措施保护亦不相同。关于该问题将有专文论证,在此不再赘述。
③ 瞿同祖:《中国法律与中国社会》,中华书局 2003 年版,"导论"第 2 页。

案例适用的情况不尽如人意。① 并且,在援引方式上法官更倾向于隐性援引。②但隐性援引却不利于指导性案例的真正落实。

第一,违反《规定》与《细则》的明确规定。根据《规定》第 7 条与《细则》第 9、第 10、第 11 条规定,待决案件与指导性案例相似的,待决案件法官应当参照。尤其是当事人明确主张的情形。根据《细则》第 11 条③第 2 款规定,主审法官对当事人、辩护人、代理人以及公诉机关主张指导性案例的,应当回应且对是否使用了指导性案例予以说明。如此一来,指导性案例实质设定了待决案件法官的论证负担。一旦主审法官在裁判文书中使用指导性案例,无论是适用抑或退出适用都需要进行必要的说理。因此,在不熟悉案例使用方法、规避说理负担等实用主义观点驱动下,"尤其是在某些法官惰于思考问题的思维之下,本着多一事不如少一事的心态,便不太可能选择明示适用的方式。"④隐性适用指导性案例使得诉讼参与人以及社会公众无法直观区分主审法官是适用还是退出适用指导性案例。

第二,隐性适用忽略了事实要点相似性判断。与抽象规则型规范性文件不同,指导性案例不能直接采用演绎推理。因为演绎推理是一般到个别的涵摄,涵摄要求前提是一个具有可普遍性适用特征的规则化方案。普遍化的方案就使得行为需要在规则的方案中开展,但规则可能存在"潜在包含"与"过度包含"等问题。为保证规范性方案的准确应用,就应设定规则方案的例外情形。⑤ 类比推理作为补充或辅助方案进入视野,但类比推理与演绎推理不同,类比推理是个别到个别的相似性与差异性对比活动。即是说,指导性案例使用——无论结果是

---

① 参见郭叶、孙妹:《指导性案例应用大数据分析——最高人民法院指导性案例司法应用年度报告(2016)》,载《中国应用法学》2017 年第 4 期,第 48 页。值得注意的是,北大法律信息网在 2018 年发布了相同作者的指导性案例司法应用年度报告(2017),有一些可喜的变化:2016 年的应用与未被应用占比是 48%:52%,2017 年则变为 65%:35%。从这一数据可以发现指导性案例使用情况有很大的改善。但对于从 2011 年就正式启动的制度,仍存在部分指导性案例未被使用,并且被应用的 60 个指导性案例中 41 个指导性案例使用次数少于 10 次。其整体情况仍不尽如人意(参见郭叶、孙妹:《最高人民法院指导性案例司法应用情况 2017 年度报告》,载《中国应用法学》2018 年第 3 期,第 116 页)。
② 参见郭叶、孙妹:《最高人民法院指导性案例司法应用情况 2017 年度报告》,载《中国应用法学》2018 年第 3 期,第 118—119 页。
③ 《〈关于案例指导工作的规定〉实施细则》第 11 条第 2 款:"在办理案件过程中,案件承办人员应当查询相关指导性案例。在裁判文书中引述相关指导性案例的,应在裁判理由部分引述指导性案例的编号和裁判要点。公诉机关、案件当事人及其辩护人、诉讼代理人引述指导性案例作为控(诉)辩理由的,案件承办人员应当在裁判理由中回应是否参照了该指导性案例并说明理由。"
④ 孙海波:《指导性案例的隐性适用及其矫正》,载《环球法律评论》2018 年第 2 期,第 153 页。
⑤ 参见陈景辉:《规则的普遍性与类比推理》,载《求是学刊》2008 年第 1 期,第 77—79 页。

适用抑或退出适用——需要进行类比推理活动。但隐性适用将类比推理掩饰或遮蔽起来，违反了指导性案例适用的技术性要求。

第三，虚饰主义的内在危机。指导性案例使用的情形一般为法律规范出现空缺结构，为有效弥补演绎推理中大前提的空缺结构，通过指导性案例生成阶段的"以案释法"，强化演绎推理的涵摄。因此，最终案件裁判结论的作出是（法律规范＋指导性案例"裁判要点"）＋案件事实→裁判结论的过程。隐性适用则将指导性案例"裁判要点"发挥作用的内因掩饰起来，呈现出法官主观意欲的外显。如此一来，得出裁判结论的裁判理由与裁判原因分离。但司法裁判必须秉持诚信裁判的要求。[①] 在指导性案例隐性使用中，适用指导性案例而未明示，使得裁判理由仅表现为法律规范；而实际得出案件结论的裁判原因则是法律规范＋指导性案例。"鉴于司法虚饰论将判决理由降格为粉饰工具，从根本上质疑司法说理的必要性与正当性，对司法说理的根基构成了挑战。"[②] 为了保障司法说理的正当性基础，必须杜绝这一现象。尽管客观上，隐性适用可以减少其裁判被质疑的可能性。[③] 但也不利于当事人、辩护人、代理人、公诉机关的监督。并且，隐性适用与退出适用的区分判断对于当事人具有较高难度，更不利于裁判说理可接受性目的的实现。

明确指导性案例退出适用，有利于限缩隐性适用的空间。如果采用二分法，指导性案例使用可以二分为适用与退出适用。其中适用又可以分为显性适用与隐性适用。三者构成指导性案例使用的全域，当指导性案例使用置于显性适用或退出适用的域内时，就意味着指导性案例未处于隐性适用的范围内。因此，明确指导性案例退出适用，有利于明确隐性适用的空间。防止法官借退出适用的形式行隐性适用的行为。并且，明确退出适用的要求，还有利于落实《规定》第7条[④]与《细则》第9、第10、第11条[⑤]的要求，使指导性案例使用具有正反两方面压力，

---

① 参见孙海波：《指导性案例的隐性适用及其矫正》，载《环球法律评论》2018年第2期，第155—156页。

② 杨贝：《论判决理由与判决原因的分离——对司法虚饰论的批判》，载《清华法学》2016年第2期。

③ 参见孙维飞：《隐名的指导性案例——以"指导性案例1号"为例的分析》，载《清华法学》2016年第4期，第18页。

④ 《关于案例指导工作的规定》第7条："最高人民法院发布的指导性案例，各级人民法院审判类似案例时应当参照。"

⑤ 《〈关于案例指导工作的规定〉实施细则》第9条："各级人民法院正在审理的案件，在基本案情和法律适用方面，与最高人民法院发布的指导性案例相类似的，应当参照相关指导性案例的裁判要点作出裁判。"第10条："各级人民法院审理类似案件参照指导性案例的，应当将指导性案例作为裁判理由引述，但不作为裁判依据引用。"

更防止主审法官基于实用主义考量退出适用或隐性适用。再者,当前的《规定》与《细则》并不存在相应的法律后果,对于正确退出适用抑或错误退出适用并无差异,不利于引导法官正确使用指导性案例。当当事人或代理人等主张指导性案例,主审法官应当回应并说理,而不能通过隐性适用"瞒天过海",呈现出退出适用的样态。否则可能侵犯了当事人的辩论权。① 因此,为了保障当事人的辩论权以及落实案例指导制度,需要明确指导性案例退出机制。既可以防止因司法虚饰情形的发生而损害司法裁判说理的正当性与必要性,亦可以促使指导性案例落地生根。

(四)实质性原因:类比推理结果不类似

指导性案例适用需要满足类比推理的相似性要求。前文业已指出,指导性案例的适用不能简单采用演绎推理,但又不能置于演绎推理的涵摄之外。因此,司法裁判中使用指导性案例似乎陷入了相互矛盾的悖论:指导性案例需要采用类比推理,实现个案到个案的传递;成文法体制要求演绎推理方式,保证一般到个别的涵摄,指导性案例作为个案不符合一般性的要求。但两种推理方式并非完全对立,两者可以采用一定的方式予以勾连。指导性案例可以采用"附着于演绎推理的类比推理"实现使用的目标。

附着于演绎推理的类比推理主要是指两个附着:第一,法官在待决案件中发现法律规范存在空缺结构,同时,该规范存在差异理解。因此,待决案件法官将该规范作为关键词或联接点到指导性案例库中检索,如以《食品安全法》第148条第2款为关键词检索获得第23号指导性案例。即首先附着于法律规范作为检索手段。第二,检索到指导性案例并不直接将指导性案例适用到待决案件中,而是将待决案件与指导性案例进行类比推理。类比推理的结果相似的才可以将指导性案例适用到待决案件中。并且根据《细则》第9、第10条规定,指导性案例的适用只能将指导性案例中的"裁判要点"部分作为裁判理由适用。② 作为裁判理由适用是指"裁判要点"只能附着于出现空缺结构的法律规范,而不能独立作为演绎推理大前提。因此,指导性案例适用从法律规范检索出发,经过对比回

---

① 参见冯文生:《审判案例指导中的"参照"问题研究》,载《清华法学》2011年第3期,第103页。

② 胡云腾大法官在早前的文章以及官方解释中认为指导性案例应作为裁判理由,但在最近的文章中主张可以将指导性案例认定为裁判依据(参见胡云腾:《打造指导性案例的参照系》,载《法律适用·司法案例》2018年第14期,第3—5页)。但2018年6月1日最高人民法院发布的《关于加强和规范裁判文书释法说理的指导意见》第13条仍认为指导性案例作为"论证裁判理由",因此在官方正式文件层面关于指导性案例性质定位的认识上尚未更改《规定》的观点,在此仍以《规定》与2018年这份《指导意见》为正式观点。

归演绎推理的涵摄仍需要附着于法律规范。① 通过两次附着将指导性案例适用到待决案件中,但不能忽略其中一个重要的部分:待决案件与指导性案例的类比推理。因为附着于演绎推理解决的是指导性案例嵌入成文法体制以及如何嵌入的问题,但在指导性案例嵌入演绎推理之前,需要满足类比推理的条件要求。因为类比推理"不是逻辑推论,而是一种比较或者等置"。② 因此,待决案件与指导性案例之间的类比推理就要求对要点进行相似性判断。

指导性案例的退出适用也需要进行类比推理。类比推理的要点相似意味着适用条件满足,使指导性案例得以适用,但条件不满足会产生什么结果?如果"条件满足→适用指导性案例"是一项逻辑推理的过程,条件满足充任前提,则适用指导性案例是正确推理的结果。相反,前提不满足会引发相反的结果产生。因此,条件不满足→退出适用指导性案例。即类比推理的结果不相似时,需要退出适用指导性案例。所以,退出适用指导性案例的根本原因是类比推理的结果不相似,这使得类比推理之后个案传递出现了阻碍。因为相似性判断结果是盖然相似,两案就会呈现为相似的观感,"等者等之"会在公平理念的驱动下成为正当的处理方案;而相似性判断结果是不相似,则两案呈现为相异的观感,公平理念则会驱动"异者异之"成为最优的方案。因此,指导性案例退出适用的本质原因就是类比推理结果不相似。

综上所述,指导性案例需要在制度目标"统一法律适用"下展开工作。但因为法律体制的融贯性要求、司法实践的发展性需求、应对隐性适用的需求以及类比推理结果不相似的根本要求,指导性案例需要退出适用。但细致对比可以发现,基于前两种原因退出适用指导性案例是立法意义上的退出适用,即通过权威机关立改废的方式,而不是司法机关在具体个案中退出适用。立法意义上的退出适用与后两种需求引导下的退出适用构成广义上的退出适用。"广义的退出机制既包括对指导性案例的清理和废止,也包括对指导性案例的规避。"③ 而狭义的退出适用仅指司法意义上的退出适用。与立法意义上的退出适用不同,后两种强调的是主审法官具体应用中的退出。或言之,立法意义上的指导性案例退出尚未真正进入使用范围,而司法意义上的指导性案例退出则是进入到法官视野中的实践技术。解决立法意义上的指导性案例退出适用主要采用立法技术

---

① 参见雷槟硕:《如何"参照":指导性案例适用的逻辑》,载《交大法学》2018年第1期,第66—75页。
② [德]阿图尔·考夫曼:《法律获取的程序——一种理性分析》,雷磊译,中国政法大学出版社2015年版,第116页。
③ 孙海波:《指导性案例的隐性适用及其矫正》,载《环球法律评论》2018年第2期,第162页。

即可,争议不在于个案之间的相似性判断,抑或司法裁判技术。主要取决于政策选择与价值判断。不同的价值判断与政策选择可以引发法律规范的变更以及发布新的指导性案例,该种方案不存在技术性难点,应对方案与立法不存在本质上的差异。唯一需要解决的问题是退出方式,如退出采取明示退出还是采取默示退出。根据《细则》第12条与最高人民检察院《关于案例指导工作的规定》第17条规定,实际上明确了默示退出。但有学者主张:"当指导性案例为其他新的法律解释观点所代替,或者因其他原因而失去指导性时确认该案例的机构可以根据下级法院、当事人的申请,或者依职权废止某一指导性案例。"①

不过,在指导性案例发布机关正式废止指导性案例以前,与新颁布的法律、行政法规、司法解释相冲突的,指导性案例仍然无效。原因在于首先,根据《立法法》的规定,法律、行政法规、司法解释的效力位阶高于指导性案例。尤其是法律,指导性案例与新颁布的法律冲突的,不具有对抗效力,因为指导性案例必须依赖于具体法律规范。因为新法优于旧法,基于旧法的指导性案例伴随旧法而无效;其次,《规定》第12条与最高人民检察院《关于案例指导工作的规定》第17条进行了明确的制度安排。因此,立法上采用默示退出机制,但"在实践中,最高法院应当坚持随时检索整理,一旦新法出台,即应对在先的指导性案例进行校点,以及时更替,并以便捷方式让公众知悉援引"。② 即同时采用默示退出的辅助机制,加强司法公开。最后,指导性案例适用退出机制最核心的问题就落在狭义的退出机制上,下文也将集中于论证法官如何在司法裁判中退出适用指导性案例。

二、指导性案例如何退出适用

"类案类判"与"异案异判"并非是分离的,两者更像是硬币的两个面向。但相对于"异案异判","类案类判"更具有吸引力,因为"异案异判"意味着变化,变化就会带来更多的不确定性。③ 基于可预期性、确定性的诉求等原因,英国发展出判例法制度,并且要求坚持"遵循先例"。通过遵循先例可以保证不同案件之间的连续性、统一性,因为"普通法并不主动为当事人设立行为模式,而是允许当

---

① 蒋惠岭:《建立案例指导制度的几个具体问题》,载《法律适用》2004年第4期,第11页。
② 胡云腾、于同志:《案例指导制度若干重大疑难争议问题研究》,载《法学研究》2008年第6期,第22页。
③ 参见[美]迈克尔·J·格哈特:《先例的力量》,杨飞等译,中国法制出版社2013年版,第21页。

事人自行选择,仅在纠纷发生后裁决哪方的行为违反了公众所认可的基本信条。"① 由此,在不存在成文法典提供行为方案时,第一个或者被承认的第一个判例就具有指导性作用。对于后案尤其如此,前案就是最权威的裁判参照方案。但过于严格甚至僵硬地遵从先例可能导致个案的不正义,对于英美法系还可能限制其法律的发展。因此,在1966年惯例陈述中舒缓了遵循先例的要求。② 因此,在案件相异的情况下,需要退出适用先例。对于指导性案例而言,待决案件异于指导性案例的,就要退出适用指导性案例。因此,在司法实践中,退出适用指导性案例的关键问题就是要明确待决案件与指导性案例相异的"异"以及如何判断两者的"异"。

(一)退出的前置性要求:事实要点相似性判断

待决案件与指导性案例相异是指事实要点相似性判断的结果不相似。与适用指导性案例一样,退出适用指导性案例也需要事实要点相似判断。从指导性案例到待决案件的结论传递需要满足类比推理的要求,"如果某些人认为,可以在进行个案比较时放弃比较点,以此来规避不受欢迎的类比,那么这肯定是不对的"。③ 因此,类比推理或要点相似性判断是必要的。假定指导性案例 GC—xx 援引的法律规范("相关法条")为 Rn,并且指导性案例 GC—xx 的基础案件 C_1 的基本事实包含 c_1、c_2、c_3、c_4、c_5,适用于指导性案例 GC—xx 的法条 Rn 包含 x_1、x_2、x_3、x_4、x_5 等规范要件。在法律规范完备时直接采用演绎推理即可:Rn + $C_1 \rightarrow D$,因为 $x_1 \rightarrow c_1$,$x_2 \rightarrow c_2$,$x_3 \rightarrow c_3$,$x_4 \rightarrow c_4$,$x_5 \rightarrow c_5$,基础案件的事实要素都能为法律规范的规范要件涵盖。因此,将法律规范 Rn 中规范要件连接的法律后果推论到待决案件中即可。

但当法律规范 Rn 出现差异理解时,情形就会发生变化。Rn 中的 x_5 存在不确定的部分。x_5 可以被理解为 $x_{5-1}/x_{5-2}/x_{5-3}$,在待决案件 C_1 中:Rn($x_5 = x_{5-1}$) + $C_1 \rightarrow D_1$;在待决案件 C_2 中:Rn($x_5 = x_{5-2}$) + $C_2 \rightarrow D_2$;在待决案件 C_3 中:Rn($x_5 = x_{5-3}$) + $C_3 \rightarrow D_3$。如此差异化的理解导致同一法律规范产生了 D_1、D_2、D_3 三种结果,会让人们对法律规范的权威性、统一性产生怀疑。此时,通过指导性案例的遴选、推送程序,最高人民法院发现待决案件 C_1 的解决方案($x_5 = x_{5-1}$)是对

---

① [比]R·C·范·卡内冈:《英国普通法的诞生》,李红海译,商务印书馆2017年版,译者序Ⅵ—Ⅶ页。
② 参见[英]鲁伯特·克罗斯、[英]J·W·哈里斯:《英国法中的先例(第4版)》,苗文龙译,北京大学出版社2011年版,第115—119页。
③ [德]阿图尔·考夫曼:《法律获取的程序——一种理性分析》,雷磊译,中国政法大学出版社2015年版,第12页。

法条 Rn 的正确理解，因此将 $Rn(x_5 = x_{5-1}) + C_1 \to D_1$ 选为指导性案例 GC-xx。但这并不意味着指导性案例必然适用于将来所有的待决案件，未来的待决案件仍然需要满足类比推理的要求。如待决案件 C_4 同样适用法条 Rn，在适用指导性案例之前需要将待决案件 C_4 与指导性案例 GC-xx 进行对比。GC-xx 的基础案件包含 c_1、c_2、c_3、c_4、c_5，如果待决案件 C_4 包含 c_1、c_2、c_3、c_4、c_6，则两者在 c_1、c_2、c_3、c_4 几者上相似，在 c_5 上相异。因为基本要素数量上相似性超过相异性，可以判断两者相似，此时方可将指导性案例适用到待决案件 C_4，即 $[Rn(x_1、x_2、x_3、x_4、x_5) + GC\text{-}xx(x_5 = x_{5-1})] + C_4 \to D_1$。① 而当待决案件 C_5 包含 c_1、c_6、c_7、c_8、c_9，则待决案件 C_5 与指导性案例 GC-xx 仅在 c_1 上相似，在其余几点则相异。此时，则应认定两者相异，其结果即是退出适用指导性案例。因此，即使是退出适用指导性案例也需要进行类比推理，并且类比推理的结果需要是要点不相似。

（二）退出的方法：区分技术

在司法裁判中适用或退出适用指导性案例最终落到相似性判断上，因此，需要特定的技术、方法解决该问题。首先，可以考察域外采用何种技术应对案例之间的区别或如何处理遵循先例的例外。这种技术在域外被称之为区分（distinguish）技术，区分技术"实际上就是在司法过程中对不同情形下各级相关或类似的因素进行区分，以找出其中的差别，并在法律上区别对待，以得出不同的结论"。② 因此，区分技术的关键就变为三个方面：第一，案件对比的要素是何种要素？第二，什么样的要素是重要的？第三，实质性差异的含义是什么？③ 只有将这三个问题梳理清楚才能实现区分技术的目标。

首先，区分技术下需要对比的是事实要素。④ 因为在英美法系的发轫之初，不存在成文法规则，两案并无可资对比的规范要素。如前文所述，普通法并不创造规则，其工作的基本原理是等争议进入诉讼领域，法官将已经存在的、符合公众基本信条的社会规范引入纠纷中作为判断标准。当后案发生时，无法对比前案与后案的规范要素，因为后案并未预设规范要素。对比活动的目标即是将前案中已经确认的规范引入到后案中，因此后案与前案需要对比规范要素以外的

---

① 参见雷槟硕：《如何"参照"：指导性案例适用的逻辑》，载《交大法学》2018 年第 1 期，第 74 页。

② 李红海：《普通法的司法解读》，北京大学出版社 2018 年版，第 127 页。

③ 参见［美］卢埃林：《荆棘丛——关于法律与法学院的经典演讲》，北京大学出版社 2017 年版，第 62 页。

④ 需要指出的是，此处首先介绍的是英美法系中的区分技术，在我国的案例语境下，区分技术运用考量的应是法律事实要点，而非纯粹的事实要点（参见张骐：《论类似案件的判断》，载《中外法学》2014 年第 2 期，第 528 页）。

其他要素。这种要素只能是规范要素以外的事实要素。

其次,关键事实要素才是区分技术真正需要考虑的。一个案件包含许多事实要素,从当事人的年龄、性别、身高到标的物的数量、质量、价格,从合同的类型、期限、生效条件到侵权的主观方面、手段、程度,任何一个要素都是特定案件的组成部分。但并非所有的要素都是必要的。从自然事实到社会事实再到法律事实都存在一定程度上的要素取舍活动,一个抢夺案件中的犯罪嫌疑人着长袖衬衫还是短袖衬衫都无关紧要。长袖衬衫或短袖衬衫是具体案件中的客观事实要素,但对案件本身却不是需要应对的规范性事实。因此,案件对比处理的关键性事实是规范性事实。但并非所有的规范性事实都是关键性事实。有学者主张,关键性事实主要是指与法律争议有关的事实,因为"整个逻辑三段论的起点是当事人的争点"。① 有学者主张需要诉诸实质理由论证,"只有是否同案的判断过程获得实质理由的有效支持,才能最终做出是否同案的判断"。② 相反,没有实质理由支撑的就需要作出异判的判断。也有学者主张关键事实,"与裁判要点中的法律问题有不可分割、内在的、结构性联系的事实,就是关键事实或实质事实"。③ 前述已经指出案件判断的是事实要点,但在事实要点的背后有强大的价值理由支持。因为"世界上没有完全相同的两个案件,两个案件相似与否、两者差异的程度是否足以影响先前案件的判决依据在当下案件中的适用,这要取决于法官的评价与判断,这不属于科学认识的范畴"。④ 但相对于直接作为对比点的事实要素,价值理由并不作为对比要点,而是作为对比要点的支撑力量。

最后,区分技术中的实质差异是指价值理由的背离。"在理想的逻辑思维

---

① 王利明:《我国案例指导制度若干问题研究》,载《法学》2012年第1期,第79页。除此之外,还有其他学者也主张关注争议问题,如刘作翔、徐景和:《案例指导制度中的案例使用问题》,载《湘潭大学学报》(哲学社会科学版)2008年第2期。

② 黄泽敏、张继成:《案例指导制度下的法律推理及其规则》,载《法学研究》2013年第2期,第53页。除此之外,也有其他学者认为应坚持实质理由来判断相似,如王彬:《案例指导制度下的法律论证——以同案判断的证成为中心》,载《法制与社会发展》2017年第3期。在英美法系的语境下,实质理由尤为重要。因为与指导性案例不同,先例规则、事实要点更多的是由后案法官选取,法官的自由裁量权很大,为了约束其自由裁量权的运用,选取要点需要法官提供实质理由证成。

③ 张骐:《论类似案件的判断》,载《中外法学》2014年第2期,第539页。王利明教授也在《我国案例指导制度若干问题研究》一文中指出关键事实的重要性,因此可以看出,不同学者在判断相似或相异的要点选取上存在相似的观点,也有各自不同的观点。但总结可以分为三种观点:案件争点、价值判断与关键事实。

④ 李桂林:《论普通法的类比推理》,载陈金钊、谢晖主编:《法律方法》(第八卷),山东人民出版社2009年版,第50页。

中,只有在确认其基本属性及其一致性后,才允许进行相似性的推理。"[1]并且,价值的基本属性判断贯穿相似性判断始终。关键事实以实质理由为基本支撑点,当关键事实脱离价值理由的支撑,其关键性就可能变为不关键。相反,当某个事实要素或者裁判理由获得价值理由的支撑就可能从非关键性转为关键性。"这是一种'边走边唱'式的、包含扩展或缩小两种不同可能性的技术……曾经被认为是关于以前案件的'附带意见'的部分,将被看作是判决中的法律原则或'决定的理由'。"[2]也正是基于不同价值判断的权重变化,判例实现了动态变化,在"关键性事实"和"非关键性事实"之间变更。因此,在区分技术中,事实要点的数量相似性很重要,但却并非最重要的要素。与逻辑推理的符号不同,具体案件中的要素权重并非等齐划一的。假定案件 C 包含 c_1、c_2、c_3、c_4、c_5,但仅从假定符号的样态无法判断哪一要素重要。而一旦进入到具体案件中,事实要素之间的重要性就可能存在重要性的位阶,如 $c_3 > c_5 > c_1 > c_2 > c_4$,而且在具体权重上完全可能是 c_3 占比是 80% 以上,而 c_1、c_2、c_4、c_5 仅占 20% 的权重。假设 c_1、c_2、c_4、c_5 各占 5%,c_3 占比是 80%,在待决案件 C_2 中包含要素 c_1、c_2、c_3、c_4、c_6,同先例 C_1 包含的要素 c_1、c_2、c_3、c_4、c_5 对比,其中两者在 c_1、c_2、c_3、c_4 上相似,相似数量比是 4/5,相似权重比是 95%。因此,待决案件 C_2 与先例 C_1 在数量比与权重比上双重相似或综合相似。在待决案件 C_3 中包含要素 c_3、c_6、c_7、c_8、c_9,与先例 C_1 包含的要素 c_1、c_2、c_3、c_4、c_5 对比,其中两者仅在 c_3 上相似,相似数量比是 1/5,但相似权重比达到 80%。尽管数量比上两者不相似,但占主导地位的权重相似比则使两者相似。在待决案件 C_4 中包含要素 c_1、c_2、c_4、c_5、c_6,与先例 C_1 在 c_1、c_2、c_4、c_5 上相似,相似数量比亦是 4/5,但相似权重比仅占 20%。尽管相似数量比很高,但占主导地位的权重比却不满足相似性的要求,则两案相异。因此,在英美法系中探讨两案的实质性差异不能仅关注事实要点的数量,还需要关注实质理由支撑下的整体权重比。因此,区分技术可以为指导性案例退出适用提供参考。

但区分技术不仅存在上述优点,还存在一定模糊之处。有学者指出"区分技术是一种只可意会不可言传的实践理性。"[3]尽管可以明确区分价值理由基础上的事实要点,但却将价值选择与判断交给法官,既使法官掌握了较大的自由裁量权,同时也是加重了法官的论证负担。并且,如果区分技术"只可意会不可言传",就很难谈得上是一种技术,因为"技术是对现象的有目的的编程(program-

---

[1] [德]乌尔里希·克卢格:《法律逻辑》,雷磊译,法律出版社 2016 年版,第 173 页。

[2] 张骐:《判例法的比较研究——兼论中国建立判例法的意义、制度基础与操作》,载《比较法研究》2002 年第 4 期,第 82 页。

[3] 李红海:《判例法中的区分技术与我国的司法实践》,载《清华法学》(第 6 辑),清华大学出版社 2005 年版,第 197 页。

ming)"。① 即是说,技术需要具有可传递性、可推广的特征。即使是对个体而言,也需要长期经验累积并总结抽象。如果区分技术可以被称之为技术,能够从法官个体推广到法官群体就必须满足技术性必备的特征。否则区分技术就与其目的相背离:区分技术目的在于实现"类案类判,异案异判";但区分技术本身因其自身的个殊化无法实现普遍化的目标。尽管与科学技术不同,司法裁判中的技术倾向于经验化的技艺,但其仍必须满足技艺传递性、习得性的特征。否则司法裁判事业就沦为个体体验的活动。尤其是对可能借鉴区分技术的我国而言,还要看到法官实践理性的共通性与可传递性。因为"运用类比推理进行类似案件判断不仅仅是个能力的问题,还涉及人们的经验(不只是某个具体法官的个人经验)以及由于经验积累而形成的习惯"。② 因此,区分技术的模糊性也正是法律规范留给法官自由裁量的空间。

区分技术发端于英美法系,对其借鉴不等于完全照搬照抄,还需要做一定的调整。

首先,实质理由以"相关法条"为中心。与英美法系的判例法不同,指导性案例的使用并非纯粹案例的比较活动。指导性案例的使用必然是附着于成文法规范与演绎推理的过程,整个案例以其"以案释法"的"相关法条"为中心,"相关法条"是指导性案例的规范性基础。脱离"相关法条"的指导性案例就与其他案例无甚区别,同时,"相关法条"也为指导性案例提供了价值基础。判例法的区分技术中,纯粹案例的对比并无成文法规范的支撑。为强化对比活动的价值基础,需要价值判断与理由供给。"作为类比推理之前提和媒介的相似性,必须经过评价才能完成,类比推理必然会涉及实质性的价值标准,这隐含了一个关于价值判断的辩驳过程"。③ 但在缺乏价值判断的领域,则可能为决断权力所垄断,甚至具有非理性化的特征。而指导性案例中的"相关法条"可以发挥区分技术中的价值

---

① [英]布莱恩·阿瑟:《技术的本质:技术是什么,它是如何进化的》,曹东溟、王健译,浙江人民出版社2014年版,第54页。
② 张骐:《再论类似案件的判断与指导性案例的使用——以当代中国法官对指导性案例的使用经验为契口》,载《法制与社会发展》2015年第5期,第144页。法官的实践理性具有一定的个体性特征,但不等于其是纯粹个体的;相反,法官的实践理性在司法责任、司法伦理、审级制度等不同因素的影响下,会产生一定的向心压力(参见[美]罗纳德·德沃金:《法律帝国》,许杨勇译,上海三联书店2016年版,第73页),而且法官的实践理性通常需要结合生活常识、司法实践经验(参见王申:《法官法律知识的本源与确证——以法官的实践理性为视角》,载《现代法学》2012年第2期,第25页)。得益于这种司法实践理性、生活经验与案件感性知识等因素的共同作用,区分技术以及其他司法技术具有大致的行动框架与行为模式。
③ 王彬:《案例指导制度下的法律论证——以同案判断的证成为中心》,载《法制与社会发展》2017年第3期,第150页。

供给功能，并且具有价值判断不具备的优势。价值判断仍然需要面对巨量的案件细节，但"脱离相关法条进行比较会陷入琐碎细节的泥沼之中，对比的结果也无益于结论的得出。"①借助价值判断过于倚重法官的经验，在无强烈先例原则约束的我国具有更高的风险。因此需要借助可行的方案进行替代，既能有效约束法官的自由裁量权，又能减轻法官的负担。案例指导制度中的价值判断替代方案就是选择"相关法条"作为比较中项。如第 96 号指导性案例的"相关法条"是《植物新品种保护条例》第 16、17 条，第 71 号的指导性案例的"相关法条"是《刑法》第 313 条。通过将"相关法条"选为比较中项既可以规避法官对价值判断的依赖，也可以避免法官选择价值判断的任意性，防止对比肆意性结果的发生。同时，与法官凭借自身经验进行的价值判断相比，成文法规范背后的价值更具有普遍性价值。再者，通过比较中项还可以减少事实要点选择的压力。因为"离开规范的比较是偶然的、任意和无方向的。只有当人们拥有某个规范、规则或比较中项时，才能进行有意义的比较"。② 如我们问鲸鱼与猴子像不像，这个问题会让人无法捉摸。在哺乳动物这个比较中项下，可以说鲸鱼与猴子像；在陆生动物这个比较中项下，则两者不像。同理，即使区分技术借助了价值判断也存在类似的问题。贸然问待决案件 C_1 与待决案件 C_2 是否相似会让法官难以捉摸，但以机动车肇事致人死亡的侵权责任为比较中项就能较为容易地回答。所以，将指导性案例中的"相关法条"作为比较中项可以一举三得：第一，替代区分技术中的价值供给，约束法官的自由裁量权；第二，将比较围绕"相关法条"展开，减轻法官的论证负担；第三，同演绎推理的附着相勾连，符合我国的成文法体制。

其次，对比要点是法律事实要点，而非法律争点或实质理由。前文已经指出，要点对比主要有三种观点，一种是实质理由，一种是法律争点，还有一种是关键事实。三种观点在区分技术视角下都具有一定意义，将其引入指导性案例的使用中仍需要做出一定调整：第一，待决案件与指导性案例对比的不能是实质理由，实质理由提供对比要点的价值支撑不等于直接作为对比要点。而且与以司法为中心的英美法系相比，我国的司法裁判具有更强的谦抑性。所以，在"相关法条"与其背后的实质理由要求下，待决案件法官只能以"相关法条"的价值为背景理解。而且，价值并不能直接成为要点，其不具备具体明确的表征。第二，法律争点同样不适合作为对比要点。因为待决案件的法律争点是明确的，即对"相

---

① 雷槟硕：《指导性案例适用的阿基米德支点——事实要点相似性判断研究》，载《法制与社会发展》2018 年第 2 期，第 89 页。
② ［德］阿图尔·考夫曼：《法律获取的程序——一种理性分析》，雷磊译，中国政法大学出版社 2015 年版，第 51 页。

关法条"空缺结构的差异理解。因此,在待决案件中,法律争点是唯一确定的。将法律争点作为对比要点则类比推理就变为法律争点的唯一对比。尽管类比推理是个别到个别的传递,但个别到个别仍是个体中的多要素对比。相反,指导性案例中可以认定为不存在法律争点,因为在指导性案例的基础案件"以案释法"时已经将法律争点消灭,再将指导性案例适用到待决案件时就不再是类比推理,而是将指导性案例"裁判要点"辅助涵摄到待决案件。第三,关键事实修正为总体不满足相似性的事实要点。"只存在非本质的差异时类比就是容许的,相反,存在本质性的和显著的差异时类比就是不容许的。"①但关键、本质性或显著强调的是质性差异,尽管质性差异有时具有决定性,但不能忽略非本质性、非关键或非显著性的差异对比。一定程度上,非关键性事实在累积的基础上可能超越关键事实的权重。而且,关键事实有时需要同非关键事实综合起来理解。再者,关键性事实也会随着时代的发展、价值观念的变更、实质理由选择而降重;相反,非关键性事实可能因后案法官的选择获得加权。因此,为更准确地理解指导性案例,需要将关键事实对比修正为数量比与权重比总体性的对比、权衡。

再次,以法律关系为要点对比框架体系。修正之后的区分技术可以作为待决案件与指导性案例对比的方法,但还必须回答对比要点是否需要遵循何种要求?第一,究竟需要选取多少个事实要点?第二,选取事实要点是否有标准可以遵循?首先,区分技术并不存在绝对固定的要点数量要求。② 一定程度上,关键事实与非关键事实的两分法划分就是无力回答该问题之后选择的模糊处理方案。根据关键事实的异同决定先例的适用或退出。但指导性案例的使用无法直接借鉴区分技术;相反,盲目使用区分技术进行价值判断,交由法官进行要点数量确定会加重法官的裁判负担。尤其是在要点背后的价值冲突时,说理工作就从司法裁判进入诸神之争的价值领域。③ 因此,在"相关法条"明确价值判断的区域内,为限制法官的自由裁量权需要引入一定的标准来相对确定对比要点的数量。其次,引入法律关系作为要点对比框架体系。即以法律关系中的要素为事实要点的对比位点:法律主体位点、法律客体位点、法律关系内容位点以及引

---

① [德]乌尔里希·克卢格:《法律逻辑》,雷磊译,法律出版社2016年版,第152页。
② 在张骐教授等学者都援引的几个案件中(参见张骐:《论类似案件的判断》,载《中外法学》2014年第2期,第528、534页;黄泽敏、张继成:《案例指导制度下的法律推理及其规则》,载《法学研究》2013年第2期,第45页,等等),对比要点的数量集中于关键事实要点。其中关键事实要点在这几个案件中都仅有一个,再如麦克洛克林夫人诉奥布莱恩案(Mcloughlin v. O'Brian[1983] 1. A. C. 410.)亦是如此。
③ 参见雷槟硕:《指导性案例适用的阿基米德支点——事实要点相似性判断研究》,载《法制与社会发展》2018年第2期,第92页。

起法律关系的法律事件位点。其中法律关系内容位点又分为权利位点与义务位点,法律事件位点可以根据具体案件分为法律行为位点或法律事件位点。① 将五个位点对应的事实作为两案对比的事实要点展开类比推理,如果类比推理的结果是位点的相似数量比与相似权重比不具有整体优势,也即两案并未达到盖然相似性,则退出适用。如此一来,既减轻了法官寻找要点的压力,也将要点数量基本稳定在一定范围内,不需要法官每一次使用指导性案例都重新寻找要点与权衡要点数量工作。同时将琐碎的事实细节排除到对比的范围外,将不重要的细节"改列为不争执事项甚至可以再次简化排除,以减少将来庭审中的无益活动"。②

最后,通过具体例证说明指导性案例退出适用。以第23号指导性案例为例,该案涉及《食品安全法》第148条第2款,基本案情是:"原告孙银山在被告欧尚超市江宁店购买14包香肠,但已过保质期,付款后径直在柜台要求赔偿。协商未果后诉至法院,主张10倍惩罚性赔偿。"③分析梳理法律关系框架下的事实要点:1. 主体:原告(具有完全民事行为能力的自然人)与被告(企业法人);2. 客体:不符合食品安全标准的食品;3. 内容:权利(基于惩罚性赔偿的请求权)与义务(给予惩罚性赔偿的给付义务);4. 法律事实(销售不符合食品安全标准的食品)。本案的关键就是《食品安全法》第148条第2款中规定的消费者是否包括"知假买假者"。在本案的基础案件中,法官通过"以案释法"将"知假买假者"认定为食品安全领域的消费者。因此根据比较中项的核心问题,事实要点对比中主体的权重最重要。此时,一个待决案件(辽宁省沈阳市于洪区(2015)于民一初字第02665号)出现在法官面前,法官就遇到类似的困境。该案的基本案情是:"原告张保军于北园超市长江店购买蓝莓酒,标牌中包含SO_2标志,未根据'食品安全国家标准 GB2760'要求标识为'二氧化硫',构成不安全产品并销售,原告主张依据《食品安全法》第148条第2款获得10倍惩罚性赔偿未果,诉至法院。"但主审法官对原告张保军是否是《食品安全法》第148条第2款保护的消费者存在疑惑。因此,以《食品安全法》第148条第2款为关键词到指导性案例库检索到以该条为"相关法条"的第23号指导性案例。此时,需要分析待决案件梳理法

---

① 其他分类的方法可参见张志铭:《中国法院案例指导制度价值功能之认知》,载《学习与探索》2012年第3期,第67页;郝方昉:《同案同判与案件区别技术——以"所有权人非法取回被扣押之财产的行为定性"为例》,载《人民司法·应用》2011年第19期,第68—69页,等等。

② 黄湧:《民事审判争点归纳:技术分析与综合运用》,法律出版社2016年版,第29页。

③ 参见《最高人民法院指导性案例(2011年12月—2016年5月)》,人民出版社2016年版,第81页。

律关系框架下的事实要点:1.主体:原告(具有完全民事行为能力的自然人)与被告(企业法人);2.客体:不符合食品安全标准的食品;3.内容:权利(基于惩罚性赔偿的请求权)与义务(给予惩罚性赔偿的给付义务);4.法律事实(销售不符合食品安全标准的食品)。两案初显的数量比相似,符合《规定》第7条与《细则》第9、第10、第11条的要求,应当参照第23号指导性案例"裁判要点"对"相关法条"的辅助补充,最终回归到辽宁省沈阳市于洪区(2015)于民一初字第02665号案件的演绎推理中,通过演绎推理得出支持10倍惩罚性赔偿的结论。但案件对比仅阐述了数量比相似,未对比权重相似比。因为在法律关系主体中,《食品安全法》第148条第2款在《食品安全法》第3条与《消费者权益保护法》第2条目的引导下仅保护"知假买假者",而不保护"职业打假者"。因此,《食品安全法》第3条、第148条第2款、《消费者权益保护法》第2条以及第23号指导性案例对法律关系主体中原告事实要素提出了特别要求,并且其权重具有决定性权重(>50%)。所以,尽管在相似数量比上两案达到4/5,但权重相似比却<50%,因此综合权衡数量比相似与权重相似性可以排除两案相似。最终结论即是退出适用第23号指导性案例。①

三、退出适用的附带义务

指导性案例的退出适用并非独立性活动,因为指导性案例使用是通过司法裁判解决纠纷的活动。因此,必然需要裁判说理,裁判说理既可能是适用的说明(适用的说明包括:第一,为何适用指导性案例,即借助关键词检索指导性案例,要点对比的结果具有盖然相似性进而适用;第二,借助指导性案例输入到演绎推理大前提,作为辅助弥补法律规范的空缺结构与强化裁判文书说理),亦可能是退出适用的说明。同时,在具体案件中退出适用指导性案例是否意味着指导性案例完全退出司法适用也必须要说明。

---

① 第23号指导性案例在"裁判理由"中明确,销售者主张消费者利用销售者错误谋求利益的不予支持,但购买者或消费者仍必须以《消费者权益保护法》第2条规定的"生活消费"为目的(参见《最高人民法院指导性案例(2011年12月—2016年5月)》,人民出版社2016年版,第82—83页)。尽管本文不赞同该观点,但第23号指导性案例既然采用该种观点,在以后的指导性案例中就需要一定程度上坚持该观点。而通过中国裁判文书网可以发现,张保军曾有近百次类似行为,其中针对同一款葡萄酒、蓝莓酒向不同超市购买,以相同的理由向不同法院提起诉讼,属于人们理解的"职业打假者",不符合第23号指导性案例主张的"生活消费"要求。

（一）退出的说明义务

通过比较中项/"裁判要点"为枢纽、借助法律体系框架的事实要点相似行判断，得出待决案件与指导性案例不相似的结论。这一证成过程并非孤立进行，要真正实现指导性案例的退出适用，还需要满足以下几个条件：

第一，明确说理义务。"拒绝或排除指导性案例所表达的法律解释规则或解决方案，则必须提出特别妥当的、充分的理由来论证自己的判决，否则不能拒绝或排除指导性案例的指导。"[①]首先，《规定》第7条与《细则》第9条规定了相似的应当参照义务，而且《细则》第11条第2款规定了法官对当事人等主张指导性案例的"强制回应义务"。相反，可以推知相似与否，对当事人主张的情形必须予以回应和说明理由，尤其是退出适用时，为保证当事人能理解就必须说理。其次，打破预期需要给出解释。退出适用指导性案例形式上破坏了案例之间的连贯性、一致性，会使得当事人对法律的统一性产生怀疑。因此，紧随指导性案例引导的理由（确定性、信赖、平等、效率等[②]）要求区别者给出合理的区别理由。最后，是由于指导性案例自身的约束力。尽管关于指导性案例性质的观点一直争议不断，但基于《人民法院组织法》第32条、《决议》第2条规定，最高人民法院可以"解释"具体法律应用问题，指导性案例属于"以案释法"。并且，按照《规定》、《细则》等文件的规定，其效力高于公报案例、典型案例等具有指导性意义的案例。又基于审级制度的存在，最高人民法院发布的指导性案例具有约束本院以及下级人民法院的效力。因此，区分或背离最高人民法院的指导性案例的应进行说明。但这与德国法中的背离报告制度略有不同，背离报告制度是指"德国下级法院法官在裁判当前案件时，如果意欲偏离另一审判庭或者高级法院的先前判决，则要将争议向最高法院审判庭提交"。[③]而指导性案例的区分则是交由待决案件法官裁判，但需要充分说理，退出适用说理不充分、错误适用、当事人主张适用而未适用等情形可能构成上诉、抗诉的理由。但无论如何，退出适用需要说明理由。

第二，明示且充分地说明理由。指导性案例退出适用不能秘密进行，它需要呈现在当事人、代理人、辩护人以及公诉机关面前，并且还需要写入裁判文书，通过裁判文书公开的方式接受法律职业共同体、社会公众的监督。有学者主张不

[①] 于同志：《论指导性案例的参照适用》，载《人民司法·应用》2013年第7期，第66页。

[②] 参见［美］理查德·瓦瑟斯特罗姆：《法官如何裁判》，孙海波译，中国法制出版社2016年版，第89—125页。

[③] 高尚：《论德国法中偏离判例的报告制度》，载《法律适用·司法案例》2017年第2期，第31页。

用在裁判文书中详细说明指导性案例适用的过程。[1]但这种观点值得商榷：一者，法官不在裁判文书中而在附卷等部分记载指导性案例的对比情况，很难为当事人查知，不利于实现说明义务的要求，亦不利于将来裁判文书公开后的监督。另一者，会导致退出适用与隐性适用不易区分。隐性适用对当事人而言判断的难度较高，因为法官隐性适用指导案例的，可能不在裁判文书中写明援引了特定指导性案例，却援引与特定指导案例相似的规定，实现隐性适用。而退出适用往往规避或不正面回应当事人关于指导性案例的主张，使当事人无法在直观上区分法官是隐性适用还是退出适用指导性案例。一旦无法区分隐性适用与退出适用，会使得隐性适用混同于退出适用，引发上诉、抗诉乃至撤销、更改的诉讼效果。同时，退出适用的说明义务隐秘化处理会导致法官惰于说理，有违指导性案例使用的目的。因此，"法官应当在法庭审判中认真倾听有关指导性案例的提出、使用和辩论，并在判决书中对有关意见给予采纳、不采纳、部分采纳等明确回应并说明理由"[2]。而且，说明理由必须在裁判文书中采用明示且充分的方式进行。

第三，区分报告。为有效推动案例指导制度的运行，待决案件法官在区分指导性案例之后还需要将指导性案例区分情况逐级报告给最高人民法院案例指导办公室。区分报告制度不仅可以借鉴德国背离报告制度，有效约束待决案件法官，而且还可以将指导性案例使用情况报告给指导性案例发布、推行机关，汇总报告情况，通过经验总结可以修正已发布的指导性案例。因为指导性案例不可能毫无瑕疵，并且也会随社会发展、司法政策更定产生变化需求。通过司法裁判第一线的经验进行修正，在利己性动机激励、合理性趋同、竞争性修订中完善指导性案例。[3]再者，对于报告的指导性案例可以借鉴规范性文件备案制度，提供事后监督的机会，构建案例指导制度的保障机制。同时，"胡萝卜与大棒"要一起，对于退出适用正确且区分报告的进行精神、物质奖励。通过不同种类奖惩措施，以比例原则为圭臬，做到奖惩得当，使得案例指导制度良性发展。[4]

（二）个案退出不否定指导性案例的嗣后使用

对比结果不相似的，法官可以背离指导性案例，但该待决案件背离指导性案

---

[1] 参见于同志：《论指导性案例的参照适用》，载《人民司法·应用》2013年第7期，第65页。
[2] 胡云腾、于同志：《案例指导制度若干重大疑难争议问题研究》，载《法学研究》2008年第6期，第24页。
[3] 参见顾培东：《判例自发性运用现象的生成与效应》，载《法学研究》2018年第2期，第95—96页。
[4] 参见孙海波：《指导性案例的隐性适用及其矫正》，载《环球法律评论》2018年第2期，第160—161页。

例不影响指导性案例的嗣后使用。"有时有必要知道,判决理由被推翻了,而判决并没有被推翻。"①因为区分技术进行的活动是类比推理,类比推理的结论是两案是否相似。不相似的只能阻断在先案例的结论传递或借鉴,而不能推出前案是错误的,只能说明两案的情形相异。而且在先案例的认定或废除属于广义上的退出适用,也即立法意义上的退出适用。立法意义上的退出适用在我国不能交由待决案件法官进行处理。因为与英美法系不同,成文法体制国家不允许法官有"立法"权。再者,作为在先案例的指导性案例是经由最高人民法院审判委员会发布,本院及下级人民法院法官无权废除或撤销最高人民法院审判委员会发布的指导性案例。因此,指导性案例在个案中被判断为区别于待决案件仅意味着类比推理的结果不相似以及该特定待决案件不适用指导性案例,但不影响或否定指导性案例在嗣后待决案件中的使用。②嗣后使用指导性案例的仍需要进行事实要点相似性判断。对于该待决案件退出适用指导性案例也仅意味着不适用特定指导性案例,而不意味着该疑难案件无法处理。关于该疑难案件的处理则需要借助个案的法官解释等其他方式处理。因此,个案退出不否定指导性案例的嗣后使用。

结　语

指导性案例使用有利于案件的处理,但指导性案例并非当然、绝对适用。在满足特定条件时,指导性案例可能退出适用,退出适用包括立法意义上和司法意义上的退出适用。立法意义上的退出适用是指废除、撤销,主要通过立法手段,并不存在使用上的难题。相反,司法意义上的退出适用存在难题。因此,通过借鉴英美法系的判例区分技术予以处理,同时结合我国成文法体制以及演绎推理的要求。具体而言,在附着于演绎推理的类比推理的使用机制下,借助比较中项/"相关法条"替代区分技术中的价值判断与实质理由,采用法律关系的框架体系作为对比位点,可以有效约束法官的自由裁量权和减轻法官的论证负担。并

---

① ［英］鲁伯特·克罗斯、［英］J·W·哈里斯:《英国法中的先例》(第4版),苗文龙译,北京大学出版社2011年版,第145页。

② 英美法系中,法官可以通过判例区分技术发展法律,或者说,区分技术是一种法律发展性框架。即法官一般并不推翻先例,甚至不区分先例。但1966年惯例陈述之后,"遵循先例"原则的软化使得法官可以借助区分技术进而背离、推翻先例,使适用范围变化或者不适用于现实情境的先例能够更定范围乃至退出。如果先例并未被推翻,背离个案不影响该先例的嗣后适用和对比要求,但其范围受到限制。同时,借助舒缓的区分,通过法律职业共同体的稳步共进,最终形成发展性的法律观念。

且,因对比引发退出适用的待决案件还要求法官在裁判文书中明示、充分说理。这不仅既有利于说服诉讼参与人,亦有利于裁判文书公开上网之后接受法律职业共同体以及社会公众的监督。但需要注意的是,在个案中退出适用指导性案例不影响嗣后个案适用指导性案例。如此,才能够合理有效地使用指导性案例,不仅使得"类案类判",还使得"异案异判",实现"统一法律适用",促进案例指导制度落地生根。

The Withdrawal of Guiding Cases

Lei Binshuo

Abstract: In order to achieve the goal of "uniform application of law", Guiding Case need to be applied uniformly. The "abnormal case" requires the judge to withdraw from the Guiding Case which is different from the precedent. There are four main reasons for withdrawing from the application: the coherence of the legal system, the development of judicial practice, the need to deal with the implicit use and the dissimilar results of analogical reasoning. The first two reasons belong to the broad sense of withdrawal, which can be solved by legislative technology, and there is no difficulty in using them. The difficulty of exit is mainly in judicial adjudication. On the basis of referring to the distinguishing technology of case law, the requirements of statutory law system, deductive reasoning and analogical reasoning attached to deductive reasoning are fully taken into account. With the "relevant provision" as the center and with the legal relations as the framework system, the comparison of factual points is carried out. If the results are not similar, the application will be withdrawn. At the same time, it is clear and rational in the judicial documents. In order to achieve "uniform application of law", truly and correctly use the Guiding Case.

Keywords: Guiding Case; Application Withdrawl; Distinguishing Technology; Analogical Reasoning; Different Cases

法学理论

法律中的社会时间
——以土地承包经营期限为例

吴义龙*

[摘　要] 与学界通常将时间视为法律的外在变量的观点不同,本文将时间看成法律的内在变量,并借助马克思唯物史观,提出"所有的时间都是社会时间"这一重要命题。时间不仅是一个计时系统,更是人们在具体社会实践中逐步构建起来的用于约束、协调和规范不同人们行为的工具。法律中的时间也是一种社会时间。从而不仅回答了权利为什么会有期限,还可以解释甚至预测一旦法律世界的外部条件发生变化时法律将随之如何变动。通过土地承包经营期限的地方性特征和不同社会形态下的变化这一具体例证对上述命题进行了解释和检验。

[关键词] 权利;预期;社会时间;地方性知识;承包经营期限

一、问题和方法

所有的包括法律在内的社会现象,只能发生在特定时空中。因此,时间在法律现象或问题的讨论中是重要的。尽管如此,法律学界尤其是法理学界对此少有研究;即使有,基本也是在较为宽泛或抽象的层面上,很难对现有法律制度或法学理论提供实在的启发。[①] 这其中的原因,也许正如著名学者伊曼纽尔·沃勒斯坦曾经对19世纪社会科学研究方法论所的批判那样,不是因为这些问题从

---

* 河南大学法学院副教授,河南大学经济学院博士后研究人员,本文系中国博士后基金项目"农地'三权分置'的理论逻辑、地方实践与制度构建"(项目编号:2017M622324)的系列课题成果之一。

① 在笔者有限的阅读中,例外情况是,法理学界的苏力、姚建宗和周红阳,参见苏力:《法治及其本土资源》,中国政法大学出版社1996年版,第7页;姚建宗:《法治的生态环境》,山东人民出版社2002年版,第201页;周红阳:《预期与法律》,法律出版社2008年版;以及民法学界的孙永生:《时间与物权》,中国检察出版社2010年版;杨巍:《民事权利时间限制研究》,武汉大学出版社2011年版。

没有被讨论过,而是往往将时间(和空间)作为讨论问题的外在背景,是外生变量,而非内在的由社会连续地创造出来。① 换言之,学者特别是法理学者,即便在讨论法律和时间的关系时,通常是将时间作为一种既定的、不变的,并且是外在于法律的因素,来讨论它对法律可能会有何种影响。例如,于兵认为,在现代社会,人们时间观念的现代化将有助于法制现代化的形成。② 但在笔者看来,更重要的问题也许是,这种现代时间的观念是如何形成的,在法制现代化过程中是如何被内在地逐步构建起来的,以及它是如何具体发挥作用的。

部门法学界尤其是民法学者对此有不少关注,研究也更为细致深入,且往往将时间看作是法律内在的要素,而不仅是客观的外在因素。这也许是因为几乎所有的民事权利都不可避免地涉及期限、期日、期间或时效等诸如此类的时间的不同表现形式。例如,耕地的承包期为30年(《物权法》第126条)。在民法学者看来,权利之所以有时间,是因为任何权利都要有限制,时间是对权利合理限制的手段,是从时间维度对权利划定边界的工具。③ 但如果我们进一步追问,时间是如何对权利进行限制的,或者,为什么民事权利要受时间的限制? 如果对此的回答是,这与提高财产的利用效率有关,与社会公共利益有关或与权利自身属性有关,④那么,问题将仍然存在。例如,这些限制的方式究竟是如何提高财产的利用效率的? 如果说法律规定耕地承包期为30年是合理的,是对耕地的合理使用期限,那么法律为何不一开始就这样规定? 为什么在20世纪80年代家庭土地承包制确立之初,中央政策文件却规定"土地承包期一般应在15年以上"? 而且,为何后来这一规定又变了:2008年党的十七届三中全会通过的《中共中央关

---

① 参见[美]伊曼纽尔·沃勒斯坦:《否思社会科学——19世纪范式的局限》,刘琦岩、叶萌芽译,生活·读书·新知三联书店出版社2008年版,导言,第3页。

② 于兵:《法律视野中的时间范畴》,载《法制与社会发展》2004年第5期。另外,学者喻中从时间的强制角度考察了古代中国和西方社会不同的时间形式对法律的重要性,以及时间观念的不同导致不同的法律形态。这是将时间作为既定的外在因素,而没有将时间因素作为内在变量,来考察其是如何被历史地社会地构建出来,以及其发挥其功能的具体机制如何,从而导致"知其然而不知其所以然。"同样的例证,参见熊赖虎:《时间观与法律》,载《中外法学》2011年第4期;张晓阳:《时间在法律上的意义》,载《吉林公安高等专科学校学报》2008年第4期。

③ 杨巍:《民事权利时间限制研究》,武汉大学出版社2011年版,第16页;以及[德]迪特尔·梅迪库斯:《德国民法总论》,邵建东译,法律出版社2001年版,第88页;张晓阳、贾国发:《民事权利限制的时间界限》,载《当代法学》2009年第6期。也有法理学者从该角度讨论时间在法律上的功能,参见柳砚涛:《时间的控权功能探析》,载《社会科学辑刊》2007年第3期。

④ 杨巍:《民事权利时间限制研究》,武汉大学出版社2011年版,第105、106和149页。

于推进改革发展若干重大问题的决定》中明确提出"现有土地承包关系要保持稳定并长久不变"?

这些进一步的追问是重要的,因为除非我们探寻到时间在法律中是如何形成、变化和发展的具体原因,才会知晓时间的真正作用是什么以及这些作用是如何发挥的。不仅要知道是什么,更要知道为什么,才可能在既定目标下科学地进行制度设计,或者对现有的具体制度是否合理给予正确评价。实际上,部门法学者对此已有意识,①但仍然没有展开并细致讨论。之所以如此,在笔者看来,主要是因为学者在讨论法律和时间的关系时,将时间预设为自然时间,即通过钟表等计时工具来测量的时间。这种时间观意味时间是客观的,不以人的意志为转移并因此所有人对时间的看法是相同的;时间是量化的,人们能够用计时仪器对其进行精确地测量;以及时间是均匀的,即不同阶段的时间完全一样。② 这种观念将时间视为人们活动的外部变量,而忽略时间在社会活动过程中的内在作用。例如,郑玉波和史尚宽在讨论期日和期间的计算时,就是在自然时间意义上来使用时间的。③ 但这是有问题的,将问题简单化处理了。例如,土地承包期限中的"30年不变"。这是1993年《中共中央、国务院关于当前农业和农村经济发展的若干政策措施》中提出的:"在原定的承包期到期后,再延长30年不变。"按理说这样的规定简洁、明确、清晰,似乎无须再做解释,但实践中并非如此,因为不同的农户甚至村干部对此看法不一甚至很不一样。④

这是为什么?实际上,所有的时间都是社会时间,而非我们通常所认为的那样,是自然时间。所谓社会时间,简单说就是,时间是在人类的社会实践中互为主体性地逐步构建起来的,时间只能在具体的社会实践中得以表达。⑤ 处于不同社会实践活动下的人们关于时间的看法是不同的,时间一定程度上是主观的,是靠人们在生活中具体来体验的。想一想,在严冬和酷夏,人们待在屋里火炉旁对时间快慢的感觉差别很大。在社会学家看来,以往关于时间的多数研究不令人满意的原因在于不同程度地忽视人类的实践活动,使时间成为一种脱离现实

---

① 杨巍:《民事权利时间限制研究》,武汉大学出版社2011年版,第67页以下。
② 参见[英]芭芭拉·亚当:《时间与社会理论》,金梦兰译,北京师范大学出版社2009年版,第61页。
③ 参见郑玉波:《民法总则》,中国政法大学出版社2003年版,第477页;史尚宽:《民法总论》,中国政法大学出版社2000年版,第611页。
④ 参见[美]罗伊·普罗斯特曼:《中国农村土地使用权制度面临的关键问题》,载迟福林主编:《把土地使用权真正交给农民》,中国经济出版社2002年版,第34页。
⑤ [英]芭芭拉·亚当:《时间与社会理论》,金梦兰译,北京师范大学出版社2009年版,第53页。

生活基础的自然现象。即便是计时系统,它反映的也是群体的社会活动,具有集体性的起源。① 例如,人类学家发现不同地域的人们对于一周有几天的看法不同;罗马人认为是 8 天;穆伊卡人认为是 3 天;在多数西非部落人们认为是 4 天;而在中部美洲、东印度群岛的人则认为是 5 天。所有这些关于星期的算法,尽管长度不同,但却有一个一致特征,即它们总是与集市活动相关联。②

多数法律学术人没有看到所有的时间都是社会时间,而仅仅将其看成自然时间,这背后实际上与其关注点和研究方法有关:关注的是如何对现行法律进行逻辑自洽的解释并给出适用上的指导意见;以及与之相关的规范的研究方法。例如,关于土地承包经营权期限的讨论就是一个明显的例证。对此,学界大都将争议的焦点放到了土地承包经营期限的长短方面,即辨析"长久不变"是什么意思。③ 这种讨论问题的方式并非不重要,但却很难清楚地认识到问题的关键所在。比方说,承包期限长短究竟对权利人意味着什么,是否与法律所意图的一致,如果不一致,其原因何在?另外,有哪些可能的因素导致期限长短发生变化,不同地域的人对合理期限的长短的判断是否一致,以及如果不一致,其原因何在,等等。如果要回答这些问题,仅有规范的或解释的方法是不够的,还需要经验的方法与之互补,进行事实上的考察和检验,而经验方法的核心就是努力探寻事实间的因果关系。④ 只有更多地关注和寻求对现象或问题的因果性的理论解释,才更有可能对其实施控制并因此更合理地制定政策和法律。

本文通过经验的功能分析方法来考察法律(或权利)和时间(或期限)之间的关系,改变以往将时间作为讨论法律现象的外生变量,而将其视为内在变量来论述法律(或权利)中的时间是如何被社会地历史地构建起来,并将其限定在三个方面:(1) 权利为什么会有期限,即期限在权利结构中的具体功能是什么?论文第二部分是从理论角度来论述,第三部分以例证对该理论进行检验。但仅从功

---

① 参见[美]皮蒂里姆·索罗金,罗伯特·默顿:《社会—时间:一种方法论的和功能的分析》,载约翰·哈萨德编:《时间社会学》,朱红文、李捷译,北京师范大学出版社 2009 年版,第 45 页。

② 参见[美]皮蒂里姆·索罗金,罗伯特·默顿:《社会—时间:一种方法论的和功能的分析》,载约翰·哈萨德编:《时间社会学》,朱红文、李捷译,北京师范大学出版社 2009 年版,第 49 页。

③ 这方面有大量的文献,参见高圣平、严之:《从"长期稳定"到"长久不变":土地承包经营权性质的再认识》,载《云南大学学报法学版》2009 年第 4 期;胡昕宇、韩伟:《关于农村土地承包关系"长久不变"的若干思考》,载《华中农业大学学报(社会科学版)》2010 年第 2 期;李洪波:《关于"长久不变"几个关节点的分析与思考》,载《农村经营管理》2010 年第 11 期。

④ 参见[美]艾尔·芭比:《社会研究方法》(上册),邱泽奇译,华夏出版社 2000 年版,第 93 页。

能视角对其论证并不够,因为这将面临一个问题,即如何反驳人们对功能分析方法的批评:如果一种制度或行为方式具有某种功能,这并没有解释该制度或行为为何会产生。① 对此,笔者将借助于马克思唯物史观来论述这些功能得以实现的具体机制,从而带来了下面两方面(第四和第五部分)的讨论:(2) 权利期限为何具有地方性特征,即为何不同地域的人们对同一权利期限的认知不同,而不是通常认为的,是一个由国家强制规定的具有统一标准且普遍使用的抽象概念?(3) 不同时期的人们的时间观念是怎样的,变化了的时间观又是如何影响人们关于财富的看法,以及这将对权利期限的期待产生何种影响。如果说第二个方面讨论的是权利期限的空间维度,第三个方面讨论的则是权利期限的历史面相,从而与前者互为补充。最后第六部分是结论。

之所以借助土地承包经营期限来展开讨论,主要在于:一方面,该例证的重要性和典型性,即农村土地承包经营制度是当前我国物权法改革(或调整)的重点,以及该制度变迁的历史给理论的检验提供了充分的材料。更重要的是另一方面,即试图打破法理学研究和部门法研究之间的隔阂:在理论层面,将时间作为考察权利运作内在变量来讨论时间在权利结构中的具体功能,并探寻何种因素导致时间观念的变化以及这种变化的结果;在制度层面,重新认识在各种外界及变化的情况下,土地承包经营期限的可能含义在不同地域和不同时期对于不同人们来说究竟意味什么,并借此对家庭承包制在未来设计的变革给予关注。正如苏力所说的那样:"法理学如果还可以称作'法理学'或'法学的基础理论'",那么它就必须对部门法或法律制度的一些基本问题做出一种哪怕是初步的但可能有启发的回答。"②

二、功能性地理解权利中的期限

权利为何有期限?或者,期限在权利中有何作用?在回答这个问题之前,让我们首先看看人们是如何看待时间的这个更为一般性的问题。因为在社会学家看来,除非我们能更好地理解时间的性质和功能,否则我们在如何使用时间及如何通过时间来组织社会生活方面的研究必然存在缺漏。③ 然而这个问题并不容

---

① 参见(英)S·H·里格比:《马克思主义与历史学——一种批判性的研究》,吴英译,译林出版社 2012 年版,页 102。

② 来自苏力在《法理学问题》中的新版译序,参见[美]理查德·波斯纳:《法理学问题》,苏力译,中国政法大学出版社 2002 年版。

③ [英]芭芭拉·亚当:《时间与社会理论》,金梦兰译,北京师范大学出版社 2009 年版,第 14 页。

易。正如奥古斯丁所说的那样:"时间是什么?如果无人问我则我知道,如果我欲对发问者说明则我不知道。"①

也许自然科学中的两种时间观念能给我们一些启发。第一种时间观来自17世纪的牛顿力学,即时间被设想成一种用来对运动和空间进行度量的数量单位。如果我们知道物体在某一时刻的运动状态和位置,借助时间坐标,就可准确地推算出该物体在任何其他时刻的空间位置和运动状态。在这里,时间是可逆的,时间的方向性无关紧要,过去与未来完全对称。因此,如果我们知道了宇宙发生的初始条件,透过时间,世界的过去、现在和未来一目了然,没有什么偶然性、意外和新奇之处。② 简言之,这是一个决定论的世界,一种确定性的时间观。

然而,这种时间观到了18世纪末期发生了转变,这种转变主要是基于热力学第二定律的发现,即热量不可能自动地从较冷的物体转移到较热的物体,反过来则可以。③ 这意味着即使是物理世界也是不可逆的。生活经历告诉我们,被燃烧过的木头不能再次使用、人死不能复生,说的也是这个道理。换言之,时间不再是对运动的测量尺度,运动是有方向的,从而决定了时间也是有方向的,是不可逆的,过去和未来之间具有不对称性。重要的是,时间的不可逆性导致了世界是不确定的,因为未来是不确定的;并且,这种不确定性的来源就是时间本身。要言之,这是一种不确定性的时间观。

科学地理解这种转变对于社会科学来说意义深远:自然界如此,人类社会也不例外。因为如果世界是不变的,或者,即使是变动的,但如果一切都是确定的,人类就不太可能需要时间。相反,正是由于世界是不确定的,才有了时间,来应对不确定性,或者如海德格尔所叙述的那样,不确定性的涌现正隐含了时间性(Zeitlichkeit)含义的展开。④ 人类要想生存下去,一定程度的秩序和稳定就是必需的,而为了应对时间的这一部分与那一部分之间的不确定性给人们生活带来的不便,产生了预期这一重要概念。所谓"预"就是对未来可能情况的预测;所谓"期"就是对未来可能情况结果的一种期待。正是在"预"和"期"之间,隐含着人们对未来可能发生的各种情况的预测和对各种情况结果的期待。⑤ 如果这种期待结果与人们事先预测的情形一致,则意味预期是正确的,成功应对了不确定性。

换言之,人类正是借助预期,才导致尽管未来是不可知的,但并不是不可想

---

① 参见[古罗马]奥古斯丁:《忏悔录》,周士良译,商务印书馆1963年版,第242页。
② 参见吴国盛:《时间的观念》,北京大学出版社2006年版,第114页。
③ 参见吴国盛:《时间的观念》,北京大学出版社2006年版,第156页。
④ 周红阳:《预期与法律》,法律出版社2008年版,第29页。
⑤ 周红阳:《预期与法律》,法律出版社2008年版,第54页。

象的。如果将此与规则的功能联系起来就更容易理解。由于每一个人对未来情形都会有自己的预期,因此不同的人即使针对的是同一个未来情形,其各自的预期也可能会不一致。而为了协调人与人之间的相互行为,便于人们之间的相互沟通与合作,规则便应运而生。而规则之所以能够发挥其作用,并不是要使任何一个特定的行动计划获得成功,而是要对许多不同的计划进行协调。[①] 正是在这个意义上,规则的主要功能不在于解决已发生的纠纷,而在于帮助人们通过消除某些不确定的根源来促进合作。

这就是所谓规则的预期功能。这一点,在哈耶克的社会理论那里体现得尤为明显:其毕生讨论的一个核心问题是自生自发的社会秩序如何得以产生,而哈耶克则是将其转化为时间、预期和规则(或法律)的问题来论述的,或者说,后一个问题是来回答前一个问题的。[②] 前文中说过,即使是人们使用的计时系统,例如,为了计算或标示一周有几天这样的问题,也并不是与月亮的形状有关或通过天体的观察而得出来的,而是由特定群体集体活动的节奏——例子中的集市——所决定的,其功能就是要确保集体活动的规律性。[③] 换言之,形成稳定预期的需求产生了计时活动,而不是如同人们通常认为的那样,计时仅仅是为了标示时间的存在或延续。

如果我们不严格区分规则和权利,规则的这种预期功能就是权利的重要功能。[④] 进而言之,如果我们把期限理解为一段时期的话,权利之所以有期限,主要是人们为了减少未来特定时期内产生的不确定性,对这段时期内的不确定性形成一个大致稳定的预期,从而能够合理地采取行动,来更好地实现行为所预期的、在未来一段期限结束时的既定目标。[⑤] 一旦将权利设定一个期限,权利人就能事先预期到在该期限内,他可以指望什么、他在实现自己目的的时候可以使用

[①] 参见[英]哈耶克:《法律、立法与自由》(第2、3卷),邓正来等译,中国大百科全书出版社2000年版,第29页。

[②] 周红阳:《预期与法律》,法律出版社2008年版,第29页。

[③] [美]皮蒂里姆·索罗金,罗伯特·默顿:《社会—时间:一种方法论的和功能的分析》,载约翰·哈萨德编:《时间社会学》,朱红文、李捷译,北京师范大学出版社2009年版,第50页。

[④] 制度经济学家也认为权利的重要功能就是帮助人们在交易过程中形成一个合理的预期。参见 Harold Demsetz, *Towards a Theory of Property Rights*, 57 American Economic Rev. 350(1967).

[⑤] 实际上,已有学者正是从减少不确定性这一点来考虑附期限的法律行为的。参见[德]迪特尔·梅迪库斯:《德国民法总论》,邵建东译,法律出版社2001年版,第622页。

哪些东西或哪些服务以及他可以采取的行动的范围有多大。① 重要的是他能预期到他对行为结果的掌控程度,反过来,这将会引导他去实施行动。

因此,拥有一项权利,不仅在于能够使用它,更在于能更好地使用它,这就是合理预期带来的激励功能。② 立法者之所以将一项权利界定给某人而非其他人,就是因为立法者相信只有该权利人行使该权利时才能产生其期待的最佳激励的行为后果。规则作为一种手段,在激励机制的协助下能很好地保护和实现人们预期。规则是根据人们的预期来确定的,这是对规则作用的描述。另外,规则本身还具有规范的方面,即用以约束人们的行为,或者对违反规则的行为进行惩罚。预期不仅是个人的,更是社会的,是为了协调、规范甚至是控制人与人之间的社会活动,从而有计划地安排各自的生活。对立法者来说,不仅预期自身很重要,而且什么是合理的预期更为重要。然而仅有这些概括是不够的,说权利和预期相关,因而权利期限与特定时间段的人们的预期相关,但这并没有说明这些概括就是对的。换言之,对此检验是必不可少的。

笔者将以土地承包经营期限的变化来展示这一点。

三、例证:不同人们眼中的承包经营期限

(一) 15 年以上

家庭承包制始于 1978 年,但即使是到 1982 年第一个中央一号文件《全国农村工作会议纪要》出台、已正式从政策层面肯定了家庭承包制的合法性,关于土地承包期限这个重要问题仍然没有明确——尽管同时却对自留地和宅基地的长期使用和不设年限做出了具体规定。③ 虽然当时中央对农户承包土地到底有多长时间没有统一规定,但这个问题又不能不解决,因为这涉及承包户关于权利稳定预期的需要,于是实践中的做法是将确定土地承包期限的权限下放给了地方政府。

但各地标准也不是统一由哪一级政府来定,决定的主体从市、县到乡镇甚至村集体的都有,并且,各地承包期限的标准也不统一,有包 1 年的,有包 3 年的,

---

① [英]哈耶克:《法律、立法与自由》(第 2,3 卷),邓正来等译,中国大百科全书出版社 2000 年版,第 29 页,第 58 页。

② 关于激励在权利中的重要作用,参见张维迎:《信息、信任与法律》,生活・读书・新知三联书店出版社 2006 年版,第 77 页以下。

③ 参见杜润生:《中国农村体制变革重大决策纪实》,人民出版社 2005 年版,第 155 页。

也有包5年的。① 这样做主要是考虑到实践中的矛盾。一方面,明确规定承包期限的好处是明显的,这样可以鼓励连片经营和增加投入;另一方面,照顾农户的平均要求也很重要,因为人口会变动,新生人口也得有份地,毕竟在当时的情形下,确保每个人都能吃上饭是最重要的。而一旦将承包期限确定下来,就意味着在承包期限内,不能重新调整土地,从而导致新生人口无法获得土地。

当时中央的预期和判断是,土地保障功能的重要性超过其作为经济要素的作用,主要是因为当时劳动力很难流动,外出就业机会很少,土地成为一种生存要素。② 这可从承包期限的长短来加以印证。如果土地作为经济要素的功能越来越明显的话,我们可推断承包期限应越来越长,反之,土地保障功能越重要的话,承包期限就会越短。这是因为经济要素的功能主要通过对土地追加长期投资来体现,期限太短,不利于回收投资。③ 保障功能则主要体现在解决温饱问题上,这与人口变动相关,而对于一个自然村来说,通常每隔三五年就会有新生人口产生。因此这就是我们看到的情形:家庭承包制实施的早期,承包期限都不会太长。

但情况有了变化。后来的发展表明承包期限过短往往容易造成农户的短期行为和干部滥用权力,从而导致有必要把承包土地的期限明确下来。④ 中共中央在1984年出台的一号文件中明确要求:"延长土地承包期,鼓励农民增加投资,培养地力,实行集约经营。土地承包期一般应在15年以上。"尽管15年的承包期限在现在看来不是很长,但满足了当时的农户对权利相对稳定的要求,使其享有至少15年使用土地的权利,从而在正确的激励下采取行动。同时,为满足人口变化而出现调整土地的需要,又提出允许"大稳定、小调整",即在延长承包期以前,群众有调整土地要求的,可以本着"大稳定、小调整"的原则,经过充分商量,由集体统一调整。⑤

问题是,如果明确权利期限可以带来稳定的预期和正确的激励,为什么当初没有规定更长的期限,而仅仅是15年以上?当时负责起草中央一号文件的杜润生先生后来回忆道,他曾考虑到为避免掠夺性短期行为而建议过永佃制。但当时由于反对者多,怕节外生枝,引起新的争议,便搁置了。因此决定先将承包期

---

① 陈锡文:《关于我国农村的村民自治制度和土地制度的几个问题》,载《经济社会体制比较》2001年第5期。
② 杜润生:《中国农村体制变革重大决策纪实》,人民出版社2005年版,第154页。
③ 方庆:《根据什么确定土地承包期限》,载《江汉论坛》1984年第3期。
④ 杜润生:《中国农村体制变革重大决策纪实》,人民出版社2005年版,第156页。
⑤ 参见张红宇:《中国农村的土地制度变迁》,中国农业出版社2002版,第57页。

定为 15 年,看看各方的反应如何,准备再随机作出决策。① 这表明当时中央对各方包括参与决策的人员和各地农户的反应都没有一个准确的或者说有把握的预期,只能采取较谨慎的行事态度,主要是担心,按照胡耀邦的说法是,我们说的是承包,农民却觉得是分给他们了。② 如果我们不了解当时诸多不确定因素,是很难理解这些政策是如何出台的、又是如何规定的。

(二) 30 年不变

1990 年代初期,许多地方 15 年承包期限已经到期或是即将到期。一个问题是,承包期限到期该怎么办?中央于 1993 年在《关于当前农业和农村经济发展的若干政策措施》中提出:"为稳定土地承包关系,鼓励农民增加投入,提高土地的生产率,在原定的承包期到期后,再延长 30 年不变。"中央意图很明确,即为了农户自身利益考虑,尽可能延长承包期限,鼓励农户投资,提高土地生产率。但问题并不是这样简单。一方面,有学者调查发现,不同农户对"30 年不变"至少有两种不同看法:一种看法认为指家庭承包制本身不变,但这一期限内仍可以调整土地;另一种看法认为承包期限内不再调整土地。③ 另外,关于 30 年不变的起点如何计算也有不同观点:一种观点认为在第一轮承包的基础上继续延包 30 年;另一种观点却认为先要将土地打乱重新调整之后,再搞 30 年不变。④

另一方面,不同农户关于"30 年不变"的态度不一致。意外的是,有学者发现,不少农户对 30 年不变的政策表示不满,不是因为期限太短,而是太长。⑤ 很明显,这与政策制定者当时的预期相违背,他们以为承包期限越长对农户越有利。尽管如此,另有学者发现,持不满情绪的农户只占少数,赞同 30 年不变的农户占绝大多数。但即使是在同一个调查中却又显示,农户与发包方签订合同中注明"允许"30 年内进行土地调整的占 46.2%,远远高于注明"防止在 30 年内进行土地调整"的比例。⑥ 这也印证了上文中的农户关于 30 年不变的两种看法。

为何一个简单明确的"30 年不变"引发出如此不同的看法和态度?原因在于多数农户对未来 30 年内权利是否必定保持稳定并没有明确的预期。但这是

---

① 参见杜润生:《中国农村制度变迁》,四川人民出版社 2003 年版,第 151 页。
② 杜润生:《中国农村体制变革重大决策纪实》,人民出版社 2005 年版,第 157 页。
③ [美]罗伊·普罗斯特曼:《中国农村土地使用权制度面临的关键问题》,载迟福林主编:《把土地使用权真正交给农民》,中国经济出版社 2002 年版,第 34 页。
④ 朱冬亮:《农民眼中的土地延包"30 年不变"》,载《中国农村观察》2001 年第 2 期。
⑤ 参见陈小君等:《农村土地法律制度研究》,中国政法大学出版社 2004 年版,"序言"第 15 页。
⑥ 叶剑平等:《中国农村土地农户 30 年使用权调查研究》,载《管理世界》2000 年第 2 期。

否就与前文中的论述相矛盾,即规则的主要功能是给人们提供稳定的预期?回答是否定的。这里的关键是,尽管针对的是同一对象,即30年不变,但政策制定者和不同农户之间的预期不完全一致:在政策制定者那里,指的是期限内不再调整土地,而在多数农户那里,却是承包制不变,但期限内可调整土地。在社会学者看来,这是由于国家在进行制度安排时忽略了广大农村内生的社会文化因素对土地制度的影响,农民对土地有其自身的一套认知体系,而这与国家政策的预期不一定相符甚至会有冲突。①

农户对"30年不变"的理解,很大程度上受制于农村传统文化习惯和过去制度遗产的影响。在大多数农户意识里,基于各种因素影响,过去一段时间里,尤其从土改、人民公社到包产到户,农村经历了一系列眼花缭乱的制度变革,而土地调整是惯例,因此他们相信未来也是如此。另一个不确定因素是,土地制度及其他相关制度的前景不明朗。农户既不愿意种田,又不能不种田;有农户虽另有职业,但不能不保留后路,准备归田还农。这是由于农村保障体系不健全,城乡户籍制度不合理等导致农户很难在城市居住下来,而不得不保留一些土地作为抵抗风险之用。所有这些因素共同导致了农户对未来制度的不确定,很难切断与土地调整的关联,从而对"30年不变"持消极甚至反对态度。②

(三)长久不变

关于"长久不变"的理解,人们的争议就更为激烈了。无论是最初的15年以上,还是后来的30年不变,都没有解决一个问题,即承包期限到了之后该如何办。党的十七届三中全会通过的《中共中央关于推进农村改革发展若干重大问题的决定》以下称《决定》正式提出,现有土地承包关系要稳定并长久不变。但如何理解"长久不变"?有人认为土地承包期由有限转为无限,这是"变";但土地承包没有变,长久不变,这是"不变"。③ 另有人认为这是指家庭承包制长久不变,而承包期限只是"长期化",其不应超过70年。④ 还有人认为将"长期"改为"长久",两者之间的根本区别是,前者是有期限的,后者是无期限的。⑤ 这种看法似

---

① 朱冬亮:《土地延包"30年不变"的再认识》,载《农业经济问题》2001年第1期。
② 杜润生:《中国农村体制变革重大决策纪实》,人民出版社2005年版,第150页、第154页。
③ 张亚:《长久不变,以不变促变,寓变于不变之中》,载《淮阴师范学院学报(哲学社会科学版)》2009年第3期。
④ 胡昕宇、韩伟:《关于农村土地承包关系"长久不变"的若干思考》,载《华中农业大学学报(社会科学版)》2010年第2期。
⑤ 刘守英:《十七届三中全会完善土地承包流转市场形成机制》,载《21世纪经济报道》2008年10月22日,第6版。

乎有法律上的依据,即《物权法》第 126 条第 2 款的规定,"前款规定的承包期届满,由土地承包经营权人按国家有关规定继续承包。"①

　　实践中,农户对此又是如何看待的? 有人调查显示,占总数 77% 的农户认为,"长久不变"仅仅是承包期限进一步延长。其中,占 48% 的农户认为"长久不变"的较为合理的期限是 30 年到 50 年,占 15% 的农户认为合理期限是 51 年到 70 年,仅有 22% 的农户认为合理期限是永久的。至于为什么是"长久"而不是"永久",农户的看法是,如果承包期太长,家中人多的话,到时就没有地了。另外,承包期应当与寿命长短有关,不能超过 70 年。实际上,农户对"长久不变"的认知是自相矛盾的:在认为期限不超过 70 年的农户中,绝大多数希望承包经营权可以继承,最好是祖辈流转下去,这主要是考虑到人口变动无地可种,以及土地是其最后也是最为可靠的保障。②

　　关于"长久不变"的起点如何计算,看法更是五花八门。有人认为应以第二轮土地延包开始;有人认为十七届三中全会《决定》中首次提出"长久不变",这就是起点;有人认为把确权颁证作为起点;有人认为可以通过村民自治决议来决定;还有人认为应从第二轮承包期限届满时开始。③ 不同农户甚至学者之间对"长久不变"的看法不完全一致,原因是前文中论述的:基于人们各自利益的实际考虑和对未来情形的预期的不同。无论是期限的长久不变还是永久不变,也不论长久不变的合理期限是 30 年还是 70 年,在农户的意识里,都不是简单的数字化或形式化的语词问题,而是基于对各种情况的综合把握而对自己未来生活可能状况的预期的判断。甚至,农户对承包权利的预期,不仅与承包期限本身的长短有关,还与有没有承包合同相关。④

四、权利期限的空间维度:一种"地方性知识"的构建

　　如果说权利结构中期限的功能在于将未来一段时间内的不确定性以稳定预期的形式确定下来,并在激励机制协助下将该权利配置给特定人从而产生特定

---

① 朱广新:《土地承包关系长久稳定的制度建构》,载《河南财经政法大学学报》2013 年第 4 期。
② 胡昕宇:《农民视角下的土地承包关系"长久不变"研究》,华中农业大学 2010 年硕士论文,第 14 页。
③ 关于这些不同观点的注释来源,参见刘灵辉:《土地承包关系"长久不变"政策的模糊性与实现形式研究》,载《南京农业大学学报(社会科学版)》2015 年第 6 期。
④ 叶剑平等:《中国农村土地农户 30 年使用权调查研究》,载《管理世界》2000 年第 2 期。

法律效果，那么随之而来的一个问题是，如果只是告诉人们预期是满足人们某种需求的手段，而不是正面回答这种预期是如何形成的，就可能会遭到人们的批评，即过于强调社会的结构、秩序和稳定，而忽略了过程、变迁和冲突，也就是说，没有对预期变化背后的机制给出说明。① 除非是能够对功能如何发挥的机制给出解释，否则就无法面对这种批评。接下来，我将以地方性的时间，即权利期限更多地表现为一种地方性知识，而非国家统一规定的抽象标准这一命题对此展开讨论并做出回应。

在这里，地方性的时间指的是尽管面对的是同一时间，但不同地方的人们却对该时间有着自己的不同于别人的看法；人们关于时间的观念是地方性的，而不是如同我们通常认为的那样，具有普遍适用的同一标准和内涵。这也是上文中提到的，即使是"30年不变"这一看似简单明确的承包期限，在不同人们的眼里含义是不同的，有着很大的差别。尽管各地都有正式的书面土地承包合同，而且承包期限基本上也是一样的，但合同中注明的承包期限是一回事，农户认为合理的承包期限却是另一回事；而且在不同地域，不同的人们对合理期限的长短看法不一致，甚至是在同一地域，不同农户的看法也不完全相同。

对此，有学者在全国范围内的大规模实地调查证实了这一点。例如，在"对农地的承包期限多长较合适？"的回答中，认为是5年以内的占14%；10年以内的占23%；30年以内的占31%；50年以内的占8%；有21%认为是无限长。另外，农户在考虑这个问题时，更多是从自己对土地的实际占有情况出发，更多考虑到期限长短对自己当前的利益的影响，主要是人口的变动。② 尽管人口变动的确是农户最为看重的因素，即农户家中的人口数量以及数量的变化情况是其判断合理承包期限的关键。但进一步看，又不可能仅仅是人口变动这一因素在起作用。因为，如果只是人口变动在起作用，那么由于这一因素在全国不同地域都是存在的，并且差别不会太大。这样一来，不同地方农户对合理承包期限的判断应大体一致，但这与调查结果明显不符。③ 肯定有其他因素起作用，由于这些因素是隐藏的，导致了农户回答问题时并没有意识到。

我们当然可以笼统地说，这些不同源自人们预期的不同。但问题是，哪些可能因素导致人们有不同预期，从而对时间有了不同的认知？前文中提到，所有时间都是社会时间，时间是人们在社会实践活动中逐步构建起来的，社会时间紧紧

---

① 参见[美]鲁思·华莱士，艾莉森·沃尔夫：《当代社会学理论》，刘少杰等译，中国人民大学出版社2008年版，第52页。

② 参见陈小君等：《农村土地法律制度的现实考察与研究》，法律出版社2010年版，第8页。

③ 廖洪乐：《农村承包地调整》，载《中国农村观察》2003年第1期。

地把对时间的认识与人的社会生活和活动联系在一起。因此,我们有如下推断:既然时间与人的社会实践相关,不同地域的人由于社会生活和活动的形式不完全一样,必然会导致人们对于时间的认识或观念不同。极端的一个例子是,有些地域的人们根本就没有时间这个词,这可从学者沃尔夫对霍皮人关于时间理解所做的语言学研究中看出。[①]

那么,我们将如何看待土地承包经营期限的地方性这一较为具体的命题?换言之,不同地方人们关于多长的土地承包期限是合理的看法不同,而这些不同看法背后的可能因素是怎样的?

首先,这与当地的农业生产力和经济发展水平相关。人们通常认为,在农业生产力越是低下的地方,人们对土地的依赖程度也会越高,同时,没有其他收入来源,就更倾向于较长的土地承包期限,因为这样能够更好保证土地不被调整。但有调查结果显示,越是经济发展水平落后地方的农民,越是不满于较长的承包期限。[②] 因为在这种情况下,人们高度依赖土地且没有其他收入,导致只要人口变动,就要调整土地,保障每个人有饭吃。还有一种解释是,经济越发达的地方,人们对土地未来升值预期就越强烈,导致其越偏好于更长的承包期限,这样可以保障在该期限内土地还在自己的手里。另外,经济越发达的地方,土地通过市场流转的可能性也就越大,这对更长的承包期限也有更强需求,因为较长的期限意味土地不会轻易调整。

除此之外,农民对土地投入的具体形式不同,也会影响到对承包期限的合理预期,而不同的投入形式,很大程度上与当地的经济发展水平紧密相关。在经济相对落后的地方,农户在土地上的投入很有限,基本上限于种子、化肥、农药以及简单工具等。这些投入都可以在一个收获期结束时全部转化为农产品,从而基本上可以在当年全部收回。因此对这些投资回报期较短的投入形式,农民对承包期限没有过长要求。但另一些投入,诸如水利、灌渠、电力以及道路等基础设施,需要大量资金,并且这些投入只能在较长时间逐年收回。如果这些大量投入没有一个相对较长的承包期限,农民是不会轻易投入的。[③]

其次,自然环境也很重要。中国是一个大国,不同地域的自然环境相差很大,各地种植的作物很不一样,甚至在同一区域,仅仅由于土壤成分不同,种植的作物也不同。有些地方适宜种植树木,有些地方适宜种植粮食,不同作物生长周

---

① 参见[美]格雷戈里·海登:《各种时间概念的进化以及它们对社会经济计划的影响》,载图尔主编《进化经济学》,杨怡爽译,商务印书馆2011年版,第393页。

② 林卿:《农村土地承包期再延长三十年政策的实证分析与理论思考》,载《中国农村经济》1999年第3期。

③ 方庆:《根据什么确定土地承包期限》,载《江汉论坛》1984年第3期。

期不同。树木通常是十年以上,珍贵树木甚至达到几十年,而大宗粮食则是一年一熟、两年三熟或一年两熟(这表现在北方和南方的差别),这直接导致人们对不同生长作物的土地承包合理期限的看法不同。作物生长周期越长的,对土地承包期限的期待也就越长;反之则越短。《农村土地承包法》第二十条的规定印证了这一点。

地处山区(或丘陵)和平原的人们对土地承包期限的合理期待也不一样,很大程度上这与人们对土地是否调整的预期有关,而土地调整的难度又直接影响到是否调整。由于山区或丘陵地域地形陡峭,土地极为分散,如果调地过于频繁,就会导致土地细碎化程度更高,耕种更加不方便。因此人们趋于不调整土地,这使得人们偏好于更长久的期限。① 反过来,在平原地带,土地较为整齐划一,即使是调整土地,相对而言较为容易。在这种情况下,人们认为调地的可能性很大,从而使得他们对承包期限的预期相对较短。

另外,不同作物的种植需要人们精心照顾的程度是不一样的。例如,种植棉花所需要的劳动时间,相对于水稻来说就多出不少,也需要得到更加精心的耕种。这样一来,种植水稻的农民,相对于种植棉花的农民来说,就有更多的闲暇时间,他就更可能外出打工,从而有更多的非农业收入。随着非农业收入比例的增加,人们对土地的依赖程度就会降低,就会倾向于不调整土地,结果就是人们偏好于更长的承包期限。② 同样的原因存在那些适合于大规模种植某些作物的土地。规模越大,人们对承包期限的预期也就越长,因为调整土地的难度也随之增加。

再次,资源禀赋状况也是一个因素,这与第二点相关。人均占有土地面积越小,就希望其承包土地的期限越短,除了人口变动之外,还由于有更多的机会来调整因先前所占土地质量较差所导致的不公。在实践中,农民往往通过拈阄的形式来分配或调整土地。因为土地有好有坏,无论如何搭配,总会有质量不均的情况。通过拈阄就可以避免人为争吵,因为这完全取决于运气而排除了各种人为因素。但无论怎样,总有人会拈阄到质量较差的土地,并因此希望能通过下一次土地调整分到好地。反之,在人均占有土地较多的地方,不断均分土地的要求相对较弱,对承包期限相对有较长的要求。③ 因为在每个人都占有较多土地的情况下,剩余土地不会多,再试图通过土地调整获得额外的土地,即使有,也不会

---

① 远康等:《湄潭农村改革实验区延长土地承包期五十年的实践与思考》,载《中国农村观察》1999年第3期。

② 廖洪乐:《农户的调地意愿及影响因素分析》,载《农业经济问题》2002年第9期。

③ 林卿:《农村土地承包期再延长三十年政策的实证分析与理论思考》,载《中国农村经济》1999年第3期。

太多。

最后,不只是物质性的,制度性的因素同样重要。由于不同地域所制定和实施的制度会有差异,而这些制度反过来可能会影响农民对承包期限的预期。例如,有些地方政府为提高农民种地积极性,采取各种方式给予种地补贴。由于只要种地就会有更多的收入,农民就会倾向于更长的承包期限。相反,在上世纪90年代,土地负担较重,使得农民对较长承包期限非常不满,甚至很多地方出现抛荒。再比如,由于农业生产面临的因自然灾害或市场变化所带来的风险很大,而且大多数农户很难单独抗御这些风险。如果有较好的社会化服务,就会降低这些风险而提高土地投资收益率,来自土地投资收益率越高,农民就越是偏好于较长承包期限。①

在笔者看来:"地方性的时间体系会因为不同群体的范围、功能和活动的不同而发生变化。随着群体之间互动的扩展,就必须形成一种共同的或者范围扩大了的时间体系,以取代或者至少是扩大原先的地方性时间体系。"②换言之,地方性的时间体系在若干条件变化的情况下,会被更大的甚至是全国性的时间体系所代替。对于土地承包期限来说,早期的不同地方农户对承包期限的合理期待或许体现出较为明显的地方性,但后来地方性的特征逐步弱化了,不同地方的农户关于合理承包期限的看法会趋向于一致,至少从全国范围内的多数情况来看是如此,而且随着时间的推移,这种变化的轨迹可能会更加清晰起来。

然而问题是,这一切是如何发生的?

五、权利期限的历史面相:不同时间观对制度变革的影响

上文中已论述过,人们的时间观念与其社会活动紧密相关,是特定社会构建的产物并主要由该社会的物质生产方式所决定。如果是这样,那么我们可以推断出这样的命题,即不同时期(或形态)的社会里,人们的社会生活和实践方式不同,人们的时间观就会有不同,而这在一定程度上则有可能会影响到与时间因素相关的制度安排及其变革的方向。如果说上一节内容讨论的是权利期限的空间维度,是一种共时性的论述;那么这一节讨论的则是权利期限的历史面相,是一种历时性的论述,也就是说,试图寻找权利期限变化背后的决定性力量从而对未

---

① 许卓云:《论延长土地承包期的矛盾与对策》,载《农业经济问题》2000年第6期。
② [美]皮蒂里姆·索罗金,罗伯特·默顿:《社会—时间:一种方法论的和功能的分析》,载约翰·哈萨德编《时间社会学》,朱红文、李捷译,北京师范大学出版社2009年版,第52页。

来的制度设计提供建设性的参考。

为讨论问题的方便,我将传统农业社会和现代工商社会这两种不同社会形态作为比较的对象。农业社会指的是农户种植的目的主要是为了自己使用和消费,是自给自足的小农生产方式;工商社会不是说农户的职业发生了变化,而是农户的生产不再是或不仅仅是供自己消费,是为了与他人进行交易甚至部分农户自己完全不生产而是将其承包的土地流转出去。尽管农民从事的仍然是农业生产,一旦生产要素卷入到市场交易过程中,就可将其视为工商社会而非农业社会。在这个意义上,当下的中国农村已不再是所谓的"乡土社会"或"熟人社会"了,而是"半熟人社会"了。① 这种简单的划分可大致对应家庭承包制的早期和现在的情形。

在传统农业社会,人们更关注物品本身的使用价值,从而非常强调物品的归属性质。这是因为生产力水平较低,农户能够生产出来的物品不多,几乎都是用来供自己消费,除此之外,很少或基本上没有什么剩余的物品。因此交易不发达,即使有,也很零散,形成不了市场,自给自足的小农生产方式占据了主导地位。这样一来,财富的形成和积累的方式主要靠占有物品本身,也就是依赖过去保留下来的少量剩余物品。在工商社会,人们更看重物品的交换价值,从而更加强调物品的利用(非自己使用)属性。随着生产力水平的提高,物品得以大规模地生产出来,除了自己少量的使用和消费之外有了更多的剩余,从而能够与别人进行交换来满足自己多样化的需求,物品也就变成了商品。人们生产物品的主要目的是交换而不是消费,更看重的不是自己对物品的有效使用,而是交给他人使用并从中获取更多收益。② 从而在分工和交换的推动下,财富的形成和积累过程也变得更为迅速起来。

不同社会形态,财富表现形式也不同:传统社会主要是实物,现代社会主要是价值。在农业社会,判断一个人有多少财富,主要是问他有多少物,比方说有多少土地、房屋、粮食等。在工商社会,一个人的财富主要看他持有多少股权、银行存款、各种债券、基金、保险甚至是信息。一句话,拥有多少能够在将来可兑换成一定数量金钱的各种权利形式。③ 这样一来,人们关于财富中蕴含的时间维度的看法发生了变化。传统农业社会,财富的形成和积累主要是基于人们存储下来的少量剩余物品,而这一点被认为是通过凝聚在过去生产物品中劳动的多

---

① 参见贺雪峰:《新乡土中国》,北京大学出版社2013年版,第3页。

② 参见[英]彼得·斯坦等:《西方社会的法律价值》,王献平译,中国法制出版社2004年版,第311页。

③ 高富平:《从实物本位到价值本位——对物权客体的历史考察和法律分析》,载《华东政法学院学报》2003年第5期。

少来加以体现的,劳动被视为财富的唯一来源。在这种情形下,就很容易导致人们更加关注财富中时间维度中的"过去",因为就现存财富而言,是以凝聚在物品中的劳动力的多少来衡量的,而劳动力都是在"过去"付出的。在现代工商社会,由于分工的细化,交易的频率和范围的不断扩展,财富的增长主要是通过商品间的交换价值来实现的。而交换价值主要是基于物品在未来能够满足人们不同需求的预期,导致人们更强调财富中时间维度的"未来":以该物品在未来进行交换时所满足需求的预期程度而得以体现。

限于篇幅,笔者大大简化了对上述命题的描述和解释。[①] 但论断是明确清晰的,即农业社会自给自足的小农生产方式决定了财富主要体现在物品的使用价值中,谁所有谁利用,强调的是物品的归属性质。以分工和交换为特征的工商社会,所有和利用相分离,财富主要体现在物品的交换价值,强调的是物品的利用属性。这在一定程度上都可归之于人们对财富进行估值的方向发生了变化:从农业社会强调物品中所凝聚的"过去"的劳动力的大小,转向了工商社会关注物品在"未来"能够通过交换得到的价值的大小。甚至有学者认为,这种看重时间维度中的"未来"的观念可扩展到整个人类的行为模式,即支配人们所有活动的始终是未来性原则:通过对未来各种可能的情况做出预期和判断,才导致人们在当下做出决策并采取各种行动。[②]

上述两种不同社会形态的生产方式的变化,以一种高度压缩的方式体现在社会经济结构处于快速转型的当代中国。20世纪80年代家庭承包制实施的早期,尽管农村土地制度实行的是所谓两权分离,即土地所有权和土地使用权分离:前者由集体享有而后者由农户享有,但农户大多是自己占有和使用土地,劳作成果也归自己消费,可以说是一种典型的自给自足的小农生产方式。财富主要是通过占有物品本身的形式得以缓慢增长,自己生产得越多意味着财富越多,人们看重的是时间维度中的"过去",持有的是所谓"循环时间观"。自90年代以来,随着工业化、城镇化和农业现代化的推进,大量农村剩余劳动力的转移,出现了农地流转,流转的规模、速度和范围都在逐年加大,土地、劳力都参与到市场交易当中。即使没有流转土地的农户,其劳作成果也大多不是供自己消费,而是进入到流通领域与别人交换,物品也就变成了商品。财富主要是通过物品在未来进行交换得到的价值大小来衡量,人们更看重时间维度中的"未来",持有的是所

[①] 关于这一主题的思想史的细致讨论,参见[美]康芒斯:《制度经济学》(上册),赵睿译,华夏出版社2013年版,第32页以下。

[②] 这也与前文中的观点保持了一致,即强调了预期在人们行动中的重要性。参见[美]康芒斯:《资本主义的法律基础》,戴昕等译,华夏出版社2009年版,第2页。

谓"线性时间观"。①

这一过程的结果导致人们关于土地承包期限的看法变化了,主要体现在两方面。

一方面,土地承包期限的地方性特征将会弱化,并逐步转变为全国统一的期限模式。第一,经济水平发展增强了政府财政支出的能力,随着转移支付力度的加大以及更多地方实行"工业反哺农业"的惠农政策,尤其是对经济落后地方的各种农业补贴,导致不同地方农业生产力水平的差异将会缩小,农户对承包期限的预期将趋于一致。第二,土地跨越了村集体在更大范围内以及更多地与集体组织成员或熟人以外的人群进行流转,甚至通过权利证券化方式流转,导致不同地域人们的互动将持续扩展开来,形成共同的时间体系,从而满足协调和规范更大范围内陌生人之间行为的需要。第三,不同地方人们因交易行为的增加,相互间信息和知识的交流也随之更多,将导致人为因素(主要是村干部)在决定承包期限中随意和任意的可能性降低,同时对国家政策的了解更为深入,这些都趋于更加认同土地承包期限的国家标准。②

另一方面,人们对土地承包期限的预期也会变得更长。第一,土地交换价值的功能日益凸现出来,并通过土地承包经营权流转得以体现。随着一系列制度条件的逐步成熟,其权利流转的范围和规模都将大幅度提高,这反过来又使得土地的交换价值的重要性更为明显。这都将以更为稳定的权利形式也就是更长的承包期限作为前提。第二,由于承包经营权人意识到可将该权利通过流转来增加自己财富,那么他就会增加对土地的投入,尤其是长期数额更大的固定资产投入,这样可以增加土地承包经营成果在未来进行流转时的交换价值,投入的越多意味着未来收益更高的可能性也越大。第三,不少农民对更长的承包期限没有更多的期待,主要因素是土地调整的情况仍然存在。这与过去的制度实践给农民留下了深刻印象有关,同时也与当下的一些制度的不完善相关。但随着影响土地调整因素的弱化,主要是非农就业渠道的拓宽以及非农收入比例的上升,导致调整土地可能性在降低,这也就意味着承包期限越长。

要言之,一旦当农户不仅可以自己耕种,通过土地的使用价值获取收益,还可以将土地流转通过其交换价值获取更多收益时,我们就可以说社会形态由以

---

① 关于循环时间观和线性时间观的讨论,参见[法]孟德拉斯:《农民的终结》,李培林译,社会科学文献出版社2010年版,第47页以下;[美]约翰·哈萨德:《导论:关于时间的社会学研究》,载约翰·哈萨德主编《时间社会学》,朱红文、李捷、译,北京师范大学出版社2009年版,第11页以下。

② 丰雷,等:《中国农村土地调整制度变迁中的农户态度——基于1999~2010年17省份调查的实证分析》,载《管理世界》2013年第7期。

自给自足的小农生产方式为主的传统社会转向以市场交换为特征的工商社会，带来的是时间观念的转变：由更为看重过去的"循环时间观"转向更为看重未来的"线性时间观"，也就是将时间看成是同质的和均匀的并因此是可计算的，所谓"时间就是金钱"，从而人们可以根据需要对未来一段时期进行任意程度的分割和转让。这些变化，都已经并仍将对现行法律制度产生影响，或许还会改变未来制度的设计方向。

例如，现在多数农户的问题不再是吃饭，而是没有更多资金进行投入和扩大再生产，但法律却禁止农地抵押，土地的交换价值无从发挥出来。尽管法律允许农地可以入股，但仅限于承包方之间且必须是从事农业合作生产。一方面，这将那些更适合进行农业生产的非承包方排除了；另一方面，因实践中很难将农业生产和农业经营严格区分开来，从而尽管担心入股组成经营公司破产后农户失去土地，但这也排除了从事经营给农民带来更多收入的可能性。如果土地有了更长的承包期限以及期限可进行分割和转让，我们可考虑：一方面，现阶段土地的使用价值对于农民仍然有着不可低估的价值；另一方面，也要看到土地交换价值对于增加农民收入的重要性。

因此，未来制度设计的方向也许是，允许土地承包经营权人对存在于该权利上的长期限进行任意的分割并将分割后的权利流转给他人，自己只保留剩余权利的复归权和对流转出去权利的收益权。① 这样一来，既可让农民手中保留一部分权利作为保障而解除后顾之忧，同时又可解决现有流转制度中存在的不足，还可发挥出土地的交换价值所带来的种种好处。这就意味在同一块土地上可同时并存多个权利，这些权利没有效力等级的不同，只有期限的先来后到，这些带有不同期限的权利可再次流转从而得以重新界定和再界定，并且这在现行法上已有了一定基础（《农村土地承包法》第39条）。这里的重点是权利的期限更为长久，对更长期限的权利的流转没有限制，但不得改变土地所有权的性质和用途（《农村土地承包法》第33条第2款）；而难点则是，如何平衡承包经营权人和土地流转的受让人之间的利益平衡。

六、结　论

在民法学者看来，尽管就时间在民事权利中的作用是合理限制权利这一点而言基本上取得了共识，而一旦牵涉各种与时间相关的具体问题，诸如诉讼时

---

① 细致讨论，参见周应江：《家庭承包经营权：现状、困境与出路》，法律出版社2010年版，第159页以下。

效、取得时效、除斥期间等,就存在着相当大的争议,原因在于讨论不是建立在一个统一的逻辑和理论基础上,有各说各话之嫌。① 之所以如此,很大程度取决于研究方法的取向,即要么是规范分析要么是法条释义,几乎没有讨论相关命题背后可能的因素及其因果关系。换言之,没有解释为什么一项权利的某种时间限制的形式在既定条件的约束下是合理的,即便是找到了若干解释性理由,但往往由于没有经验性的内容也就是说没有对其展开细致的事实方面的检验,从而导致其说服力不够。

本文采取经验的功能主义分析方法,从期限在权利结构中的具体功能切入来讨论权利为什么有期限,这主要是因为人们为了试图减少未来一段时期内的不确定性,在激励机制的协作下产生稳定预期的需要。但仅此还不够,还需要回答预期是如何形成的,也就是要找到预期形成的具体机制,或者是能够解释和预测当条件发生变化时预期如何随之变化,才能说这种观点或方法是有道理的。为此,笔者借助于马克思唯物史观,提出了"所有的时间都是社会时间"这一命题,即时间不是简单的一个计时系统或度量单位,而是人们在具体社会实践(主要是物质资料的生产和交换的方式)中逐步构建起来的用于约束、协调和规范不同人们行为的工具,并通过具体例证即土地承包经营期限的地方性特征和不同社会形态下的变化对其进行了验证。同时,笔者还结合这些实证性命题对土地承包期限制度的未来发展给出了建议。

Time in the Law

—An analysis of a kind of social time perspective on the example of the land contract period

Wu Yilong

Abstract:Different from the view that time is regarded as the external variable of law, this paper regards time as the internal variable of law and puts forward the important proposition that "all time is social time" from the perspective of Marx's Historical Materialism. Time is not only a timing system, but also a tool gradually built up in the process of people's social practice to restrain, coordinate and regulate people's behaviors. Time in law is also a kind of social time, which not only answers why rights have a time lim-

---

① 杨巍:《民事权利时间限制研究》,武汉大学出版社2011年版,第4页。

it，but also explains and even predicts how laws will change once the external conditions of the legal world change. The social time proposition is explained and tested through the specific example of the local characteristics of the term of land contract operation and the changes under different social forms.

Keywords：Right；Expectation；Social Time；Local Knowledge；Land Contract Period

（责任编辑：艾佳慧）

法官如何思考

——以撤销监护权案件为中心的实证研究

张剑源[*]

[摘 要] 诸如撤销监护权一类案件,由于所涉及问题复杂多样且个案特性突出,立法上所确立的原则虽然能够起到目标导向作用,但是,其并不能一劳永逸地为每一个案件的有效解决提供实践指引。法官在面对这类案件的时候较为注重实效,考量要素较为细化。判决不仅实现对抽象原则的具体适用,同时还在很大程度上实现了对某些法律关键词及其边界的重新界定和塑造。从个案情境出发,努力追求每一个案件"个案正义"的结果,对于撤销监护权这样一类家事案件的有效处理尤为重要。立法和司法实践的完善需要认真对待基层司法实践经验,只有努力去发掘判决中那些"更为开放的理论酵母",才能更好地促进立法和司法的不断向前发展。

[关键词] 撤销监护权;司法后果;个案正义;情境

一、问题的提出

在司法审判中,法官需要根据案件事实进行综合判断,分清权责,并在此基础上依据法律规定做出判决。然而,在有一些案件的审理和判决过程中,即便很快能查清事实,但因为法官所要依据的法律规定要么是存在漏洞、要么是相关规定之间相互冲突、要么规定得较为模糊,使得法官在适用法律和作出判决时候面临各种各样的挑战。[①]

本文所要讨论的撤销监护权案件就是这样一类案件。无论是《民法总则》、

---

[*] 张剑源,云南大学法学院副教授,法学博士。本研究得到云南大学青年英才培育计划资助,特此致谢!

[①] 参见周汉华:《论建立独立、开放与能动的司法制度》,载《法学研究》1999年第5期;王灿发:《论我国环境管理体制立法存在的问题及其完善途径》,载《政法论坛》2003年第4期;杨解军:《法律漏洞略论》,载《法律科学》1997年第3期等。

《未成年人保护法》，还是《关于依法处理监护人侵害未成年人权益行为若干问题的意见》（以下简称《意见》），相关条款中都有对应当撤销监护权情形的具体规定（下文中会有具体讨论）。然而，综合相关规定前后条款可以看出，"撤销"还是"不撤销"监护权实际上都并非立法的最终目的，相关立法规定要求法官在作出最终决定时候必须考虑该决定是否符合"最有利于被监护人的原则"或"未成年人最大利益原则"。而这一原则性规定对于法官（甚至绝大多数人）来说，显然是较难把握的。这个时候，法官势必需要对全案进行更为细致和缜密的考察，才有可能做出合理的决定。

波斯纳将这种情况称之为法官"尽可能好地行动"。① 然而，无论是在研究还是实践领域，我们似乎都很少能看到这种有关法官"尽可能好地行动"的具体呈现。本文试图以撤销监护权案切入，为准确理解法官"尽可能好地行动"，乃至准确理解中国司法中一些相对一般性的问题提供一个相对微观的个案经验。②

（一）文献综述

形式主义的法律进路都基于一个信念，即所有法律争点都可以通过逻辑、文本或程序来解决。③ 而这一进路在法教义学那里得到了最集中的体现。他们认为：法教义学是法学的核心。④ 法教义学坚持对于法律事业的内在态度，这种内在态度的集中体现就是对"规范"与"规范性"的强调。⑤ 相反的，波斯纳把形式主义进路，特别是法条主义仅仅看作是一种技巧。在他看来，许多法官，无论何种倾向，都会遇到一些案件，什么技巧都不起作用了，或是用尽了法条主义技巧，

---

① 波斯纳指出："法官并不是按照被称之为'法律'的东西行动，他们只是尽可能好地行动。法官决定案件，并且作为一种副产品，判决会流露出一些关于他们将如何决定下一案件的线索。"［美］波斯纳：《法理学问题》，苏力译，中国政法大学出版社2002年版，第283页。

② 需要说明的是：此类案件在整个司法实践中并不是占大多数的案件，但是能否处理好此类案件对于司法制度和司法实践的完善、对于整体社会秩序的和谐都具有至关重要的意义。比如就本文所要讨论的撤销监护权案来说，其属于涉家事一类案件。完善此类案件司法审判的重要性在于："家庭是社会的细胞，家庭和谐稳定是国家发展、社会进步、民族繁荣的基石。加强家事审判工作对于推进国家治理体系和治理能力现代化，维护社会和谐稳定，具有十分重要的意义。"参见孙航：《为社会建设奠基为幸福生活护航——人民法院家事审判方式和工作机制改革综述》，《人民法院报》2018年7月20日，第1版。

③ ［美］波斯纳：《波斯纳法官司法反思录》，苏力译，北京大学出版社2014年版，第3页。

④ 孙海波：《论法教义学作为法学的核心——以法教义学与社科法学之争为主线》，载《北大法律评论》（第17卷）法律出版社2016年版，第201—232页。

⑤ 雷磊：《法教义学的基本立场》，载《中外法学》2015年第1期。

还是不知道决定的结果。①也因此,波斯纳说:"从法官的立场来看,法律规则更像是指南或做法,而不像是命令"。②而苏力也曾说过:"无论是立法还是司法,就不能仅仅关注规则,就一定要关注实际成效"。③

关于撤销监护权问题研究,目前国内学界有一些基本共识,那就是在宏观上应该审慎把握好国家法律介入家庭的"度"。④ 为了把握好这个"度",学者引荐或提出了一些可供立法和法律实践参考的标准和原则,比如"儿童最大利益的分析框架""儿童最佳利益原则""国家亲权原则",以及撤销父母监护权的必要性原则、比例原则等,⑤倡导在立法层面确定一个或一类具体的标准,为司法实践提供明确的指引。还有的学者通过心理学、社会学与法学的跨学科研究,来探讨立法上严格限制撤销监护权的理由及其意义。⑥

法教义学的立场对于理解通常意义上的法律和司法问题具有意义。然而,当面对那些需要适用较为模糊、不够具体的法律规定的案例时,法官将如何回应,这显然是教义学立场很难作出全面回应的一个问题。⑦实用主义的法学进路提供了另一种可能,即在复杂情况下纳入"外在视角",并着重于"后果考量"的进路。⑧这种来自较为宏观意义上的方法论比较对于我们理解有关撤销监护权的

---

① [美]波斯纳:《法官如何思考》,苏力译,北京大学出版社2009年版,第211页。
② [美]波斯纳:《法理学问题》,苏力译,北京大学出版社2002年版,第568页。
③ 苏力:《法律人思维?》,载《北大法律评论》(第14卷·第2辑)北京大学出版社2013年版,第429—469页。
④ 参见王慧:《〈民法总则〉撤销父母监护权条款的罅漏与完善》,载《江西社会科学》2017年第6期。
⑤ 在由梁慧星作为课题负责人主编的《中国民法典草案建议稿附理由:亲属编》第1720条写道:"在处理涉及儿童的家庭事务时,应当以儿童利益最大化为首要考虑"。参见梁慧星主编:《中国民法典草案建议稿附理由:亲属编》,法律出版社2013年版。同时可参见张丽君、张鸿巍:《未成年人监护权撤销刍议》,载《青少年犯罪问题》2018年第1期;尚晓援、窦振芳、李秀红:《一切为了儿童:中国徐州市某区对儿童性虐待案件处理的个案研究》,载《山东社会科学》2017年第12期;王慧:《〈民法总则〉撤销父母监护权条款的罅漏与完善》,载《江西社会科学》2017年第6期。
⑥ 吕春娟、马璇:《论撤销父母监护资格理由转变的科学性》,载《苏州大学学报(法学版)》2018年第1期。
⑦ 虽然法教义学论者也会提出诸如"教义学与社科法学相互合作与相互促进",以及"在裁判理论上,主张'认真对待法律规范',……但并不反对,甚至必然接纳经验知识和价值判断"的主张,但是,他们并没有提出在何种情况下、在什么程度上、如何"合作"、如何"接纳"等问题。参见孙海波:《论法教义学作为法学的核心——以法教义学与社科法学之争为主线》,载《北大法律评论》(第17卷)法律出版社2016年版,第201—232页;雷磊:《法教义学的基本立场》,载《中外法学》2015年第1期,等等。
⑧ [美]波斯纳:《法理学问题》,苏力译,北京大学出版社2002年版。

问题同样具有启示意义。不难发现,在撤销监护权案件中,既有研究大多还是回到了教义学的进路上,似乎通过完善立法、确立某项或某类原则,就能妥善解决撤销监护权的问题。这显然忽视了法官较为能动和积极的一面,忽视了"外在视角"和"后果考量"所可能具有的重要意义。

(二) 本文观点

本文将在立法和法条梳理的基础上,回到实践领域,通过对相关案例的分析来具体分析法官面对撤销监护权这样一类案件时的具体考虑。本文认为:诸如撤销监护权一样的案件,由于其所涉及问题复杂多样,且个案特性突出,立法上所确立的原则和标准虽然有一定的目标导向作用,但却很难真正地发挥实践指引作用。法官在面对这类案件的时候较为注重实效,所考虑的核心问题是:如何让未成年人有最好的"归属",如何让判决真正地发挥作用!因此,法官的考量过程会更细、更基于实际情况,并且往往带有较强的综合性。这实际上反映出基层司法实践追求个案正义、而非教条主义的实践特征。

二、撤销监护权:案例和规定

(一) 案例和数据

2017年,民政部社会事务司未成年人保护处通过查询最高法院官方发布典型案件、中国裁判文书网、媒体报道等,整理得出:截至2017年8月,全国已有69起侵害未成年人权益被撤销监护人资格案件。其中,遗弃或拒不履行监护职责案件28例(占比41%),强奸、性侵和猥亵案件18例(占比26%),虐待和暴力伤害案件11例(占比16%),其他12例。① 这一数据基本上揭示了目前中国撤销监护权案件发生的情况,但这一数据不能展现司法实践中撤销监护权的基本面貌,因此,我首先回到裁判文书上,通过检索词"撤销监护人资格"在中国裁判文书网上进行检索,共检索到有效样本27例。虽然获取的有效样本比民政部公布的数据要少,但重要的是我们能从中看出案件事实和司法决策的相关情况。

在所搜集的27例撤销监护权案件中,有12例系未成年人被监护人遗弃或监护人未履行监护职责;有9例系未成年人的监护人因为犯罪被判刑而无法再履行监护职责;有3例系监护人对子女有家庭暴力行为;1例系利用未成年人进行乞讨;1例系原来的监护人去世后目前的监护人(外祖父母)因年事已高无力

---

① 张维:《全国已有69例撤销监护权案件,遗弃、强奸、虐待三类最为高发》,载《法制日报》2017年8月19日,第006版。

监护,遂申请撤销监护权;1例系生母去世后无人监护。

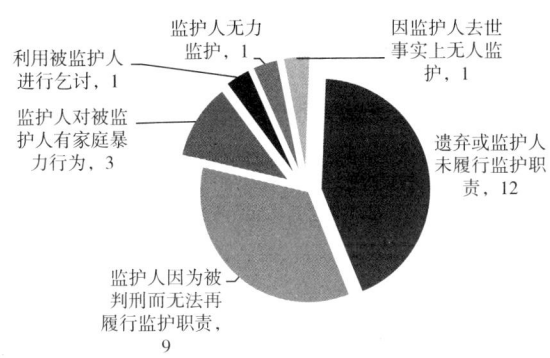

除了对数据进行宏观层面上的把握外,我们来看一看数据背后所发生的一些真实情况。

在"监护人因为被判刑而无法再履行监护职责"一类9个案例中,有2个案例是监护人因为贩毒被判刑;有1个案例是被监护人的母亲因为与他人合谋杀害父亲,母亲被判刑;有2个案例是监护人对被监护人有伤害故意而被判刑;有1例亲生父亲对亲生女儿性侵而被判刑、1例养父对养女性侵而被判刑、1例继父对继女性侵而被判刑、1例父亲对被监护人姐姐性侵而被判刑。

在"监护人对被监护人有家庭暴力行为"一类3个案例中,我们看到的事实描述包括:"肖某甲常以肖某乙(肖某甲的儿子)不听话为由,长期多次对其进行辱骂殴打,实施家庭暴力"(案例2);"耿某某长期对马某(耿某某的同居伴侣)和耿小某(耿某某的亲生儿子)实施家庭暴力,2015年6月,马某因为无法忍受耿某某的长期殴打离家出走,经查找至今无果。马某离家出走后,耿某某变本加厉地殴打耿小某"(案例15);"被申请人常年吸毒成瘾,无法从事正常生产活动,无能力抚养教育关某某(被申请人的儿子),且因毒瘾缘故,时常对关某某施加暴力"(案例23)。

在"遗弃或监护人未履行监护职责"一类12个案例中,我们看到的事实描述包括:"两被申请人将烫伤的儿子金某遗弃在青岛市某某医院"(案例13);"被申请人将被监护人遗弃街头,导致被监护人生活无着落,无法上学"(案例7);"2014年以来被申请人王某对王某某(被监护人)未尽到照顾抚养义务及监护责任,其一直在外务工,对被监护人的生活不管不顾,也未给付任何生活、学习费用,导致被监护人生活无着,求学困难"……(案例30)。

通过这些事实情况可以看到,撤销监护权案件发生的原因往往都是一些较为极端的情形。与此同时,公权力的介入力度也比较大,比如第1号、第12号案例中,都有检察机关建议撤销监护人的监护权。第11号案例中还有检察院支持起诉的情况。

（二）法律规定

《民法总则》从第 26 条到第 39 条对监护问题作出规定，其中第 35 条作出"监护人应当按照最有利于被监护人的原则履行监护职责"的原则性规定，第 36 条对撤销监护权的理由作出专门规定。《未成年人保护法》第 53 条作出了有关撤销监护权的规定。在最高法、最高检、公安部、民政部联合发布的《关于依法处理监护人侵害未成年人权益行为若干问题的意见》中除了对撤销监护权理由作出详细规定外，还特别强调："处理监护侵害行为，应当遵循未成年人最大利益原则，充分考虑未成年人身心特点和人格尊严，给予未成年人特殊、优先保护。"同时还规定："判决撤销监护人资格，……没有其他监护人的，人民法院根据最有利于未成年人的原则……"

1. 行为模式[①]

在以上三个立法中，除了《未成年人保护法》作出相对宏观的规定外，[②]《民法总则》和《意见》中均对撤销监护权的理由，也就是对"不得如何行为"的行为模式作出较为具体的规定。《民法总则》中包括侵害被监护人、履行监护不能、其他情形等三种；[③]《意见》中则详细列举了"严重损害未成年人身心健康"等七种情形。[④]

[①] "行为模式"是指法律规范中规定人们如何行为的部分。参见刘星：《法理学导论》，法律出版社 2005 年版，第 44—45 页。

[②] 《未成年人保护法》第 53 条规定：父母或者其他监护人不履行监护职责或者侵害被监护的未成年人的合法权益，经教育不改的，人民法院可以根据有关人员或者有关单位的申请，撤销其监护人的资格，依法另行指定监护人。被撤销监护资格的父母应当依法继续负担抚养费用。

[③] 《民法总则》第 36 条规定：监护人有下列情形之一的，人民法院根据有关个人或者组织的申请，撤销其监护人资格，安排必要的临时监护措施，并按照最有利于被监护人的原则依法指定监护人：（一）实施严重损害被监护人身心健康行为的；（二）怠于履行监护职责，或者无法履行监护职责并且拒绝将监护职责部分或者全部委托给他人，导致被监护人处于危困状态的；（三）实施严重侵害被监护人合法权益的其他行为的。

[④] 《意见》第 35 条规定：被申请人有下列情形之一的，人民法院可以判决撤销其监护人资格：（一）性侵害、出卖、遗弃、虐待、暴力伤害未成年人，严重损害未成年人身心健康的；（二）将未成年人置于无人监管和照看的状态，导致未成年人面临死亡或者严重伤害危险，经教育不改的；（三）拒不履行监护职责长达六个月以上，导致未成年人流离失所或者生活无着的；（四）有吸毒、赌博、长期酗酒等恶习无法正确履行监护职责或者因服刑等原因无法履行监护职责，且拒绝将监护职责部分或者全部委托给他人，致使未成年人处于困境或者危险状态的；（五）胁迫、诱骗、利用未成年人乞讨，经公安机关和未成年人救助保护机构等部门三次以上批评教育拒不改正，严重影响未成年人正常生活和学习的；（六）教唆、利用未成年人实施违法犯罪行为，情节恶劣的；（七）有其他严重侵害未成年人合法权益行为的。

本文所搜集案例中,监护人的行为基本上被囊括在法律规定的这些禁止性行为模式中。法官对这一问题的判断主要依靠证据,通过证据还原事实真相,进而实现对事实的认定。这在裁判文书"查明"部分有详细的说明。这实际上解决的是一个"是什么"的问题。除非之后有新的证据推能够翻之前认定的事实,否则所认定的事实一般不会有什么争议。

2. 行为结果[①]

以上三个立法规定中,"行为结果"主要是"撤销其监护人资格"。具体地说,就是当监护人的行为被认定为是规定中那些禁止性行为模式,则他/她将会承担丧失监护人资格的不利后果。

3. 更深层次的后果考虑

若仔细分析法条,我们能够进一步看到:其实"撤销其监护人资格"只是一个针对监护人行为后果的规定。对于立法者来说,实际上还有更深层次的后果考虑,那就是法条中所出现的"最有利于被监护人的原则"或"未成年人最大利益原则"。前者聚焦于可能作为"加害人"的监护人;后者则聚焦于作为"受害者"的孩子。

三、理解撤销监护权案件

(一) 进路

如果只考虑撤销还是不撤销,那么我们将走向一条纯粹个体主义的进路。该进路特别强调主体间的自由和平等,而区别于过去社会中的那种相互依赖和等级观念。[②] 大致可以这样说:面对这么极端的一些案件,法院应该让那一个个已经并不自由的个体重新获得自由,这才应该是司法的应有选择! 然而,结果却不完全尽然。先来看两个案例:

> 第18号案例:本院认为……父母作为未成年子女的监护人具有法定性、优先性。基于未成年人最佳利益原则,亲生父母因为血缘和亲情的关系,由亲生父母担任监护人更能够尽职尽责地保护被监护人的利益。……
>
> 第32号案例:分析以上优势,从对未成年人"特殊""优先"保护原则和未成年人最大利益原则出发,由申请人××市社会福利中心取得未成年人

[①] "行为结果"是指法律规范中规定人们在做出符合或不符合行为模式的要求时应承担相应结果的部分。参见刘星:《法理学导论》,法律出版社2005年版,第44—45页。

[②] [法]路易·迪蒙:《论个体主义:对现代意识形态的人类学观点》,谷方译,上海人民出版社2003年版,第82页。

泰某的监护权,更有利于保护被监护人的生存、受教育、医疗保障等权利,更有利于泰某的身心健康。

第18号案例中监护人存在遗弃行为,符合法律规定的行为模式。但判决结果却是驳回申请人撤销被申请人监护人资格的请求,也就是说:法官并不同意撤销监护人的监护资格。法官认为,在该案中,只有这一选择才是符合"未成年人最佳利益原则"的。第32号案例的判决结果虽然是同意撤销监护权,但是很显然,在撤销监护权以后法官考虑的更为重要的问题是:孩子由谁来监护才符合"未成年人最大利益原则"。

从这两个案例不难看出,比起对"加害人"的关注来说,对"受害者"的关注实际上才是立法和司法实践更重要的目的。因此,法官不可能只是简单地在撤销还是不撤销之间做出决定,不可能只是考虑惩罚监护人,法官的任何决定都必须要考虑是否"最有利于"未成年人的"最大利益",以及要考虑更为长远的——撤销监护权以后孩子怎么办等问题。①因此,法官不仅仅只是从"个体权利"出发简单地考虑要不要撤销的问题,法官还得考虑"撤销"会带来的影响、撤销后谁来履行监护职责才是最好的等一系列问题。

(二)关键问题:一个有关"度"的问题

那么,法官为什么要有这么多考虑?从表面上看,这些考虑聚焦于"最有利于被监护人的原则"或"未成年人最大利益原则",然而,从本质上看,这实际上与我们在文献综述中所谈到过的,很多学者都已经注意到的"度"的问题有关。"介入过多、用力过猛,不当地撤销了父母监护权,对儿童、父母和国家而言都是一种伤害;但如果介入不足,应当撤销父母监护权却未能撤销,无异于放任父母对儿童的伤害,儿童利益、国家利益同样会受到严重伤害。"②

瞿同祖先生在《中国法律和中国社会》中曾提到过一个中国传统社会中的制度——"送惩权"制度。说的是:当子女不肖,父母可以将子女送至官府,请求地方政府代为执行惩戒。官府在接到这类案件时候,不会要求呈控人提供证据,因

---

① 换句话说,"撤销其监护人资格"无论如何都不可能是"最有利于"和"最大利益"的唯一选择,否则《民法总则》第38条以及《意见》中"恢复监护人资格"的规定就是完全没有意义的了。参见《民法总则》第三十八条规定:被监护人的父母或者子女被人民法院撤销监护人资格后,除对被监护人实施故意犯罪的外,确有悔改表现的,经其申请,人民法院可以在尊重被监护人真实意愿的前提下,视情况恢复其监护人资格,人民法院指定的监护人与被监护人的监护关系同时终止。《意见》中也规定:被撤销监护人资格的侵害人,自监护人资格被撤销之日起三个月至一年内,可以书面向人民法院申请恢复监护人资格,并应当提交相关证据。

② 参见王慧:《〈民法总则〉撤销父母监护权条款的罅漏与完善》,载《江西社会科学》2017年第6期。

为，父母对子女的管教惩戒权乃是绝对的。如果法官追问谁是谁非，便等于承认父母的不是，而否定父权的绝对性了。① 从本质上来说，"送惩权"就是一种国家"介入"家庭生活的形式，是对父母"惩戒权"私人执行的一种延伸。它满足了那个时代人们对于家庭秩序的需求，保障了那个时代的家庭样貌。然而，无论如何，它的实质都是为了维护父权的绝对性，维护那种父母与子女之间的，被鲁迅先生称为"不但不肯解放子女，并且不准子女解放他们自己的子女；就是并要孙子曾孙都做无谓的牺牲"的依附关系。② 它在将家庭问题上升为公共问题的同时，实际上也固化了父母对子女的惩戒权力。

进入20世纪，随着中国传统宗法体制的瓦解，国法与家法相分离，国家日益从家庭生活领域撤出，像"送惩权"一样的制度在公共领域中逐渐衰亡。然而，父母对子女的"惩戒"并没有因为"送惩权"制度在公共领域的衰亡而在社会领域消失。在社会层面，在一些家庭中，父母对子女的"惩戒"或多或少还是相对留存了下来。③

正因为一方面国家从私人生活中退出，另一方面"惩戒"在社会领域留存。使得家庭内部针对孩子的过度或不当的私人执行、忽视等行为一直持续发生，甚至在很多时候会被误认为是"家务事"。④ 这时候，"回归国家"几乎成了一个基本的共识。⑤ "回归国家"意味着，当家庭暴力、虐待、遗弃、性侵等一系列针对儿童的事件在家庭内部发生的时候，这些事情不再被认为是"家务事"，它与社会利益相关，会损害社会利益和国家利益，因此国家需要主动介入，并对这些不当行为进行积极干预，以挽救和保护那些身处困境中的儿童，进而维护整体社会秩序。

从历史到当下，基于时代变迁，可以看出：现在国家介入家庭的方式不可能还像"送惩权"时代一样，无须特定程序就可以展开；在面对家庭内部过度或不当的私人执行的时候，也不可能与在此之前人们总是将之当作"家务事"一样可以不闻不问。用什么方式，以及在多大程度上把握住国家法律介入家庭的"度"，对

---

① 瞿同祖：《中国法律与中国社会》，中华书局1981年版，第10—16页。
② 参见鲁迅：《现在我们怎样做父亲》，载《鲁迅杂文全集（上）》，北京燕山出版社2011年版，第25页。
③ 参见何俊平：《几起父母伤害子女案的思考》，载《中央政法管理干部学院学报》1994年第4期等。
④ 参见王石：《民国初期法律制度与社会意识中的家庭虐待——基于1914～1917年〈京话日报〉所载虐待案件》，载《中山大学法律评论》2010年第1期；杨玉龙：《儿童监护当从家务事成为法律事》，《青岛日报》2018年5月15日，第6版等。
⑤ 关于"回归国家"的问题，目前在学术界有很多讨论，可参见［美］弗兰西斯·福山的《国家构建：21世纪的国家治理与世界秩序》（黄胜强、许铭原译，中国社会科学出版社2007年版）等。

于在真正意义上实现"最有利于被监护人的原则"或"未成年人最大利益原则"尤为重要,也因此成为了法官考量的重要方面。①

四、法官的决策

上文中根据案件起因对案件进行的类型划分有助于我们准确理解撤销监护权案件的发生机制,实际上也将有助于我们制定好有关家庭暴力、遗弃、针对儿童的性侵等恶性案件的预防策略。然而,若仔细一想,这样的分类其实并不完全有助于我们思考撤销监护权的问题,因为当要考虑是否应该撤销监护权的时候,除了考虑案件发生原因外,其实还需要考虑更多的因素。所以,我们实际上可以根据案例中法官的具体考量来对以上案例进行一个另外的分类。

第一类是被申请人不愿意履行监护职责的。主要包括"遗弃或未履行监护职责"的12个案例。

第二类是被申请人不能履行监护职责或无人履行监护职责的。包括"监护人无力监护"1例"因监护人去世事实上无人监护"1例,"监护人因判刑而无法再履行监护职责"中监护人因为贩毒被判刑的2例,被监护人的母亲因为与他人合谋杀害父亲而被判刑的1例(虽然是监护人犯罪,但这3个案例中监护人对被监护人没有实质的伤害或危险)。这一类总共5个案例。

第三类是不应该让现在的监护人继续履行监护职责的,这一类案件中,监护人对被监护人有实质的侵害或危险。包括家庭暴力的3例、利用未成年人进行乞讨的1例,以及"监护人因判刑而无法再履行监护职责"中监护人对被监护人有伤害、性侵或危险行为的6个案例。总共10个案例。

实际上,从案例分析中可以看出,法官正是根据"意愿""能力""危险性"等三个重要指标,而非某个既定的原则来确定到底要不要撤销监护权的。

首先,对于"不应该让现在的监护人继续履行监护职责的"一类,基于对既存"危险性"的顾虑,法官无一例外都撤销了监护权。裁判文书中出现最多的理由是:"严重损害被监护人身心健康"(案例5)、"给未成年人刘某某造成严重的心灵创伤"(案例12)、"已不适合再担任监护人"(案例3,案例4),等等。

其次,对于"被申请人不愿意履行监护职责"和"被申请人不能履行监护职责"两类来说,常常会存在一些交集,法官基于"意愿"和"能力"的考量,会产生出四种不同情况。

---

① 参见张剑源:《赋权与说和:当代中国法律对个体—家庭关系变迁的回应》,载《思想战线》2018年第2期。

	能履行	不能履行
愿意履行	IV	III
不愿意履行	II	I

对于 I 和 III 这两类案件,无论被申请人愿意还是不愿意,由于被申请人没有履行监护职责的能力,所以法官对这两类案件都会判决撤销监护权。比如案例14:

> 被申请人高2在女儿生病住院情况下将其遗弃,且经过公安机关对其行政处罚后仍不愿承担抚养责任,丧失了为人母亲最起码的良知,理应受到法律的严厉惩罚。这种惩罚既有遗弃子女的刑事制裁,还应有撤销其监护人资格的民事制裁。庭审中,高2称愿意抚养女儿,但其目前因遗弃罪被收监,难以承担起照顾幼儿的责任;女儿高1出生至今三年多来,高2未尽到作为母亲的丝毫义务,实际上已经放弃了女儿的抚养权,从高2的一贯表现来看,其要求抚养女儿的意愿的真实性存疑,由这样一位母亲照顾幼儿,未成年人的合法权益显然难以得到保障,不利于女儿未来的学习生活。针对被申请人不具备监护子女的能力并且严重失责的情况,依法准许申请人请求撤销被申请人监护资格,明确第三人作为监护人,能更好地保障高1的生命健康权、受教育权等民事权利,有利于高1远离伤害,健康成长。

在该案例中,被申请人表示"愿意",但由于其目前被收监,完全没有能力履行监护权。另外,因为其刑期较短(一年),法院实际上还要考虑的是其出狱以后的情况。所以同时还对其"愿意"的真实性进行了考量和判断,得出其"意愿的真实性存疑",以及事实上缺乏履行监护权能力的判断。因此,判决撤销其监护权。

II 和 IV 两类案件,被申请人都有履行监护权职责的能力,在这个时候被申请人的主观意愿决定了判决结果的最终走向。

在 II 类案件中,被申请人有能力履行监护职责,但拒不履行,实际上已经构成遗弃。在这种情况下,由于被申请人拒不履行监护职责,法院也只能撤销被申请人的监护人并另行指定监护人。比如第19号案例:

> 本院认为,监护人应当履行监护职责,保护被监护人的身体健康、照顾被监护人的生活,对被监护人进行管理和教育,履行相应的监护职责。被申请人王某、冯某作为邹某某的监护人,将才出生不久的邹某某遗弃在医院,侵害了邹某某的合法权益,严重损害了未成年人的身心健康,申请人南京市社会儿童福利院申请撤销被申请人王某、冯某为邹某某的监护人资格,由申请人南京市社会儿童福利院担任邹某某的监护人的理由成立,本院予以支持。

对于Ⅳ案件来说，从理论上并不存在此类案件，因为如果监护人都愿意，而且也有能力履行监护职责，那么一般不会产生撤销监护权的纠纷及诉讼。但有一种情况是，在发生特定的事以后，监护人认识到自己不履行监护职责的错误，并重新愿意履行监护职责，这个时候情况就转化为了事实上的愿意、也有能力履行监护职责，这个时候法院会判决驳回起诉，判决由目前的监护人继续履行监护职责。比如第18号案例：

> 本院认为，应当将铁某交由其母亲抚养，理由是：……3. 李某作为铁某的生母，有稳定的收入和抚养能力，表示今后会善待孩子，抚养孩子成材，经法庭考察，确有悔改表现；4. ……如果撤销李某的监护人资格，由于（外婆）张某有监护能力，应由外婆张某担任铁某的监护人，现张某表示会协助李某照管铁某，考虑到张某的意愿，由李某担任铁某的监护人是合适的；5. 李某当初将孩子送养，主要是基于羞愧心理和世俗的压力，内心也有避免非婚生子对子女成长可能产生困扰的现实顾虑，当初声明放弃抚养权亦是在未与母亲张某商量的情况下所作的草率决定，现李某有悔过表现，应给予其悔过自新的机会。

从该案例可以看出，"意愿"是法院在"能力"之后一个非常重要的考量要素。因为即便有再强的能力，但如果不愿意履行监护职责，终归对未成年人的成长是不利的，而反过来也就会成为事实上的能力不足，就如上文讨论过的第14号案例一样。

综上，在撤销监护权案件诉讼中，被申请人对被监护人的"危险性"是否存在是法官要考虑的先决性问题，诸如故意伤害、长期家暴、性侵等伤害事件发生过或存在现实危险，法院必定会判决撤销监护权。如果"危险性"不必然存在，那么法官会首先重点考虑"能力"问题，如果被申请人不具备履行监护职责的能力，那么监护权也会被撤销；接着法院会考虑"意愿"问题，法院只有在有充分的理由相信被申请人是真正愿意继续履行、并能够履行好监护权的情况下，才不会判决撤销监护权。大多数情况下，法官的考虑都是有针对性的、颇为具体和努力寻求实效的。

五、进一步的反思

法官并不是被一些抽象的原则牵着走,而是较为实际和具体地从案件具体情况出发寻找最终的决定。这里边涉及一些可供我们进一步反思的问题。

(一)原则还是情境?

在法学研究中,有关原则和情境的讨论并不是一个新鲜的话题。[①] 从本质上来说,原则和情境是法律实践都必须要考虑并兼顾的。然而,由于法律实践的复杂性,很多时候原则和情境之间会呈现出"此消彼长",进而无法完全兼顾的趋势。比如在有关"南京虐童案"的讨论中,苏力就曾谈道:"此案判决的实际根据是一个与此案的是非对错高度脱节、甚至无关的司法追求和先期公共政策判断,即希望加大保护未成年人的权益,创立一个所谓的里程碑式的典型案例。这种欲求如此强烈,乃至于此案已不是为法律学人批评的'先定后审',而变成了一种法治意识形态的"裸奔",……"。[②] 再比如,在有关"泸州二奶继承案"的讨论中,何海波曾谈道:"我们应当注意到,在这个社会上还有另外一种吁求。还有那数以亿计的永远没有机会在媒体上发表文章的母亲、妻子和子女,甚至包括丈夫。在他们生活的世界里,婚姻就是夫妻双方的一种'长期投资',一种相互的保障。财产凝聚了夫妻共同的辛劳,提供了未来生活的依靠。不管法律上怎么说,夫妻财产就是夫妻合二为一的'共同财产',而不是一人一半的'共有财产'"。[③] 很显然,在有关"南京虐童案"的讨论中,苏力所批评的主要就是那种过于原则,而忽略基本情境的判决;而在有关"泸州二奶继承案"的讨论中,何海波所认可的正是那种重视情境,而非教条的判决。

回到我们所讨论的撤销监护权案件上,可以看出,该类案件中法官同样既要面对具体的情境,但同时也要面对那些业已被国家法律所确定的原则(最主要的就是上文所提到过的"最有利于未成年人"原则,或称为"儿童利益最大化"原则)。很显然,法官有对"原则"的具体考量,比如上文谈到的第 18 号案例和第 32 号案例中,法官有对"未成年人最佳利益"等原则的考量,但法官对这些"原则"却不是机械地适用,而是根据具体的案情来作出综合的判断。除第 18 号和

[①] 参见张剑源:《法律对伦理的偏好与疏离:以中国艾滋病防治立法中的隐私保护条款为中心》,载《法学家》2013 年第 6 期。

[②] 苏力:《当眼里掉进了睫毛——从"南京虐童案"看法律干预家事纠纷》,载《现代法治研究》2016 年第 1 期。

[③] 何海波:《何以合法?对"二奶继承案"的追问》,载《中外法学》2009 年第 3 期。

第 32 号案件外,法官则更多依据案件具体"情境"来作出判决,试图为每一个当事人提供最接近最佳利益的方案。

(二) 法官的考量过程

也正因为法官的考量会呈现出多样性,这很容易让人产生误解,认为法官考量是不是会出现任意性的问题。透过具体的案例,可以说,答案是否定的!

首先,无论如何,法官都必须要保证他的决定是"合法律性"的。也就是要以法律规定为取向,保证法律规定能应用于具体的个案。[①] 比如在第 28 号案例中,我们就看到了法官对相关法律规定适用的具体论述:

> 本院认为:《中华人民共和国民法通则》第十六条第一款规定……,《关于依法处理监护人侵害未成年人权益行为若干问题的意见》第二十七条规定……,第三十五条规定……本案中,作为三个未成年人的父母的二被申请人均因犯有贩卖毒品罪被判处有期徒刑而入监服刑,无法履行监护职责,故申请人××县民政局申请撤销二被申请人监护资格的理由成立,本院应予以支持。《关于依法处理监护人侵害未成年人权益行为若干问题的意见》第三十六条第一款、第二款规定……《中华人民共和国民法通则》第十六条第二款、第四款规定……本案中,三个孩子的祖父母、外祖父母、叔父及××村民委员会均不愿承担监护职责。《关于依法处理监护人侵害未成年人权益行为若干问题的意见》第三十六条第三款规定……为了避免三个未成年孩子处于无人监管的困境,保障孩子的身心健康,故对申请人申请指定其担任二被申请人的三个孩子监护人的请求应予以支持。

从法官对相关法律规定反复引用,以及在"规范"与"事实"之间来回展开论述可以看出,法官在掌握具体事实基础上,对于应当适用什么法律规定乃是密切关注的。法官并不太会让他的判决脱节于法律规定之外,更不会为了单纯追求实效而让司法判决缺乏"合法律性"这一基础。

其次,法官需要根据个案的实际情况,并在细致分析个案实际情况基础上做出决定。比如案例 30 和案例 32,在这两个案例中,法官在考虑撤销监护权后到底将监护权判给谁的问题上体现出了对具体情况的充分把握。

> 案例 30:本院认为,……被申请人王 1 作为王 2 的父亲,在王 2 母亲逝世后,是王 2 的唯一监护人,理应履行相应的监护职责,由于王 2 现在随祖父母生活,被申请人王 1 自 2015 年年底至今一直未付过生活费及学习费用,也未向学校过问过王 2 的学习生活,由此可见,被申请人两年多以来未

[①] 参见 [德] 马克斯·韦伯:《经济与社会(上卷)》,林荣远译,商务印书馆 1997 年版,第 238—362 页。

履行监护人的监护职责,故申请人的申请有事实和法律依据,本院予以支持;根据本案实际情况,考虑王1、王3(王3为王1的姑母)的意愿、身体状况、生活条件、与未成年人的生活情感联系,且王1所在村委会亦同意王3担任王1的监护人,从有利于王1的健康成长角度出发,本院指定王3为王1的监护人。

案例32:据本案的争议焦点及全案证据的质证和认证意见,综合分析评判如下:……被申请人王某的监护权应依法予以撤销。……本院综合考量上述其近亲属的身体状况、经济条件、与泰某的生活情感联系等因素,且暂时无法查找泰某的亲生父亲,本院认定泰某的外祖父母及其他近亲属均不宜作为泰某的监护人。……本院认为申请人××市社会福利中心不仅能够为泰某今后的生活提供经济保障,还能够协调相关部门解决泰某的教育、医疗、心理疏导等一系列问题。同时申请人为了泰某的生活稳定和情感抚慰,可在取得监护权后,通过收养认领、家庭寄养、自愿助养等方式照料泰某的生活。分析以上优势,从对未成年人"特殊""优先"保护原则和未成年人最大利益原则出发,由申请人××市社会福利中心取得未成年人泰某的监护权,更有利于保护被监护人的生存、受教育、医疗保障等权利,更有利于泰某的身心健康。

在第30号案例中,法院通过细致考察,决定在撤销王2的父亲监护权的同时,将监护权转移给王2的姑母;而在第32号案例中,法院通过细致考察,决定在撤销王某的监护权的同时,将对秦某的监护权转移给××市社会福利中心。在这个过程中,身体、生活等最实际的问题都是法院所重点关注和讨论的。

六、小案例中的基层司法(代结论)

撤销监护权案件怎么判? 我们在对裁判文书的分析中看到了一些具有规律性的问题,比如法官对后果的考量,法官从"危险性"、"能力"、"意愿"等最实际的变量而非抽象的原则出发而进行的考量等。归根结底,我们看到了法官在具体的司法判决中实践着对抽象立法原则的细化、实践着对抽象立法原则的具体适用。这实际上正如霍姆斯所说:"这些决定中有更为开放的理论酵母,可能给法律肌体带来局部的深刻变化。"[①]所以,接下来我就想进一步谈谈这些真实的实践"给法律肌体"所可能带来的启示和影响。

[①] 转引自苏力:《法律人思维?》,载《北大法律评论》(第14卷·第2辑)北京大学出版社2013年版,第429—469页。

第一，有效的基层司法不仅仅能够在判决中实践着对抽象立法原则的具体适用，同时还有可能会在较为具体的考量和判决过程中逐步重新界定和塑造着某些法律关键词及其边界。①

上文已经讨论过，在撤销监护权这样一些极端案例面前，若用"儿童利益最大化"原则作为司法判决的指引，很容易会让我们在"个体主义"的进路中预计到此类案件大多可能都会以判决撤销监护权作为结果。然而，在第 18 号案例中我们的法官依据"儿童利益最大化原则"所作出来的竟然是一个相反的、不允许撤销监护权的判决。在第 32 号案例中，法官依据"儿童利益最大化原则"所要讨论的是撤销监护权后未成年人应当由谁来监护的问题。而在其他案件的判决书中则几乎没有看到"儿童利益最大化"或相类似的引述或讨论。

可以这么说："儿童利益最大化"或相类似的原则在撤销监护权一类案件中的影响力是存在的，但并不起到决断性作用。法官对这些原则的引述完全基于特定的案件情境。从第 18 号案例的判决可以看出，法官实际上在重申着一个有关"儿童利益最大化"原则的最朴素的理解，那就是：孩子只有和亲生父母生活在一起实际上才是最符合儿童利益的；而第 32 号案例的判决则继续回答了一个相关的问题：如果孩子确实不能和亲生父母生活在一起，那法官必须尽量做出"次优选择"的评估，努力让抉择接近"最优选择"，直至做出一种"尽量适合儿童成长的审慎选择"。法官要考虑的绝不仅仅只是一个撤销还是不撤销的问题。因此，毫不夸张地说，我们的法官其实是在创造着一种有关未成年人利益最大化的中国式理解，一种并不是从个体权利入手，而是从道德和实用入手的理解。②

第二，完善的立法能够带来较为普遍的"制度正义"，但这并不意味着立法的完善就能够对复杂社会做出无缝地有效回应。"家家都有本难念的经"！在诸如撤销监护权这样的涉家事案件中，统一的原则和标准能够起到目标导向作用，但是，其并不能一劳永逸地为每一个案件的有效解决提供切实指引。从个案情境出发，努力追求每一个案件"个案正义"的结果，可能才是此类司法审判实践的关键所在。

---

① 相关讨论可参见苏力：《法律人思维？》，载《北大法律评论》（第 14 卷·第 2 辑）北京大学出版社 2013 年版，第 429—469 页。

② 黄宗智就曾指出："中国未来的法律不一定要像西方现代法律那样，从个人权利前提出发，而是可以同时适当采用中国自己古代的和现代革命的传统，从人际关系而不是个人本位出发，依赖道德法则而不仅是权利观念来指导法律。同时，采用中国法律传统中由来已久的实用倾向。长期以来，道德与实用的结合，加上近百年来从西方引进的权利法律，同时塑造着中国的法律体系。"黄宗智：《中西法律如何融合？道德、权利与实用》，载《中外法学》2010 年第 5 期。

这涉及对法律以及司法实践分类理解的问题。认识到法律作为一种分类体系，将有助于我们更为多元地解释法律及现实中的问题。① 对于家事类案件，诚如苏力在有关"南京虐童案"的讨论中所指出的："法律并非无所不能，尤其在家庭事务中，在那里，是有另外一些机制、规则或互动在起作用，即便并不总是非常有效，但长期来说，往往比法律更有效，因此不能匆忙鲁莽地使用法律。我们必须充分理解这一领域的复杂性，要精细权衡法律介入（或不介入）的利弊，更应避免法律介入引发更糟的后果，并因此自我限制法律的行使。"② 这实际上指出了家事案件的特殊之处，也指出了司法实践如何回应这种特殊性的问题。

这同时提示了一个如何看待基层司法实践经验的问题。固然，既有案例不都是无懈可击的，也存在一些可以进一步讨论的问题。然而，法官对抽象的原则性规定的细化和具体适用，以及以解决问题为导向而创造的实践经验正在慢慢弥合着原则与事实之间的距离，创造着可供参考的判例，甚至正在重塑着更为实用主义的指引性原则，显示出基层司法较为积极的一面。

How Judges Think?

— An empirical study centered on the cases of disqualifying the guardian

Zhang Jianyuan

Abstract：Cases such as disqualifying the guardian are often difficult. Although the trial of such cases are based on legislative principles, the principles are often too abstract to provide specific guidance for judicial practice. When dealing with such cases, judges pay more attention to specific details and the actual effect of the case. The judgment not only fulfills the application of abstract legislative principles, but also redefines certain key legal concepts and their boundaries. To deal with family cases such as those of disqualifying the guardian, we must focus on the specific circumstances of the case, and strive to pursue the results of justice for individual cases. In order to further improve legislation and judicial practice, we must pay attention to the legal practice and judicial practice of grassroots society. Only by trying to find

---

① 王启梁：《法律是什么？——一个安排秩序的分类体系》，载《现代法学》2004年第4期。
② 苏力：《当眼里掉进了睫毛——从"南京虐童案"看法律干预家事纠纷》，载《现代法治研究》2016年第1期。

out the meaningful resources in the judgment can we promote the continuous development of legislation and justice.

Keywords: Disqualify the Guardian; Effect of the Case; Justice for Individual Case; Situation

(责任编辑:艾佳慧)

法律史学

民初田宅买卖契约制度中法律与社会的冲突与整合

刘海波*

[摘　要]　在民初契约问题上,国家法与习惯法存在一定的背离,有时甚至处于一种冲突之中。民初的这种冲突反映出国家有着强烈的与民间习惯相互融通的愿望,这种冲突使得双方在一个共同的规范空间内展开,是良性互动的一种形式。冲突和博弈一方面改造了民间那些已不适应时代需要的契约习惯,另一方面导致了在国家层面的契约法新规范不断被创造出来。由此,民初田宅买卖契约制度得以最终形成并比较明晰地呈现在我们面前。

[关键词]　民初;田宅买卖契约;冲突;整合

民国初年(简称民初)大理院在成文制定法付阙的情况下,大理院推事们在审理关于民间社会的田宅买卖契约方面的纠纷时,充分运用了民间习惯和源自西方的条理审理案件,并在此法律适用的过程中形成了新的整合法源——判例和解释例,并最终在司法实践过程中逐步建立起一套近代化的田宅买卖契约法。但同时也要承认,在当时中国广大中小城市与农村,流传千年的契约习惯仍然有着强大的生命力。民初中国那些引人注目的社会变革或许只是民初历史大海海面上泛着阳光的浪花,而在这"历史大海"的深处,依然体现着传统社会的巨大惯性。当沿海、港口等城市的人们对来自西方的新事物和新的生活方式已经习以为常时,在偏远广袤的农村乡土社会,人们仍然在日复一日地重复着古老的生活方式,这种生活方式与明清时期几乎没有太大的差别。可以说,民初田宅买卖契约制度的变化主要在城市而不在农村,主要在其表达而不在实践。民初国家(制定法)与民间社会(习惯)在下面几个方面的冲突表现得最为明显。

---

*　刘海波,山西大学法学院讲师。太原:030006。研究方向:中国法律史、民法学。

一、契约主体之冲突

（一）契约之成立

田宅买卖契约要成立，必然少不了契约的主体，即一定的卖方与买方，相互间表示买卖之意思，即形成买卖之一定的合意，买卖契约始为成立。大理院民国六年（1917）上字第 179 号判例要旨略谓："通常买卖必有特定之当事人，即一定之买主与卖主，相互间表示买卖之意思者，其买卖契约始为成立。"[①] 对于契约主体，大理院也有一定的申明，认为只有具备一定要求的人才可以成为田宅买卖契约中的主体。

1. 逐步取消尊长与卑幼之分，代之以完全行为能力与限制行为能力人

大理院在司法审判过程中逐步确立这样一项原则：现行律上以十六岁为成丁，自应认为有完全行为能力。十二岁以下为未成年人，无行为能力，应由行亲权人或保护人为之代理。大理院经常用源自西方的一些法律理论来扩张性地解释有限的制定法，譬如运用源自西方的"完全行为能力人"的概念来取代传统中国"成丁"的说法。

民国三年（1914）上字第 797 号判例就是关于这方面的一个典型判例，要旨曰："现行律上以十六岁为成丁，自应认为有完全行为能力，如其行为别无无效或撤销之原因，当然应认为完全有效（现行律户役门脱漏户口条）。"[②]

"成丁"是中国传统文化中的一个概念，旧指男子达到服劳役的年龄，即成年。而行为能力是欧陆民法中一个相当重要的概念，是指人们依法单独行使权利和承担义务的能力，决定的一个重要的标准便是年龄。在此，大理院将中国固有的"成丁"概念，经过"十六岁为成丁"、"成丁为完全行为能力人"的逻辑推理，与欧陆法中的"行为能力"实现对接，以此作为决定是否为完全行为能力人的标准。

不过，大理院在传统法中的"成丁"与欧陆民法中的"行为能力"的对接过程中，省略了"权利能力"这一环节。按照法理，自然人的权利能力是行为能力的基础，自然人的行为能力是实现其权利能力的手段。自然人的权利能力是平等的，而行为能力并不一定平等。大理院在此并没有继受西方民法"权利能力一律平等"的原则。"具有完全行为能力的成丁"实际能够享有的民事权利，仍然要受到

---

① 可惜的是，该判例的全文已经缺失，使得我们无法进行进一步的解析。参见黄源盛：《大理院民事判例辑存（1912—1928）》"债权编（二）"，元照书局 2012 年版，第 1055 页。

② 全文缺，前揭《大理院民事判例辑存（1912—1928）》"总则编（上）"，第 111 页。

伦理身份对权利能力的制约。大理院对权利能力的规定不是采用抽象的概括方法，而是从固有法中一点一滴地发展出来，这或许是因为家庭中尊长的权力依然十分强大的缘故。①

（二）在一定程度上赋予女性以缔约权

传统中国女性也多有参与田宅买卖契约，一般以下述几种身份和地位参与契约活动，与夫为同卖人；与子为共同立契人；子为立契人，妇女为"主盟"人；还有直接以立契人的身份出卖田宅。② 并且自清代中后期以降，有些地区女性在田宅买卖契约中作为中人的情况也比较普遍，这说明女性已经逐渐开始突破家庭的范围，更多地参与到社会经济生活中，扮演了社会性的角色。③ 传统社会中女性参与田宅买卖的行为方式及传统一直延续到民初。

在民初大理院也在一定程度上有意识地提高女性在家庭中处分财产的权利和能力，以逐步提高其社会地位。民国三年（1914）上字第35号判例阐明："为人妻者得有私产，其就私产行使权利，夫在时虽不无限制，夫亡后则有完全行使之权。"④这就说明，至少在民初大理院看来，妇女不完全是男子的附庸，为人妻之妇女可以拥有私产，就该私产之处分，丈夫在世时，可能还存在一定的限制，丈夫去世时则有完全自由处分之权。事实上，在民间习惯中，有些财产就是妇女的私人财产，即使丈夫在世也不得对此有任何限制。比如女子出嫁时父母赠予其的嫁妆，则完全为妇女之私产，任何人不得干涉。民间还有一种给予嫁妆的方式，是给予田宅等不动产，谓之：妆奁田，这种田地只有妇女可以处分，其夫不得干涉。⑤ 妇女可有私产，这就为妇女进一步成为契约主体奠定了基础。

民国七年（1918）上字第903号判例要旨略谓："妻就于其所有私产为行使权利之行为，而不属于日常家事者，固应得夫之允许，但于夫弃其妻，或夫有不能为允许之情形（如夫受刑罚执行等事），则不在此限。"⑥这个判例体现出三层含义，若妻仅对其所有私产所行使权利之行为，如果属于日常家事的，则并不需要得夫之允许；只有当妻所为之行为并不属于日常家事者，才需要得到其夫的准许；但

---

① 段晓彦：《〈大清现行刑律〉与民初民事法源——大理院对"现行律民事有效部分"的适用》，载《法学研究》2013年第5期。

② 阿风：《徽州文书中"主盟"的性质》，载《明史研究》第6辑，黄山书社1999年版，第69—82页。

③ 但是尚未见到中国传统田宅买卖契约中女性为买主的情形。

④ 《大理院民事判例辑存（1912—1928）》"总则编（上）"，第105—107页。

⑤ 前南京国民政府司法行政部编：《民事习惯调查报告录》（上册），胡旭晟等点校，中国政法大学出版社2000年版，第23页。

⑥ 《大理院民事判例辑存（1912—1928）》"总则编（上）"，第119页。

是如果丈夫已经抛弃妻子,或夫受刑罚执行或在外地等不能为允许之情形,则妻子可自作主张,对家庭财产如田宅可独立行使权利。这种情况其实在传统中国也存在,丈夫常年在外地,妻儿生活无着,生活困窘,其妻也可以为契首(或为主盟人)出卖田宅以救急。女性一生中一般有三个社会角色,为人女、为人妻、为人母,当丈夫去世,母亲即为家庭中伦理上的家长,随着年龄的增长,女性在家庭中处分财产的权力也逐渐增强。

可以看出,大理院前期对于卑幼子女处分财产的行为,一般是倾向于肯定《现行刑律民事有效部分》中禁止子孙私擅用财的规定。到了大理院晚期,不论是判例还是解释例都倾向于否定、改造传统法,开始区分家财和私财,赋予子女以较大的财产处分权,对于家庭中卑幼子女的行为能力和权利能力事实上又有所拓展。这也表明大理院自成立至闭院短短的十六年间,在判例中不断摆脱传统宗族的束缚,其近代化的程度不断加强。

虽然大理院赋予卑幼子女一定的拥有、处分财产和缔约的权利,但是民间社会长期形成的习俗并不可能在短时间内改变,尊长在家族中的权力依然比较强大。河南省伊阳等五县习惯为:凡卑幼为法律行为,须得其父母同意。① 而河南省襄城等九县之习惯,不仅须得父母之同意,若同居之高、曾、祖在堂,子孙所有一切行为均应得其同意方为有效,若仅有父母同意,高、曾、祖有取消之权。② 浙江省云和县年满十六岁之男子得为财产上之法律行为,均认为有效,亲权人不得撤销。③ 江西省乐安县习惯,凡兄弟同居之家,若未经分拆,兄弟均不能典卖。分拆之后,无论兄弟均可典卖自己之一部分,但必弟得兄允,兄得弟允,方可成立。若兄弟二人自相买卖,亦必经家长立字,签押认可。④ 因为这样的田宅仍然属于家族共有的关系,关于共有田宅的处分,民间习惯各不相同,但是有一种最常见的习惯是选出一个代表来代为处分。如浙江昌化县习惯,房长代表房族全体处分共有物。⑤ 江苏芜湖,共有田宅非得共有人全体同意,其买卖契约无效。但有时共有人数过多,如果所有共有人俱与买主直接交涉,事实上有诸多不便。往往公推共有者之一人承管资产之事,负完全责任,并立承管字为据,据内约明若买卖契约成立后,于卖价内提取若干作为承管人之报酬。相当于选举一个代表处分共有财产,叫做承管卖业。⑥

---

① 前揭《民事习惯调查报告录》,第3页。
② 《民事习惯调查报告录》,第3页。
③ 《民事习惯调查报告录》,第7页。
④ 《民事习惯调查报告录》,第157页。
⑤ 《民事习惯调查报告录》,第264页。
⑥ 《民事习惯调查报告录》,第523页。

根据所出卖田宅来源的不同亦有区分,如果田宅系业主自置,指自己建造或从别人处购买而来,那么对于此种田宅,业主拥有较为充分的处分权。而若田宅系"祖遗"产业,则在出卖时就要受到较多的限制。如福建闽清县习惯,除自置产业得自由处分外,凡典卖祖遗阄分产业,须经阄书内兄弟等均签押方可生效。①在中国传统农业社会中,个人或家庭的田宅等财产往往来自祖遗。但由于同财共居和诸子平分继承制的存在,每个儿子继承的只包括使用权,转让权其实是诸子共同继承的,或者是通过继承着落于整个家族的。这一点可以从自置田宅拥有较为自由、完整的转让权得到证明。

浙江省临海县还保持着母亲与儿子共同处分财产的习惯:父母俱存者,子孙不得处分家财,若父已亡,(仅有)母在,而其子又已成丁者,亦不能由其子自由处分财产。盖一般人民之观察,均仍视其母有其家一切财产之所有权,盖亦家族制度之结果也。②孀妇与人缔结契约,典卖祖遗田宅产业,须经亲族签押同意。若本夫自置产业,典卖亦必经房内一二人在见签押,方生效力。③

在民间实践中,女性的权利仍然较弱。如江苏省江北各县习惯,孀妇出卖田宅,另须相当之亲族,以中见人的身份同在契内签押,方可发生效力。④该习惯调查报告后面附有鞠周氏绝卖田契一件,这是民国六年(1917)的一件田宅买卖契约,该田地还是卖与了同族叔鞠文彩,其内容与一般契约无多大区别,只是写得更加详细而已,比如:

> 此田未卖之先,并未抵典他人,亦非房族共有之产,既卖之后,听凭名下,粮随过割,契即投税,起造、做挖、自种、招佃,与出卖人无涉,倘有外人争论,俱系出卖人一面承管,自卖之后,永无异说,永无回赎,永无反悔,永无杜找,此系两愿,非逼勒成交。

并且夫族叔鞠文秀为同卖人,夫族叔鞠文莲为见卖人,并且这件契约中的中人较其他契约更多,多达七位。事情愈大,买卖双方也越是谨慎,请来的中人自然也就更多。可见,民间习惯对契约主体也有严格限定,妇女的缔约权受到一定限制。

另外,民间同族之间的田宅买卖契约一般多为不投契税的白契,而该件契约"契即投税,粮随过割",程序上可谓严密。然而在如此严密的缔约程序下,最后仍然发生了纠葛,以至于词讼。案件材料我们现在无法看到,具体案情不得而知,但从"鞠文彩诉鞠周氏一案"的字样可看出,是出卖之后,卖方鞠周氏要求回

---

① 施沛生:《中国民事习惯大全》,上海书店出版社2002年版,第14页。《民事习惯调查报告录》,第304页。
② 《民事习惯调查报告录》(下),第905页。
③ 《民事习惯调查报告录》(上),第304页。
④ 《民事习惯调查报告录》(上),第183页。

赎,而鞠文彩不肯的可能性较大。但是"族叔"鞠文彩恃长凌幼,欺凌孤儿寡母,执意勒买田地也不无可能,因为寡居子幼,往往成为被欺凌的对象,后来鞠文彩则是恶人先告状。虽然契约内写明:"自卖之后,永无异说,永不回赎,永无杜找,永不反悔,此实系两愿,非逼勒成交。"但是我们反推,正是因为民间存在一定的"逼勒成交"的情形,才导致在契约中如此地反复声明。

可以看出,各地方对于契约主体之习惯不尽相同,但总体来说,在家族中尊长的权力依然比较强大,国家法层面确立的"十六岁为完全民事行为能力人,有(完全)民事行为能力"的法律规则并没有完全成为民间社会人们的生活规范。

二、选择契约相对人之冲突:摈弃与继续

在民国二年(1913)上字第3号判例中,当事人主张本族、本旗、本屯之人有先买权,必无人购买才可外卖,而今有外人购买土地,不予通知,视为越买,此种契约背于善良之习惯,应属无效。大理院认为:"在此该习惯,非仅所有权处分作用限制,于经济上流通与地方发达均不无妨碍,为公共利益计,断难予以法效力。"①从而否定先买权的主张。我们可以发现,大理院在这里使用公序的概念之中,有一个很重要的要素就是,经济的流通与交易安全,即如果一个传统的交易习惯,如亲邻先买权(等)可能会妨碍经济流通、市场交易时,大理院就会认为这种习惯的做法悖于社会公益,不符合现代商业市场理念。

民初大理院相关判例认为亲邻先买之习惯不符合公共秩序及利益,不利于社会经济的发展,是对所有权的限制,难予以法之效力。②但在后来的几个判例中却认为原垦户、原佃户、租户、典主有先买权,③这说明大理院力求突破传统中国的那种血缘和地缘的"村级土地市场",而运用近现代的民法精神来规范民间的田宅买卖行为。但是,在民间社会中,亲邻先买权这个在中国社会历史上存续了千年之久的习惯显示出一定的惯性力量,在民初,其并未因为在国家法层面的摈弃而消失,而是在民间田宅买卖中依然普遍存在。

吉林省榆树县买卖田宅,承典之户固有优先留买权,然依地方习惯,于典户之外,又多认族邻亦有优先留买权利。是以民间卖地,必请中人向族邻问其能否留买,如族邻不愿留买,方能卖与他户。④ 具体来说,民间田宅买卖先尽亲邻的

---

① 《大理院民事判例辑存(1912—1928)》"总则编二",第1页。
② 《大理院民事判例辑存(1912—1928)》"总则编上"。
③ 参见大理院1914年上字第347号、1915年上字第429号、1916年上字第897号等判例。
④ 《民事习惯调查报告录》,第39页。

顺序为：先尽亲族，近族不买，再尽远族，远族不买，再尽四邻。当然也有先尽亲族，亲族不买，再尽邻佑，这就是地缘的意义要重于较为疏远的血缘关系，所谓远亲不如近邻。在有些地方，如果出卖田宅而未先问亲族，亲族可依原价额争回卖产，如山西省潞城县，其理由是一般逃亡绝户，本族有赔垫空粮之义务，故可争回卖产，即田产不溢外乡之规。① 同省的定襄县，出卖田宅时，卖主须按照族属（同族）的远近，依次先问其是否承买，如其近族有事外出，或卖主故意不予告知，则虽田宅已卖出多日，近族仍可以原价额向买主赎回，名曰：刁买。② 若业主不问亲邻，私自将田宅卖与外人，亲房得撤销原买卖，仍可索回田宅。山西省平遥县习惯，典卖田宅，须尽自家。须先尽本族，由近及远，如本族表示拒绝，方可与他人商洽，否则，典约虽已成立，本族出而主张，仍享有先买权。③ 山西省虞乡县，凡买卖不动产时，由卖主央中执契，先向近族，次及近邻说合，如有愿买者，外人不能争买；如无近族、近邻价买，始向别人说合，俗谓之：尽近不尽远。④ 山西临汾县更是有"先尽亲族，后尽本甲"之习惯，民间买卖田宅等，卖主必须先尽亲族价买，近族不买，再尽远族，远族亦不买时，则尽本甲他姓人价买。⑤

在两种情况下田宅可卖与外人，一是亲邻均不愿或无力承买，二是同族故意抬价，可卖与外姓。湖北远安县田宅买卖，先立水程字（或作：许成字）交付中人，由亲及疏有愿买者照时价成交，如族内无力承买或故意抬价，可卖与外姓。⑥ 即使田宅最终卖与外人，仍然要邀请卖方的亲邻，尤其是亲族要在契约上签押，并给予卖方亲邻画字银。一来表示其放弃了亲邻先买权，并且防止卖方私擅盗卖族产，买方以此来尽可能地避免日后可能出现不必要的纠葛。以至于有些地方，田宅卖方亲族若不在契约上面署名画押，则该田宅竟无人敢（愿）买，恐日后有纠葛也。⑦

并且民间同族之间的田宅买卖多用"推约""归并约"等名称，以避去卖字，并且同族之间的田宅买卖往往不是绝卖，可以回赎。很多地方有这样的习惯，同族之间田宅不得绝卖，如山西保德县田宅卖与本族，无论契约如何书写，一概不拘年限，有钱即准回赎。该习惯的调查员按：田宅卖出犹可回赎，虽卖而实同于典，不拘年限随时可赎，未免妨害交易安全信用，于保护买主利益殊有未周。⑧ 福建

---

① 《民事习惯调查报告录》，第152页。
② 《民事习惯调查报告录》，第173页。
③ 《民事习惯调查报告录》，第147页。
④ 《民事习惯调查报告录》，第156页。
⑤ 《民事习惯调查报告录》，第163页。
⑥ 《民事习惯调查报告录》，第326页。
⑦ 《民事习惯调查报告录》，第218页。
⑧ 《民事习惯调查报告录》，第176页。

建阳、漳平三服以内亲属,如有将田宅买卖,概不能作为断绝,所谓:至亲无断业。福建霞浦县田宅买卖,如在五服以内,只典不断,所谓:同族无断业。即使如写明"永断葛藤",尚可找贴三次。① 陕西西乡县民间本族之间买卖田宅,多立付约,其价虽为卖价,但准立约人日后有钱回赎。②

亲邻先买权反映出中国农村传统中对土地产权的一个重要观念,即实际上占有、耕作土地的个人或家庭并不拥有土地的完整产权,使用权可能是完整的,但转让权却是残缺的,受到严格的限制。③ 传统法律中并无"所有权"的概念,但是民初以来,这种情况发生了一定的变化,随着源自西方的"所有权"观念对人们潜移默化的影响,所有权制度最终形成了。④ 亲邻先买权是传统中国宗法制度和乡土熟人社会的产物,至清末民初,随着社会结构的变迁,建立在血缘和地缘关系上的宗族组织逐渐瓦解,在有些地区,尤其是在近代兴起人口流动较大的城市,陌生人社会的特征初步显现,亲邻先买的习俗亦逐渐式微,成为了契约中的一种具文而已。江西萍乡县凡出卖田宅,尤其是祖遗田宅,必先向亲房人等召卖,无资认买,方可另卖他人;若亲房人有承买者,其出价虽低于他人,业主也不得以有出高价者为由而对抗之,必卖与亲房。俗谓之:"业不出户。"⑤值得注意的是,调查该习惯的南昌地方审判厅的刘寿莲报告员在附注写道:此地(指江西萍乡县)较他处视契约载先尽房亲字样为具文者不同。这也从一个侧面说明了,民初随着社会结构的变迁,有些地方在田宅买卖契约上面关于先问亲邻的记载也成为一种具文而已。如江西赣南各县习惯,出卖田宅等不动产,其契约内载有"先尽亲房,俱各不受"等语。是从表面上观之,似乎亲房人等有优先承买权,实则皆以出价之高低而定,且亦不先尽亲房人等。

三、缔约程序之冲突与整合

(一) 契约中不必然要求有中人

中国传统田宅买卖契约从订立到履行乃至因双方因契约而发生纠葛时,都有中人活跃的身影,中人参与契约的订立和履行是极为普遍的现象。在田宅买

---

① 《民事习惯调查报告录》,第303、319页。
② 《民事习惯调查报告录》,第371页。
③ 赵晓力:《中国近代农村土地交易中的契约、习惯与国家法》,载《北大法律评论》(1998年第1卷第2辑),第447页。
④ 参见周子良:《近代中国所有权制度的形成》,法律出版社2012年版,第2章—第5章。
⑤ 《民事习惯调查报告录》,第580页。

卖契约涉讼时，国家对于中人在契约中所起的作用是认同的，并且依照相关国家法对中人的活动进行规制。在传统中国社会，田宅买卖契约中如果没有中人的参与，会在习惯上被认为缺少必要条件而不能成立。① 然而，民初大理院在审判实践中并不固执拘泥于这些习惯，而是采取灵活务实的态度，在一定意义上可以说改造民间习惯以适应时代要求。民国八年（1919年）上字第312号判决例确立了"买卖契约之成立，在法律上原不以中证列名画押为必要"之规则。② 大理院认为，中人在田宅买卖契约中只是起到证明人的作用，而非契约成立之要件。如果有其他证据证明田宅买卖契约为真实有效，则中人是否签押无关紧要，这就逐步改变了传统的田宅买卖契约必然要求有中人的习惯。传统社会田宅买卖大多在熟人之间发生，民初随着交易范围的扩大，田宅买卖已经逐渐突破"村级土地市场"，与陌生人发生的交易逐渐增多，市场中的理性、效益等原则的作用在增强，契约中中人的重要性降低，契约的人格化色彩逐渐淡化。③

（二）民间缔约程序：会邻割事

虽然大理院在判例中明确指出，田宅买卖契约中不必然要求有中人，中人只是起到证明人的作用。但是民间习惯的形成是一个长期的过程，并不会在短时期内改变。清末至民初，只是在政治上层建筑方面，社会精英的法制理念方面有所变化，民间民众的生活（方式）变迁较为缓慢和滞后，如中人在田宅买卖契约中的作用依然非常重要。在民初的田宅买卖契约中仍然有这样的话语："凭中卖到某某名下为业"。④ 并且在很多情况下，很多时候，中人参与契约的核心部分：磋商价格，如传统契约中常有这样的说法："三面议定价格为……"在正式契约成立之前，民间往往有一些前契约文书，往往与中人有关，下面列举几种以为论述。

1. 请中字

人们在准备出卖田宅时，仍然需要先请中人寻找合适的买家，名曰："请中字"。在陕西省沔县、南郑县等地，民人欲卖田宅，卖主必先书立"请中字"，注明田宅概括，交由中人寻觅合适的买主。⑤ 而在同省的镇巴、紫阳等县，民间买卖田宅等产业，先由卖主预立"许成字"交由中人寻主出售。待买卖契约成立后，再

---

① 李祝环：《中国传统民事契约中的中人现象》，载《法学研究》1997年第6期。
② 黄源盛：《大理院民事判例辑存（1912—1928）债权编（二）》，元照书局2012年版，第1059页。
③ 刘海波：《从形式到合意：民初田宅买卖契约法的历史嬗变》，载《新疆大学学报》（哲学·人文社会科学版）2017第1期。
④ 民国元年（1912）即墨县孙积德堂卖地官契，收录于张传玺：《中国历代契约粹编》，第1801页。
⑤ 《民事习惯调查报告录》，第371,723页。

凭中过付卖价,并立合同清单,各执为据。① "许成字"与"请中字"相类似,"许成"者,一经买家许诺,契约即可成立之义也。有些地方叫做"水程字",如安徽省习惯,田宅等不动产买卖契约,当未成立之先,由卖主先立草约,名曰:"水程字"。如甲有产业出卖,先将田宅概况、钱粮及时价出立水程字,托交中证代觅买主,以便买主审查后再具体商议价格。② 在徽州文书中有这种水程字实例,现举一例如下:

> 具水程字人赵凤池,情因执业不便,愿将祖遗宾阳门内坐南朝北朝街园内住房三间,左齐刘宅,右齐陈姓仓屋,后抵刘园,四至坐落明白书立字恳证代为觅售,约价大子□□□□。立此水程为据。③
>
> 立具水程字人赵凤池
>
> 道光七年三月吉日具

请中字为一种觅售文书,其上写有业主姓名、田宅概况等,价额虽于水程字中预定好,也只能说明"其价格公平约议",留待订立正式契约时再定。④

2. 经账

安徽天长县,出卖田宅人先开一账单,上面简要载明田宅情况,交由中人寻觅买主,谓之:经账。⑤ 经账现存有实例,具体内容如下:

> 立经账钱奇宾,房屋壹所,坐落今有自置坐落吴邑闻五图高岗子上,朝南门面出入,计上下楼房四间,上下两披厢,一应装播在内,情愿央中绝卖与人,如要者即便成交。经账是实。
>
> 嘉庆二十四年(1819年)十一月日立经账钱奇宾押
>
> 凭中沈余源押
>
> 张瑞周+
>
> 程师谦+
>
> 邱步玉+⑥

经账亦为觅卖文书的一种形式。卖主出立经账,表示将田宅"欲售与人"的愿望。经过中人的引领,"三面议定"价银若干,便进入立契成交的阶段。

山西襄陵县田宅买卖,卖主先作一草契,姓名及价格处均空白不填,凭中先

---

① 《民事习惯调查报告录》,第379,715页。
② 《民事习惯调查报告录》,第525页。
③ 周向华编:《安徽师范大学馆藏徽州文书》,安徽人民出版社2009年版,第206页。
④ 冯学伟:《明清契约的功能及其意义》,法律出版社2014年版,第52页。
⑤ 《民事习惯调查报告录》,第555页。
⑥ 东京大学东洋文化研究所藏,8—21号,转引自杨国桢:《明清土地契约文书研究》(修订版),人民出版社2009年版,第188—189页。

尽本旗及四邻,如有愿买之人,即将该契收留,议价后,始填载姓名和价格;若均不愿买,始得卖与他人,名曰:游契。① 该项习惯有先尽亲邻之意,究于所有权之行使限制过严,且有藉端抑勒之弊。

在签署契约的那一天,买卖双方一般会宴请尤其是卖方的亲族和四邻、中人、代书人,称为"会邻割事",这种宴会往往具有公告的性质,具有公示、公信的意义,很多地方都有这样的习惯。②

山西夏县、襄陵等县田宅买卖契约正式成立时,由买方设宴席邀请亲族、四邻和中人会食聚餐,并丈量定界,业价两交。此项习惯足为产权(所有权)转移之确证,且可预防日后邻地界址之纠葛。会邻交割,以免日后纠葛,故曰:会邻割事。③ 此项契约习惯由来已久,在西汉的《受奴卖田契》中就有"沽酒各半,皆饮之"的记载。不只是山西省有此习惯,陕西南郑县也有类似的习俗。买卖田宅,于书契交价之日,由买主备席邀集卖主、中人、代笔人及亲邻到场聚饮。谓之:吃割食。④

奉天省西丰县习惯,契约内必须写明中证某某、地邻某某,且地邻必须到场画押,否则不能生(物权)移转之效力。西丰地旷千里,田畴万顷,阡陌毗连,漫无边界,苟无地邻画押,不唯其契约有瑕疵,而其田宅亦难保无纠葛,买主于此场合得拒绝承受。⑤ 还有河南确山县买卖土地,以四邻为凭,若四邻不到场,不能成交,四邻到场,可证明田宅四至界址等无纠葛。⑥ 山西稷山等县,买卖田宅,买方另给卖主"画字银",亦有称为"划至"者。⑦ 陕西保安等县,亲族画字钱为契价的十分之一,可谓不低。⑧ 甘肃省静宁县,田宅买卖,买卖双方央同地媒(田宅中人),按时作价,先问卖主之亲族、邻佑,是否愿意承买。若亲邻不愿承买,方可卖与他人,买方备具酒食,由地媒邀集亲邻一同到场,以确保产权无纠葛。卖方向买方写立卖契,而亲族邻各于契约后签押,买方给予其"画字钱",以杜日后之争执。⑨ 甘肃省买卖田宅,必立契约,而契约有无瑕疵,则视载明内外画字与否。

---

① 《民事习惯调查报告录》,第477页。
② 关于合食礼这一习俗颇有古风,可能起源于唐代,《旧唐书》卷26记载:"今指孟冬,又申仪,合食礼频,恐违先典。"参见(后晋)刘昫等撰:《旧唐书》中华书局1975年版,第999页。
③ 《民事习惯调查报告录》,第476,477,501页。
④ 《民事习惯调查报告录》,第704页。
⑤ 《民事习惯调查报告录》,第25页。
⑥ 《民事习惯调查报告录》,第131页。
⑦ 《民事习惯调查报告录》,第477页。
⑧ 《民事习惯调查报告录》,第703页。
⑨ 《民事习惯调查报告录》,第396页。

所谓内画字者,即卖主亲族人等在契约上所画之押也,外画字即卖主邻佑、中人等在契约上所画之签押也。契约经过内外画字手续,则无异议,否则,必有执亲邻之名义起而讼争者。①

　　成契之时,买主不只需要支付契价就可以,还有其他一些缔约费用,如亲邻画字银、上业礼等等,更有甚者,还须付给卖方父母"主卖钱"。而卖方收到这些费用则需要出具相应的收款文据。江苏省高邮、淮安等县买卖田宅,除正价外,买方尚须给付卖方种种土俗费,其中就包括卖方亲房费、上业费、折席费、画字银等。② 在有些地方,还需要给予上首业主一定的金钱或礼物,称为"上首礼"。黑龙江林甸县习惯,买卖田宅立契时,买主于正价之外须另给卖主钱若干,谓之:"画押钱"。③ 江西新建县出卖田宅等产业,如卖主父母健在,须于契约后写明主卖父或主卖母,并须由父或母签押,买主于契价外,须出"主卖钱"若干,以业价之多少而定。④

　　民间大部分地方习惯,中人参与契约的签订都是有一定酬劳的,当然也有少数地方,如山西芮城县,中人不受酬劳,只是由买主设宴酬谢,而无金钱之酬劳,⑤然而这毕竟属于少数情况。需要注意的是,各地酬谢中人的方式有所不同。有些地方是直接给予中人金钱,有些地方是在签约当日宴请中人作为对其的酬谢,或者是二者兼而有之。在绝大多数地方,中人的报酬为田宅卖价的5%,可以说这个比例是相当不低的。当然,中人也分为好几种。民间向来有"原中"、"全中"与"代中"或称"偏中"之分。原中从一开始撮合买卖双方的交易到契约的履行,甚至当因为履行契约而发生纠葛时都有原中忙碌的身影,原中责任大,当然其报酬也较散中、偏中为丰厚,而代中是契约签订当日临时找来凑数的,其象征性的意义更为显明。有些地方散中不付给中资,只是宴请而已。⑥ 关于中人酬谢的负担问题,大部分地方是这样的规则:卖方负担2%,买方承担3%,即这就是所谓的"买三卖二"。⑦ 山东掖县习惯,买卖田宅,说合人(中人)抽2%,代字人抽1%,俗称"说合礼"。⑧ 黑龙江龙江县,买主于立契时并无另给画字银之办法,至于中人费一项,对于专业中人按照契价卖二买三的比例,普通中人并

---

① 《民事习惯调查报告录》,第728页。
② 《民事习惯调查报告录》,第221页。
③ 《民事习惯调查报告录》,第100页。
④ 《民事习惯调查报告录》,第574页。
⑤ 《民事习惯调查报告录》,第500页。
⑥ 《民事习惯调查报告录》,第560页。
⑦ 《民事习惯调查报告录》,第478页。
⑧ 《民事习惯调查报告录》,第143页。

不依此规，而是由买主酌量赠与。① 在民间来看，出卖作为祖先产业的田宅是一种家道破败的表现，是一个伤心的损失。于是民间就形成这样的规则：由买方负担缔约费用多一点，因为买方毕竟在经济上占有优势的一方，买入田宅是一个家族成功兴旺的体现，这也是为什么传统中国将田宅交易中的买方称为"银主"的缘故。

四、契约履行之冲突

（一）国家法层面：田宅买卖（契约）不以交付上手老契为成立要件

民初大理院基于意思自治之理念，在判例中明确认定，上手老契之交付并非田宅买卖契约成立之要件，亦非田宅所有权移转之要件。在民国四年（1915）上字第1441号判例中，上告人卢怀璋其实还有一个上告理由为，自己卖与被上告人梁会邦等田地而并未交付该田产之上手老契，上手红契虽然前为兄弟共有，但自分产后，已为上告人所独有，果真卖田属实，断无不交上手契之理。上告人以其未向被上告人交付上手老契为由，认为买卖契约不成立。大理院指出田宅买卖的核心是"立契交价"，②并不以交付上手契为要件。民间田宅买卖通常习惯多交上手契，实为避免不必要之纠葛，"藉以补无登记制度之穷，故如卖主不交上手契，买主贸然承买者，一经他人提出上手契，或根据上手契证实有某种权利，则买主即不能以其所有权之移转与之对抗"。③

在未建立登记制度之前，契约是田宅不动产权利的一个重要的凭证，如民国五年（1916）上字第149号判例也阐明了这样的观点。现行法上尚无登记制度，故不动产之物权关系，自当以契约为重要之证凭，而其物权关系之能否以之对抗第三人，则应视其契约有无瑕疵、不能仅以曾否投税与曾否用管契为断。盖现行法上于典卖田宅而不税契者，虽有制裁之规定，然此系为国课起见，非如他国登记制度之为对抗要件者可比。至于官契在诉讼上纵有公证证书之效力，亦非私法关系成立之要件。

（二）民间田宅买卖多必交老契

在传统中国，田宅买卖契约为民间人们对田宅享有占有管业权利的重要凭证，"民间执业，全以契券为凭。其契载银数或百十两；或数千两，皆与现银无异。

---

① 《民事习惯调查报告录》，第52页。
② 《大理院民事判例辑存（1912—1928）》"物权编（上）"，第194页。
③ 民国三年（1914）上字第142号判例，参见《大理院民事判例辑存（1912—1928）》"物权编（上）"，第16页。

是以民间议价立契之时，必一手交银，始一手交契，从无将契券脱手付与他人收价之事……盖有契斯有业，失契即失业也。"①因而，很多地方民间习惯中田宅买卖都要求交付上手老契，卖方将田宅之所有上手契与当前进行的交易中新拟定的买卖契约一并交付于买方。②

上手契是指田宅的卖主从以前的所有者买取该田宅时由对方交付的契约，具有证明现在卖主对田宅享有正当权源的作用。在传统中国社会，在无不动产公示登记制度的情形下，上手老契即作为田宅之权利外观无疑，这在于无论是官方还是民间，皆是一种默认的规则。很多地方民间习惯中都要求田宅买卖须交付上手老契，③在田宅买卖时，将所有上手契与当前进行的交易中新拟定的买卖契约一并交付买方。如《南宋淳祐二年(1242)休宁县李思聪等卖田山赤契》中明确约定"所有原典买上手赤契伍纸，随契缴付受产人收执照会"，若不能交付上手契，则应在买卖契约中写明原因。如《明永乐二年(1404)祁门县胡童卖白契》中记载："所有上手来脚契文与别产相连，缴付不便；日后要用，于本家索出参照不词。"④在本次田宅交易中，出卖的土地的上手契中还涉及卖主胡童别的土地，缴纳田赋时需要用到，所以，该上手契仍由卖方胡童掌管，买方汪猷干如果日后要用，可以向卖方索要。还有的是因为上手契丢失而导致无法缴付的情况，如《明宣德五年(1430)祁门县徐汪富卖山地白契约》："所有来脚契文一时检寻未见，日后寻着缴付。"⑤民初田宅买卖契约中对于上手老契之交付与否也有约明。⑥

在民间，契约被视为对田宅拥有管业权利最重要的凭证，所以，民间在买卖田宅时，一般必须交付老契，若不能交付，须在契约中说明理由。自宋代开始，国家法律规定，业主、钱主交割时，业主须将有关的上手老契随同新契一并交付于买方收执，并作为田宅等产业"绝卖"的重要证据之一。

民间习惯一般是须交上手老契，如黑龙江省望奎县田宅买卖，买主于赴县报税时，须将新旧各契呈验换照。故凡有田宅之买卖行为，民间恒视上手老契为表

---

① [宋] 钱泳：《履园丛话》卷七，中华书局1979年版，第89页。
② 上手老契是指田宅卖主从以前的所有者买受该田宅时双方订立的契约，具有证明现卖主对田宅享有正当权源的作用。民初部分契约中对于上手老契之交付与否也有约明，如《民国十三年(1924)北京潘弘基卖房白契》中写道："此房内有张姓红契一张，买主收存。"参见张传玺：《中国历代契约粹编》，北京大学出版社2014年版，第1826页。
③ 《民事习惯调查报告录》，第361—380页。
④ 张传玺主编：《中国历代契约粹编》，北京大学出版社2014年版，第445页。
⑤ 《中国历代契约粹编》，第681页。
⑥ 参见《中国历代契约粹编》，第1826页。

彰权利之重要证凭。① 甚至有些地方,如陕西榆林田宅买卖必交老契,否则无人承买。② 黑龙江省田宅买卖须交老契,若老契遗失,必须觅保证明,并须立遗失老契字据,或须在新契内注明。如未注明,则日后持有老契之人出而主张权利,此项买卖即不能完全有效,故一般购置产业者恒注意于此。③ 若出卖之产,系在清丈机关承领者,则须交付原发给之信票或部照。

河南信阳等县习惯,卖地须交老契。凡买卖田地,不交老契,非另写遗失作废不可。因田地无丈尺,边界多不清楚,若无老契可凭,买后多生纠葛。民间无老契宁可不买,恐生纠葛。④ 福建霞浦县,田宅出典,必将上手老契交付受典人阅明,例须附缴。老契如因连带他业而未能交付,则至卖断时,仍须于老契内注明于某年将某处田宅产业卖断与某人为业等字样。⑤ 陕西省田宅买卖,以交老契为原则,不交为例外。有时出卖田宅则不交老契,如出卖兄弟共契之田宅,因与别产相连。⑥

五、结论:冲突的整合功能

制度是社会(行动者之间)博弈的规则,也是博弈的结果。制度由三个部分构成:"正式的规则、非正式的约束(行为规范、惯例和自我限定的行事准则)以及他们的实施特征(方式)。"制度都是一个相互联系的正式规则与非正式约束结合在一起的网络,正式规则与非正式约束结合在一起构成了制度矩阵(institutional matrix)。⑦ 而业已形成的制度会影响、形塑当下的选择,而当前的选择又会反过来强化业已形成的制度,并最终产生一种积重难返的效果。这就是制度经济学理论中的"路径依赖效应",是指制度演进中存在着的一种制度自我强化的机制。这种机制使制度演进一旦走上某一条路径,就会在以后的发展过程中不断自我强化,产生积重难返的效果。构成非正式约束之基础的根深蒂固的文化(惯习)继承因素在"制度的渐进演化方面起着重要的作用,从而(最终)

---

① 《民事习惯调查报告录》,第86页。
② 《民事习惯调查报告录》,第370页。
③ 《民事习惯调查报告录》,第51、119页。
④ 《民事习惯调查报告录》,第127页。
⑤ 《民事习惯调查报告录》,第319页。
⑥ 《民事习惯调查报告录》,第379—380页。
⑦ 道格拉斯·C·诺思:《制度、制度变迁与经济绩效》,上海人民出版社2008年版,第6、158页。

成为了路径依赖效应的根源。"①

高等文明体系是复杂的,一次战争或者一个条约断不能将当时宗教的、法律的、政治的思想和习惯统统改变。一次战争或者一个条约或许可以很快改变一个国家的君主;一种可怕的瘟疫也许可以使一个国家的经济状况遭受重创,但是没有一次骤然的变化可以改变人类大部分的习惯、风俗和制度。清末民初的法制变革使得国家层面的法制有所改变,但是这种法制变革并不能迅速改变民间社会的习惯和风俗。习惯具有相对的独立性,社会向前发展了,习惯也会随之而发展,但要缓慢得多,具有滞后性。这样就在"先进"、现代的国家制定法与滞后、传统的民间习惯法之间形成一种矛盾和冲突。② 矛盾和冲突在日常生活中是一个具有消极意义的词汇,然而在社会学理论视阈下,它却是一个具有积极意义的词汇,在民初社会,这种冲突起到了一种整合器的功能。民初的这种冲突是有益的,它起到了激发器和整合器的作用。③ 它使得整个民初时期社会充满了张力,使得民初国家与社会之间不至于出现"断裂",而保持了一种整体统一的态势。民初的社会条件和背景已经发生变化,而与此相对应的社会关系、结构尚未形成,或者说正在逐步形成,而在契约问题上,国家法与民间习惯法的冲突则有利于契约规范、制度的形成和改进。这种冲突使得双方在一个共同的规范空间内展开,是(良性)互动的一种形式。冲突和博弈一方面改造了民间那些已不适应时代需要的契约习惯,另一方面导致了在国家法层面契约法新规范的不断被创造出来,民初田宅买卖契约制度得以最终形成并比较明晰地呈现在我们面前。所以,民初契约制度是以表达和实践的背离和冲突的表象出现,最终以实现二者的整合而得以不断向前发展。

---

① 道格拉斯·C·诺思:《制度、制度变迁与经济绩效》,上海人民出版社2008年版,第62—63页。
② 但是民初的这种冲突与传统社会有所不同,有实质的差异,在传统中国社会,在契约问题上的冲突是由于国家法对民间社会的一味限制而引起的,民初国家法层面在一定程度上改变了这种态度。民初的冲突恰恰反映出国家有着强烈的与民间习惯相互融通的愿望。如大理院明确认可了白契在私法上的效力,其实这与成文制定法《现行律民事有效部分》中"督促过粮"的规定是相矛盾的。
③ [美]L·科塞:《社会冲突的功能》,孙立平等译,华夏出版社1989年版,第108—114页。

The Conflict and Integration of the Law and Society in the System of Contracts on Sales of Fields in the Early Republic of China

Liu Haibo

Abstract: On contracts of the early Republic of China, there is a deviation, even collision between the state law and common law. This kind of collision reflects that the state law was strongly hoped to be well interacted with customary rules. Such collision makes two kinds of laws act in a common and normative space, hence a form of positive interaction. The collision and conflict can not only reform outdated civil contract customs, but also result in making new contract laws at state level. In this way, the system of contracts on sales of fields can be formed finally and be shown to us relatively clearly.

Keywords: Early Republic of China; Contracts on Sales of Fields; Conflict; Integration

民商法学

德国民法现代化与日本民法解释学

[日] 潮见佳男*著　叶周侠**译

Ⅰ 本文的目的

本文旨在探究，理解德国民法对于我国当下的民法解释学而言具有怎样的意义。①

众所周知，1970年代之后，就民法领域里德国法与日本法之间的关系这一问题，关于日本民法源自何处的讨论，以及关于在前述讨论中认为非以德国法为母法之处，德国民法理论该如何定位的讨论（此即立法者意思说与法律意思说之间的争论，与围绕所谓母法中心主义[回归母法现象]所展开的争论），持续了很长时间。② 如今，认为日本民法典的母法只有德国法的观念已被颠覆，同时对"学说继受"现象存在本身这一点并无疑义。尽管如此，曾经对尤其是研究德国民法发表论文的学者，就其以德国法为研究对象所具有的意义这一点课以详尽说明责任的风气似乎正逐渐消失；而过去对利用德国存在而日本不存在的理论、制度、概念（例如，"违法性"的概念，"附随义务""保护义务"的概念、"相当因果关

---

* 京都大学法学研究科教授。

** 京都大学法学研究科民法博士研究生。本文获日本文部科学省奖学金（审批号：留金亚[2016] 9106号）的资助，在此表示感谢！本文在翻译过程中，得到冯洁语博士、朱子音博士、蔡雯娴博士的诸多指点与帮助，在此一并表示感谢！

① 本文与其他论稿一样，均为在司法研修所的座谈会而准备。考虑到当天讨论与座谈会结束之后，在恳谈会席间私下被问到的问题，同时为有别于在同一天讲演并也被收录进此次民商法杂志特集中的北川论文，故在内容上对当天的报告进行了修改与补充。另外，在民法领域中，将讨论领域限定于财产法。至于当天提问中关于担保责任性质的部分，已纳入本论文中。当天提问中关于民法第414条的意义的部分，在北川论文中已经提及。

② 为理解这期间的原委，水本浩・平井一雄编『日本民法学史・通史』（信山社、1997年）可资参考。另外，也可一并参照本号收录的北川论文。

（为方便读者查找相关文献，本译文对原文脚注中的日文文献信息皆保留日文形式，不作翻译。——编者注）

系"的概念、债务不履行的"三分体系")去研深日本民法解释学的研究方向,以"德国特有的"这样的用语加以辛辣的批评,亦慢慢有难以觅见之感。

另一方面,在论及民法领域中德国法与日本法之间的关系时,特别有必要强调的是,作为考察的对象,并受到批判或获得辩护的,主要还是狭义解释学意义上的民法研究(尤其是,欲从中获得对解释日本民法有所启示的研究)。这一点表现为以下三个特征:第一个特征是在此前的讨论中,有关德国民法的法史学研究①并未成为批判的对象。第二个特征是以考察思想或哲学为研究目的的德国民法研究②也未成为批判的对象。第三个特征是在解释学的框架内提到德国民法时,(对德国法与日本法之间的关系,无论是抱有怀疑的一方,还是抱有好意的一方)有不少论者有这样的倾向,③对于是将德国法作为比较法的素材,还是从教义学(Dogmatik)的角度处理德国法这一点尚未明确,就一并在"德国民法对日本民法带来的影响"这一主题之下加以讨论。④

基于这样的情况,若要梳理与探讨德国民法对于日本民法理论而言有着怎样的意义这一问题,则相当于在追问研究德国民法于民法解释学有何意义。但是,现在为从这个角度出发进行梳理与探讨,毋庸置疑,摸清德国民法的现状是不可或缺的前提。然而,众所周知,德国民法不仅眼下经历了 2001 年债法现代化这样的重大修改,其日后仍将处于激荡期。当首先尝试去理解德国民法的"现在"时,便可料想此项工作(对[只]研究德国民法特定领域的研究者而言也是充满挑战)对法官、律师等实务界人士而言极为困难。⑤

---

① 矶村哲的一系列研究和以原岛重义为核心的研究团队所进行的萨维尼研究等均为其代表例。

② 尽管不胜枚举,但是在关于现代合同法的讨论中出现的涉及契约自由与契约正义的一系列研究著作均属其列。

③ 从比较法的角度来观察德国民法的立场,与从教义学的角度来观察德国民法的立场两者虽相互对立,但又该如何调和——关于这一点,北川善太郎『日本民法學の歷史と理論』(日本評論社、1968 年)进行了多角度的探讨。

④ 尽管如此,从比较法的立场开展的德国法研究(例如,五十嵐清『契約と事情變更』[有斐閣、1969 年],五十嵐清「瑕疵擔保と比較法」『比較民法學の諸問題』80 頁以下[一粒社、1976 年]),在上述的时期中也获得了极高的评价。

⑤ 参加此次座谈会笔者自身的收获是,认识到出席的各位法官对外国法理论抱有高度的关注和进取心,以及因忙于实务难以对外国法的动向(尤其是非英语圈的)系统地加以关注。例如就德国法而言,即便知道其债权法进行了大幅修改,但具体为什么内容,又具有什么意义,难有机会知晓。

[该论文为北川善太郎「日本民法とドイツ法——比較法の視點から」民商法雜誌 131 卷 4・5 號 525 頁以下(2005 年)。——译者注]

因此，本文在前半部分，拟对德国民法现代化（Modernisierung）的动向及其特征进行概观。借此，既点明对民法解释学而言的重要动向，也将触及德国民法正在发生怎样的变化这一问题。这实际上将回到理解德国民法对于日本民法理论而言有着怎样的意义这一主题上来；本文将在结尾处揭示这一点。接着，在本文的后半部分，对目前为止我国就理解德国民法对于日本民法理论而言有着怎样的意义这一问题的讨论进行概述。最后，就理解德国民法对未来的日本民法学而言有着何种意义这一问题（也留意与本号收录的北川善太郎论文＊之间的区别）进行总结。

Ⅱ 德国民法之现代化（Modernisierung）的特征

一 绪论

近来，德国民法以"现代化"①之名对民法典和民法理论进行的重构迅速展开。例如，前述的债法（特别是履行障碍法）的重大修改和与之配套进行的消灭时效法的重大修改、民法典对格式条款规制法和各种消费者相关特别法的吸收、居住租赁法的修改、侵权行为损害赔偿法（包括道路交通法、药品法）的修改甚至是家事法领域的重大修改等，不胜枚举。而且，与此同时，虽非因法典的改动所引起，对民法理论本身进行重构的动向也很明显。

下面就德国民法现代化的特征进行梳理。②

二 民法典对消费者法的整合

1 整合的动因

2001 年的债法大修改将此前以特别法的形式制定的诸多消费者法（消费者

---

① "现代化"一语不局限于广为人知的、基于 2001 年 10 月 11 日通过的"债法现代化法"（Schuldrechtsmodernisierungsgesetz. BT. Drucks. 14/7052. 多略称为 SMG）所进行的履行障碍法、消灭时效法和消费者法的"现代化"（该民法典修正法于 2002 年 1 月 1 日起实施）。本文也在广义上使用"现代化"这一用语。

② 关于侵权行为损害赔偿法的修改，由于其主要目的是为了应对社会现实的变化和解决现代社会的特有问题（为应对从近代社会到现代社会的变迁对制度或准则的修改），以及处理为多数学说所指出的现行法规定上的问题点，因此在此不予讨论。对此可参照潮见「ドイツにおける損害賠償法規定の改正と交通事故賠償法の課題」民商法雜誌 125 卷 2 號 147 頁以下（2002 年），潮見「二〇〇二年のドイツにおける醫薬品被害賠償責任に関する規定改正」遠藤浩先生傘壽記念論文集 423 頁以下（2002 年）。

信用法、格式条款规制法中的实体法部分等)纳入民法典中。① 除此,此次修改还在民法典买卖一节中,新设了此前未予立法的、关于消费用动产买卖的特别规定。

但重要的是,此前在民法第 13 条、第 14 条中分别引入了关于"消费者"(Verbraucher)跟"经营者"(Unternehmer)的定义规定。根据第 13 条,"消费者是指既非以营业活动,也非以独立的职业活动为目的而缔结法律行为的任何自然人"。根据第 14 条,"经营者是指在缔结法律行为时,为进行营业活动或独立的职业活动而实施行为的自然人、法人或有权利能力的合伙"。在转换"关于远程销售中消费者保护的 1997 年 5 月 20 日的欧洲议会和欧盟理事会指令"(Directive of the European Parliament and of the Council on the protection of consumers in respect of distance contracts. OJL 144/19)时,经 2000 年 6 月 27 日对民法的部分修改,在新设了关于"消费者"和"经营者"定义规定的同时,还新设了消费者的撤回权与退还权。② 顺带一提,在转换远程销售指令时,还存在一种可能,即以制定特别法的形式规定于民法典之外。③ 不过,立法者还是选择了在民法典关于"人"的调整规定中实现转换,并设置了前述定义规定。

这背后的目的在于,通过在民法典中设置统领的定义规定,将其作为转化欧盟层面选出的各类消费者法相关指令为国内法的依据,以此作出统一的应对。这可以说是"私法欧洲化"所导致的结果。

而且,这也跟通过将同属私法但以特别法形式散落在民法典之外的各类消费者保护法整合到民法典之中,以使民法典作为"一般私法典"获得再生的目的

---

① 被整合到民法典中的(包括部分被整合的)有以下内容:格式条款规制法(Gesetz zur Regelung des Rechts der Allgemeinen Geschäftsbedingungen)、远程销售法(Fernabsatzgesetz)、消费者信贷法(Verbraucherkreditgesetz)、访问销售撤回法(Gesetz über den Widerruf von Haustürgeschäften und ähnlichen Geschäften)、部分时间居住法(Gesetz über die Veräußerung von Teilzeitnutzungsrechten an Wohngebäuden)。关于此次整合的概要,参见潮见『契約法理の現代化』393 頁以下(有斐閣,2004 年)。

② 面向我国的介绍,见今西康人「ドイツ民法典の一部改正と消費者法——消費者、撤回権等の基本概念に関する民法規定の新設について——」関西大学法学論集 50 巻 5 號(2000 年)200 頁以下。

③ 实际上,在同一时期进行了一项与此欧盟指令相关的重要修改,即对合同条款的内容控制(不当条款规制)也及于不按格式条款而是以个别合同的方式缔结的消费者合同。关于此项修改,立法者未采用修改民法典的方法,而是选择在当时的格式条款规制法下增设第 24a 条(现行民法第 310 条第 3 款)。另外,这也是为了完成对"关于消费者合同中不公正合同条款的 1993 年 4 月 5 日欧盟理事会指令"(Council Directive of 5. April 1993 on unfair terms in consumer contracts,93/13/EEC)的转换。

相一致，于是才有了之后2001年的修改中民法典对消费者法的整合。

上述整合的基底是由新设的"消费者"、"经营者"定义规定所打下的，自不待言。

2 整合的意义

将各类消费者保护法整合到民法典中这一点，在与本文主旨的关联上，除了意味着因为"消费者"等价于"一般的市民"(der allgemeine BGB-Bürger)[1]整合才得以可能，并且使得因消费者特别法纷乱而极不透明的法律制度变得易于理解[2]之外，还有以下两点十分重要的意义。

第一，转换欧盟指令的要求是上述整合的动因。在现代社会中，跨境提供、受领及结算消费品与服务已是常态，通常认为通过一国的国内法来规制消费者交易已经不合适，有必要进行跨国界的规制。实际上，制定为数众多消费者相关的欧盟指令，也是出于将欧洲领域内的消费者交易置于同一规则之下的目的。在此背景下，对于欧盟成员国之一的德国而言，在欧盟指令得到适用的交易领域，除去委托给成员国自行决定的部分之外，唯有将欧盟指令转换为国内法的做法了。像这样，顺应"来自外部的现代化要求"而对民法典进行重构，可以说是此次德国民法现代化的特征。但是同时，这既可能引起"概念的二义性"(Begriffe mit Doppelbedeutung)，即同一术语带有源于欧盟指令与源于德国民法典的不同意义(例如，买卖合同中的"物之瑕疵")，也存在着催生"混合规范"(Hybridnormen)(例如，关于撤回权的规范)的隐患[3]。这直白地揭示了吸收非国内法并使其国内法化时存在的问题点。

第二，尽管如前所述存在通过制定个别的特别法应对欧盟指令的方法，而且事实上之前也一直采用这种应对方法，但在2001年的修改中却采用了将消费者私法整合到民法典之中的解决方法。换言之，尽管立法者本能够通过在民法典

---

[1] Thomas Pfeiffer, Der Verbraucher nach § 13 BGB, in : Reiner Schulze/Hans Schulte-Nölke (Hrsg.), Die Schuldrechtsreform vor dem Hintergrund des Gemeinschaftsrechts (2001) S. 133, 134. 他对"消费者"概念的有效性进行了分析，并对这样的整合持批判态度。

[2] Begründung der Bundesregierung zum Entwurf eines Gesetzes zur Modernisierung des Schuldrechts, in : Claus-Wilhelm Canaris, Schuldrechtsmodernisierung (2002) S. 569, 591.

[3] Heinrich Dörner, Die Integration des Verbraucherrechts in das BGB, in: Reiner Schulze/Hans Schulte-Nölke(Hrsg.), Die Schuldrechtsreform vor dem Hintergrund des Gemeinschaftsrechts (2001) S. 177, 182ff.

之外制定统一的"消费(者)法典"加以应对,①却采用了整合于民法典中的解决方法,是何理由？ 又何以可能?②

将各类消费者法整合到民法典中之所以可能,很大程度上是因为处理消费者问题的众多欧盟指令将新自由主义(Neo Liberalism)作为支撑消费者法的基本思想,并将基础建立在这一理念之上。以市场中当事人的地位来定义消费者与经营者的概念,并基于消费者是市场中处于结构性劣势一方的认识,在民法典中设计如下两类法技术：其一,是在信息层面上(信息不对称)与心理、意思形成层面上(交涉能力不对称③)都欠缺对等性的经营者与消费者之间的交易中,为恢复"合同对等性"(Vertragsparität)的法技术(透明性规则与信息提供义务、说明义务等);其二,是为救济在欠缺前述"对等性"状态下缔结合同的消费者的法技术(撤回权、不当条款无效化制度等)。以此,在保障个人意思形成、意思决定的自由(自己决定权),保护个人的前述自由免受侵害的意义上,与隶属于欧洲大陆法的近代民法典的价值秩序和指导原理协调一致。④

诚然,立足于古典自由主义的近代民法典,是以能合理进行抉择、相互对等的理性人为前提的,因而通过对个人意思形成、意思决定施加积极的支援而将双方当事人的地位对等作为契约自由的内容加以保障并非国家所扮演的角色(仅在合意存在瑕疵的场合,或者该合意存在反国家、反社会内容的场合下,例外地介入契约自由)。而与此相反,通过此次现代化实现整合的消费者法,应在以市场原理和处于市场中的个人自由为基调的新自由主义的背景下加以理解。在此语境下,消费者所具有的、作为"人"的类型性及结构性的特征在于,相对于经营者而言,其在信息与交涉能力方面都欠缺对等性这一点。而且,要求国家不仅得落实举措以保障和促进自由而公正的市场,还得为参与市场的个体能够基于自

---

① 详言之,德国没有致力于制定消费(者)法典,存在若干理由,其中殊值一提的是,担心若制定消费(者)法典,反而会在规范适用上留下不明晰的地方(例如,若在消费(者)法典中设计了有关"消费用动产"买卖的规范群,将会产生如何处理其与民法买卖编规定之间关系的问题),若是制定了涵盖所有法律问题的消费(者)法典,又担心法典变得难以理解或者变成仅展示消费者全貌的空洞之物。Jüngen Schmidt-Räntsch, *Reintegration der Verbraucherschutzgesetze durch den Entwurf eines Schuldrechtsmodernisierungsgesetzes*, in: Schuhe/Schulte-Nölke, *Die Schuldrechtsreform vor dem Hintergrund des Gemeinschaftsrechts*（2001）S. 169, 172ff.

② Soergel/Thomas Pfeiffer. BGB 13. Aufl.（2003）§ 13 Rz 17 - 21.

③ 除了交涉能力不对称,很多情况下还存在经济实力上的不对称,尽管后者并不适用于所有经营者与消费者之间的交易。

④ Karl Larenz/ManfredWolf. Allgemeiner Teil des Bürgerlichen Rechts, 9 Aufl.（2004）S. 15, 33f., 760f. 潮见前揭注（10）书397页。

己的意思自由地选择决定提供支援措施(对自己决定环境的规整以及对选择自由、决定自由的保障)。① 在这一点上，古典自由主义下的民法典与新自由主义下的民法典配置了不同的制度与规范。但是，即便如此，前述意义上的消费者法毕竟跟站在福利国家观上、部分地排除契约自由和自己决定权、且旨在将国家认为可取的交易内容强行作为妥当标准的消费者法不同，因而即便将其纳入民法典中，也不会与民法典内部的价值秩序和指导原理产生矛盾。② 站在契约自由对立面的福利国家型的消费者法与新自由主义下的自立支援型的消费者法这两者中，契约自由(自己决定权)与契约正义的关系存在决定性差异。

最终，德国在消费者法方面完成了从所谓福利国家型的消费者法到(以信息模型为基础的)自立支援型的消费者法的范式转换，可以说，这使得民法典对消费者法作出如此这般的整合成为可能，也因此使得支撑民法典的价值秩序从古典自由主义转变为了立基于市场原理的新自由主义③。这一点也与将各类消费者特别法整合到民法典中这一点相关，是德国民法现代化的另一个、同时也是极为重要的特征④。不过，顺应欧盟法潮流而对民法基本构造作出的转变，与以往传统的德国民法学，特别是与意思表示、法律行为的基础理论是否具有整合性，今后仍有探讨的价值。

---

① 信息模型(Informationsmodell)也是出于该视角的产物。不过，就该如何理解"信息模型"的具体构成，学者之间存在差异(详细内容此处略去不述)。

② Thomas Pfeiffer, Die Integration von „Nebengesetzen" in das BGB, in: Wolfgang Ernst/Reinhard Zimmermann (Hrsg.), Zivilrechtswissenschaft und Schuldrechtsreform (2001) S. 481, 494ff.

③ 关于这一点的论述，已有 Harm PeterWestermann, Verbraucherschutz, in: Gutachten und Vorschläge zur Überarbeitung des Schuldrechts, Bd. 3 (1983) S. 9ff.。新近在以新自由主义为基础的信息模型之下理解合同法的文献，Stefan Grundmann, Verbraucherschutz, Unternahmensrcht, Privatrecht, AcP 202, S.40ff. (2002)。

④ 我国就德国民法现代化中民法典对消费者法所作的整合进行介绍和评论的多数论稿，都明显忽略了本文所提到的角度。仅有大久保邦彦「消費者法の體系的獨立性」神戶學院法學31卷4號1541頁以下(2002年)介绍了比德林斯基(Franz Bydlinski)的学说，以及佐藤啓子「人としての消費者」法政論集201號459頁以下(2004年)指出了德国对作为民法基本原理的私法自治与消费者法之间是否存在原理上的对立存有讨论。这是只关注立法资料所展现的表层，欲忠实地重现以解释技术为对象的注释文献所导致的结果。以下的论述绝非要否定对资料正确地加以分析这项工作的意义，但是尽管对契约自由与契约正义的关系与对消费者法原理有着很高的关注，尽管大概知道德国也明显出现了类似的动向，却既不尝试进行原理层面上的思考，也不去构建法律思考的图式，只流于粗浅地解读资料与介绍解释工具；不仅如此，在诸如"宪法与民法的关系"、"自我决定权"与"信息提供义务"这些问题上，我国甫一出现前沿、扎实的研究，便无视前提理解地趋之若鹜；站在一个研究者应有的立场上，到底该如何看待前述现象？

三 履行障碍法的重构

1 重构的动因

债法现代化的讨论始于1970年代,并收官于2001年的民法典修改。居于其核心的是对履行障碍法的重构,其背后的动因包括(1)对法典编纂后因社会状况的变化而与现实相脱节的规范进行修改(特别是瑕疵担保法与消灭时效法),(2)对以19世纪末施行的民法典为基础、对民法典的重要部分进行大幅更替的法官法(Richterrecht)予以法典化,从而实现制定法实证主义的再生(如积极侵害债权、缔约上的过失、行为基础障碍、担保责任法。此外,采纳对损害赔偿请求与解除之间的择一关系——被认为具有德国法特色——进行实质性修正的判例法理,承认两种权利的重叠行使[第325条]等),以及(3)将与债法相关的欧盟指令转换为国内法(而且,为了这一目的,在确保其与民法典基本规则和制度之间的整合性,并保持体系连贯性时,有必要对民法典自身的基本规则和制度进行重构)。另外,特别值得一提的是,在具体修改的过程中,一直有意识地在与国际交易规则(在1970年代是1964年的海牙《国际货物买卖统一法公约》,而1980年代以后是1980年的《联合国国际货物买卖合同公约》、UNIDROIT《国际商事合同通则》[1994年版]①、欧洲合同法委员会起草的《欧洲合同法原则》[1998年版]②*)进行调和。③

---

① 截至目前,已出2004年版。

② 当时只有第一部与第二部,现在包括第三部在内已经公布了 Ole Lando/Hugh Beale (eds.), Principles of European Contract Law, Part Ⅰ & Ⅱ (1999); Ole Lando/Eric Clive/AndréPrüm/Reinhard Zimmermann (eds.), Principles of European Contract Law, Part Ⅲ (2003)。上述作品,笔者与松冈久和、中田邦博等人已取得日语的翻译权(欧洲合同法原则并非"法律",而是以兰道教授为首的私法研究团体的作品,因而该团体享有著作权),计划组成共同研究小组,通过法律文化社逐步发表包括条文、注释与记录在内的全译(其中研究小组的部分成果——对第三部的部分试译,将先行在同志社法学上发表,目前尚在准备阶段)。

* 由于本文成文时间较早,前注(25)中共同研究小组对欧洲合同法原则的研究成果已经在日本悉数出版,相关的文献信息如下:オール・ランドー゠ヒュー・ビール編(潮見佳男゠中田邦博゠松岡久和監訳)『ヨーロッパ契約法原則Ⅰ・Ⅱ』(法律文化社、2006年)、オール・ランドー゠エリック・クライフ゠アンドレ・プリュム゠ラインハルト・ツィンマーマン編(潮見佳男゠中田邦博゠松岡久和監訳)『ヨーロッパ契約法原則Ⅲ』(法律文化社、2008年)。——译者注

③ 关于两者之间的展开,参照潮见前揭注(10)书339页以下以及此处引用的诸文献。另外,关于修改后德国债法整体概况的基本文献,岡孝編『契約法における現代化の課題』(法政大學出版局、2002年)、半田吉信『ドイツ債務法現代化法概説』(信山社、2004年)。潮见『債権総論Ⅰ(第二版)』(信山社、2003年)也对此次修法进行了深入的分析。不过,除了最后一部文献,其余均未提及与侵权行为法修改一同进行的损害赔偿法大修改。

2 重构的意义

关于经债法现代化后履行障碍法中各制度与规则详细的修改内容,另稿①别述,此处在与本文主旨的关联上,对履行障碍法重构的意义进行整理。此际,经债法现代化的履行障碍法重构有以下三点极为重要的意义。

第一,首先要提到的也是顺应将欧盟指令转换为国内法这一"来自外部的现代化要求"而重构民法典这一点。而且,不采取单独的特别立法加以解决,而采用民法典修改的方法,相较于出于将欧盟指令转化为国内法的需求而将消费者法整合于民法典的做法,有着更大的必然性。

与此相关,尤其具有重大意义的是对关于消费用动产买卖的欧盟指令(关于消费用动产的销售及其附随保证的1999年5月25日欧洲议会与欧盟理事会指令。Directive of the European Parliament and of the Council on certain aspect of the sale of consumer goods and associated guarantee,OJL 171/12)的转换。众所周知,德国的买卖担保责任在区分"物之瑕疵"、"权利瑕疵"、"异类物"、"数量不足"、"附随义务违反"等概念的基础上,不仅针对各种情形讨论相应的责任性质与责任内容,而且围绕物的瑕疵担保责任的性质还曾存在"合同说"与"法定说"(我国法定责任说与合同责任说对立构造的原型)的对立。与此相反,消费用动产买卖指令不但将消费用动产买卖中卖方不履行的核心概念从原来的"物之瑕疵"更替为"不符合合同约定",而且还将思想基础建立在认为卖方责任的性质为合同违反(债务不履行)的理解上。此时,在将消费用动产买卖指令转换为国内法之际,为确保国内法秩序体系上的整合性,必须要实现对两种履行障碍模式的调和。进而,德国采取了在大方向上确保其与欧盟指令之间的协调性以重构民法典自身的制度或准则的方法。详言之,在此次债法现代化中,将买卖标的物存在权利瑕疵或物之瑕疵时的卖方责任理解为债务不履行责任,在此基础上,将此前担保责任规则中可通过债务不履行的一般法理加以解决的内容,整合到债法总则之中(特别是关于损害赔偿和解除的主要规则),只将应被视为特则的规范保留在买卖编(进一步,作为特则的特则,在买卖编中再设"消费用动产买卖"一节[第474条以下])。此外,这种立法选择与前述的国际交易规则具有整合性这一点,也为这种修改提供了正当

---

① 参照潮见前揭注(10)书360页以下以及潮见前揭注(26)书的相关部分。

化的理由。①

第二,正如在前面重构的动因一节中所述,经此番债法现代化,履行障碍法完成重构的意义,还在于留意到了与国际交易规则之间的整合性。这一点,不仅在联邦司法部2000年8月公布的"讨论草案"(Diskussionsentwurf)中显而易见,而且就算看因受到学说和实务针对该草案的巨大反弹而于2001年3月形成的"整理方案"(Konsolidierte Fassung des Diskussionsentwurfs. 另外,在此次修整中起到核心作用的卡纳里斯[Canaris]其论稿②亦同)以及同年5月的"政府草案"(Regierungsentwurf)的理由书(Begründung),也是一目了然。③

其留意与国际交易规则之间的整合性尤其体现为如下几点:(1)对规定"以不能的给付为标的的合同,无效"的旧法第306条进行180度转变,改为"债务人依第275条第1款至第3款不需要给付,并且给付障碍在订约时即已经存在的,不妨碍合同的效力"的规则④(2)基于债务不履行的合同解除,此前需要"债务人的归责事由"(尽管债务人负举证责任)(旧法第280条第2款、第286条第2款),现改为不需要(第323条、第324条、第326条第2款⑤)。以上的修改既不

---

① 这一特征也出现在对履行迟延制度的修改中。"关于对抗商事交易中迟延支付的2000年6月29日欧洲议会与欧盟理事会指令"(Directive of the European Parliament and of the Council on combating late payment in commercial transactions,OJL 200/35)旨在(1)为提高支付的积极性,使金钱债务的债务人陷入履行迟延的情形更容易地加以认定的同时,(2)在效果层面适度地加重迟延利息,并且(3)对金钱债务支付的合同条款中于债权人显著不利的条款予以无效化;在上述几处,以将其纳入民法典中转化为国内法的形式,对民法第286条(旧284条)与第288条(旧288条)进行了修改。关于欧盟迟延支付指令的概要与德国立法过程中出现的混乱,请参照潮见「EUとドイツにおける支払遅滞制度の変革」國井和郎先生還暦記念論文集『民法学の軌跡と展望』(日本評論社,2002年)167頁以下。

② Canaris, Die Reform des Rechts der Leistungsstörungen, JZ 2001, 499ff.

③ 与此相关,特别引人注意的是,(1)在"讨论草案"中,彻底否定了"不能"的概念与以"不能"为核心的制度,参考国际交易规则,试图完成从以"不能"为中心的体系到以"不履行"为中心的体系的转换,而在"政府草案"(以及已经通过的履行障碍规定)中,"不能"的概念与以"不能"为核心的制度得以复活(亦即,作为履行请求权障碍事由的"不能"的复活[德国民法第275条],在"讨论草案"中原已被整合到解除制度中风险负担制度的复活[同法第311a条第1款],以及"合同不因原始不能而无效"规则消极的明示[同法第326条]),(2)"讨论草案"的体系跟《联合国国际货物买卖合同公约》与《欧洲合同法原则》的体系十分贴合,而"政府草案"的立案者也强调其体系跟《联合国国际货物买卖合同公约》和《欧洲合同法原则》思考方式的一致性,尤其是后两者也采用了"不能"的思考方式。

④ 对应UNIDROIT《国际商事合同通则》(2004年版)第3.3条、《欧洲合同法原则》第4:102条。

⑤ 对应《联合国国际货物买卖合同公约》第49条、UNIDROIT《国际商事合同通则》(2004年版)第7.3.1条、《欧洲合同法原则》第9:301条。

是出于将法官法加以法典化的需求,也不是迫于应对欧盟指令转换要求而采取的具体立法对策。但在债法现代化之际,德国仍然作了上述修改,这也许意味着,在对近代民法典进行现代化(即构筑现代民法典)之时,如果设置与国际通例不相协调的规则或制度将多成问题,尤其对具有跨国境属性的合同法而言更是如此。①

第三,履行障碍法经此番债法现代化完成的重构,在非以吸收外国法的方式,而是以对法官法(Richterrecht)予以法典化的方式实现民法典再生这一点上,也具有重大意义。

若自与本文主旨相关的、法的继受与形成的这一角度视之,应当如何定位通过对法官法予以法典化而实现民法典的再生,在齐默尔曼(Zimmermann)对"讨论草案"操之过急的下述批判中,得到了明确表述。

齐默尔曼认为,19世纪末制定了德国民法典,随之导致,在民法典的法准则所编织成的"封闭体系"中,从法典自身出发展开解释论。这一方面促使了对19世纪潘德克顿法学的急速背离,另一方面也催生了闭绝于欧洲传统与比较法的法律学。在法典编纂之后,为消去来自概念法学式法律实证主义的印记而努力的方向上,法院所形成的便是法官法。为了形成适合于时代的法,不应是出于这样的想法,即立法者的使命就是因旧法中有重大缺陷而去矫正它,而应是考虑长达数世纪的学术活动与裁判实务到目前为止的程度,经过彻底思考而立法。②

四 租赁法的规范修改与民法典的整合

1 修改的内容与整合至民法典的动因

较债法现代化法通过稍早之前的2001年3月,租赁法修正法③(Gesetz zur Neugliederung Vereinfachung und Reform des Mietrechts. „Mietrechtsreformgesetz")获得通过,并于同年9月1日开始施行。

该法考虑到当时的租赁法(除民法中的租赁规定之外,还有诸多特别法。下同)不合于现代社会的生活状况,也不符合建筑或住房市场的需求,在表述与内

---

① 关于欧洲统一私法最近的动向,除潮见前揭注(10)书290頁外,还有 Hein Kötz(潮见佳男=中田邦博=松冈久和訳)『ヨーロッパ合同法Ⅰ』(法律文化社、1999年),川角由和=潮见佳男=中田邦博=松冈久和編『ヨーロッパ私法の動向と課題』(日本評論社、2003年),ユルゲン・バゼドウ編(半田吉信ほか訳)『ヨーロッパ統一契約法への道』(法律文化社、2004年)等可资参考。

② Reinhard Zimmermann, Schuldrechtsmodernisierung? JZ 2001, 171, 173ff., 181.

③ 法案及其理由书为 BT-Drucks. 14/4553. 我国文献藤井俊二「ドイツにおける賃貸借法改正概説」龍谷法學34巻4號473頁以下(2002年)对其做了简单的介绍。另,在龙谷法学34卷4号以下的号次中,对租赁规定的翻译进行了连载。

容方面都具有滞后性,而且屡次的法律修改以及诸多特别法的制定使得法律不够透明且难以理解,出于"保护弱者,支援出租人,并促进对建筑、住房市场的投资与环境保护"的目的,对租赁法做出全面修改,实现民法典对各类租赁特别立法的整合。

2 修改的内容与整合至民法典的意义

此次租赁法的修改了结了一项德国多年悬而未决的立法问题。① 其核心在于从内容方面修改租赁中具有滞后性的规范,这一点自不用讲,另外值得重视的是,在与"法典化"或民法典重构的关联上,为了让租赁法变得"易解"(verständlich)且"透明"(übersichtlich)而将其整合到民法典之中,是此次修改的一大特征。

不过,在我国,众所周知,德国的租赁法是从基于社会国家、福利国家理念的弱者保护的角度对私法自治、契约自由做出修正的法领域,这一点值得注意。通过将正义建立在对社会弱者的保护之上从而排除契约自由——在此意义上,契约自由与契约正义相对立——的制度或准则,将这些以特别法的形式设立于民法典之外,曾具有如下的意义:即避免因将前述的制度或准则整合到以私法自治、契约自由原则为基础的近代民法典中而出现评价矛盾。

然而,为使租赁法"易解"(verständlich)且"透明"(übersichtlich)而将各类特别法整合到民法典中,其代价便是,民法典中由不同原理或价值所支撑的规范群混杂在了一起。而且,在日本导入定期借地权、定期借家权时曾讨论过诸如不动产租赁法中契约自由的复权(连同市场原理的导入)之类的构想,但这类构想在德国 2001 年修改中,至少在政府和议会的层面上没有出现。

相反,此次修改中,不但维持(例如,保护承租人免受解约告知的不利②)、强化了③"弱者保护"的思想,甚至还确立了将"环境保护"需求考虑在内的制度或

---

① 1974 年联邦议会要求德国政府将租赁法精简成"易懂"且"透明"的法律,这是 2001 年修改的绪端。尽管 2001 年修改最终实现了租赁法的"现代化",但"租赁法修正法"这一略语之所以能够通用,跟这一时期的特征有着很大的关系。

② Brigit Grundmann, Die Mietrechtsreform, NJW 2001, 2497, 2502. 该论文将保护承租人免受解约告知的不利影响理解为"社会型租赁法"的核心。甚至连这样的制度,都被整合到了民法典之中。

③ 在 2002 年修改中,除了有关保护不动产承租人的以往理由外,还强调对高龄者、残障人士进行特别保护的必要性,以及对在住宅密集区的低房租租房中居住的家庭进行特别保护的必要性。

准则①，进而将一系列的规范整合到民法典中。新法设计了如下的原则规定，而且是单方强行性规定：针对为残疾人使用、出入租赁物，做出建筑上必要的变更或设置其他必要设备的情形，承租人可以向出租人请求同意（民法第554a条）。其次，新法将承租人进行解约告知的告知期间缩短为三个月（民法第573c条），这也是考虑到在高龄独居老人增加的背景下，这类群体在搬入养老院和看护所之前，如果按照以前的规定承租人需要提前12个月进行解约告知以解除持续10年以上的租赁关系，那么在出现搬入养老院和看护所的紧急需要时，将会出现不得不支付双重租金的事态。再次，新法就同性伴侣关系（Lebensgemeinschaft）与持续地在共同家计下生活的人（例如，老年人承租房屋共同生活的）这两类主体，在作为承租人一方的伴侣或者共同生活人死亡的场合，承认剩下的另一半或者共同生活人享有加入·继承权（Eintritts-und Fortsetungsrecht），以此保护同性伴侣与共同生活者的居住利益（民法第563条）。以上规范被规定在了民法典中。

这可以说是，鉴于居住处于人类生活中心的重要地位，通过将作为社会法的居住租赁法整合入民法典，部分地实现了"民法典的社会法化"。② 这甚至与在前述消费者法的领域中，将民法典的基础思想从古典自由主义置换为新自由主义，从而将特别法整合到民法典中的做法形成鲜明对比。而且，在消费者法的领域中，基于"消费者"相当于"一般市民"的理由尚且可能对将消费者法整合到民法典中的做法加以正当化，但在居住租赁法的领域，甚至都无法提出这样的理由。

不管怎么说，经历2001年"民法现代化"的德国，在其民法典中出现了（1）在一面处于旨在保障个人意思自由、决定自由的近代民法典的延长线上，保持着正统地位，另一面又以矫正信息不对称与交涉力差距为内核的新自由主义的理念下，得到正当化的法领域，与（2）在对个人的意思自由、决定自由加以大幅制约，对社会弱者（通过单方强行性规定）加以保护的社会国家、福利国家的理念下，得到正当化的法领域两者并存的局面。这与宪法的基本权规定中存在着自由权与社会权两类基本权，但二者构筑起统一的宪法秩序的状况，在形态上极其相似。不过，关于德国居住租赁法中"民法典社会法化"的意义，有必要将宪法秩序与私

---

① 民法第559条吸收了租金额规制法第3条的规定，即，出租人采取持续地提高租赁物的使用价值、长期地改善一般居住状况，或者持续地使能源或水资源得到节约的建筑措施的——这被称为Modernisierung，可将所需费用的11%增加至年租金之上。

② Hans Reinold Horst, Praxis des Mietrechts, Wohnraum und Geschäftsraummiete (2003) S. 4f.

法秩序的关系纳入视野范围,此有待学界同仁加以透彻的研究。①

Ⅲ 德国法之于日本民法学

一 绪论

关于到目前为止德国法对我国民法解释学所起到的作用和意义,在20世纪70年代以来法学方法论方面积累颇丰的研究中已经得到了详尽的讨论。另外,这也是本次特集中北川教授的论文所要处理的主题之一。

因此,就上述问题的说明交由该论文,本文仅指出以下五点:(1)我国民法解释学与德国法之间的关联,早为现行民法起草过程中的起草负责委员(特别是穗积陈重和富井政章)所认识到;(2)然而,现行民法典虽为比较法的产物②,却并非以德国法为唯一的母法(法国法的影响也相当强——但也不全是法国法);(3)现行民法典施行后,从明治末期到大正年间,出现了后世所谓的"学说继受"现象,造成了我国民法的"二重构造";(4)此后,随着"学说继受"现象得到研究,且对民法立法过程与起草旨趣的研究不断加深,1970年代以后,对非以德国法为母法的制度或概念却借用德国民法理论建构解释论的做法,开始招致方法论上的疑问;(5)这一倾向,一方面催生了所谓母法中心主义的潮流,另一方面在民法解释学的层面上,还促使研究德国法时所采用的方法论立场发生了转变。

---

① 在我国,早年在从社会法——相对于市民法而言——的角度来理解借家法的脉络中,有学说将"居住权"理解为一种"社会法上的权利",作为一种保护借家关系中居住利益的法理进行展开(特别是,鈴木祿彌『新版居住権論』63頁以下[有斐閣、1981年])。与此相反,在1990年代,从立基于市场原理的契约自由的角度来解释借家借地法制度及其法政策的见解势头强劲。最近,出现了着眼于居住利益上的人格权价值以重构"居住权"的动向。从"住宅基本权"的角度——也连同都市政策、住宅政策——重新审视居住利益的观点,正属其列。最后提到的这股思潮,按其理解,居住利益、生活利益的基础,并非建立在像早年所说的在社会法脉络中——作为对市民法原理即私法自治的修正——的居住权之上,而是建立在作为一种"人格自由权"——其构成了市民社会的基底——的居住权与生活权之上。在此意义上的居住利益、生活利益,属于宪法上自由权型的"基本权",后者以人格的自由发展为内容(戒能通厚「住宅基本権の法概念」早川和男編『講座現代住居1』37頁以下[東京大學出版會、1996年]、広渡清吾「借地借家法制の特色とその動向」『新借地借家法講座一巻』21頁以下[日本評論社、1998年]、岡本詔治「『居住権』の再構築」松井宏興ほか編『借地借家法の新展開』(信山社、2004年)1頁以下等)。另外,同此方向,有学说从福利国家的角度提倡"对住的权利",也属有力说(広渡「住居賃貸借法の位置と政策的機能」法律時報70巻2号10頁以下[1998年]、吉田邦彦「居住法學問題の鳥瞰図(1)～(3)」民事研修549号10頁以下、550号2頁以下、551号3頁以下[2003年])。

② Nobushige Hoyumi, The New Japanese Civil Code (1912) p. 22.

二　学说继受与德国法

尽管如此,关于在讨论现在以及将来日本民法与德国法学之间的关系时都无法绕过的"学说继受",拟先就日本民法学中的"学说继受"是在何种背景下产生的何种现象进行明确。①

其实,"学说继受"并不是仅仅指吸收了外国法(学),或者受到了外国法(学)的影响。如北川善太郎的分析所指出的,所谓"学说继受"是与"外国法理论对日本民法的理解方式产生影响"相区别的现象,其指的是"现存之法,经该国的法律家,依据外国的某种法理论,全面地抑或在重要之处,以偏离于现存之法本身规范构造的方式被建构与改造"。② 因此,说"日本民法学受到了德国民法学的影响",与说"日本民法学继受了德国民法学",两者意义截然不同。

在日本提到"德国民法理论的学说继受"时,一般而言,是指从明治40年左右到大正10年左右这段民法初生期内民法研究的倾向。在当时的背景下,按照通行的说法,拘泥于条文字句的法律学和因对制定法的字句解释而脱离现实的倾向遭到了批判。面对这一状况,认为有必要实现"法的进化"——作为纠正不符合现实社会的法解释以促进社会稳定与发展的手段——的呼声高涨。

当然,为在民法解释学的层面上实现上述目的,在当时有过两种可能性。第一种便是迈向社会法学或者是现实主义法学。随后对德国民法理论的"学说继受"这一文化现象展开猛烈批判,宣告学说继受终结的末弘严太郎所选择的,大体上是这个路径。然而,明治末期的民法学所支持的,并非这个方向,而是第二种可能,即通过引入外国的民法理论以实现"法的进化"的路径。而日本民法典为参考了超过二十个国家与地区的法律所成的比较法产物这一点,最终也是支持着学术往这个方向发展。

在此之上,当时主要参考的是德国法,而非法国法。这是因为,用当时的话来讲,法国法学深陷"注释研究之流弊",饱受"空想理论之毒害",相反,德国法学在"论理解释"这点上具有优越性。固然,晚于民法制定的民事诉讼法受到德国法的影响,这对于从"民法作为裁判规范"的角度去理解民法具有重要的意义。不过,更

---

① 以下是根据在我国业已发表且经常被引用的诸多研究成果概括而成,尤其是北川善太郎『日本民法學の歷史と理論』(日本評論社、1968年)、星野英一『民法論集第五卷』(有斐閣、1986年)所收的诸论文,星野英一「日本民法學史(1)」法學教室8卷39頁以下(1981年)、瀨川信久「梅・富井の民法解釈方法論と法思想」北大法學論集41卷5・6號2469頁以下(1991年)、辻伸行「石坂音四郎の民法學とドイツ民法理論の導入」水本・平井編前注(2)105頁以下、加藤雅信「日本民法百年史」加藤雅新編代『民法學説百年史』2頁以下(三省堂、1999年),以上无优先顺序。

② 根据北川前注(5)第25页处的定义。

为重要的是,当从民法解释学的角度对民法加以理解时,德国法以及德国法学被评价具有以下优势:将借助逻辑研究法律原理与要领的方针(体系思考)贯穿始终,在形成准确的法概念、揭示体系构造以及借助逻辑进行演绎处理的技术上表现优越,因此在方法论上也值得我国民法解释予以借鉴。而且长于用以检讨制定法的逻辑操作的德国法学,也与当时盛极一时的进步主义国家制定法主义不谋而合。上述便是从明治末期到大正时代出现学说继受现象,并以席卷民法学全体之势风行一时的背景。

不过,即便如此也不应当忽视,当时就已经认识到将德国法学直接照搬全收是行不通的。而且,彼时还认识到,在与德国法学的精神甚至都不尽相同的历史环境下,简单地进行移植并不可行,这一点同样不容忽视。实际上,学说继受的最大特征可以说是压倒性地重视借助逻辑的方法研究法律原理与要领的方针(体系思考)这一点。这在当时被称为"论理解释"的视角。从该视角出发展开的分析,一方面可以说成功地克服了拘泥于法律文句的解释,但另一方面,也未充分实现法解释学与现实社会相适应的目的。充其量,只不过是借助德国法理论填补了法律缺漏。

而且,作为学说继受的另一大特征,对偏重文句解释的批判也走向了对日本民法典本身构造的轻视。脱离日本民法典的构造,尝试用论理方法进行体系性的构建,以此为基础的解释学,正是在学说继受期内形成的。

此外,如前所述,发生学说继受的动因在于当时的民法解释论被认为不适合于现实社会,而这种批判将学说继受期的主流民法解释学带离了立法者意思说,这一点在今日看来发人深省。认为为了应对实际生活的需要,应当不拘泥于立法者意思而允许自由解释(当然,是根据法律目的进行论理解释意义上的)的思想,使民法学说转向了法律意思说。而且,在其发展过程中,不仅立法者意思说,甚至连探究立法资料与母法的工作的必要性也被忽视。尽管前述的"论理解释"与法律意思说的采用并不具有必然的联系,但在我国却出现了上述现象。

三 回归母法现象与德国法

与此相对,我国从20世纪70年代起,以北川善太郎与星野英一的研究为发端,开始对日本民法典由来于德国民法的观点[①]加以批判,而在我国民法学上存在过从明治末期到大正年间的"学说继受"继而成为共识。文章开头提到的"德国特有的"这一说法最早也正是出现在这一时期。

---

① 北川、星野等人的研究问世之前,关于该如何理解日本法与德国法之间的关系,奥田昌道「日本における外國法の摄取——ドイツ法」伊藤正己编『外國法と日本法』218页以下(岩波书店、1966年)可供参考。

在这样的认识下,着眼于"民法的二重构造",就现在民法学说所建构的制度和概念,以及明治时期制定的民法典所采用的制度和概念两者,重新检视此二者分别来源于哪些国家或地区,在这些国家或地区中分别处于何种地位,又有着何种程度的普遍性,其文化、历史、社会背景为何:上述研究不断进展,便是从那个时期以来直到现在的趋势。

从20世纪70年代到现在,在与德国民法相关的我国民法解释学的研究中,涌现出的诸多优秀研究,与其说是将德国法视为母法的研究,不如说,是与民法的原理和思想有关的研究、旨在阐明形塑制度与规则的法律逻辑与体系建构方法的研究以及限定于法的历史认识的法史学研究。但是,在另一头,至今仍存在着曾经为北川所批判的倾向,即"非以介绍近来的德国文献的形式,而是明示或默示地将此学说本身径直理解为对我国的解释论,作为新说予以发表"[1]。

四 今日的状况——德国民法学影响力的要因

在学说继受得到认识,回溯母法研究与调查立法资料的必要性被充分强调的今日,研究德国民法理论对于我国民法解释学依旧有着重要意义。

至于其原因,有不少人会举德国民法理论绵密细致,而这也是题为"论德国法上的……"这类论文的常用套话。但是,为何绵密细致就是好,这一点很多时候却未予说明[2]。另一方面,从比较法的角度去参考德国法的取向,一者由于比较法的方法在我国的民法解释学中原本就未得以完全地确立,二者由于前述"学说继受"的存在,通过比较法的方法去客观、中立地理解德国法变得难以进行,因此,在我国对德国民法的研究中意外的薄弱。

实际上,之所以德国民法理论时至今日对日本民法的解释学仍有巨大影响,如果不考虑仅以介绍德国的文献、制度、裁判例为目的的论文,以下几点因素是决定性的。

第一,在我国的民法解释学中,法律意思说有着坚实的根基。直言之,如下所述。一方面承认立法资料在获知"法律目的"或"价值"方面作为史料或史实的有用性,具有研究的价值,但同时另一方面,不认可仅从历史认识出发,就能对适

---

[1] 北川「民法——財産法」Jurist 400 號 46 頁(1968 年)。不过,这种现象不限于与德国法相关的解释论的论文。关于法国、英国、美国等其他国家的理论研究,也存在类似倾向。以下终究只是出自印象,不过仅就最近为某书评会挑选论文时所费的周章,以及最近参加私法学会所获对报告内容的观感而言,在学者数量增加、关于文献的信息基本上可以即时入手、而且因各方面原因要求短时间内出成果的今天,北川所担心的倾向,反倒可能比北川、星野刚提出批评的时候还更为严重。

[2] 说绵密细致就是好,这样的解释站不住脚。只要回想下现代化法之前德国民法中关于担保责任法盘根错节的讨论状况就可了然。

用具体规范而得到的法判断加以证立。就对某项制度或规则而言何者为其母法所开展的母法研究,也承认其价值,但同样也不是决定性的。比较法学的成果作为解释的资料与线索也是有用的,但并非决定性的。对于民法解释学而言,能从眼前的法律文本中解读出什么,才是具有决定性的。而且,此处作为前提的"法律"与"法律文本",归根到底是经过对德国民法学说继受之后形成的"民法",而不是从明治时期编纂成的民法典中所能导出的"民法",这一点殊为重要(对于民法的二重构造也可参照本论文集中收录的北川论文)。

第二,在我国的民法解释学中,至今,作为教义学的解释学依旧有着坚实的根基。这一特征具体表现为对自由法学或利益法学的否定、对利益衡量论的消极评价,将法解释学割裂于邻接学科的做法、高度的规则导向与体系导向等。尤其,在民法解释之际,比起"衡量问题"越是重视"构成问题",(虽说不具有逻辑上的必然性)越是表现出对德国法推崇备至。

第三,德国民法学中在原理和思想层面积累的基础研究,对有着同样的问题意识的我国研究有着巨大的影响。诸如宪法与民法的关系、市民法与社会法、私法自治或自我决定权与合同正义、信息提供模型、合同解释的视角、合同的约束力与情势变更法理、以类型论为代表的不当得利本质论、关于一般人格权的讨论等,不胜枚举(我妻荣的《民法讲义》[岩波书店,1932年~]中细致阐述德国法的绝大多数地方,除填补我国民法典的缺漏之外,并非是单纯地对各现存制度进行片段式解释的层面,而是与原理、思想有着直接联系的基础理论层面)。

不过,上述几点特征并不仅限于德国民法(学)(因此,对经上述角度分析完成的学术成果以"德国特有的"这样的用语加以否定也难免存在不少问题)。尽管如此,对于我国不少研究(或兼修)德国法的民法学者而言,当他们在看德国法传统及德国法的正统地位时,过去和现在的德国民法学在上述几点上极具理论价值,应予高度评价。

五 日本民法解释学与德国法的联系——面向未来

1 承前

日本民法解释学与德国法之间的关联,始于现行民法典制定时将德国民法(第一、第二草案与萨克森、拜仁、普鲁士民法典)作为法比较的参考素材,在历经明治末期的学说继受之后,又出现了从民法解释学的方法论层面对德国民法接受方法的批判,以及在立法资料研究的过程中德国民法之于我国的理论意义相对减弱等特殊情事,时至今日。

另一方面,如债法现代化所显示的那样,德国顺应社会状况变化与国际化趋势,正急速将其近代民法典转型为适应于现代社会的民法典。

那么,眼下在思考我国民法解释学时,德国民法将有着怎样的意义?对此,有必要区分德国"民法（典）现代化"这一法典改革运动对于我国同样的问题状况将有着怎样的启示，以及在"民法（典）现代化"中被导入、整合或革新的民法理论对我国的民法解释学将产生何种影响这两个问题，分别加以讨论。

不管如何，既然想要理解日本民法与德国民法之间的关联，显然，至少有必要正确地梳理德国法自身发展与演变的过程，获得关于德国民法现状的正确认识。尤其是要留意如下两点。其一，鉴于自 2002 年开始施行的民法典修改涉及诸多制度与规则，不消说，对于此前法状况的解说不可照单全收（例如，似乎还有人认为格式条款规制法现今仍以独立于民法典的单行法形式存续着）。即便只关注财产法，诸如履行障碍法、担保责任法、消灭时效法、买卖法、承揽法、租赁法、侵权行为法、道路交通法和著作权法等，有相当部分——而且是核心的部分——已经发生了改变。其二，与此相反，对于介绍修改后德国民法的日语文献，应尽可能地选取数篇进行比对。原因在于，围绕着德国民法现代化，学说从各种立场出发展开了讨论，修改之后刊出了数量可观的解说书与研究论文。而这些研究论文等视其由处于何种立场的学者从何种角度写就，无论其论调还是内容都相异其趣。①

2 法典改革运动视角下的德国民法现代化与日本民法

至于德国"民法（典）现代化"这一法典改革运动将会给我国相同的问题状况带来怎样的启示，从日本民法与德国民法之间的关联来看，承前所述有以下几个重要启示。

第一，是对于重构作为一般私法典意义上之民法的强烈意识。民法典是记

---

① 以履行障碍法为例，自不必说需要留意 1981 年乌尔里希·胡贝尔（Ulrich Huber）的鉴定意见、1992 年联邦司法部的委员会草案，以及前述"讨论草案""整理案""政府草案"与现行条文的成形过程，除此以外，对在履行障碍法修改中扮演核心角色的卡纳里斯（Canaris）在最后阶段发表的一系列论文与讲话亦须格外注意，其弟子斯蒂芬·洛伦茨（Stephan Lorenz）的教科书与论文对于理解修改后民法典的制度与规则也有助益。参与司法部内部立案的施密特·哈恩志（Jürgen Schmidt-Räntsch）的论文也值得一读。舍此，还有从与国际规则进行比较、协调的角度看待此次修改的论文，如施勒希特里姆（Peter Schlechtriem）跟克茨（Hein Kötz）等人。另一方面，在对此次债法修改始终持批判态度的阵营中，无法绕过乌尔里希·胡贝尔的一系列著作（包括此次债法现代化之前的著作）。同样对债法修改一直持批判态度的还有道纳·利布（Barbara Dauner-Lieb）。另外，在讨论草案时代的论文集中，Reiner Schulze/ Hans Schulte-Nölke（Hrsg.）. Die Schuldrechtsreform vor dem Hintergrund des Gemeinschaftsrechts（2001）与 Wolfgang Ernst/ Reinhard Zimmermann（Hrsg.）. Zivilrechtswissenschaft und Schuldrechtsreform（2001）属于必读文献。不管怎么说，有些本国文献不看相关的德语文献在德国国内受到怎样的评价便加以引介，倘若看的是这种文献，（比如要是不研究德语文献的研究者与实务家读了这种本国文献，便错将其当成是德国现今的一般状况的话）极其危险。

载私人生活关系基础规则的基本法典;从中寻求民法典的意义是此番德国一系列"现代化"的动向。但是,另一方面,在记载着私人生活关系基础规则的民法典背后,存在着国家将如何处理所谓私人生活关系的基本原理与思想。正是这种基本原理与思想,在支持法律解释、填补法律漏洞以及推进立法方面具有重要意义。此际,即便深切意识到根据社会变化与时代变化重构民法典的必要性,仍有必要对以下几点进行推敲:前述重构是否当真适合于民法典的基本原理与思想?在"民法的现代化"之际是否当真没有更改近代民法典的基本原理与思想内容的必要性?在维持近代民法典的基本原理与思想的基础上,不应当形成基于其他原理与思想之上的法秩序吗?

德国法的现代化实现了民法典对各类消费者法与租赁特别法的整合,其取得的成果和出现的问题点,对于在民法及其他诸多领域中都存在近代法"现代化"问题的我国而言,具有进行批判性检讨(但绝非是否定的意义上)的价值。特别是,考察建立在原理与思想累积之上的德国民法学以及考察关于现代化——建立在德国民法学之上——的学术探讨,并在我国也恰如其分地评价其意义,其价值是无法用"德国特有的"这类用语所能简单否定的。这可以说是为重构日本民法的解释法理,同时也是为朝更理想的方向修改现行民法典打下基础的准备工作之一。

第二,德国民法"现代化"在诸多重要的交易法领域内,与此次成为现代化对象的制度与准则的国际化趋势相连动。即便认为此次德国法的"现代化"发端于对欧盟指令(特别是消费用动产买卖指令)的国内法转换,也不可因此将其归结为德国这一欧盟国家的特殊事例。观之债法现代化的前因后果,除了对欧盟指令的转换之外,还经常留意与《联合国国际货物买卖合同公约》、UNIDROIT《国际商事合同通则》与《欧洲合同法原则》之间的协调性,甚至到了通过德国法传统的教义学进行打磨的最后阶段,还在与前述国际规则建立联系。当国际制度和准则获得确立或者出现朝此方向发展的趋势时,我国最好也能站在民法解释学的层次上,展开其与国内法制度或准则之间的比较研究。

3 改革内容视角下的德国民法现代化与日本民法

德国进行的"民法(典)现代化"这一法典改革运动,在内容上,对现在以及将来的日本民法也有重大的意义。而且,具有讽刺意味的是,这尤其向下述亲德民法学说,提出了严峻的问题:即经过学说继受而将德国民法学内化为日本民法的解释学,并由此建构与证立解释论的亲德学说。

第一,由于德国民法现代化,在德国有不少部分采纳了与"因学说继受而建构的民法理论"所不同的理论。若仅举重要的部分,例如在物之瑕疵担保责任方面,采纳了下述立场,即交付有瑕疵的特定物也定性为"义务违反"(Pflichtverletzung），在此理解上，使有关履行障碍的一般规则（债法总则的规则）原则上合理化，仅将特则规定置于买卖法之中。我国所言的"合同责任说"［德国法下的合同说（Vertragstheorie）］被法律明文采用，在此过程中，基本上没出现过反对"合同责任说"的声音。另外，我国的定作物供给合同理论也继受自德国法，但因此次债法修改，德国法在这一点上也引入了与以前定作物供给合同的规定内容相异的规范。

第二，因德国民法现代化，有不少地方采用了与从前传统制度和准则相异的新内容。例如，将不完全履行与积极侵害债权等类型纳入法典，采用统一于"义务违反"概念之下，将所有债务不履行类型包括在内的体系——尽管，在履行请求权、风险负担的场合下仍旧沿用"不能"的概念——以实现对三分体系的蜕变；对解除与损害赔偿叠加适用的肯定；对原始不能教条的排斥；对精神损害赔偿请求权对象的扩大等，不胜枚举。

此中，依托已遭弃用的理论而展开的我国民法解释学，今后该去向何方？在那些继受了德国民法学而成为我国通说或有力说的见解中，如今已有一部分在德国法中失去了"正统地位"。此时，支持这些学说的论者们又将如何审视自己的立场？如果这又是无法获得国际支持的——并非真正意义上"德国特有的"制度解释或学说的话，拥护这些学说的论者们又该如何说明自己立场的"正当性"呢？（依据德国法而主张"原始不能"论以及在担保责任中采"法定责任说"的论者们将为之奈何？是继续保持孤高，还是跟随德国法作相同的转变？）于此，考验着经过学说继受后的日本民法解释学的力量。

但是，无论走哪条路，最后想指出的是，德国民法现代化纵然体现了现代化的一种可能性，但并不意味着它是万能或是普遍合理的。民法典本身就可以被评价为立基于多元原理或多元价值的规范群。如果弄错了这点，循着"在德国便是如此这般现代化"的说明，那么我国民法学对德国法的汲取将流于表面，且较曾经的学说继受还远甚。

Ⅳ 代结论

如果认为德国民法现代化有什么值得学习的地方，那便是实现现代化的意愿、关于现代化背后的基本原理的讨论、现代化的过程以及改革的明确意向。对于德国民法现代化所呈现的结果，应当循着现代化背后的基本原理，将其视作德国的成果，以德国法的内在视角、客观地加以理解，同时也正好将其视作与法教义学相关的比较法素材，连同其他各国及国际趋势一并在我国展开研究。

其次，在以这种比较法加以检讨时，如果经过现代化后的德国民法中的各种制度、准则及其背后的基本原理在现代社会中有着一定意义,那么以"并非母法"或者"德国特有的"这样的理由对其加以排斥,在民法解释学上就不是正确的态度(从这个角度来看,在曾经学说继受的成果中,也有可以肯定其"正确性"的内容)。而且,也不限于德国法,假使经过上述法比较,某项制度或准则被确认为是在现代社会中法教义学上应当存在的内容,但又与现行日本民法典的制度或准则欠缺整合性的话,那反倒是日本民法典这一方应该作出修改。

民法是处于宪法秩序之下、关于私人生活关系的基本法典,因此要使其作为"一般私法典"适应于现代市民社会,有时兼顾以下两者的讨论也是不可或缺的:既要协调民法与宪法秩序之间的关系,又要将法律修改纳入视野之内。此时,为了展开面向"现代化"——继"现代语化"目标之后——的讨论,了解、学习并探讨德国民法的经验便具有重要的意义。

(责任编辑:尚连杰)

从世界民法制定史的角度
考察日本民法典的修正

[日]加藤雅信* 著，吴 彦** 译

I 法典化、再法典化的时代

第一节 什么是法典化

一、前言

本文拟先简单介绍法典化的起源和目的，再以亚洲各国为中心介绍各国的民法立法及修正，最后，在论述法典化的社会及法律学上的意义的同时，向各位介绍在日本民法典修正的提案过程中，笔者自己的观点。

二、什么是法典化

（一）法典化的起源——法典化的必要性

法谚有云"有社会之处即有法"。因为在社会成员间若有纷争，为了社会安定就需要及时解决纷争，进而需要构建解决纷争的机构。该机构在解决了大量纷争之后，就需要制定法律以使同类型纷争有公平统一的解决规则。这是古今中外共同的社会需求。而法律的内容日益复杂，为了使人能方便地理解、把握其内容，就出现了法典化的动向①。

---

* 安德森・毛利・友常法律事务所律师，名古屋大学名誉教授，名古屋学院大学教授。
** 河南书豪律师事务所律师。
① 作为正面论述"何为法典"这一问题的论著，有题目即为『法典とは何か』的书籍。在其开头部分，如下论述了法典的意义："近代的法典编纂教给我们的法典的意义，正是将错综的'法源'，现在来说就是各种判例、法令、社会现象，作为一个体系进行整合，其他什么都不是。"（北居功「法統一のための法典編纂」岩谷十郎＝片山直也＝北居功編『法典とは何か』〔慶應義塾大學出版會、平成26年〕19頁）。

（为方便读者查找原文献，本译文对原文脚注中的日文文献皆保留日文形式不作翻译。——编者注）

刚刚,提到了古今中外,公元前 18 世纪有了古巴比伦的汉穆拉比王用楔形文字记载的汉穆拉比法典,其规定有 282 条。在其之前三个半世纪,两河流域似乎也曾有过几部法典,但那些内容跟现代意义上的法律并不相关。

世界上大多数国家的现代法制起源于罗马法。罗马法追溯到最初,是公元前 5 世纪的十二铜表法。但与现代相关的,当是 6 世纪东罗马帝国的优士丁尼一世统治下编纂的《国法大全》(优士丁尼法典)。国法大全的一部分,即《法学阶梯》,成为之后法国民法典的编纂方式(法学阶梯式),影响了各国的法律。同时,同为国法大全一部分的《学说汇纂》,成了德国民法典的编纂方式(潘德克吞式),影响了包括日本在内的很多国家。

(二) 近代的法典化和法典的社会功能

对现代社会产生了深远影响的法典化时期是 18 世纪末到 20 世纪初[②]。刚刚提到的法国民法典,别名拿破仑法典,制定于 1804 年法国大革命之后。但实际上,普鲁士普通邦法施行于 1794 年,比其还早 10 年。刚提到的德国民法典于 1896 年公布,1900 年 1 月 1 日开始实施。但在约 90 年前的 1811 年,奥地利普通民法典公布,并于次年实施。

那么,在现代各国的法律学中,为何都以拿破仑法典或德国民法典作为近代法典的起源而不提普鲁士普通邦法和奥地利普通民法典呢?理由很简单。后文会讲到,不但要注意该法典是以资产阶级革命后的近代社会体制为前提,还是以封建体制为前提而制定的,还要看该法典是否能满足我们最初提出的法典化的基本需求,即"法律的内容日益复杂,为了使人能方便地理解、把握其内容,就出现了法典化的动向",这一点一定不能遗忘。在这一点上,几部法典之间存在相当大的差别。法国民法典,是拿破仑系列法典五部中的一部,即民法典、商法典、民事诉讼法典、刑法典、刑事诉讼法典,加上宪法,形成了现代的六法体系。与此相对,普鲁士普通邦法是公法·私法混合的综合法典,条文数接近 2 万条(确切地说是 19194 条),基于反映封建时代特征的独特的体系编纂(并且,法典开始部分的构成为人·物·行为,乍看貌似采用的是法学阶梯式的编纂方式,之后接着的各章,又包含按照农民·市民·贵族等身份进行不同规定的内容,又存在着国家、教会、刑罚等章节。章节的构成稍显混乱。总而言之,从对法的体系化这一

---

② 弗朗茨·维亚克尔(Franz Wieacker)将欧洲的法典编纂史分为三个波段。"自然法式的"法编纂(普鲁士普通邦法、法国民法典、奥地利普通民法典)、"国民国家式的"法编纂(德国民法典、瑞士民法典)、"社会主义式的"法典编纂(旧苏维埃民法典、旧东德民法典)。但是,对此分类方法有许多批判。介绍维亚克尔的"三个波段"以及对其的批判的论文是水津太郎「現代における法典の擁護——法典悲観主義に抗して」森征一=池田眞朗編『内池慶四郎追悼 私権の創設とその展開』(慶應義塾大學出版會、平成 25 年)368、383 頁。

点来说,该法典是相当欠缺的一部"综合法典")③。与普鲁士普通邦法相比,拿破仑诸法典反映了废除身份制度,规定市民平等近代启蒙思想,并形成了与现代的六法相通的体系。更能满足前述"使人能方便地理解、把握其内容"的法典化需求。

并且,德国民法典明确提出了潘德克吞体系,将债权和物权在两编中进行对照性的规定,而奥地利一般民法典却将物权和债权在同一编中进行了规定④。因此,德国民法典从民事规范的体系化的角度来说,更能满足前述"使人能方便地理解、把握其内容"的法典化目的。

这个需求,如后面所述,对于现代我们进行的法典化·再法典化活动也有重大的启发意义。并非仅仅将法规范进行法典化就万事大吉,而是只有满足了"使人能方便地理解、把握其内容"的要求,该法典才能在社会中更好地发挥其作用,具有强大的生命力。

第二节 近年来的法典化—再法典化的动向

一、东亚和欧洲进行的法典化—再法典化

(一) 欧洲再法典化动向

上文所述的法国民法典自制定至今已有 200 年以上的历史,德国民法典也经历了 100 年以上的历史,而法律又必须适应时代的变迁。

欧洲已有半世纪以上一体化的历史。虽暂不清楚 2016 年 6 月英国脱欧国民投票会给今后带来怎样的影响,但从 1950 年欧洲煤钢共同体成立,1958 年组成欧洲经济共同体的罗马条约的生效,到 1967 年将上述二组织合并为欧洲共同

---

③ 石部雅亮『啓蒙的絶対主義の法構造——プロイセン一般ラント法の成立』(有斐閣、昭和 44 年)第 1 頁以下,特别是第 125 頁以下、第 139 頁以下。

④ 关于奥地利民法典的介绍,有如下的论文(石部雅亮「オーストリア民法典」『久保正幡還暦 西洋法制史料選Ⅲ 近世・近代』〔創文社、昭和五四年〕238 頁、240 頁)。"奥地利民法典,与普鲁士普通邦法和法国民法一样,是 18 世纪到 19 世纪初成立的大法典之一。现在依然作为现行法使用。在其施行后拥有了长达 160 年的强大生命力。""奥地利民法典,与普鲁士普通邦法不同,是排除了国法和行政法的纯粹的私法法典。简洁且概念明晰,作为抽象的私法体系完成度非常高。条文为 1502 条,全体分为三篇。第一篇是有关个人以及家庭的人法。第二篇是物法,也就是财产法。在这一部分,与物权并列,包含'与物有关的对人权',即债权合同、夫妇财产约定、损害赔偿等。在最后第三篇中,规定了人与物共通的规定,权利义务的强化(保证和物的担保)、变更、废止以及有关时效的规定。是受罗马法的法学阶梯式的编纂方式的三分法的影响而立的法律。"

体、1993年马斯特里赫特条约生效、欧盟成立,历时经年的欧洲一体化进程给其领域内的经济带来了活力。此种情形之下,例如跨国买卖合同中,当收到的货物与约定不符时,就会产生债务不履行责任、危险负担、合同解除、卖主的瑕疵担保责任等一系列问题。各国对于这些问题的不同规定,会增大交易成本。为解决这些问题,就有了统一上述履行障碍法的契机,《欧洲合同法原则》(PECL)、《欧洲民法典草案》(DCFR)、《欧洲统一买卖法》(CESL)等相继出现了。从各国来看,德国于2002年1月1日开始实施《德国债法现代化法》,法国也于本演讲的10个月之前颁布了"关于合同法、债法一般规则与证明的改革法令131号",开始债务法的修正工作。

综上所述,欧盟的再法典化的中心是以履行障碍法为中心的债务法的修正。

(二)东亚的法典化·再法典化的动向

在(一)中主要介绍了欧洲的情况,现在我们把目光移向东亚。先介绍再法典化的动向,再探讨法典化的动向。

首先看一下民法修正的动向,东亚最早的日本民法典于1898年施行,距今已有100多年。1929—1931年制定公布施行的中华民国时代的民法再过十年也将迎来100年。韩国民法于1958年公布,1960年1月1日实施,距今也已有半世纪以上的历史。这些国家/地区的民法随着时代的变迁,也应该进行相应的修正了。这即是再法典化的动向。但因东亚并未形成统一市场,所以并非以履行障碍法为中心,主要是进行民法一般条文的修正。

具体一点说,在中国台湾地区,1970年开始进行"民法"总则编的修正工作。之后有债权编、物权编、亲属·继承编的修正工作。韩国也在1999年财产法的全面修正遭受挫折之后,2009年开始起草财产法修正案,担当此任的民法修正委员会于2014年2月末出版了详细的说明刊物后解散。除此之外,将民法全面韩语化的民法全面修正案于2015年10月6日在韩国国务会议(相当于日本的内阁会议)通过,10月8日提交国会。因2016年5月29日国会任期期满而成为了废弃法案。日本,比上述国家/地区晚一些,于2006年开始民法修正的动向,经过10年以上的时间,2017年5月修正案完成,6月公布。

再看东亚的其他国家,东亚的社会主义国家,革命后并未制定民法典。因此,对这些国家来说,是开始了法典化的动向。以中国为典型,因社会主义体制的影响,在法典化的过程中屡次出现了民法与经济法的争论。

中国自从30年前(1986年公布,1987年施行)制定了《民法通则》以来,一直在将民法各编作为单行法编纂,担保法、合同法、物权法、侵权责任法已经施行,2017年3月《民法总则》也已经通过。蒙古国2002年公布了民法,去年(2016年)又认为应当另外单独制定商法,开始讨论对民法的修正。越南于1995年制定了民法，2005年对其进行了全面修正，2015年11月又再次全面修正，于2017年1月1日施行。最后，柬埔寨的波尔布特政权事实上废除了旧民法，2007年又制定了新民法并于2011年施行⑤。

二、各国的民法的基本骨架以及民法与商法之间的关系

下面，结合民法和商法的观点，介绍一下某些国家比较有特色的法律体系。

如前所述，世界上的民法典，大多受欧洲罗马法的影响。因此，民法编纂的体系多为德国民法型的潘德克吞体系或法国民法型的法学阶梯体系。

但是，荷兰民法典与这些都不同，采用了十编构成的方式。从民法、商法的观点简单介绍一下。其第二编法人法的规定没有区分公司等营利法人和非营利法人。其第八编，规定了其他国家在商法典中规定的运输法。而具有商法特征的保险合同与其他民事合同一起规定在第七编的各种合同当中。至今，第十编国际私法已经制定并实施，第九编的知识产权法尚未制定。当然其他各国的民法典中规定的内容荷兰民法也在其他各编进行了规定。因此荷兰民法典给人一种私法综合法典的感觉。荷兰民法典，是独立于罗马法式的法体系的另一种编纂方式，有人称其为活页式编纂方式，通过这种方式荷兰民法典希望成为私法的集大成之作。

除荷兰民法典之外，试图将民商二法进行统一的立法，还有1911年的瑞士债务法和1942年的意大利民法典，在此我们主要以亚洲为中心进行介绍。

虽与上述荷兰民法典的编纂形式不同，但亚洲也存在力图实现民商合一的立法，即中国台湾地区的民法。虽采用了潘德克吞体系的五编构成方式，但在第二编《债》的第二章《各种债》中，除了民事合同各节，还加入了交互计算、经理人及代办商、居间、行纪、仓库、运送、隐名合伙、各种证券等具有商法特征的合同，体现了其民商合一的特征。

还有泰国民法典，也采用了类似的结构，试图统一民商法。该法典采用六编构成方式，第二编为债权关系，第三编为典型合同，这样比德国的潘德克吞体系在结构上多出一章。并且在第三编典型合同中，既规定了民事合同，也规定了各种商事合同。在中国台湾地区民法中未曾规定的保险、承兑及支票、合伙人以及

---

⑤ 欧洲以及亚洲各国的民法典的修正以及制定状况，详细可参考民法改正研究会（代表 加藤雅信）『日本民法典改正案Ⅰ 第一編 総則——立法提案・改正理由』（信山社、平成28年）174頁以下的「世界にみる民法の改正」。中译本为民法改正研究会 加藤雅信：《日本民法典修正案Ⅰ 第一编 总则——立法提案及修正理由》，北京大学出版社2016年版）第159页以下的"世界各国或地区的民法修正"。

公司也都在第三编中进行了规定,以此实现民商统一⑥。

不论是在欧洲还是在亚洲,大陆法系的多数国家,都兼具民法典和商法典。但是,如前所述,我们需要留意的是国家采用民商合一的体例。

第三节 潘德克吞体系的意义与再法典化

一、潘德克吞体系的法律与社会意义——日本的民法修正

日本民法采用的是潘德克吞体系,从第一编到第五编,由总则、物权、债权、亲属、继承构成。这样的结构,本次法律修正也未改动。

事实上,在日本民法修正工作的最初阶段,我曾经帮助日本的法务省进行修正工作,但因法务省和我的想法大相径庭,中途只能分道扬镳。后来,我边听取社会各界的意见,边与30名学者一起,出版了与向国会提出的法务省草案不同的修正案。该修正案在日本进行了公开出版,并且也被翻译成了中文。总则编的章节构成的重要特征是彻底贯彻了潘德克吞体系,介绍如下。

与最后向政府提出的草案不同,在最初进行修正工作时,法务省的立场是否认现行的潘德克吞体系的。而我们的草案不但维持了潘德克吞体系,还将其进一步贯彻。理由是我们认为潘德克吞体系自身是一个值得肯定的法律体系。

潘德克吞体系的特征是:1. 在民法整体以及各编、多数章节的最初先规定《总则》,将具有普遍性的规范进行集中规定;2. 将物权与债权作为两个对立概念。

首先规定总则的好处是不仅可以将条文的内容"单纯化,而且对于同种问题可以有统一的解决方法"⑦,而且可以让使用者总结出"共通的评价和原则"。但是,在总则中,因为将概念进行了抽象化,会产生难以描画具体使用场景的问题。

为了避免不易理解这个难点,只需将总则进行分解,在分则中重复进行规定即可。但是,这样的立法方法,虽然可以将各处的规定具体化,但因无法避免条文的重复,会使民法典的条文数变得非常之多,庞大的条文数会导致可视性差。综合考虑,我们选择了坚持《总则》。

接着,再谈一下物权和债权的对立。被称为近代私法学鼻祖的萨维尼,以诉讼制度的对人之诉和对物之诉为前提,作了如下论述:"拿破仑法典中,没有任何

---

⑥ 诸国的法典的构成,参见加藤前注引用书第183页以下的『各國における、民法編別の基本枠組』。中译本为前注第165页以下的《各国或地区民法编别的基本框架》。

⑦ 参照椿壽夫「二一世紀の民法——幾つかの素材に関する隨想風の序説として」円谷峻編『社會の変容と民法典』(成文堂、平成22年)21頁。

地方规定了这两个概念(物权和债权),法国人的常识中根本不知道这两个基本概念,因这种无知而给法典笼罩的阴影超出了我们的想象。"⑧

我个人认为萨维尼的评价是妥当的。此外,我个人对物权债权的对立持如下观点:古典的看法认为物权与债权的不同在于是对物权还是对人权。但是,进入19世纪之后,出现了温德海得式的主张,认为物权的对物权实质是对于外人的不作为请求权。超越"对物性",权利都是人与人之间的关系。像这样,站在权利都是人与人之间的关系这样的立场的话,物权与债权的差别,就是"绝对权"和"相对权"的差别。即请求的对象是任何人,还是请求的对象是特定且限定的。

在现代的潘德克吞体系之下,物权中规定了所有权、抵押权等重要权利,同时规定这些权利的内容固定,不能通过个人的意思进行修正(物权法定主义)。因此,在对物权基本权利进行交易时,只需要指出是某某权的出让,交易的对象、内容对所有当事人都是统一的,立刻就能理解。

这使交易能够迅速完成,但又伴有一定的僵化性。但是,民法在物权法中坚持了这种统一性的同时,在债权法中,在契约自由原则的指导下,允许当事人只要意思表示一致即可以自由设定权利义务的内容。物权的内容也是只要有合同当事人的同意,即可以变更。通过当事人的自由预定,来克服物权法定主义的僵化性。

也就是说,通过确保具有对世效力的物权的法定性来谋求交易的简便迅速,而对于只具有相对效力的债权,通过导入契约自由原则,承认当事人之间的意思自治,使交易具有灵活性,这是民法采用物权债权相区分的基本构造的社会目的之所在,也是本人对潘德克吞体系的评价。我认为,该立法模式通过物权法定确保交易的迅速性,通过确立契约自由来尊重当事人的意思自治促进交易的灵活性,这种组合满足了悖论式的社会需求,今后也应继续维持。基于此,我们的修正案采用了维持物权债权对立的潘德克吞体系。

※该处的叙述:通过物权法定主义来确保交易的迅速,通过契约自由原则来尊重当事人的意思自治使交易具有灵活性。以此悖论般的两原则来对社会进行协调。这个题目好像比较难以理解,因此被要求做更进一步的说明。在此为大家举例详细说明。

某人拥有一副家传的铠甲,因为没有子嗣,无人能够继承。于是决定将该铠甲赠与侄子。在赠与时交代:"这副铠甲是我的家传之物,所以将它送给有我家血缘关系的你。但是,无论何种情况,不能将它卖给无血缘关系的人。"侄子答

---

⑧ Savigny, Juristische Methodenlehre. S.66f.

道:"知道了,今后我也会让这幅铠甲成为我的传家宝,让有血缘关系的子孙来继承。我向您保证。"之后,铠甲的所有权,就从伯父转移到了侄子。

这种情况从法律上来说,所有权具有"使用、收益、处分权能"(日本民法第206条)。但是,物权法上认可的所有权的"处分的自由",通过伯父—侄子之间的合同,达成了不能转让给不具有血缘关系的人的"限制处分"的合意。

但是,虽然有此约定,之后侄子却依然把铠甲卖给了知道伯父和侄子之间约定的古董商。

伯父震怒,虽向古董商抗议,但在法律上却不能从古董商处取回铠甲。因为被抗议的古董商只要如下回答即可:"具有对世效力的物权,法律上具有'处分的自由'(民法第206条)。而将受让对象限定为有血缘关系的人,这是你们之间的约定,只不过相当于债权法上的合同,只在合同当事人伯父和侄子之间有效,无法向第三人主张。作为债权人,伯父抗议以及追责的对象,只能是作为债务人的侄子。不能向没有债权债务关系的本人来主张。'"

从上文事例中,我们可知,买卖物品的当事人,只需考虑作为交易对象的物的物权内容,无须调查该物上有什么债权关系。这就是为了确保交易的迅速而作的规定。另一方面,对物权法的内容感到不便之人,虽可以自由创设与物权法内容不同的合同内容,但其主张对象却仅限于合同相对人。

二、具体的修正案——总则编的章节构造

从以上的观点出发,我们提案的总则编的章节构造如下[9]。

第一章　通则
第二章　权利的主体(第一节 人、第二节 法人)
第三章　权利的客体
第四章　权利的变动(第一节 总则、第二节 法律行为、第三节 时效)
第五章　权利的实现

从这个构造可知,我们的民法修正案,一方面维持了现行民法典的编别构成,但在章的设置上进行了大幅变更,将权利概念置于最中心位置,围绕其主体、

---

[9] 我们的民法修正案的章节构成以及修正条文案,总则编参见注5引用的民法改正研究会『日本民法典改正案Ⅰ 第一編 総則——立法提案・改正理由』6頁以下。中译本为民法改正研究会:《日本民法典修正案Ⅰ 第一编 总则——立法提案及修正理由》第6页以下。物权编以及债权编参见加藤雅信:《迫りつつある債権法改正》,(信山社、平成27年)406頁以下。

客体、变动、实现,贯彻了潘德克吞体系。

Ⅱ 日本的债权法修正案的成立

序言

在Ⅱ中,论述了我们的民法修正案。实际上,日本去年(2017)6月公布了被称为债权法修正的法律,对民法进行了重大修正。我这10年的工作一直与此相关,在此,先概述一下债权法修正的10年历史。前面提过,我最初也曾加入法务省的修正工作,但中途却与其分道扬镳。在此先给大家讲一个债权法修正案在日本国会通过之后发生的一个小插曲,来展现此间情形。

去年,2017年5月29日,有一个叫作"尾中赏"的婚姻家庭法方面奖项的颁奖礼。我年轻时指导过的学生,现在南山大学的副校长青木清先生得到了这个奖。作为他的老师,我受邀参加了颁奖礼。从颁奖台往下看,最前面站着的就是法务省的民事局长,我们进行了眼神交流。酒会开始后,现任民事局长及上一任民事局长以及几位法务省的工作人员都来到了我跟前。因为,修正案于上周五在参议院通过,周一进行的酒会,可以说法律正是新出炉的时期。我对着民事局长为首的各位说:"恭喜你们,修正案通过了,真不错啊!我作为败军之将,向你们表示祝贺!"曾经的民事局长夹杂着奉承话说:"但是,从最初让我们无从下手的修正提案,到今天通过的提案,其中,老师您有不小的功劳啊!"我答道:"您说什么话呢,如果在最初提案的时候多思考一些的话,也许之后我什么都不用做就可以了!"我如此一说,会场一片笑声。酒过三巡,大家语气都缓和起来。酒会之前的颁奖致辞中,理所当然有青木先生对我的致谢内容。另一位任过民事局长的先生说:"非常吃惊!老师您竟然被弟子如此仰慕。在我们法务省,可是完全没有仰慕老师的人啊……"我回答:"那是自然,在我的学生当中,狡猾的那些也是完全对我没有仰慕之情的……"其他话就没再说了。因为,不管怎么说,在场的各位是我多年以来用强烈的语言进行批判的组织的现任或前任负责人,这些先生们,没有面带怒容,而是如此平和地来与我谈笑,因此我也用比较平稳的口气说:"法务省的各位,还是没有明白啊……"场内再次笑声蔓延。之后此种和气的对话又进行了一会,好像长久以来,我们之间从来没有过任何"冷战热战"一样。

那次酒会虽没有遇见,但在其他场合经常碰面的债权法修正的中心人物内田教授,看见他和作为反对派的我谈笑风生,经常有人会觉得不可思议,甚至有人还会拍下照片。债权法修正案被提交到国会那年的秋天,我出版了书名为《迫在眉睫的债权法修正》的书,强烈批判了本次的债权法修正。在学者们之间,互相赠送自己的著作是很常见的,我与内田教授之间也是很久前就互相赠书。即便后来出现债权法修正立场不同的问题之后,这种习惯也没有改变。一般情况下,赠书都是由出版社代替作者直接寄送给受赠者,但该书不但对于当时作为法务省参与官的内田氏的活动(虽说是匿名的)进行了批判,而且对其主张的"关系契约理论"从根源上进行了驳斥。在本次修正中,在他的关系契约理论将要被采纳进民法典的关键时刻,如果仅仅是学说,我本可以只在私下反对,但是眼看着该学说可能被纳入民法典,我就不得不在公开场合不客气地对其进行强烈的批判。这样的书籍,让出版者代替作者赠给内田教授,无论如何觉得过意不去。所以在怀念逝去的星野老师的聚会上,我借机亲手将书赠送给了内田教授。并对他说:"对不起啊,写了这样的书,又对您进行了批判。"内田教授回答的是:"加藤老师,债权法修正结束以后,可要说说我的好话哦!"无疑,这是一个非常成熟的回应。

下面,我们结束前言部分,进入正题。

第一节 债权法修正案的十年

一、国会终于通过债权法修正案——民法修正是"恐怖活动等准备罪"的"配菜"吗

在 2017 年 5 月 26 日第 189 次国会上,参议院通过了债权法修正案,同年 6 月 2 日公布(法律第 44 号)。该法案第一次提交给国会是 2015 年 3 月 31 日,在那次国会上未能进入审议阶段,在后来的两次通常国会上也被束之高阁,经过一年半,直至 2016 年秋的临时国会上,才终于开始审议。经过继续审议(法律上是依据国会法第 47 条"闭会期间的审议")之后,终于在 2017 年的通常国会(第 193 次国会)上成立。

该次国会最大的争议焦点,是新设了被称为"恐怖活动等准备罪"的《有组织的犯罪处罚法》修正案能否通过的问题。增加恐怖活动等准备罪罪名,是为了缔结《国际组织犯罪防止条约》而对应进行国内法修正。为 2020 年东京奥运会安保工作,在世界范围内与各国共同防止恐怖犯罪,安倍政权认为必须使《有组织的犯罪处罚法》的修正案通过。

但是,在野党却反对增加恐怖活动等准备罪罪名。因为在此之前的刑法,原则上仅对既遂的犯罪进行处罚,例外地对未遂行为进行惩罚(刑法第 44 条),未

遂的犯罪也只有在"开始着手实行"的阶段才能成为惩罚对象(刑法第43条)。再将该概念扩大,也确实有预备犯的概念,其对象是非常严重的犯罪,如刑法上的内乱、外患、民间战争、建造物放火、伪造货币、杀人、绑架、抢劫等之外,还有《破坏活动防止法》上的放火预备罪、骚乱预备罪,才能成为惩罚的对象。

但是,本次的恐怖活动等准备罪包括"共谋罪"。在该法律中,两人以上策划有组织的犯罪集团实施的重大犯罪活动,只要其中一个人进行准备行为,则参与策划的全部人员都成为惩罚的对象。这件事在国会引起了骚动,传统上,将预备罪从本罪中独立出来,承认其为独立的犯罪类型,将预备本身作为实行行为的话,参与预备罪的计划的人,只要该团体中的任意个人实施了准备行为(实行行为)的话,共谋共同正犯、教唆犯、帮助犯等也就具有了被处罚的可能。只是,像这样将预备罪作为独立的犯罪类型,多数的学说持否定意见。

随着美国的"9·11事件",巴黎的系列恐袭事件等的发生,与内乱罪、勾结外国、民间战争等相匹敌,多数国民已经认可恐怖行为应当成为惩罚对象,将恐怖行动的准备行为不作为预备罪,而作为独立的犯罪进行规定,是一种有效的恐怖行为对策。作为独立犯罪行为进行规定的话,就有共谋共同正犯的概念,也就无须再在法律中特别写入引发争论的《有组织犯罪处罚法》第六条之二的第一项等的"策划者"这样的文字。大张旗鼓地准备好《有组织犯罪处罚法》修正案,是在作为恐怖犯罪对策时,希望顺便将难以作为"独立犯罪类型"的黑社会等犯罪预备行为都取缔掉。从这个角度来说,这个法律事实上却是扩大了一直以来的犯罪概念。因为刑事处罚是对被罚者的人权侵害,而"共谋罪"扩大了人权侵害的范围,所以在野党才表示反对。

附言一下,究竟这样的情况下如何做才正确,这个问题非常微妙。对刑事处罚的范围进行限定,其机制是保护了潜在的处罚对象中尚处在预备阶段的人员。反过来说,其失去了在刑事处罚范围扩大后对被保护的民众的潜在的生命、身体及财产权的保护。也就是说究竟是保护潜在的犯罪预备者,还是保护潜在的可能被侵犯的公民的权利?若重视后者,拥有逮捕、公诉权等强权力的警察、检察官的权力会扩大。第二次世界大战前的强大的警察权力,造成了压制思想、对大本教等宗教进行镇压等臭名昭著的事件。战后,围绕选举违反事件,警察"违法性大活跃",不仅在2003年发生了"志布志事件";还有时常在报纸上报道的、如2002年的"冰见事件"那样,出现冤案,真正的犯人出现后,承认了警察搜查活动的违法性,依据国家赔偿法进行追责等极端事件。事件当时厚生省的局长村木厚子——后担任次官——被起诉的事件中,特搜部的检察官竟然对证据进行了篡改,这是2009年的事情。拥有强大权力的警察、检察官将善良的市民诬陷为犯罪者的事件，近10年也不鲜见。这并非对他人的事情作壁上观，我本人，虽在法务省的人眼中我可能不是好人，但坚信自己是善良市民的我，不是在日本，而是在美国，也遇到过在被判处罚金刑这样的轻微案件中，被警察捏造为犯罪者[10]的事情。也就是说，该问题背后存在着如何平衡"对潜在的处罚对象的人权保护，对潜在的被害者的市民的保护，对过分强大的警察、检察官的权力的限制"这三者之间的关系的问题。这种决断处在非常微妙的地位。

抛开这一点，新增"恐怖活动等准备罪"的《有组织的犯罪处罚法》修正案和债权法修正案，本来都应经国会的法务委员会进行审议。但为了东京奥林匹克运动会的顺利开展，认为必须通过恐怖活动等预备罪的安倍政权所在的自民党，决定将"恐怖活动等准备罪"作为参议院法务委员会优先讨论的事项，而共同执政的公明党对此表示反对，主张将债权法修正案和加强对性犯罪的处罚的刑法修正案作为优先于恐怖活动等准备罪的讨论事项。

我个人认为，这并非是因为公明党认为债权法修正案更加重要才如此主张，而是像前文所说，是为了向世人展示对不可避免会带来人权侵害扩大的恐怖活动等准备罪的反对态度，表明其与自民党的不同之处（虽说微乎其微）。并且，该行为也不会破坏执政党的共同执政，属于在警戒线上的擦边球行为。因为公明党在去年秋天的临时国会众议院会议或今年的通常国会的参议院会上的提问内容没有任何变化，不过是追随了政府的路线，根本看不出来有积极推进债权法修正案的热情。

后来，4月3日执政党之间达成了妥协，以如下顺序对法案进行审议。即债权法修正案＞恐怖活动等准备罪＞刑法修正案。在这一个时期，债权法修正案的通过基本已经是板上钉钉的事情。因为政府和自民党都希望恐怖活动等准备罪能够成立，公明党虽向国民展现了其消极姿态，但大的方向上还是与政府和自民党保持一致。因此，在那次国会上，恐怖活动等准备罪的成立几乎是毫无疑问的。在其之前审议的债权法修正案，也就顺理成章串在一起通过了。

自民党对于债权法修正案，从他们让债权法修正案在恐怖活动等准备罪后面审议就可以看出，其实并不重视。并且，如前所述，我也不认为公明党是积极推动本法案的。国会向内阁提出的法案被称为"阁法"，这个法案的成立是法务省作为官厅推进，但是没有一个政党一个议员充当推进该法案的后援团的角色。中途还被国会束之高阁，最后与恐怖活动等准备罪放在一个篮子中才获得通过。

若说宪法是构成一个国家的骨骼的基本法，则民法是形成社会的骨骼的基

---

[10] 加藤雅信「ユー・アー・ノット・ギルティ——アメリカで勝ちとった無罪判決」『加藤雅信著作集第一一巻 ある法學者の世界周遊記』（信山社、平成29年）。

本法。这个基本法的重大修正，竟然在国会是作为恐怖活动等准备罪的"配菜"才获得通过，绝非正常形态。那么究竟为何会变成这样的呢？为何形成社会的骨骼的基本法的重大修正，国会不关心、任何政党不关心、社会也不关心，就这样结束了呢？为了向大家说明个中缘由，在债权法修正的过程中，我最初作为政府一方的合作者，中途却变为政府提案的反对者，希望用本论稿来对我这十年的活动做个总结。

二、120年前的日本民法典的制定——篡改历史？

对2004年之前接受法学教育的法律人，以下内容是谁都知道的常识。但因听众中也有那之后才接受法学教育的人，所以我向大家讲述一下"篡改历史"的事实。

日本民法典的成立时间究竟是何时？作为一个历史事实本应非常简单。但现在，这历史却被弄得模糊不清。法律的公布日、施行日是在六法全书中刊载的。到2004年为止，六法全书中刊载的民法五编之中，总则、物权、债权和亲属、继承是分别表述的，即：

"民法第一编第二编第三编，明治二九·四·二七，法八九"

施行：明治三一·七·一六（明治三一敕一二三）

"民法第四编第五编，明治三一·六·二一，法九"

施行：明治三一·七·一六（明治三一敕一二三）

但是，在2004年将民法进行现代语化的民法修正时，"对民法的一部分进行修正的法律（平成16年12月1日）（平成16年法律第一四七号）"中，却做了如下规定：

"删除民法（明治29年法律第八十九号）的一部分，修改如下：

题目及目录（包括明治31年法律第九号附加的内容）。变为如下题目及目录。"

那之后的六法全书，将上述介绍的民法的开头部分变更成了下列内容：

"民法（明治二九·四·二七，法八九）"

施行：明治三一·七·一六（明治三一敕一二三）

民法典的制定是个非常重大的事件，明治时期制定民法时，将财产法和家庭法分别制定及公布，施行日期却是同一天。这个事实——在民法进行现代语化的修正之前，所有的法律都会遵从明示公布日和施行日的一般方式进行记载——在民法典上进行了记载，在2004年的修正因为删除了明治民法财产法以及家庭法的"题目及目录"，改成了好像民法的全部五编都是在明治29年公布的。这样的记载容易遭到误解。

本来民法这部法律,财产法三编和家庭法两编的公布时间不一致,作为一部单行法来说确实是罕见的情况,容易招致混乱[11]。但是无法正确表述而招致混乱与故意进行不正确的表述是截然不同的两种情形。在 1999 年 11 月 18 日论述关于成年监护制度的修正时,当时的民事局长细川清在参议院法务委员会上说:"我们也在和内阁法制局商量,今后将民法统一为您所讲的明治二九年法律第八九号表述是适当的。"表明了家庭法的修正也引用和财产法一样的公布时间和法律序号的态度。其理由是,"我们将民法的第四编、第五编理解为是对第一编至第三编的追加式修正。"也就是说将民法的第四编、第五编定义为是对第一编至第三编的追加式修正。在此之上,为了方便起见,"法律的名称下的括号内的内容,仅仅是为了能区分各部法律,别无他意"[12]。但是,查阅明治二九年和明治三一年官报上刊载的各法律的公布文章,明治三一年公布的家庭法实在是不能称为明治二九年公布的财产法的追加式的修正。这一点,广中教授已经论述过[13]。在 1999 年还属于法务省的国会答辩层面的方向性的问题,在 2004 年的民法的现代语化时,通过"删除题目及目录(包括明治 31 年法律第九号附加的内容)。"这样的立法已经完成了。自此,在世人眼中,日本民法典的"完成"时期就被人为提前了三年。虽说不是如下段所述般关系到国运的历史,但是不是只有我一人觉得,这种行为体现了希望将日本民法典的完成时期显示得更早一点的小小的民族主义的情绪呢?

通过权力来改变事实,当下在世界各地都可见到。歪曲史实,却是堕落的权力所为之事。2004 年的民法修正也许有人认为只是一个小小的问题,标榜民主主义的日本,作为政府的一部分的法务省竟如此行事。冈教授说:"这难道不是篡改历史吗?"[14]我从不标榜自己是反政府反权力的学者,也不喜欢言辞激烈。下面却要来指出这十年来在债权法修正的历史中,法务省民事局如何滥用堕落的权力来行事。法务省民事局进行债权法修正的历史始于 2006 年,但在之前两年,民法现代语化时,可能其已经走上了堕落之路。

---

[11] 这种混乱在立法层面也发生了,明明是家庭法——却只记载财产法的公布年份——不记载家庭法的公布年份,这样的"法修正"至今数次发生,有关这些,参照広中俊雄「民法改正立法の過誤」法律時報 71 巻 6 号(平成 11 年)120 頁以下。

[12] 以上参见第 146 回国会参议员法务委员会议事录第 4 号(1999 年 11 月 18 日)第 26 页以下。

[13] 広中俊雄「民法改正立法の過誤(再論)——政府見解の誤謬について」法律時報 72 巻 3 号(平成 12 年)94 頁以下。

[14] 岡孝「日本における民法典編纂の意義と今後の課題」一九世紀學研究 8 巻(平成 26 年)43 頁。

三、民法修正的必要性

（一）120 年的社会变化和民法典——物权法的修正和债权法的修正

如前所述，日本民法典的前三编财产法部分公布于明治 29 年（1896 年）4 月 27 日，施行于明治 31 年（1898 年）7 月 16 日。距 2017 年来说已经经过了 120 年的岁月。说 120 年前可能大家没有具体的感觉，但是中日甲午战争开始时间是 1894 年，次年签订了马关条约，再次年有了民法典中的财产法。

当然，时代不同了，社会也发生了巨大变化，规范社会的法律也应当有所不同，因此，落后于时代的法律理应进行修改。

比如，民法第 237 条第一项规定："挖掘储粪池，需要距离境界线 1 米以上的距离。"以现在 2016 年年末来看，下水道的普及率在东京是 99.5%，大阪 100%，名古屋 99.3%。在大都市中几乎都是 90% 以上，全国平均为 77.8%。对于在城市长大的青少年来说，对于储粪池，大多数人根本没有概念。还有，在相邻的建筑物之间设置"屏障"时，若当事人之间无法达成合意，则民法规定："可以用木板或竹子等材料来设置"（第 225 条第一项），这也是让人感到古老的说法。更比如第二次世界大战结束农地解放以后，好久都没听到佃农的说法了，而民法依旧有"永佃权"这样的章节（民法第 270 条之后）。

这样落后于时代的民法，当然是应该修改的。

但是，本次的修正，却并非是对刚刚我列举的这些条文的修改。这些条文都规定在物权编当中，而本次修正的焦点在债权编。物权编的规定属于强行法，优先于当事人的合意，而债权编的规定，属于"任意规定"，劣后于当事人的合意。因此，物权法的规定落后于时代易使当事人感到不便，本次的修正对象却偏偏选择即使落后于时代也可以通过当事人的合意来对应的债权法。

（二）欧洲一体化和债权法的修正——德法对主导权的争夺和"法律的文化性修正"？

为何修正债权法？因为欧洲正在对债权法进行修正，而没有对物权法进行修正。欧洲最近因为英国的脱欧问题引发了大家的关心，实际在最近的希腊危机之前，欧洲一体化的进程还是相当顺利的。其结果是欧盟各国之间的交易增多。这些跨国交易中发生了比如交付的物品与约定不符等情况时，是否应该追究债务不履行的责任、是否可以解除合同，是应当追究瑕疵担保责任还是危险负担等问题，有关这些问题各国的法制规定不同的话，会增加交易的成本。因此，为了促进欧盟领域内的交易，有必要统一欧盟加盟国的履行障碍法制度。

因此，在欧盟，就发生了对以合同法为中心的债权法进行修正的思潮。但日本既非欧盟成员国，在国际贸易上，相较于对欧洲贸易，对亚洲和对美国的贸易占压倒性的多数。日本根本没有必要去迎合欧洲。即便这样，位于修正工作的中心的学者,因为自己的研究领域是欧美法的比较法研究,所以要把日本民法修改得具有欧美风格。这件事,本次债权法修正的促进者自身也已经承认(并且是以得意的口吻)如下说道:"本次的法修正是超过一般的法修正程度的一大文化事业。"[15]因此,"本次的民法修正,与这之前法务省主导的法律修正的风格不同……不是因为对应经济界或者舆论的意见,而是由法务省自行主动提出并启动的关于修正的讨论"[16]。

此外,从学者变身为法务省参与官的债权法修正的促进者(此人现在已经从法务省辞职,以下我们就称其为"债权法修正促进者")[17],在债权法修正的工作开始之初在其著作中如下说:"现在,日本引为典范的德国和法国的债权法正在趋向目标一致……作为世界民法模板的欧洲债权法(正确地说应该是合同法)正要发生重大的变化……在这样的潮流中,日本应当采取什么样的姿态呢? 对日本来说,对债权法进行根本性的修正,是关系到日本在国际上的形象的国家战略问题。"[18]并进一步写道:"为了争夺欧盟债权法修正潮流中的主导权",德国、法国"为了维持自身品牌加快进行法典的现代化",因此,日本应"在品牌竞争中积极表现,提高日本的国际形象"。[19]

并且,该先生认为自己的研究对象维也纳买卖条约被作为"重要的成功事例"[20],被各国引为参考。因此,日本应当模仿维也纳买卖条约、欧盟合同法原则等国际潮流,特别是维也纳买卖条约,来修正日本的民法。

从这些发言中可以看出,债权法修正促进者自身也意识到其实日本社会并不需要他所推进的修正,只是将模仿欧美的法修正当做"一大文化事业",是比"对应经济界或舆论的意见"而进行的修正更加高尚的法修正事业。并且,对他来说,在欧洲进行的法修正是各国争夺主导权的结果,但他没有看到这其实是伴随着欧盟统一市场的形成,对应经济发展需要而进行的法修正。

---

[15] 内田貴「いまなぜ『債権法改正』か? 上」NBL871 號(平成 20 年)16 頁。

[16] 町村泰貴「設立一〇周年記念講演會『債権法改正の論點』——内田貴・法務省參與をお迎えして」(財団法人日弁連法務研究財団ニューズレター第 40 號(2009 年 1 月 15 日)3 頁(2017 年 4 月 29 日时的网址为 https://www.jlf.or.jp/jlfnews/pdf/vol40.pdf)。

[17] 本章的目的在于要求在债权法修正的过程中官厅要履行正确的手续,并非要追究某个人的责任,所以在叙述批判性的内容时,对人名进行了匿名处理(但对于出处文献的引用遵循学术论文的一般做法)。

[18] 内田貴『債権法の新時代——「債権法改正の基本方針」の概要』(商事法務、平成 21 年)32 頁以下。

[19] 以上参见内田貴「いまなぜ『債権法改正』か? 下」NBL872 號(平成 20 年)80 頁。

[20] 前注引用论文的同一页。

（三）法律统一的消极面——不被援引的维也纳买卖条约

但是，看看维也纳买卖条约和其他条约在欧洲的评价，"国际条约因为是各国的法源，因此，其条文常是和解……或者妥协……的产物。因此这些条文缺乏成文法条文应当具备的特征。有时候这些条文极端复杂，只有知晓其制定缘由的人才能理解"㉑。因此，债权法修正促进者所评价的"成功事例"并非是欧洲对其的普遍评价。欧盟内部的大部分评价认为法统合或者签订国际条约，因为需要兼顾各国，所以虽然带来了法律的劣化，但是在欧盟的统一进程当中是不可避免的选择。

以上是欧盟的研究者的评价，而维也纳买卖条约（CISG）实际究竟在国际贸易当中的使用程度如何呢？有关于它的实际调查。这个调查是在美国、德国和中国进行的。在108名回答者当中，"64.8%的人回答，原则上，或者大多数的场合会排除的CISG的适用"。㉒虽然这个调查对象国不包括日本，但是日本庆应义塾大学的岛田教授指出："日本企业缔结国际买卖合同时。实务上一般会约定排除适用维也纳买卖条约。"㉓

维也纳买卖条约，作为一个条约，要使它生效需要一定数目国家的批准。因此，在条文中没有排除相互矛盾的各国的主张。为了使大多数的国家都不反对这个条约，所以采用了暧昧不清的文言。其结果是作为一种法规，其欠缺了成文法通常所应当具备的品质。制定成功之后，作为法规范，其使用体验非常差。因此国际交易的实务都对其敬而远之。

如果模仿这样的维也纳买卖条约进行债权法修正，则会有如何不堪的下场。先前提到的岛田教授研究了最初规定债权法修正方向的《债权法修正基本方针》后指出："我认为如果债权法修正这样进行并且实现的话，那么日本民法会有被国际交易社会所嫌弃的危险。"㉔而民法主要是作为国内法在使用的，将作为国内法的民法修正为一个模糊且不稳定的内容，会招致国内交易的混乱。对于此，就要诘问法务省民事局的考量了。

（四）"关系契约理论"等，用自己的学说来改装修正后的民法典

问题并不仅止于比较法上的法的文化性的修正。京都大学的山本教授以及专修大学的山田教授都曾指出，债权法修正促进者，"试图改变以我妻说为代表

㉑　ミシェル・グリマルディ＝片山直也訳「二一世紀におけるフランス法の使命——グローバリゼーションに対峙する大陸法」ジュリスト1375號（平成21年）94頁。

㉒　森下哲朗「CISGの各國における利用の狀況」ジュリスト1375號（平成21年）17頁。

㉓　島田眞琴「イギリス法との比較による債權法改正基本方針の檢討——國際取引法務の觀點から」慶應法學19號（平成23年）510頁。

㉔　前注引用论文第471页。

的日本民法通说",㉕而代替以自己提出的"批判性的理论几乎都反映出来了"㉖的民法修正案。并且正如林木律师和我所指出的那样,债权法修正促进者,改变了世界共通的认为合同是通过双方的合意成立的理论,试图立足于关系契约理论㉗来对民法进行修正,即"古典的契约论以意思为核心,而现在是因社会关系的存在才产生了对合同的拘束力,并且衍生出各种合同上的义务"。这个关系契约理论不但否定了合意,并且在理应尊重当事人之间的合意,尊重市民之间的私法自治的领域,认可了法官这种司法精英的介入,显示了一种精英主义的想法,将司法从法治转变到人治。连中国都正在努力推进从"人治"到"法治"的转变,而持这样想法的学者,竟然准备在债权法修正时,逆潮流而行。不仅如此,就像国家社会主义把国家行政的决定置于市民的自由决定之上一样,基于这种理论的法修正,就是将上位的司法决定置于市民的私法自治决定之上,是一个反民主主义的行为。因此,我强烈反对本次修正㉘。

也正因为这样的修正内容,所以社会各界的反对声浪也非同一般。

(五)学者的野心?——社会上的反对声浪

经济界的批判主要是集中在债权法修正的初期阶段,经团联的经济基盘本部长阿部泰久强烈批判说:"对于本次的民法修正,我认为是学者的野心作祟。"㉙在对东京的中小企业家同友会和全国中小企业团体中央会进行采访后,新闻报道说"民间几乎都认为为什么这次非要修正法律呢?'对于在寂静的湖面上无事生非搅弄波纹的法务省,大家的不满情绪很强烈"㉚。

法律界的反应也很大。

以长期办理民事案件,担任过各种职务,属于司法的中坚力量的原法官为对象的调查中,有如下的表述:

"这个修正,修正的内容、修正的推进方式,都体现了反公益的态度。也因此,所以试图把自己的学说反映在法律的条文之上,才出现了这样的情况。应当

㉕ 山本豊「民法の現在:債務不履行・約款」ジュリスト 1392 号(平成 22 年)85 頁。

㉖ 山田創一「民法(債権法)改正の中間試案に関する考察」専修ロージャーナル 9 号(平成 25 年)59 頁。

㉗ 作为指出该问题的论文,有鈴木仁志『民法改正の眞実——自壊する日本の法と社會』(講談社、平成 25 年)191 頁以下、加藤雅信『迫りつつある債権法改正』(信山社、平成 27 年)112 頁以下、299 頁以下。

㉘ 加藤、前注引用書 299 頁以下。

㉙ 武井一浩=阿部泰久「対談:日本経済活性化に向けたビジネス法制の提言」ビジネス法務 2011 年 9 月号 91 頁。

㉚ 日刊工業新聞 2011 年 8 月 29 日朝刊 31 頁。

更加重视公共利益。可以说,法官全员,基本上都是反对本次民法修正的"[31]。

"我想再次询问:'真的是为了国民的修正吗'?"[32]

"总体来看,现在引发问题的修正案,是无视实务和经济界的要求的修正。在促进者的论文里,有把民法修正作为日本的一个品牌的说法,比较法上的地位固然重要,但是最终来说,修正必须是符合日本现状的。并且还提出要把消费者概念纳入本次民法修正中,有何必要?这一次的修正工作一直在偷偷摸摸地进行,不由得让人感觉到不可信任"[33]。

"我自己作为法官,还没有遇到过如此人为增加复杂性的立法的情形,概括起来,为何要进行这次的债权法修正呢?这个问题首先需要思考。不管怎样,看着都像是一个人的独角戏。将本次修正作为一个文化上的重大事业而无视社会的需求。促进者说欧洲进行了民法修正,中国也有立法的动向,维也纳条约也这样那样。但是关键的日本债权法修正的社会需求在哪里呢?却对此没有进行说明。"[34]

在某个有关债权法修正的座谈会上。担任过高等裁判所长官的原法务省民事局长也说:"格言有云:不要修理没有坏的东西。我作为一个从事实务的曾经的立法担当者,老实说我与大家有同感。"[35]

下面再来看看律师对于债权法修正的评价。以全国律师为调查对象的问卷调查,收到了2000余人的回答[36]。在问卷中,关于债权法修正的必要性,有这样

---

[31] 遠藤賢治＝加藤雅信＝大原寬史「インタビュー調査報告書:債権法改正――元裁判官は、こう考える」名古屋學院大學論集社會科學篇50卷3號(平成26年)143頁(『加藤雅信著作集 第九卷』〔信山社、平成29年〕836頁以下)。

[32] 遠藤＝加藤＝大原・前注引用論文145頁(前注引用『加藤雅信著作集 第九卷』838頁)。

[33] 遠藤＝加藤＝大原・注23)引用論文128頁(注31)引用『加藤雅信著作集 第九卷』816頁)。

[34] 遠藤＝加藤＝大原・注23)引用論文128頁(注31)引用『加藤雅信著作集 第九卷』815頁)。

[35] 加藤雅信＝高須順一＝中田裕康＝房村精一＝細川清＝深山雅也「座談會:債権法改正をめぐって――裁判實務の観點から」ジュリスト1392號(平成22年)65頁。

[36] 该调查是中部律师协会联合会司法制度调查委员会、山梨县律师协会民事法制委员会、"将律师的声音反映到民法修正中去的协会"组织的,最终结论总结在弁護士の聲を民法改正に反映させる會・事務局「民法(債権法)改正:全國・弁護士二〇〇〇人の聲――債権法改正に、反対一四六八名、賛成一九〇名」中(http://minpoukaisei.cocolog-nifty.com/blog/,2017年4月29日访问),注31引用『加藤雅信著作集 第九卷』845頁以下。以下介绍的数值,是对最终统计结束之前发表的论稿,即弁護士の聲を民法改正に反映させる會・事務局「民法(債権法)改正:全國・弁護士一九〇〇人の聲――債権法改正に、反対一三七八名、賛成一七六名」法律時報85卷3號(平成25年)72頁以下。问卷调查表等参见法律时报论稿或前注『著作集第九卷』854頁以下。

的问题:"作为律师,在现实生活中,你遇到过有必要修正债权法的事例吗?"对此提问,有占压倒性多数的 1571 名律师回答:"没有遇到过。"相比而言,回答"经常碰到"的律师只有 9 名。在另一个对于债权法修正是否赞同的问题中,赞成 190 名,占该提问的回答者的 9.6%。反对者 1467 名,占回答者全体的 74.2%。可见 3/4 的律师是反对债权法修正的。

再看律师协会的反应,山梨县律师协会通过了总会决议:"强烈要求完全冻结对债权修正的审议,在形成能够广泛反映民意的体制之后再次进行审议。"以会长声明的形式反对债权法修正的律师协会有奈良律师协会,三重律师协会,金泽律师协会,岐阜律师协会。新潟县律师协会的总会决议要求进行慎重的审议。

再来看个别的评价,虽说是初期阶段的产物,东京律师协会的意见书的最后,有这样的附言:"法修正有成为以研究者和法务审为中心的'理念先行的狂热和暴走的产物'。我们有这样的不安:我国的国民和企业可能会被当作民法研究的新的实验品。"㊲并且在前面所讲的以全国 2000 名律师为调查对象的问卷调查的自由记载的部分,有人批判地写道:"这次的修正是'国民缺席'的讨论,不能将民法修正当作一部分学者的玩物。""修正是一部分学者的个人野心。""有些学者个人想成为博瓦索纳德。"修正是不是"学者的自私呢"?"对于学者借用国家权力,将自己的学说转化为具有强制力的法律的行为表示愤怒。""对实务一无所知的学者,因为自己的功利心,强行进行缺乏必要性的债权法修正。""对于一部分学者将自己的学说民法化的行为,认为这不是'改正',而是'改恶',对此表示强烈反对。""感觉本次修正是学者有、学者治、学者享的修正。""由某些特定的学者和官僚的以一己之见而进行的不合理的修正。""一知半解最容易带来重大伤害。""希望进行谦虚的修正。""不必要的品牌竞争是有害的。""是一种短路的想法。""是罪恶的欧美追随主义。""没必要变得和标准的英美法一样,为何只修正债权法?无法理解。""改得不符合日本的现状了,真是本末倒置。""法务省行事过分了。"㊳

(六)政府内部的质疑和债权法修正案的变化

对于法务省民事局的这种态度,政府内部也有批判和抵制。在法制审议会、民法部会整理出债权法修正案的部会草案的阶段,内阁府的大臣稻田朋美曾经

㊲ 東京弁護士會編著『「民法(債権関係)の改正に関する中間的な論點整理」に対する意見書』(信山社、平成 23 年)529 頁。

㊳ 注 36 引用「民法(債権法)改正:全國・弁護士一九〇〇人の聲——債権法改正に、反対一三七八名,赞成一七六名」法律時報 85 卷 3 號 73 頁。此外,注 31 引用『加藤雅信著作集 第九卷』847 頁以下。

邀请了法务省民事局负责修正的官员和我,让我们进行辩论,其内容在了内阁府的主页上进行了公开㊴。这是在最后一次法制审议会、民法部会的预计召开时间前一周的事情。不知是不是受此次辩论的影响,最终法制审议会、民法部会会议没有召开。而在约一个月之后召开的最终会议上提出的最终部会草案,与当初的草案相比,已经变得平稳许多㊵。

可惜在这一个月中,未能修正的问题依然有好几个。所以之后我依然坚持着反对的立场,在国会审议阶段依然在众议院的法务委员会上,我作为参考人指出了修正案的问题㊶。在国会审议阶段,后面会讲到,进行了各种各样的讨论,最终民进党提出的修正案在国会上因压倒性的席位差遭到否决,政府提出的草案未有任何实质性的文字变更,就直接通过了㊷。

第二节 以各方都遭受了损失为结局的"没有亮点的债权法修正"

一、序言——"为何修正,修正什么"规制改革会议的疑问

以上,在第一节中,已经说明了120年前成立的民法典的修正,为何在多数国民反对的情况下,依然通过了内阁提出的草案。但是到此为止的叙述中,并没有说明当初法务省的修正目的是否达成,或者与当初的草案相比,哪些内容发生了变化。本节主要讲述这些内容。

推进本次修正的包括债权法修正促进者在内的法务省民事局的目的究竟是什么?明确这一点相当困难。这主要是因为法务省民事局一直在隐瞒本次修正的目的。

具体来说,一般情况下,法修正开始之初,就会提问:"为什么修正?修正什

㊴ 規制改革會議・第二七回 創業・IT等ワーキング・グループ議事概要(平成26年7月23日)(http://www8.cao.go.jp/kisei-kaikaku/kaigi/meeting/2013/wg3/sogyo/140723/summary0723.pdf,2017年4月29日访问)。

㊵ 有关这之间的事情,参见注27引用『迫りつつある債権法改正』37页以下。

㊶ 加藤雅信「國會上程債権法改正法案の問題性、問題発生の背景——衆議院法務委員會参考人意見」消費者法ニュース110號(平成29年)18頁以下。

㊷ 更正确地来说,反映了法案审议的大幅延迟的是,在众议院把向政府提出的原案中记载的法律编号中的年号改成"平成二九年",这只是技术上的修正,并非有关实质内容的修正,所以本文的叙述将其忽略。

么?"这是最常见的反应了吧。在法务省民事局将着手对债权法进行修正的情况公布㊸在杂志上三个月之后,在内阁府规制改革会上,以法务省参事官们为对象进行了调查。下面的问答过程,如实地反映了法务省民事局是如何固执地拒绝向外部透露其修正目的的。

首先,规制改革会议的成员问:"比如说要修改什么呢?"参事官答:"没有预定内容。"规制改革会成员再问:"究竟要做什么? 说是要进行根本性的改革,一般来说,立法时总是要有一定的理由。比如这个条文已经无法适应现代化的要求,没法解决判例的立场不一致问题等,必然有诸如此类的理由,本次的民法合同法的规定,如果并未出现无法与实务相适应的具体问题,那就不能对其进行修正。如果有问题,那么担任立法工作的行政机关人员,一定在脑海中带着问题进行立法修正。这是基本的要求,或者说是最低限度的道德了吧。因此请认真回答这个问题。"法务省参事官仍旧回答:"这次,确实没有像您举例中提到的这样特定的问题。本次的修正,并非因为有特定的问题,需要对其进行修改,才进行的修正工作。"这样的问答进行了几个回合后,规制改革会议方如此说道:"事先提出了要进行根本性改革的结论,并且将其公布的人,却连一个事例都举不出来,这是非常反常的事情吧。我们今天在这里做这样的问答,可以说,公家机关之间进行如此低层次的议论本身就是很严重的问题。""太不负责任了,政府方面一边说要进行修正,一方面连一个具体的例子都举不出来,这种说法实在太有违常理。"㊹

即使遭到了这样严重的批评,法务省参事官依然顽固地拒绝透露修正的目的和修正的条文。

这个调查之后又过了一年半,再次进行调查时,法务省民事局依然继续隐匿修正的目的。这次,内阁府规制改革会议提问了民法(债权法)修正检讨委员会讨论的内容。对此,法务省参事官的回答是:"介绍民间有识之士团体进行了什么样的讨论没有意义。"规制改革会议方对法务省的官员说:"拿着工资,在上班时间……作为工作的一部分",作为国家机关参加了民法(债权法)修正检讨委员会的审议,"就应当向其他的国家机关及国民履行其说明义务"。该参事官说:

㊸ 筒井健夫「民法(財産法)関係の動向」NBL 848 號(平成 19 年)31 頁。实际上,在此前一年,法务省民事局已经在着手进行债权法修正——除了法务省相关人员以外——对债权法修正感兴趣的研究者们谁都没有注意到,法务省"偷偷摸摸地发布"在其主页上。这一点,为了叙述方便,后面再讲。

㊹ 规制改革会议第一回议事录:规制改革会议横向制度 WG 第一回基本规则 TF(2007 年 4 月 6 日)议事录(议题 1:有关民法修正的探讨状况(法务省听证))(http://www8.cao.go.jp/kisei-kaikaku/minutes/wg/2007/0406/summary0406.pdf,2017 年 4 月 29 日访问)。

"我不过是为了收集信息而作为成员参加"⑮,仍然拒绝回答。(这里我加几句,该回答与事实相悖。该参事官事实上在《民法(债权法)修正检讨委员会设立目的书》上作为发起人签了名,策划了以"修正的基本方针(修正试案)(草案)及其理由书"为工作内容⑯的五个准备会议,是中心人物中的中心人物。却称自己"不过是为了收集信息而作为成员参加",在政府内部的调查会上如此撒谎。)

这是债权法修正工作着手时期的法务省的态度,法务省民事局直到本次修正的最后阶段,依旧没有明确债权法修正的目的。按例,内阁在将修正法案呈给国会时,应当附上修正的理由。所以理所当然债权法修正案上呈国会时,也应当有记载其"理由"的内容。但是,这个关于"理由"的说明,却罗列了在修正初期根本没有论及的问题,都是"事后添加的理由"。我发表了题为《对法务省的质问——法务省向国会提交的债权法修正案的"理由"是真实的吗?》⑰的论文。指明了在立法时法务省面对国会的态度的问题所在。

二、修正担当者们的修正目的

(一)审议会的最初的议题和最后的议题

虽说法务省一方一直没有明确修正的目的,但也并非不能从周边状况推断出来。前面已经写道⑱:人类想要做什么的时候,最重要的事情往往放在最初或者最后。从这个观点来说,我们来看看,以法务省民事局参与官为中心的债权法修正事务局,在有关债权法修正的审议中,最初和最后具体都做了什么工作呢?法制审议会、民法部会第二次会议中,讨论了"今后讨论的展开方式",那时候发放的部会资料中,记载了"每个问题的探讨顺序",先是论述了"债务不履行的责任等合同的解除、危险负担",最后论述了"整体探讨的问题"⑲。这里的"整体探讨的问题"的内容,没有在部会资料中写明,可能探讨到该问题的第 20 次会议——即第一阶段的最终会议——中最后两个议题是,"有关消费者、经营者的

---

⑮ 规制改革会议第十二回法务:资格 TF(2008 年 10 月 3 日)议事录(议题:有关"债权法(民法)修正的探讨状况等"的法务省听证)第 2 页以下(http://www8.cao.go.jp/kisei-kaikaku/minutes/wg/2008/1003_04/summary1003.pdf,2017 年 4 月 29 日访问)。

⑯ 民法(債権法)改正検討委員會編『債権法改正の基本方針』(商事法務、平成 21)6 頁、7 頁。

⑰ 消費者法ニュース106 號(平成 28 年)143 頁以下(注 31 引用『加藤雅信著作集 第九卷』187 頁以下)。

⑱ 加藤・注 27 引用『迫りつつある債権法改正』267 頁。

⑲ 法制审议会民法(債権関系)部会——以下略称为"民法部会"——第二回会议(2009 年 12 月 22 日)部会资料 4 民法(債権関系)部会における今後の審議の進め方について」別紙 1(http://www.moj.go.jp/content/000023308.pdf,2017 年 4 月 29 日访问)。

规定"与"条文的配置"㊿。

这样来看的话,最初论及的问题是"债务不履行的责任等合同的解除 危险负担"等前面所讲的法欧盟债务法修正的焦点,即履行障碍的问题。最后论述的问题是,"有关消费者、经营者的规定"与将现行民法的潘德克吞体系变为以合同法为中心的体系的变更的"条文的配置"的问题。

在履行障碍法当中,债务不履行的无过失化,是本次债权法修正事务局最大的关心点。其作为亮点中的亮点,在债权法修正审议的最初阶段被提出来,即使遭到社会的强烈反对,债权法修正事务局还是执着地追求着这个结果。潘德克吞体系变更的问题也是债权法修正事务局非常关心的问题,非常慎重,甚至比慎重更进一步,连一起参与审议的成员都瞒着,作为所谓的先从内部解决的问题,追求了很长时间。并且,"有关消费者、经营者的规定"这一个议题,是社会上大多数人都没有想到的课题,说实话是官厅间权力争夺的问题。也就是说,将消费者合同法的实体规定纳入民法典中,是将现在属于消费者厅管理的消费者合同法的权限夺回来。总结起来,是要恢复 2000 年公布 2001 年实施的消费者合同法面世之前,包括消费者合同在内的所有合同法的权限都属于法务省民事局的局面。

(二)为了做成欧美风的民法典

除了本次审议的最初和最终的议题,债权法修正促进者还在意的一个问题是将日本民法典的体裁变成与近几年的国际条约接轨。维也纳买卖条约、国际商事合同通则、欧洲合同法原则、欧洲民法典草案、欧洲统一买卖法等条约或立法模板,与日本民法相比,条文数目多,法律的形态也与传统的日本民法不同。

从条文数目上来说,债权法修正促进者,希望通过此次修正使民法典的条文"可能超过现行民法的二倍以上,但不到三倍那么多"[51]。

法律的形态方面,我国民法是"民法:第三编 债权:第二章 合同:第二节 债权的效力:第一款 债务不履行责任等:第 415 条 债务不履行的损害赔偿责任"这样的风格,一眼看去有点古色古香的感觉,欧美法律的一部分是:"国际商事合同通则:第 7 章 不履行:第 4 节 损害赔偿:第 7.4.1 损害赔偿请求权",只用看条目,就可以知道章和节,风格上"简单明了"。可能债权法修正促进者认为这才是"现代化的法典的风格",其主持下的提案《债权法修正的基本方针》也采用了欧美风

㊿ 法制审议会民法(债权关系)部会第二十回会议(2010 年 12 月 14 日)议事概要(http://www.moj.go.jp/shingi1/shingi04900058.html,2017 年 4 月 29 日访问)。

[51] 第一东京律师协会·司法制度委员会"有关民法(侵权法)修改的学习会"(2008 年 10 月 29 日)上的发言(第一東京弁護士會會報 2008 年 12 月 1 日 429 号 3 页)。

的立法风格。比如"第3编 债权;第1部 合同以及债权的通用规定;第1章 基于合同的债权;第4节 合同的效力;第2款 债务的不履行;第2目 损害赔偿;[3.1.1.62]因债务不履行的损害赔偿"。

（三）同床异梦的民法修正

以上举出的四点，我认为是促进此次修正的负责人们的目的。但是，根据他们参与修正的方式的不同，他们的目的也并非完全一样。

从学者变身为法务官僚的债权法修正促进者比较在意这三点：一是债务不履行的无过失责任化；二是潘德克吞体系的变更；三是民法典的多条文化。因为这些是他所认为的能够超英赶美的民法风格。

与此相比，传统的法务官僚的着眼点在于第四点，即将消费者合同法纳入民法当中。对于此，债权法修正促进者也全力配合，因此，说"同床异梦"有一点夸张成分，但是学者出身的债权法修正促进者与传统的法务官僚关于此次修正的首要目的不尽相同，这一点值得大家注意。

（四）第一次征集公众意见和修正担当者们的修正目的

在后面的"三"到"六"中，我会依次探讨上面的四点目的在本次债权法修正过程中，在多大程度上得到了实现。在此之前，我先说明一下最初阶段，我对这四点目的的态度。

重复前面论述的内容，我在民法（债权法）修正检讨委员会成立之初，法务省实质上开始着手对债权法进行修正的阶段，曾受邀作为该委员会的成员，协助法务省的修正工作。确切地说，当初是抱着协助的目的成为委员的，但由于事务局制作的作为委员会的修正原草案提交的提案实在太离谱，有惊于此，我不断在委员会内部陈述我的反对意见，但对于将反对意见公之于众，还是有所保留。后来，在法制审议会中成立民法部会时，民法（债权法）修正检讨委员会中反对事务局原草案的人都没能成为民法部会的委员，我也与法务省分道扬镳。但是当时我认为，无论如何，到了政府正式的审议会阶段，其内容总不会如此离谱。因此，此后的半年时间，我选择了静观其变。但是，当看到民法（债权法）修正检讨委员会依然在继续这样离谱的审议，我抱着"如此下去，民法会劣化"的危机感，打破了半年以来的沉默，开始公开发表反对意见。那正是第一次征集公众意见的时期。

2009年10月，法务大臣在法制审议会接受了关于债权法修正的质询。我开始在《法律时报》上连载反对论文是在后一年的8月（最初的反对论文的发表时间是6月），我反对债权法修正的著述《民法（债权法修正）——民法典要去往何处》（日本评论社）的出版时间是2011年5月25日，在那之后不到一周，6月1日开始第一次征集公众意见，这么说应该所有的时间关系都很明了了吧。回想起来,那之前的2011年3月11日发生了东日本大地震,当时我在日本东京的上智大学,研究室在13楼,为了赶上征集公众意见的时间,正在写作该书的我,在书架上的书四处散落和碗柜倒下、餐具七零八落的时候,没有理会从建筑物中出来的避难命令,一直在继续执笔工作。只是让作为助手的亚洲女性出去避难了……地震过后,我的研究室中散乱的书和餐具一直持续着混乱的状态,直到2个月之后,著作的校对工作结束之后,研究室才终于恢复正常秩序,一直为我做助手的该女性笑着说:"终于可以安心地喝一杯茶了"。

不说这个了,如前所述,第一次征集公众意见时期与我公开发表对债权法修正反对意见的时期相重合。在此,介绍一下我在征集公众意见时提出的意见书的结论部分,即下文的四点意见[32]。

"[意见]

1. 反对在现在的体制下继续债权法修正的审议;

2. 反对将民法多条文化、复杂化;

3. 反对将消费者合同法纳入民法典;

4. 反对超越现在民法典的五编构成的体例,反对以下三点:将"法律行为"、"时效"等一些规定在总则编的条文移动到债权编中;将债权总论和合同总论合并;以及以现在的原案为前提进行审议。"

这里,在"修正担当者们的修正目的"所列举的四点当中,除了债务不履行的无过失化,有三点被提出来。而对于债务不履行的损害赔偿责任的无过失化,我认为是修正的"坏典型","这个修正所提出的债务不履行的无过失责任化,连国际条约、国际统一准则等'国际潮流'中都没有,只是单纯对美国法的追随。实际上即便在近时的欧洲诸国民法修正中,也依然维持了过失责任原则"等[33],用书中一页不止的文字对此展开了批判。因此,虽然法务省没有公开其修正目的,对于后来才慢慢显现的修正目的,我在最初就将他们作为反对债权法修正的焦点。

并且,正如下文将要探讨的那样,不仅是我,走在正道上的许多人也持同样的观点。因此,最终这些目的未能达成,债权法修正就告终了。

这1到4,与上文"意见"中的2到4相对应。但是,"意见"中的第一条反对意见,最终未能奏效。修正的体制没有发生变化,且担任债权法修正办公室成员中的两位,债权法修正促进者作为付任期的公务员被雇佣——但付任期的公务

---

[32] 收录于加藤雅信『民法(債権法)改正——民法典はどこにいくのか』(日本評論社、平成23年)310頁以下(注31引用『加藤雅信著作集 第九巻』526頁)。

[33] 加藤·前注引用書314頁(注31引用『加藤雅信著作集 第九巻』529頁)。

员的最长任用年限只有五年——违法地[54]工作了6年10个月。虽说在修正原案完成前辞去了职务,但其在修正的绝大部分期间在法务省在职;另一位具有核心职能的法务省民事局参事官,后来虽变为民事法制管理官,但一直继续履行着其在修正工作中的核心职能。

我在征集公众意见稿中主张的其他三点反对意见,最后都体现了。

三、债务不履行的损害赔偿责任的无过失化的完成度

（一）大陆法的过失责任主义和英美法的无过失责任主义

首先我们谈一下债务不履行的损害赔偿责任的无过失化,世界范围来看,对于债务不履行责任,英美法是无过失责任原则,德法日等大陆法系是过失责任原则。我在其他著作中详细论述过[55],债权法修正办公室,在向法制审议会民法部会提供各国的债务不履行的比较法资料时,把民法（债权法）修正检讨委员会的提案[隐匿了是民法（债权法）修正检讨委员会作出的提案这一事实]一起提交,并说明只有这样做才符合国际潮流。这是一种愚弄审议会委员的资料提出方式。事实上,无论是德国还是法国,即便在债权法修正之后依然维持了过失责任主义。在此背景下,债权法修正促进者在债务不履行的过失·无过失的问题上,其实是希望把日本法律英美化。我想他们可能认为,在世界上被认为属于大陆法系的日本民法,其核心部分却是英美法的话,一定能得到世界的瞩目吧。

（二）围绕民商法的法体系的分裂

只是,在日本民法整体属于大陆法系的情形下,只将债务不履行制度英美法化实在缺乏合理的依据。因此,对此提案恶评如潮。比如,东京大学民法教授河上正二酷评其为"白痴"[56],在同一所大学讲授罗马法的木庭显教授评价为"前所未闻的严格责任主义"[57]（即无过失责任主义）。各地的律师协会也表示了对无过失责任化提案的反对[58]。并且,法制审议会民法部会中,商法学者山下信友也指出,公司法制定的中心人物江头宪治郎说："即便民法中债务不履行变为严格

---

[54] 对于违法的评价,作者向法务省发问的具体内容和法务省的回答,参见注27引用『迫りつつある債権法改正』81頁以下、91頁以下。

[55] 加藤·前注引用书19頁以下、30頁以下。

[56] 河上正二「『法典論争』に学ぶ——民法（債権法）改正の動きの中で」法律時報82巻10号（平成22年）22頁。

[57] 木庭顕「『債権法改正の基本方針』に対するロマニスト・リヴュー、速報版」東京大學法科大學院ローレビュー Vol.5（平成22年）201頁以下（http://www.sllr.j.u-tokyo.ac.jp/05/papers/v05part10(koba).pdf、2017年4月29日访问）。

[58] 关于各地的律师协会的反对意见的介绍,见注52引用『民法（債権法）改正——民法典はどこにいくのか』46頁以下参照（注31）引用『加藤雅信著作集 第九卷』289頁以下）。

责任,在商法中,只要商法的条文维持现状,则商法依然是过失责任。”(59)若民法的债务不履行被改而商法保持原状的话,民商法岂非要分裂,法体系将会迎来崩坏的危机。

(三) 在债权法修正阶段突然提出的“无过失责任论”

实际上,在债权法修正时推进无过失责任化的债权法修正促进者,在刚开始推进债权法修正的时期,他还在自己的教科书中写:日本民法中债务不履行的归责要件之一是“有归责于债务人的事由”,其基础是“过失责任主义”。无论是他的立法论还是解释论,都没有主张过无过失责任主义。(60) 甚至可以说,在债权法修正工作的初期,我国根本就不存在主张将债务不履行全面无过失责任化的学说。对于在本次的债权法修正中突然在立法提案中提出债务不履行的无过失责任化的论调,法律人的绝大部分,与其说是惊讶,不如说是惊呆了,所以才有了上述的反应。

(四) 向审议会提出具有误导性的资料

因此,如前所述,法制审议会、民法部会上对此问题进行审议的时候,债权法修正办公室向民法部会提供了伪造的,貌似世界的潮流全部都是无过失责任的的资料。后面会说到,《维也纳买卖条约》是美国等英美法国家与大陆法国家妥协的产物。因此在条约制定的过程中,在工作部会的草案阶段还规定的过失责任(第50条),在最终的版本中,没有使用“过失”这个词,稍迂回地采用了“当事人能证明债务不履行是因为发生了超越自己的支配领域的障碍,或者在签订合同时,即使考虑到该障碍的存在,也没有克服该障碍或者克服、回避其结果的合理期待时,无须对该不履行行为承担责任”(《维也纳买卖条约》第79条第1项)这样的规定。熟悉《维也纳买卖条约》、担任过后来成为《维也纳买卖条约》成立的母体的联合国国际贸易法委员会(UNCITRAL)的事务局局长的曾野和明,对于此规定评价说:“维也纳买卖条约没有提及过失,原理上不是为了阻断免责和有无过失之间关系,只是为了回避使用在各国可能会发生不同解释的概念。可以理解为条约第79条第1项呈现的三个要件间接性地定义了‘过失’。”(61)但是,

(59) 法制审议会民法(债权关系)部会第三回会议(2010年1月26日)议事录第34頁(http://www.moj.go.jp/content/000047261.pdf、2017年4月29日),江头宪治郎发言「座談會:債権法改正と日本民法の將來」法律時報83巻4號(平成23年)85頁。

(60) 内田貴『民法Ⅲ 債権総論・擔保物権 第三版』(東京大學出版會、平成18年)126頁、140頁。然而,文中“”内的引用,是民法(债权法)修正检讨委员会成立后一年的2007年出版的书记中所载,虽说加上了“传统学说”的文字,但是无论是债权法修正促进者自身的学说,还是学界内外存在的不同学说或少数学说,都完全没有关于无过失责任论的叙述。

(61) 曽野和明=山手正史『國際売買法』(現代法律學全集六〇)(青林書院、平成5年)265頁。

即使作为联合国的法务官的中心人物如此说明,债权法修正办公室仍然为了配合自己的立论,称《维也纳买卖条约》,即"有关国际物品买卖的国际联合条约……,就是反映了这样倾向的立法例、立案例"[62],向民法部会提出了这样的具有误导性的资料,以增强自己所主张的无过失责任提案的说服力,对该条约做了歪曲的"解释"。并且在制定条约的人公开发表了其他解释的情况下,依然依照自己的需要,将自己对国际条约进行解释的资料提交给了民法部会。而指出了该问题的研究者,如后所述,事先就被排除在民法部会的委员之外,因此审议会资料就这样被通过了。

(五)令人震惊的修正提案

如前所述,法制审议会、民法部会经过一年半多的审议后,总结出了《有关民法(债权法)修改的中间论点》(以下称为《中间论点整理》),向公众征集意见。看了其中的修正方针,我不由感到震惊。鉴于之前的审议进程,对于提案内容会比较突发奇想,我已有思想准备,所以并非吃惊于此。使我感到震惊的,是在本次的修正案中,只有规定因契约不履行而引起的损害赔偿责任的条文,因无因管理、不当得利、侵权行为而引发的损害赔偿责任的条文竟然在民法典中消失了。无因管理的管理人因其不善的管理行为给本人带来损失时,不当得利返还义务人将返还的标的物损坏时,侵权行为的加害者不支付赔偿金时,作为这些情况下的损害赔偿请求权的请求依据,修正提案中竟然没有。

在这个修正提案中,将债权总论和合同总论的壁垒破除,将合同的解除、危险负担等传统上一直放在债权总论中的条文放到合同总论中,在合同总论之后规定了法律行为和代理等,然后规定了合同各论。提案内容显示了立法者大幅度变更编纂体系的志向。

此外,对于因合同不履行而产生的损害赔偿责任,强调了不以过失责任为原则,而以合同的拘束力为根据进行考虑的大方向[63]。概括来说,是为了延续民法(债权法)修正检讨委员在《债权法修正的基本方针》中提出的基本方向,即排除现

---

[62] 法制审议会民法(债权关系)部会第三回会议(2010年1月26日)部会资料:讨论事项(1)详细版第31页(http://www.moj.go.jp/content/000059836.pdf,2017年4月29日访问)。

[63] 商事法務編『民法(債権関係)の改正に関する中間的な論點整理の補足説明』(平成23年)27頁以下。在这里,第三回会议的内容得到重视。即债务不履行的损害赔偿责任的归责依据不是"过失责任主义",二是以"合同的拘束力为根据进行考虑"。(""中引用的部分,见法制审议会民法(债权关系)部会第三回会议(2010年1月26日)部会资料5—2有关民法(债权关系)的修正的检讨事项(1)详细版(2010年12月17日订正)第28页以下(http://www.moj.go.jp/content/000059836.pdf,2017年4月29日))。

行民法中的“没有归责事由”的抗辩,而代之以“债务不履行是因发生了合同中债务者不应承担的事由而导致的,债务者无须承担“3.1.1.62”(64)中规定的损害赔偿责任。

只是,照着这样的方向,废止债权总论,将债权总论和合同总论统合后,会发生什么呢?在现行民法的基础下,规定债务不履行的损害赔偿责任的第415条在债权总论当中,因此,债权各论中的合同因无因管理、不当得利、侵权行为引起的所有债务不履行的损害赔偿责任都被涵盖其中。但是,在本次修正案中,损害赔偿规定不再在债权总论中规定,无因管理、不当得利、侵权行为的损害赔偿的依据就在民法典中遍寻不着了。因为在非因合同而起的债权:无因管理、不当得利、侵权行为中都不存在“合同中债务者不应承担的事由”。

总之,法务省民事局所定的修正方向且征集公众意见的内容,不但引发了在债务不履行的损害赔偿问题上民法为无过失责任而商法为过失责任这样法体系的分裂,而且丧失了无因管理、不当得利、侵权行为的损害赔偿的依据,是一个不合情理的立法提案。

因此,我写了如下的文字:“可见,民法(债权法)修正检讨委员会的提案,仅仅将合同之债列为考虑对象,未将合同之外的法定债权的存在纳入视野。废止债权总论,将一切都集中在合同总论的办公室的立场,是合同法独善主义之作,考虑民法全体的内容时,一定要重新思考。”(65)若真的进行这种水平的民法修正,法律一定会劣化。想到民法的将来,我心情沮丧。

(六)过失责任、无过失责任条文的行文方式

损害赔偿请求权是过失责任还是无过失责任,在解释论来说,债务者有“故意、过失”乃至“归责事由”而认可损害赔偿责任的是过失责任,没有这些文言即认可损害赔偿责任的是无过失责任;在立法论来说,条文的行文方式上,条文中有“故意、过失”乃至“归责事由”之类的文言的是过失责任,没有则是无过失责任。

债权法修正促进者在将已方提案以《债权法修正的基本方针》提出来时,也遵循上文所述的立法论的通行做法,没有使用上述词语,主张的是债务不履行的无过失责任(66)。但可能是无法承受学界、法曹界的恶评,在第二次征集公众意见时提出的《有关民法(债权关系)修正的中间试案》(以下称《中间试案》)中,又重

---

(64) 该规定是债务不履行的损害赔偿请求权的根据。

(65) 加藤・注52引用『民法(債権法)改正——民法典はどこにいくのか』140頁以下(注31引用『加藤雅信著作集 第九巻』359頁)。

(66) 注46引用『債権法改正の基本方針』別冊NBL26號116頁。

新使用了上述"归责事由"的文字(2013年2月26日在民法部会上决定,向社会公布是3月11日)。我认为依据民法学的通行做法来考虑即可。读过该中间试案后,在征集公众意见之前脱稿的论文中,我以《债务不履行的无过失责任化被放弃》[67]为题,介绍了这个中间试案。可是,当这样的评论出来之后,在征集公众意见当天,法务省又发布了《有关民法(债权关系)修正的中间试案的补充说明》(以下称《补充说明》),在归责事由的文字之前,加上了"'考虑合同的目的'这样的判断基准,不允许背离该合同的具体事实而抽象地判断故意、过失"[68]。在此之前,损害赔偿责任的条文中有"故意、过失"乃至"归责事由"就是过失责任,没有就是无过失责任,这是法学界的常识。而在这些文字前加上修饰语就成了无过失责任。这样的理论我是第一次听说,恐怕这么写的法务省民事局的人员也从未听过。对这种蠢话我真是无言以对。

(七)为了躲避批判的文字变更和规范内容的维持

此后,这样的计策也一直在使用。第二次征集公众意见稿中添加的修饰语是"考虑合同的目的"。通过导入"考虑合同的目的"这样的文字,法官有可能介入当事者的合意。将前述"关系契约理论"导入到修正后的民法典的准备工作中,就是通过"合同的目的"这样的表述。注意到这个说法的危险性的不仅是我,债权法修正促进者的学生、东京大学教授认为:"因合同的目的及社会通常观念涉及多个考虑要素,所以无法否认中间试案中所使用的'订立合同的目的'之概念,是个不清晰的概念","无法从当事人的合意中寻找到基础的合同内容……被顺利纳入的话,合同法中规定的各种制度就被从基础上瓦解掉了"[69]。对此表示了深深的不安[70]。

因此种批判一直在持续,债权法修正办公室将"合同的目的"的文字改为"合同及其他该债务的发生原因及交易上的社会通常观念"[71]。如此一来,乍看,好像"合同的目的"这样的文字消失了。但是,在其附属资料《补充说明》中,如下叙

---

[67] 加藤雅信「民法(債権法)改正の『中間試案』下」法律時報85巻5號(平成25年)91頁以下。

[68] 商事法務編『民法(債権関係)の改正に関する中間試案の補足説明』(平成25年)112頁。

[69] 石川博康「『契約の趣旨』と『本旨』」法律時報86巻1號(平成26年)29頁。

[70] 然而,本文中因为是和债务不履行的无过失化一起论述的,所以论述的顺序有所调整。首先指出在本次的债权法修正中,修正促进者的"基于'全新理念'的全面修正的所谓'理念',就是'关系契约理论'"的是铃木律师(鈴木仁志『民法改正の真実 自壊する日本の法と社会』(講談社、平成25年)223頁)。

[71] 法制審議会民法部会第九十回会議(2014年6月10日)部会資料「民法(債権関係)の改正に関する要綱仮案の原案(その1)」(民法(債権関係)部會資料79-1)8頁((http://www.moj.go.jp/content/000124056.pdf,2017年4月29日访问)。

述:“从‘参照合同目的’这样的文字上很难读出考虑社会通常观念的意味。因此……加上了‘交易上的社会通常观念’这样的叙述”。只是,“虽然将‘参照合同目的’改成了‘交易上的社会通常观念’,但并非是变更该条文的意思”。(72)

总之,就是因为批判过多,所以变更了文字,但又在暗地里说即使变更了文字,但是本意未变。通过这件事也可见,在本次的债权法修正中,法务省民事局,确切地说是债权法修正办公室,多次用类似小伎俩来巧妙地逃避批判,企图蒙混过关。

可惜,政府提案只删除“合同及其他该债务的发生原因及交易上的社会通常观念”中的“该”字之后,就向国会提出该提案。并且法制审议会民法部会的委员,关于该提案公开发表了如下解释:“有关现行民法415条‘非归责于债务人的事由’的文字上,明示加上‘合同及其他该债务的发生原因及交易上的社会通常观念’这样的修饰语是指,此处的归责事由需要结合债务的发生原因,属于合同之债时是否免责要结合合同的目的来判断。’明确指出了并不意味着‘归责事由=过失’(否定过失责任)。”(73)

将债权法修正工作从开始到做出上述说明为止的过程用一句话来概括的话,说到底债权法修正办公室就是企图将债务不履行责任无过失化。一开始采用正面强攻的方法,将“故意、过失”乃至“归责事由”等文字排除。但是,因为反对意见太强,又保留“归责事由”,在其上加上了变更其内容的修饰语,将其解释为无过失责任。一直以来,过失责任、无过失责任的分水岭就是条文中是否有“故意、过失”乃至“归责事由”这样的文字,如此思考的话,这只能说是“强词夺理”了。负责修正事务的法务省相关人员及法制审议会相关人员这么说的话,可以主张“立法者意思”是无过失责任。与传统的字面解释出来的过失责任论可以分庭抗礼了。

若进行这样的修正,遵循字面解释的王道得出的过失责任论和遵循立法者意思得出的无过失责任论就将形成对立,对审判实务界和学术界来说都会感到极度混乱。债权法修正办公室宁愿可能引起审判实务和交易实务的混乱,也未把遭到各方强烈反对的提案撤回。

(八) 因民事局长在国会质疑上的答辩内容而生的“过失责任法制”的维持

理应守护民法的法务省相关人员,不理会这种对立可能引发的法律实务的

---

(72) 前注引用民法部会第九十回会议(2014年6月10日)部會資料「民法(債権関係)の改正に関する要綱仮案の原案(その1)補充説明」(民法(債権関係)部會資料79-3)7頁((http://www.moj.go.jp/content/000124058.pdf,2017年4月29日访问)。

(73) 潮見佳男『民法(債権関係)の改正に関する要綱仮案の概要』(金融財政事情研究会、平成26年)45頁以下。

混乱,如此固执己见的话,我们就必须来守护法律的安定性。因此,在作为众议院法务委员会的参考人被征集意见时,我向法务委员会的成员做了如下陈述。

"关于这个问题,恳求在座的各位法务委员会的先生们,希望你们能在国会上一定要向法务省提问,修正法案的第415条第1项究竟是无过失责任还是过失责任。法务省可能会做出暧昧的官腔式的答辩,但是只要继续追问到底,必然要从'无过失责任'或者'过失责任'当中选择一个。

"若回答'无过失责任',就问法务省为何没有将至今为止在法律修正上最大焦点的问题在向国会提出的'理由'中列明,宛若开后门入学似的开后门立法。对于法务省的态度,希望各位一定要在国会上追究。

"而若回答'过失责任',则在民法最重要的规定之一的债务不履行当中,谁也不希望出现过失责任还是无过失责任的两种不同主张,并且这样下去可能造成民法和商法这私法上的两大法典的分裂,应当将修正法案第415条第1项'合同及其他该债务的发生原因及交易上的社会通常观念'这样的文字删除。这样,今后法务省民事局参事官室试图通过本次修正使债务不履行无过失责任化的依据也就丧失了,可以把混乱消灭在萌芽阶段。"[74]

之后在众议院法务委员会中,关于"债务不履行的损害赔偿责任的无过失化"问题,井出庸生议员、阶猛议员的共同质询非常优秀。面对反复的质询都含糊其词回答的民事局长,最终还是在答辩中回答了:"没有变为无过失责任",使债权法修正一部分相关人员所期望的、按照"立法者意思"解释为"债务不履行的无过失责任化"的意图的萌芽被根除了[75]。

但是,对文字没有进行修改。当然,立法者意思并非绝对,因此即使有这样的过程,也并非就一定不会出现主张无过失责任的学说,也并非就不会出现声称仅仅国会答辩不能代表立法者意思的主张。但是,我认为这些学说和主张不会成为有力学说了。无论如何,法务省相关人员最后的起死回生的招数,希望根据"立法者意思"将债务不履行无过失责任化的问题,最终雷声大雨点小地结束了。

四、变更潘德克吞体系的达成程度

(一)从德国法体系到法国法体系?

接着,来说民法的体系变更问题,即德国法类型的体系变更为法国法类型(潘德克吞体系到法学阶梯体系)。具体来说是以债权法修正促进者为中心的法

---

[74] 加藤・注41引用「國會上程債權法改正法案の問題性、問題發生の背景——衆議院法務委員會參考人意見」消費者法ニュース110號20頁以下。

[75] 加藤雅信「國會審議にみる債權法改正法案のゆくえ——ついにとどめを刺された債務不履行の無過失責任論」消費者法ニュース111號(平成29年)160頁以下。

务省的债权法修正办公室,一是将法律行为之后的大部分规定从民法总则移动到债权编,二是废除债权总则,统一到合同法中,三是将有关时效的规定一分为二,取得时效被规定到物权编,消灭时效被规定到债权编。民法(债权法)修正检讨委员会提出了这样的体系变更的提案。

在那时的提案说明中有如下陈述:这样做的话,“作为实质规定留在总则当中的只剩下了关于人的规定。这样的话,就出现了不如废除总则编,设置人编……这样的方案,与家族法的关系也就需要再斟酌”。(76) 这个说明就显示了要将现在的德国法律类型的潘德克吞体系构成变更为法国法律类型的人、物、行为的《法学阶梯》式的体系,同时希望将合同法作为民法典的中心来构造民法典。在最初的民法(债权法)修正检讨委员会上,这个提案受到了如下评价:“虽然合同法看起来变好了,但是其他就变得不知是田野还是山林。”(77)所以是一个与其说是大胆,不如说是有失偏颇的修正提案。这样一种合同法独善的提案的背后,表现了著有《契约的再生》(78)的债权法修正促进者对《合同法》的强烈的执着。此后,原法官也批判道:“为了让合同法能够自成体系,不管身后是田野还是山林,这样的修正究竟是否合理。修正促进者名垂青史,但却给他人带来了麻烦。我们决不能让民法体系崩坏”(79)。

(二)作为弄虚作假的结果被提出来的体系变更

从道理上来说,做出如此特殊的修正提案,债权法修正促进者,应当也预想到会有强烈的反对意见,本次修正包含体系的变更这件事在修正作业开始后很长时期都一直没有告知民法(债权法)修正检讨委员会的成员,直到近两年之后才突然提出了这样的提案。并且这个提案,是作为民法(债权法)修正检讨委员会规程上并不存在的“扩大干事会”的提案,说是全体会议的过半数成员的提案向全体会议提出,开始审议。对于这个大胆且粗暴的修正提案包括我在内的反对意见很快公开出来。那个时候,议长说:“那我们在这里就不再进行表决了。”我发言道:“这个从最初开始就是一个假赛。在全体会议的过半数都是扩大干事

(76) 民法(债权法)修正检讨委员会第八回全体会议(2008年11月3日)议事录第13页以下(http://wwr7.ucom.ne.jp/sh01/japanese/pdf/gijiroku/gijiroku008.pdf,2017年4月29日访问)。

(77) 前注引用民法(债权法)修正检讨委员会第八回全体会议(2008年11月3日)议事录第31页。

(78) 内田貴『契約の再生』(弘文堂、平成2年)。

(79) 遠藤=加藤=大原·注31引用「インタビュー調査報告書:債権法改正——元裁判官は、こう考える」名古屋學院大學論集社會科學篇50卷3號136頁(注31引用『加藤雅信著作集 第九巻』827頁)。

会的人的场合下对于扩大干事会提出的提案进行表决,人数比上来说就是一个从一开始就知道结论的表决。"⑧⑩说完之后,会场一片哗然,当日的会议没有能够举行。变为在临时的会议中进行讨论。那边虽也是作为提案者的扩大干事会的成员占了出席者的大部分,但因议论的前提是无须受所述党派的立场的约束可以自由讨论,结果有关体系变更的办公室提案最终只是少数意见⑧①。

(三)非常慎重地选择出来的审议会的"委员构成"

将未事先在委员会规程中写明的扩大干事会的提案作为过半数委员的提案提出,即便使用了这样的计策,办公室提案依然被否决。这样的结果给了法务省的债权法修正办公室很大的教训。之后在2009年的法制审议会上成立民法部会的时候,不单在此问题上,凡是在民法(债权法)修正检讨委员会上对法务省原案提出反对意见的人都被排除在研究者委员之外,民法部会的委员干事38名当中,民间人士只有9名,比例不到1/4,司法行政当局和研究者29名,占3/4以上压倒性的多数。重点就是,构筑了一个即使出现反对意见在审议会上也可以以绝对多数通过的这样一个坚如磐石的体系⑧②。其结果是:本次的债权法修正,不管出现怎样的意见,都是一个事先决定好结果的假赛,是一个完全按照官厅喜好被组织起来的民法部会。

(四)通过"将反对派从审议会中排除"而实现的,在法制审议会上的审议

上文提及的组织效果在法制审议会民法部会成立之后的审议上如愿出现了。在民法部会上进行关于编别构成的讨论时,债权法修正办公室制作的部会资料上写着:"没有想要改变民法典的总共五编的编别构成"⑧③。不管是谁,直接读这个资料审议会资料,都会觉得办公室是准备维持现行民法的编别构成的吧。

民法(债权法)修正检讨委员会上将所有反对法务省原案的人都排除在外,会引发问题。债权法修正办公室也考虑到这一点,因此新任命了若干研究者作为委员。其中一名是松本恒雄委员,可能是对民法(债权法)修正检讨委员会时代债权法修正办公室的手法有了警觉,他慎重地提问道:"编与编之间的条文搬

---

⑧⓪ 注81引用民法(债权法)修正检讨委员会第八回全体会议(2008年11月3日)议事录第87页。

⑧① 民法(债权法)修正检讨委员会第九回全体会议(2008年11月15日)议事录第55页以下(http://wwr7.ucom.ne.jp/sh01/japanese/pdf/gijiroku/gijiroku009.pdf、2017年4月29日)。

⑧② 介绍这期间的状况,包括法制审议会·民法部会的委员、干事的构成的图表等,参照注52引用的加藤『民法(债権法)改正——民法典はどこにいくのか』258页以下参照(注31引用『加藤雅信著作集 第九卷』454页以下。

⑧③ 注49引用法制审议会民法(债権关系)部会第二回会议(2009年12月22日)部会资料4第1页。

家,也要遵循不改变本编的构成的修正规则吧?”法务省民事局参事官答:“关于这个问题,可以在部会进行自由议论。”(84)虽说可以预见这一次的审议会构成是远超过半数的同意者,但是债权法修正办公室依然采取了遮遮掩掩运营审议会的态度。

但是,虽有持慎重态度的委员,民法部会提案变更了法体系,提出:1. 有关法律行为的规定,2. 将有关消灭时效的规定放到债权编,3. 债权总则和合同法统一。律师出身的委员发言道:“作为律师协会,对于条文的编纂体例上没有特别的意见。大家的态度是只要将合适的条文,便于理解地编纂起来,我们就愿意遵照各位研究者的意见。”(85)可见将研究者委员中的体系变更反对派全面排除的债权法修正办公室的策略起了作用。作为债权法修正办公室,虽在民法(债权法)修正检讨委员会上进行了周密的准备却仍然一败涂地,但此次在委员的选任上下了工夫之后,曾经在检讨委员会上仅获得少数支持的债权法修正办公室的提案成功地复活了。

只是,曾是民法部会的委员的松本恒雄教授说:“对于债权法修正,在对法制审议会咨问的数年前‘民法(债权法)修正检讨委员会’……就进行了周全的准备工作,在法制审议会上的审议也是,几乎所有的地方都以检讨委员会的提案为基础在进行修正。”(86)我认为这个评价大体正确。但是,想到曾在民法(债权法)修正检讨委员会上被否决的债权法修正办公室提案,成为法制审议会、民法部会的原案这一点,法务省民事局的债权法修正促进者、法务省民事局参事官等为中心的债权法修正办公室,将其当作自己,准确来说是法务省民事局的相关人员,用来隐匿自己在民法(债权法)修正检讨委员会上提案的傀儡组织。在民法(债权法)修正检讨委员会上被否决后不方便推进,于是毫不掩饰地将自己的原案提交给了法制审议会、民法部会。

就这样,民法部会在第一回合制作完成的《中间论点整理》中,将现行民法中放在总则部分的有关法律行为、消灭时效的规定,放到了合同总论和合同分论中,(87)然后开始第一次征集公众意见。

---

(84) 以上参见前注引用法制审议会民法(债权关系)部会第二回会议议事录第21页以下。

(85) 注50引用法制审议会民法(债权关系)部会第二十回会议(2010年12月14日)议事录第52页(http://www.moj.go.jp/shingi1/shingi04900058.html、2017年4月29日)。

(86) 松本恆雄「日本の債権法改正法案における消費者利益への配慮または無配慮」(韓國全南大學)法學論叢第36卷1號(鄭鍾休教授定年退職記念號)68頁。

(87) 注63引用『民法(債権関係)の改正に関する中間的な論點整理の補足説明』225頁以下。

（五）无视公众意见而决定对债权法修正继续审议

第一次征集公众意见时，出现一个奇特的情况。该征集公众意见的期间是2011年6月1日到8月1日。在期限到来之前的7月26日，举行了民法部会，决定了以1年半后的2013年2月为节点将"中间试案"总结出来[88]。该方针并非仅仅关于此处讨论的体系变更的问题。债权法修正促进者称，本次"公众意见中，有关修正的必要性本身，有对此表示疑问等各种意见"[89]，但一边如此表述，一边又不等征集公众意见期间截止，就决定继续对债权法修正进行审议。该文章作者在这个论述之后，在表明有赞成和反对等各种意见的情况下，"对这些意见进行了整理，再在部会中进行意见交换。其结果是，作为债权相关的部会，我们认可修正的必要性，再次确认了今后将继续进行审议"[90]。如果事实如此当然没有问题，但是，详细查阅民法部会的会议记录可以发现，在决定继续进行债权法修正的审议那日的民法部会上，公众意见丝毫未被提及。并且，在四个月之后的民法部会上，公众意见虽然被介绍，但该日的会议上，关于"修正的必要性"，只有办公室的说明和参事官的发言，其他民法部会的委员、干事们的发言一概没有。总而言之，根本没有听取公众意见，事先已经决定一年半之后要作出中间试案。过了四个月之后，才"附"上公众意见，此时根本已无任何意义，所以没有任何人发言。债权法修正促进者就是利用了这种无法表达意见的状态，才写下了"对这些意见进行了介绍再在部会中进行意见交换。其结果是，作为债权相关的部会，我们认可修正的必要性，再次确认了今后将继续进行审议"[91]。颠倒了意见交换和决定继续审议的时间先后关系，将事实上根本没有进行的"意见交换"写得好像已经进行了一样。看到这里，就知道法务省民事局可以说是故意隐瞒了公众意见的总结。

恐怕在各方面都压倒性地对债权法修正持否定评价的状况被公之于众的背景下进行的这次征集公众意见，虽在债权法修正促进者的文章中称为"赞成和否定意见都有"，实际却是否定意见占压倒性多数吧。法务省相关人员，在征集公众意见的期限到来之前的7月26日，应当是可以看到已经收集的公众意见的，

---

[88] 法制审议会民法（债权关系）部会第三十回会议（2011年7月26日）议事录第1页以下（http://www.moj.go.jp/content/000078908.pdf、2017年4月29日）。

[89] 内田貴「佳境に入った債権法改正」NBL九六八號（平成二四年）4頁。

[90] 内田・前注引用论稿同页。

[91] 更正确地来说，围绕着"总论的意见"，办公室和法务省参事官以外，律师出身的委员曾经发言对"审议的日程安排上的关系"的意见，但对是否有"修正的必要性"的发言完全没有。（法制审议会民法部会第35回会议）（2011年11月15日）议事录第6页（http://www.moj.go.jp/content/000083387.pdf、2017年4月29日）

看了这些意见的民法部会委员担心继续对债权法修正进行审议会有危险。因此,实际情况是,在征集公众意见的期限到来之前就先决定继续审议,债权法修正促进者书写了与事实相反的文章以此来潦草敷衍吧。

(六)征集公众意见中隐去的"体系变更论"和在隐蔽处继续进行的"体系变更论"的审议

以上的叙述不仅是有关体系变更论的。但在第一次的征集公众意见中存在的体系变更论,不知为何在两年后的2013年第二次征集公众意见中从论点中排除了。有关其原因,著者可能知道的并不准确,传说其原因有二,一是因内阁法制局的反对,二是因法务省民事局的领导层压制了企图变更体系的债权法修正办公室。

只是,在此阶段,体系变更并非完全从论点中被排除了。在第二次征集公众意见的对象的《中间试案》的前注中写着:"本中间试案,有关上文一的民法规定中,只列举了现在正在进行探讨的项目,没有提及的是准备维持现状的。"[92]我读了这个,认为体系变更已经从修正的焦点中排除了,和我持同样想法的人应该并不少。

但是,债权法修正办公室还是坚持了一下。他们在第二次征集公众意见的途中,召开了民法部会,提出了题为《有关民法(债权法)的修正的论点的补充性探讨》[93]的资料,继续审议了体系变更问题。在此次会期中试图进行的,是审议没有作为征集公众意见对象的体系变更问题。在那次会上,虽然也出现了在特定的问题上"没有必要一定墨守现行的潘德克吞体系"[94]的意见,但再看看征集公众意见的经过,"体系的变更"的问题,最终在民法部会于2015年2月10日决定的《有关民法(债权关系)修正的纲要案》上完全消失,没有保留在提交给国会的债权法修正法案中,成立后的修正民法典上自然也就没有了体系变更的痕迹了。

(七)围绕体系变更的学术界的情况

但是,在此强调一下体系变更论与后面要进行的论述的关系,在债权法修正工作开始之前,学术界根本不存在认为日本民法的体系有必要进行变更的学说。即便如此,债权法修正办公室却突然如此提案。并且在被民法(债权法)修正检讨委员会否决的情况下,依然无所顾忌地将被否决的原案带到法制审议会、民法

---

[92] 注63引用『民法(債権関係)の改正に関する中間的な論點整理の補足説明』)1頁。

[93] 法制审议会民法(债权关系)部会第七二回会议(2013年5月28日)部会资料4(http://www.moj.go.jp/content/000111371.pdf,2017年4月29日访问)。

[94] 前注引用法制审议会民法(债权关系)部会第七二回会议(2013年5月28日)议事录第6页(http://www.moj.go.jp/content/000114934.pdf,2017年4月29日访问)。

部会，即便有内阁法制局或者法务省民事局领导层的反对也依然执拗地反抗，最终在民法部会审议的后半程才销声匿迹。

如果刚刚将债权法修正促进者乃至法务省的债权法修正办公室未能实现其希冀的债务不履行责任的无过失化评价为"雷声大雨点小"，那么在很早的时期就销声匿迹的体系变更问题，可以被评价为"雷声大而无雨点"了吧。

五、民法的多条文化的达成程度

（一）大陆法和英美法的统合与作为其结果的多条文化

前面我介绍了本次的债权法修正目的是为了让日本民法模仿英美法。与此点关联的另一个重要问题，是修正提案的多条文化和条文的长篇化和复杂化。债权法修正促进者憧憬的、并且认为日本应当效仿的欧美民法最近进行的民法修正或者通用条约，都是条文数目多，条文长篇且复杂。最初的修正条文提案体现了债权法修正促进者认为这才是"现代化的法典"的思想。但是，在我看来，"现代化的法典"不是条文数目多，而是将规范的内容集约在少量的条文中的成文法系的大陆法和规范内容的集约性低的判例法的妥协结果，条文数目变多了而已，这种"现代化的法典"，只是一种幻觉。

维也纳买卖条约，因为是联合国的条约，美国不签署的话就丧失了其意义，因此，美国法和欧洲大陆法的"妥协"就显得尤为必要。欧洲合同法原则等以欧盟为舞台的国际规范，因为是在英国脱欧之前制作的，英国法与欧洲大陆法的"妥协"也有必要。原因无须说，因为英美是判例法国家，而欧洲大陆使用的是成文法。

将判例用条文的形式固定下来，看美国的法律重述（restatement）就能明白，英美法与大陆法相比是非常长篇大论的条文群。这种拥有长篇大论的条文群的英美法国家与拥有相对简明的条文的大陆法国家"妥协"的结果，就是维也纳买卖条约、欧洲合同法原则等国际性规范，在大陆法系看来是长篇大论，在判例法系国家看来又过于简单。作为法律规范，被评价为剥夺了"成文法通常所具备的特征"，这也是国家交易实务中出现排除适用维也纳条约倾向的背景。但是，虽然作为法规范其评价较低，在欧洲内部，因欧洲一体化的社会性价值远高于法律劣化的评价，所以，欧盟中起彼伏地出现了在大陆法系国家的标准看来条文特别庞大的提案。

但是，致力于债权法修正的债权法修正促进者，没有看到复杂的规范的提案背后有欧洲一体化和联合国规范的特殊的社会背景，只看到了表层，以为法规规范的条文的长篇大论化是现代法学的国际潮流，意图将身处欧盟之外的日本的国内规范的民法典也弄成多条文化和规范的长篇大论化。并且，在修正民法典中,说要把条文的数目弄成现行民法典的二到三倍(95)。多次试图进行民法典的多条文化和长篇化。

(二)使用“四两拨千斤战术”推进多条文化

但是,在欧盟之外的日本并不具备多条文化和条文的长篇化的社会基础。

我在民法(债权法)修正检讨委员会上问债权法修正促进者说:“我看了日经报纸的报道,说民法要变成 2000 条以上,您究竟是如何考虑的?”(96)对此,债权法修正促进者,应当曾经多次被新闻报道,回答那篇报道“并非是我所写,也未必体现我希望他如此写作的意思。您也说了是‘日经上如此写’,并非是我写的”(97)。

那一天的民法(债权法)修正检讨委员会的讨论就此结束了。但是,那一天的日经的报道出来之前几日,该债权法修正促进者在律师协会所作的演讲内容被报道出来了。他在律师协会演讲说:“修正后的民法要将现行民法的条文变为二倍至三倍”。可见之前的日经报道是符合他的演讲主旨的。条文数目若变为二倍则是 2088 条,3 倍则为 3132 条(不考虑缺项以及有多项的条文)。总之,因为有关演讲的报道是在审议之后才出刊。于是他利用了这一点,在审议会上,面对对自己不利的问题,他含混回答蒙混过关。在之后的民法(债权法)修正检讨委员会开会期间,我叙述了法典的多条文化、长条文化存在问题,反对条文详细化的意见,并要求记载在议事录上。而债权法修正促进者和委员长称并非是针对特定条文的意见,所以不能记载在议事录上。(98) 就像这样,他们一贯回避正面讨论,而在暗地里偷偷地贯彻自己的意见。

债权法修正促进者的这种态度,后来也没变。在法制审议会、民法部会上,律师出身的委员在审议的最初就表达了对多条文化的反对,表达了如下的意见:“律师协会中,对条文变多这件事,持反对意见的人很多”,“如果条文变成 2 倍以上的话,你小子就不要回律师协会来了!并且,律师协会有公司法的阴影,强烈要求决不能把条文变得像公司法那样难以阅读,难以理解”。(99) 债权法修正促进者等相关人员一边回避对这些担心的直接回答,一边好像什么都没有发生地继续在法制审议会、民法部会中提出多条文化提案和长篇化的提案。

---

(95) 注 51 引用第一东京律师协会·司法制度委员会“有关民法(债权法)修改的学习会”上的发言(第一東京弁護士會會報 2008 年 12 月 1 日 429 号 3 頁)。

(96) 注 76 引用民法(债权法)修正检讨委员会第八回全体会议(2008 年 11 月 3 日)议事录第 18 页。

(97) 前注引用议事录第 39 页。

(98) 有关此间讨论的详细情况,参见注 52 引用加藤『民法(債権法)改正——民法典はどこにいくのか』112 頁以下(注 31 引用『加藤雅信著作集 第九巻』336 頁以下)。

(99) 注 83 引用法制审议会民法部会第二回会议(2009 年 12 月 22 日)议事录第 45 页。

结果,在民法部会的第一阶段的最后,某学者委员说:"按照本次立法的话,条文数会增加很多。"[100]经济界出身的委员好像已经放弃了一样,说:"增加条文的数量也有不得已的一面,但如果增加太多的话,又会变得难以理解……这之中的平衡请一定把握好。我只有这样概括性的意见,学者先生们的意见书我都仔细阅读了,但是好像没有进行充分的讨论。"[101]可见,债权法修正促进者的四两拨千斤战术发挥了一定的作用。

(三)欧美的代表学者眼中的"多条文化"

但是,他是希望把日本民法变得欧美风,而欧美,并非就推崇条文的多条文化,长条文化。因导入了苏格拉底法而闻名的兰德尔(Langdell)教授,在他执教的哈佛大学法学院有以他名字命名的教学楼,在美国如此被尊敬的法学者,曾经如下叙述:

"基本法理的数目,相比我们通常所想的要少得多。统一的法理不停地以不同的装扮出现,并且汗牛充栋的法学著作的大部分都是与其他著作互重复,这是引发许多误解的原因。如果这些法理被分类、放置在合适的地方并被发现且不再在其他地方重复,这些法理,因其数量庞大而吓人的情况就会终结。"[102]

而参与编写欧洲合同法原则第三部的齐默曼教授,也如下说:

"希望在抽象的规定之中,法官、学者同心协力使法规得到发展。德国民法的生命力强大的原因,就是因为其保留了抽象的规定,而让其发展的任务,交给了判例、学说,通过这样的方式来进行适应时代的补充。某时代的立法,不能断绝判例、学说的发展。因此,一定要非常慎重地进行立法。"[103]

但是,这些欧美的代表学者的想法,对债权法修正促进者却毫无触动。总之,债权法修正促进者只是憧憬最近在欧美伴随着大陆法和英美法的法统合而出现的表层现象,没有关心兰德尔教授和齐默曼教授所见的欧美法的根本精神。

(四)法曹界对"多条文化"的反对

如上所述,在民法(债权法)修正检讨委员会,或者法制审议会、民法部会等法务省或仰法务省鼻息的人的领导力可及之处,债权法修正促进者,通过"四两拨千斤战术"将反对意见湮灭,又以惊人的坚持力,使其思想获得通过。但是,在法务省的影响力未及之处,他的意志力就非常无力了。法曹实务家中,有很强的反对声浪,包括他在内的法务省相关人员,就无能为力了。

---

[100] 注85引用法制审议会民法部会第二十回会议(2010年12月14日)议事录第51页。

[101] 前注引用议事录第53页。

[102] グラント・ギルモア=望月禮二郎『アメリカ法の軌跡』(岩波現代新書、昭和59年)62頁以下。

[103] 瀧久範=松岡久和「ツィンマーマン教授との研究會における議論の概要」民商法雜誌140卷4=5號(平成21年)497頁。

原法官如此说[104]：

"债权法修正促进者说,现在的民法是专业人员的民法。因为外行很难理解,所以要将条文写得详细易懂。但是,若进行像本次中间试案这样的修正,仍然是很难理解。"

"长且细致的说明就容易理解,是促进者的学者式的错觉。比如杀人,圣经上有'不准杀人',所以一般人也能理解。但是,同样的东西,在刑法上写的是："杀人者,处死刑或无期或五年以上有期徒刑。"圣经非常容易理解,但这不是因为写刑法的人故意写得难以理解,这只是反映了圣经是行为规范,而刑法是裁判规范而已。刑法不能损害其作为行为规范的性质,而像圣经那样,写得像外行的行为规范一样具有可读性。这是一个无法达成的要求。"

"增加条文数量,将内容写得详细,相当于离开纠纷的实体,专抓详细的条文的用词的细枝末节,容易使讨论背离纠纷的实质。这样难道不是会让审判变得龃龉不已吗……以条文的详细化、多条文化为美的做法,是不从事实务的人的突发奇想。并且,即使是法务省的相关人员,若没有从事过审判实务,也很难避免这种倾向。"

"条文制定得过于详细的话,法律就失去了弹性,用解释法律的方式来解决问题的余地就少了。规定过细,反而不容易对应各种情况,会让实务人员为难。法律条文中,最好还是留下解释的余地。法律需要有一定的弹性。而这样的修正方向,会留下祸根。"

并且,看一下以全国律师为对象的问卷调查,赞成详细化、多条文化的人数为 310 名,反对人数为 1487 名。全国范围内,反对人数占压倒性多数。不仅如此,看看自由记载栏,写着对本次的修正论的各种意见："最大的问题是多条文化"、"多条文化绝不是什么好东西"、"把条文详细化,非常担心会形成毫无弹性的形式性的法律解释和法律适用"、"2000 到 3000 的条文的细分化,对国民来说既复杂又难以理解,变成一个不方便使用的法律"、"并非详细就会便于适用。简单即美"、"全局性变差。应当改成包含很多信息的简练的条文"、"应当避免像公司法那样条文难以阅读"。[105]

---

[104] 遠藤＝加藤＝大原・注 31 引用「インタビュー調査報告書：債権法改正——元裁判官は、こう考える」名古屋學院大學論集社會科學篇 50 巻 3 號 138 頁以下（注 31 引用『加藤雅信著作集 第九巻』829 頁以下）。

[105] 弁護士の聲を民法改正に反映させる会・事務局「民法（債権法）改正：全国・弁護士二〇〇〇人の声——債権法改正に、反対一四六八名、賛成一九〇名」（平成 25 年）（http://minpoukaisei.cocolog-nifty.com/blog/，2017 年 4 月 29 日访问），参照注 31 引用『加藤雅信著作集 第九巻』847 頁以下。

对于这些外部意见,从在债权法修正问题上法务省的一般态度推测,我不认为法务省倾听了这些意见。但是,多条文化不等于就是"现代的法典"这件事,多数法官和律师们是知道的。也许是持有相同看法的内阁法制局施压,多条文化的问题后来变得虎头蛇尾。从成立后的修正民法来看,也只是增加了少量的项,现行民法和修正后的民法的条文数几乎一样。从法务省方面的见解也可看出,在2016年秋的临时国会(第192回国会)上,当回答本次修正会否增加民法的分量时,小川秀树民事局长做了否定回答,其答辩说:"不会在本次修正中使条文数膨胀。"[106]

在这里,在这个问题上,可以说虽然打了雷,但滴雨未下。

六、将消费者法纳入民法中的达成程度

(一)序言——债权法修正的"秘密的告知"和法务省的意图

本次债权法修正有些特殊动作的原因,是因为存在其他法律修正时没有的特殊情况。因为官厅的争权是本次立法的真正动机,并且,这个动机一直没有向世人甚至也没有向法修正的参与者透露,其结果是无论对公众来说还是对参与者来说,本次修正的行动都一直极不透明。具体来说,是法务省民事局希望将消费者合同相关的权限以秘密的形式从消费者厅那边夺回来。

消费者合同法是2000年公布的。在该法制定之前,因为合同法是民法的一部分,所有由法务省民事局管辖,其中也包含消费者合同法。但消费者合同法制定以后,消费者合同法的管辖权移到了其他官厅,现在由消费者厅管辖。确切地说,虽说该法是消费者厅和法务省共管,但管理消费者合同法事务的,是消费者厅的消费者课,所以可以说实际是消费者厅在管理。

法务省2006年2月在自己的主页上公布开始着手进行债权法修正。但这是一个非常不引人瞩目的公布,即使对债权法修正发表了那么多意见的我,也是当公布6年之后,在兵库县律师协会进行演讲时,从该律师协会的村上公一律师那里听到,之前都不知道在法务省主页[107]上公布了这个"最初的法务省的告知"。这样的人不仅我一个。池田真朗教授写道:"法务省的'决定'这样的文件,是如何作出的?至少笔者本人是从报纸的预测报道上才得知其动向的。"[108]角纪代惠

---

[106] 第192回国会众议院法务委员会议事录第9号(2016年11月18日)第12页。

[107] 法务省主页「民法(債権法)の改正について」(2006年2月刊登)(http://www.moj.go.jp/MINJI/minji99.html、2017年4月29日)。

[108] 池田眞朗「民法(債権法)改正のプロセスと法制審議會部會への提言——債權讓渡関係規定による例証とともに」法律時報82巻3號(平成22年)88頁。

教授写道:"根本不知道是何人、何时向国民正式宣布'全面修正债权法'的!"[109]这些都是法务省的主页上的告知发布之后数年才做的发言。两位都是民法(债权法)修正检讨委员会的委员,并且是对于债权法修正积极建言的研究者。为何要这样隐秘地,或者说是偷偷摸摸地公布呢?理由很简单。在这个法务省告知发布后1个月,预计"经济关系民刑基本法整备本部"解散。经济关系民刑基本法整备本部于2001年设立,负责了多项民事立法,作为其最后工作公布了修正法,预计于2006年3月解散。如下图所示,经济关系民刑基本法整备本部设置以来,法务省民事局的民事立法人员大幅增员,因此可以预想次年将会大幅减少。

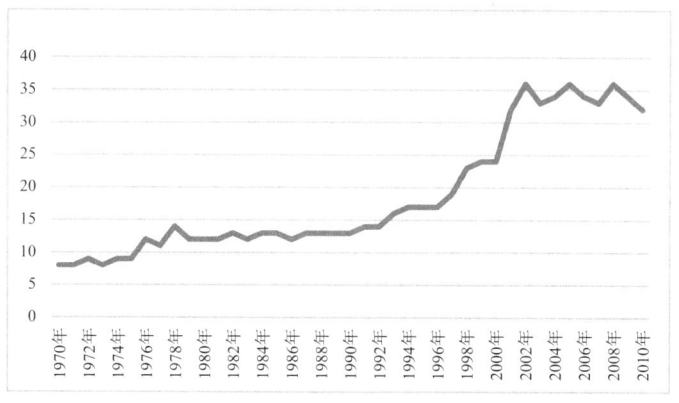

民事局民事立法人员人数变动图

在此阶段进行民法的大修正的话,可以维持法务省民事局民事立法人员的数量,这实际上也是法务省民事局本次修正债权法的目的之一。但是,如果在三月即将解散之前,二月发布要对民法进行大修正的公告的话,为了维持增加人员的法务省的居心就一目了然了。所以,法务省民事局,秘密地,或者说是偷偷摸摸地公布了这个告知。

到此为止,先不说这样的行为是否合适,明知"何为耻"的组织却做出了这样的行为,并且后面的行为更加不堪。在这个告知之后,紧接着就开始了将消费者合同法纳入民法的行动。这件事,通过观察此后的法务省民事局的行为,特别是在本次债权法修正中组成组合的债权法修正促进者和法务省民事局参事官的这几年的行动,以一年一年为单位来看的话,就好比在看全景相片一样,能够明确看出法务省为了将消费者合同法的权限从消费者厅夺回来所做的准备周全的行为了。

---

[109] 角紀代惠發言「座談會:債権法改正と日本民法の將來——四月のパブコメ實施を前にして」法律時報83卷4號(平成23年)69頁。

(二）法务省民事局的动向——债权法修正促进者为将消费者合同法纳入民法典所做的努力

（1）偷偷地告知——2006年

如前所述，法务省2006年2月在自己的主页上公布着手进行债权法修正，进行了偷偷地告知。

（2）对社会的告知——2007年

在此后一年，杂志的新年号上，法务省民事局参事官，为让世间周知，向社会做了如下的告知。

"法务省民事局，在近期要对民法（债权法）进行根本性的改革。从2006年开始进行其基础研究。作为与此相关的动作……为准备民法（债权法）修正，学界有识之士成立了自发的研究组织，即'民法（债权法）修正检讨委员会'，该修正检讨委员会中，法务省的负责官员也参与其中，该修正检讨委员会，以2008年内做出'修正的基本方针（修正试案）'为目标。法务省民事局也期待该修正检讨委员会能够制定出在今后的法制审议会进行调查审议的基础的试案，也会积极加入其讨论。"[110]

该告知含有以下三点，包括了一些奇怪的内容。① 作为公家组织的法务省开始着手债权法修正作业；② 同时，由民间组织（学界有识之士成立的自发的研究组织）制定试案；③ 由民间组织来编写试案，期待其作为在公家组织法制审议会上审议的基础；④ 法务省负责官员参与民间组织，积极参加讨论。是这样的构造。为何要弄这样一个弯弯绕绕的组织呢？在该论稿发表前3个月，被邀请参加民法（债权法）修正检讨委员会的我，苦思不得其解。在此阶段，我也和民法（债权法）修正检讨委员会的一部分委员议论说"感觉不太好啊"，但是究竟法务省的内心是如何谋划的，大家都不好预测，只是觉得开始了一些奇怪的事情。

在那个时候，我只是觉得"开始了一些奇怪的事情"，并不知道法务省民事局开始谋划围绕消费者合同法的争权行为，这些都是后几年才明白的。如前所述，因为消费者合同法的成立，之前由法务省民事局管辖的消费者合同法的管辖移到了其他官厅，现在属于消费者厅所管辖。因此，法务省其实是开始了复仇，确切地说，是开始了失地收复之战。

法务省2006年2月在自己的主页上公布着手进行债权法修正的理由，实际上一方面是为了防止自己局的人员减少，另一方面是为了从消费者厅将有关消费者合同的权限夺回来。先明确了这点，下面我就摘去旁枝末节，按年代顺序，来简单介绍之后的债权法修正促进者和法务省民事局参事官的行为。

---

[110] 筒井·注43引用「民法（財産法）関係の動向」NBL848號31頁。

(3) 债权法修正促进者发表论文——2008年

在向社会的告知的后一年(2008年)被招入法务省的债权法修正促进者在论文中写道:“应当承认传统民法观念中的‘人’不能很好地将消费者包含其中,在民法中使用消费者的观念,设置消费者的法律,这样的立场也可以存在。”(111)在我所知之限,在被招入法务省之前,债权法修正促进者从未有过如此主张。

(4)《债权法修正的基本方针》,明示将消费者合同法纳入民法典——2009年

又在后一年的2009年3月,民法(债权法)修正检讨委员会解散。5月将《债权法修正的基本方针》作为修正提案公布了。该提案内容之中,包含了在修正后的民法典中,“将消费者和经营者作为相对应的定义规定”,“将消费者合同法中有关私法的实体规定删除”,然后纳入民法,“将消费者合同法重新编为以消费者集体诉讼为中心的法律”等内容(112)。在这个阶段,联系在(2)中所述的,再想起2007年法务省民事局参事官在杂志新年号上所写的内容,就明白法务省民事局,把上述的内容作为“法制审议会上审议的基础”的计划了。

后来,同年10月,法务大臣在法制审议会上对债权法修正进行了咨问,作为法制审议会的部会,组织成立了“民法(债权关系)部会”(在本章中,也与之前一样,称其为“民法部会”)

(5) 法制审、民法部会上的,将消费者合同法纳入民法的审议——2010年

又在之后的2010年年末,民法部会上,对有关消费者合同法的问题进行了审议,提出了如下部会资料。

“总论(可否规定有关消费者、经营者的内容)

“一直以来,认为民法中设置的是对所有人无区别地都可适用的规范,但是对于民法的形态,并非必然只能如此考虑,不如说,有观点认为,随着市民社会的构成人员的多样化,今日社会中,仅用‘人’这个单一概念把握已经有困难,要让民法继续发挥其作为私法一般法,支撑社会的作用,应当将‘人’概念分节规定,将有关消费者和经营者的规定在民法中设置。”(113)

这个部会资料中所写的“有观点认为”这样的学说,指的是(3)当中所说的被法务省招入之后债权法修正促进者于2008年所著的论文中所说的“在民法中也使用消费者的概念,设置有关消费者的规定”。

可见,债权法修正促进者一人分饰两角,一方面在民法部会上作为法务官僚

---

(111) 内田・注19「いまなぜ『債権法改正』か? 下」NBL872號75頁。

(112) 注46引用『債権法改正の基本方針』別冊NBL126號18頁、23頁。

(113) 注85引用法制审议会民法(债权关系)部会第二十回会议(2010年12月14日)部会资料20—1第52頁。

出席,一方面又作为学者事先写好符合法务省民事局意图的论文,在法制审、民事部会上将自己写的东西作为好像是第三人的意见、外部意见一样误导性地作为部会资料提出来,诱导了民法部会中的讨论。债权法修正促进者为了将这种行为正当化,在次年作了如下论述。

"我现在虽说是在法务省任职,但只是'参与官'这个身份,所处的立场是针对负责人的要求,叙述自己对有关学说的见解,自由的表达自己的意见。本书也是我作为一个多年研究民法的大学教授,自由的论述个人意见的成果,我要声明一下与法务省的见解无关。"[114]

从这一连串的行为,可见债权法修正促进者被招入法务省的背景,也包含着法务省民事局的策略。因其具有法务省官僚和学者这两面,将其分别使用,并将这些见解出自同一人的事实隐匿,以此来诱导法制审议会、民法部会的议论。

(6) 将消费者合同法纳入民法,成为征集公众意见的对象——2011年6月1日起

在上文所述的法制审议会、民法部会的审议进行的下一年(2011年)4月,民法部会定稿了《中间的论点整理》,法务省5月份公布,6月开始第一次征集公众意见。

作为向公众征集意见的对象,《中间的论点整理》中写道:"是否要在民法中列入'消费者'和'经营者'的概念,以及应当规定的具体内容都在进行探讨,下面再进一步研究",同时,又提出了两个方案:"在民法中规定……有关消费者合同的特别规则"以及,稍微退后一步,"具体的规定由特别法来规定,民法中规定对消费者合同法的解释"。[115]

在此,法务省民事局当初的计划,开始显现效果。无须直接面对消费者厅的反对,打开了让公众意见来决定对是否由法务省民事局所管辖的民法典来规定消费者合同进行讨论之路。相关人员长达五年的内部努力终于开始显现效果。在这个阶段,相关人员想的应该是:"看看!我们避人耳目所下的工夫慢慢结果了吧。"

(7) 被隐藏起来的法务省民事局的意图大白于天下——2011年5月25日

但是,在开始向公众征集意见的前几天,突然横生枝节。说自己的事情有点不好意思,因为在那个时期,我的《民法(债权法)修正——民法典要去往何方》出

---

[114] 内田貴『民法改正——契約のルールが百年ぶりに変わる』(ちくま書房、平成23年)219頁。

[115] 注68引用『民法(債権関係)の改正に関する中間的な論點整理の補足説明』(2013年)493頁。

版,本次债权法修正的本来(但是一直被隐匿)的目的,是为了防止法务省民事局的人员减少和将消费者合同法的权限从消费者厅夺回来,赤裸裸是为了追求组织体自身的利益,而非为了公益目的而进行法律修正[116]。这本书是以在杂志上连载的论文为基础的,这些信息虽说在那之前已经在社会上开始流传,因为是在征集公众意见时期出版的本书,所以该信息的流传范围要比杂志论文广得多。

(8) 将消费者合同法纳入民法,虎头蛇尾——之后的动向

在这本书出版之后,作为外人的我不知道法务省民事局是怎么做出的决定。但是,关于将消费者合同法的权限夺回这件事,他们早早地放弃了。两年后,进行第二次征集公众意见的《有关民法(债权关系)的修正的中间试案》(以下称《中间试案》)中,写了关于"消费者和经营者之间缔结的合同(消费者合同)",要设置考虑信息不对称、交涉能力的差别等的条文[117]。虽说两年前《中间论点整理》中退后一步的提案依然被维持,但相比最初的《债权法修正的基本方针》已经让步了。且向国会提出的《债权法修正法案》中,没有与消费者合同相关的规定,《债权法修正的基本方针》发布时的"将消费者合同法中有关私法的实体规定删除",然后纳入民法,"将消费者合同法重新编为以消费者集体诉讼为中心的法律"等内容已经全无踪迹了。

法务省民事局避免了从正面对这个问题进行论述,在内部每年一点一点往前推进,通过这种手法,有预谋地将事情推进到这个地步,但是在一切大白于天下的时候,内部工作的效力消失殆尽。[118]

---

(116) 注 52 引用加藤『民法(債権法)改正——民法典はどこにいくのか』156 頁以下、165 頁以下(注 31 引用『加藤雅信著作集 第九巻』378 頁以下、385 頁以下)。

(117) 注 68 引用『民法(債権関係)の改正に関する中間試案の補足説明』332 頁。

(118) 然而,本章中对有关"将消费者合同法纳入民法"的问题,只是从立法手续方面进行了论述。留下的更重要的是从实体法上对该问题应该如何评价。有关这个问题,我的意见如下:

有关消费者问题的立法发展非常迅速。消费者法是一个变化非常快的领域,消费者私法亦不例外。与此相对,作为基本法的民法,是一个修正频度较低的法律。理由是民法作为一般法被应用在各种各样的场景,其使用频度很高。这样的法律若被频繁修正,则修正前的事件适用旧法,修正后的事件适用新法,很容易引发混乱,因此对修正必须慎之又慎。因此,若将消费者法纳入到民法当中,对于消费者法的随机应变的修正就变得困难,民法作为基本法的安定性也会受到损害。因此,基于这样的观点,将民法和消费者法拼凑到一起,我认为将是一桩不幸的婚姻。

并且,现在民法是以同质的人为前提,是对所有的人都适用的法,基于这样的基本性质,加入消费者法,会破坏这样的基本性质。

基于一开始论述的法律修正的基本手续这样的实务性的观点和前段所说的法的基本性质的观点来说,我认为将消费者法纳入民法存在一定的问题。

还用之前雷声雨点的比喻来说的话,是打雷把天打塌了吧。

(9) 关于夺回有关消费者合同法的权限的问题的法务大臣的国会答辩(2017年)

再次确定这个结局的,是法务大臣的国会答辩。在2016年秋的临时国会(第192回国会)上,开始对债权法修正法案进行审议时,某日的众议院法务委员会上,日本维新会的木下友彦委员进行了质问。在质问的最后,木下委员宣读了我的论文,主要包含了以下内容。"本次债权法修正本来的目的,是将在消费者法制定时法务省实质上(形式如何不论)丢掉的对消费者合同的权限夺取回来。"木下委员问法务大臣的意见,大臣从头到尾都是含糊的回答。对此,木下委员用以下的语言结束了质问:"大臣也就只有这样的答辩了吧。但是实际上在这方面也存在问题,这点您只要稍稍理解,我的理解也许并不正确,但是您对此没有否认,因此,反过来请您多斟酌一下,世间也有这样的批评。"

总之,该问题询问的是我关于债权法修正的真正目的是对于消费者合同法的官厅间的权限争夺的见解是否正确,若该见解不正确的话,即使是面色大变高声斥责也不奇怪,而法务大臣在国会上并未否定,而是未作回答。[119]

七、结语

(一) 反胜为败和中止比赛败北的债权法修正

最终,当初的修正目的,从大的目标来说,几乎都未能达成[120]。

在大学做演讲时,最后为了让学生诸君能够更好地理解从学者变身为法务省官员的债权法修正促进者和传统的法务省试图达成的,本次的债权法修正的四个修正目的的达成程度,我用棒球比赛作比喻,来进行评价。在此也介绍给大家。

第一点债务不履行的无过失化,被学界和法曹界多方抨击,虽然每次都是跑垒到二垒或三垒,法务省相关人员坚持又坚持,最后却一分未得,法案被提交到国会,保留了解释时既可以字面解释为过失责任又可以依立法者的意思解释为

---

[119] 众议院法务委员会议事录第13号(2016年12月6日)第35页。

[120] 作出这样的评价的不止我一人。作为法制审议会·民法部会委员的松本恒雄教授与本章的叙述相比,从实体法的角度做了如下评价:总观本次的债权法修正,结果是"没有实现当初的从根本对债权法进行改变"的目的。具体来说,当初希望对以下五点进行修正:(1) 强调合同双方的合意(债务不履行的免责事由不是过失,而是"从合同上继受的事由");(2) 实践合同的诺成合同化;(3) 基于二者的合意的三者间关系的构筑;(4) 民法的商化;(5) 导入外国法的动向,但是除了(2)之外,这些都没有被债权法修正法案所采用(注86引用(松本·注78)引用「日本の債権法改正法案における消費者利益への配慮または無配慮」法学論叢〔韓国全南大学校法科大学〕36卷1号68页以下。)

无过失论的余地,希望打个平手再继续比赛。但是在国会审议中,法务省民事局长被追问得没办法,最后回答了"没有变为无过失责任"。因此,在第九回失分,比赛败北。

第二点变更潘德克吞体系的问题,到第二次征集公众意见之前,不知是否是因内阁法制局的反对,该主题消失了,未成为征集公众意见的对象。但是,债权法修正办公室,在第二次征集公众意见开始之后,又暗中将其作为民法部会的议题,用了逃离三振的怪招。结果这方法却也未能奏效,现行民法维持了潘德克吞体系。在第七回合,中止比赛后输了。

第三点民法的多条文化也慢慢变得虎头蛇尾,没有进行到最后,所以不知道是第几回,中止比赛后输了。

第四点消费者合同法纳入民法典的问题,在第一次征集公众意见开始或尚未开始的时期就烟消云散了。现在的棒球比赛中没有这个规则,中肯的评价是在第三回,中止比赛后就输了。

实际上,在日本的职业棒球赛中,现在已经没有基于得分差的中止比赛后的输赢规则了。在规则上,只有世界棒球经典赛和社会人棒球赛还有基于得分差的裁判中止比赛。把本次的债权法修正看成是在职业棒球的基础上进行的世界棒球经典赛,还是最终也只是个业余水平,这就让各位来评判了。这且不说,法务省方面的四个修正目的,结果都惨败了。

(二)最终"八方一两损"的债权法修正

(1)"无目的的债权法修正"和"为了面子的修正"

我为这一系列的演讲,加上了"让各方都受损的'无目的的债权法修正'"的标题。我说到这里,大家应该都能明白,在债权法修正案被国会通过的时期,法务省方面描绘的所有的"修正目的"全部都被击溃了,通过后的立法内容是"无目的的债权法修正"。本次的债权法修正的立法提案因为实在评价太低所以一再让步,在法制审议会、民法部会内部,也出现了可称为冷笑与自嘲的评价,"到现在的部会为止,一直是慢条斯理地提些立法提案",然后又"出现被强烈批评的慢条斯理的规定"。[12] 作为推行债权法修正的法务省方面,不管怎么说法律是通过了,好歹形式具备了。所以说,本次的立法变成了为了维护法务省面子的立法。

(2)"八方一两损"

但是,在先前的演讲标题中,有"让各方都受损的'无目的的债权法修正'"的部分,"这次,既没有拾得金钱的人,也没有大冈越前守,谈何'八方一两损'呢?"

---

[12] 法制审议会民法(债权关系)部会第八十七回会议(2014年4月22日)议事录第32页(http://www.moj.go.jp/content/001127639.pdf、2017年4月29日)。

那么，在这里就解释一下八方一两损的问题吧。为此考虑一下这次债权法修正的关系各方，情况各不相同。

（3）债权法修正促进者的立场

在组织之前，先谈个人，貌似不太好，但正如有法官经历的某人所评价的"恰如是他一个人的舞台"[122]那样，债权法修正促进者本次的债权法修正活动中执掌着指挥棒。债务不履行的无过失责任化、潘德克吞体系的变更（将规定在总则编的法律行为和消灭时效的规定移到债权编，统合债权总则和合同总论）、多条文化等，这些都被民事局长在国会答辩上否认掉，完成的法律完全没有体现他当初的计划。对他来说，离成就感还有很远吧。不仅如此，刚刚在第 174 页介绍了对债权法修正促进者企图以其自身的"批判学说"代替我妻荣为代表的传统通说的行为的批判。关于该点，民事局长也说，在修正民法中，"融入了学说通说的主张"[123]。在此状况下，债权法修正促进者，最近说"本次的修正内容并非都与我的理论相一致"[124]，也并非没有道理了。

10 年的劳力评价为"一两损"，不管怎样都是很便宜的评估了吧。评价一两金的现代价值的方式有很多，依据含金量、依据当时人的收入换算成现代人的收入、物价换算等，评估价有所不同，但是，若以 20 万元左右为基准的话，应当说是 100 两损了。只是，对于尚年轻的这位先生来说，希望他通过今后的努力挽回 99 两，所以暂且先算一两损吧。

（4）"政府的无用功"与若干的"拾得物"

法务省民事局，最终，总算将债权法修正案在国会通过了，维持了面子，但其当初的意图——将消费者合同法纳入民法却没有实现。努力了 10 年，最终是无用功，我不愿这么说，但我推测政府及政府相关人员应当是这种感觉吧。

但是，确实也不是摔了一跤就一无所得站起来了。前面说了，本次的法修正的目的之一是防止法务省民事局的人员减少，对此，债权法修正起了很大的作用。将权限回复的目的虽未达成，但也并非完全扑空，作为一个组织没有减员，在相当长时间内得到了维持。

---

[122] 遠藤＝加藤＝大原・注 31 引用「インタビュー調査報告書：債権法改正——元裁判官は、こう考える」名古屋學院大學論集社會科學篇 50 卷 3 號 127 頁（注 31 引用「加藤雅信著作集 第九卷」815 頁）。

[123] 注 106 引用第 192 回国会众议院法务委员会议事录第 9 号（2016 年 11 月 18 日）第 8 页。

[124] 内田貴「民法は神棚に飾るものではなく、使うものだ——一二〇年ぶりの改正、その舞臺裏を聞いた」東洋経済 online 2017 年 7 月 4 日（http://toyokeizai.net/articles/—/178970？page＝3，2017 年 7 月 25 日访问）。

不仅如此,去年秋天临时国会的审议过程中,民进党的井出庸生议员挑明的问题之一,"选任公证人的现状和问题——'法务省、法官的第二职场'"[125],逢坂诚二议员挑明的是,通过本次修正,公证人平均每人的年收入会增长100万日元以上[126]。为了法务省的名誉再加一句,正如债权法修正促进者在其最近的论文中所述,这一点是"律师协会的要求"[127],对于法务省来说是"天上掉馅饼"的好事。对于法务省和法官来说,有了再就业的第二职场,但后面会说到,如商工基金事件又重来那样,可能会产生更多的自杀者,这样的提案被上呈给国会,没想到,就这样被通过了。对于法务省民事局来说,对于其本来目的来说是做了无用功,但也并非"只剩疲劳",还是得到了若干的副产物。所以可以称为"一两损"吧。

(5) 日本律师协会

众议院法务委员会上作为参考人出席的冈正晶律师强调了日本律师协会除了向法制审议会、民法部会派出委员之外,还组织了"全国各阶层的后援队伍"[128]这样的后援体制。这意味着,虽然事实上律协花费了大量的劳力,但是,正如某律师吐露的心声:加入了后援队的人认为"与其说有个别地方需要修正,不如说随着工作进展越来越觉得必须改变法务省的提案",律协推进了让相关人员大量参与到法务省的探讨体制,形成了法务省与律协的蜜月时期,在众议院法务委员会讨论参考人意见时,我就指出来了[129]。然而,这样的后援体制的背景是律协执行部以全体律师会对象的问卷调查的结果中,对于是否赞成修改债权法的问题的回答是赞成者9.6%,反对者74.2%,也就是说在四分之三的律师反对债权法修正的状态下,律协在持续挥动着赞成债务法修正的大旗[130]。

但是,在律协执行部的指导下一直在协助债权法修正的成员们,随着修正工作的推进,法制审议会、民法部会内部也出现了"慢条斯理的立法提案"、"极端

---

[125] 加藤·注75引用「国会審議にみる債権法改正法案のゆくえ——ついにとどめを刺された債務不履行の無過失責任論」消費者法ニュース111号164頁。

[126] 前注引用论稿同页。

[127] 内田·注124引用「民法は神棚に飾るものではなく、使うものだ——一二〇年ぶりの改正、その舞臺裏を聞いた」東洋経済》online 2017年7月4日。

[128] 第192回国会众议院法务委员会议事录第10号(2016年11月22日)第2页。

[129] 加藤·注41引用「國會上程債権法改正法案の問題性、問題發生の背景——衆議院法務委員會參考人意見」消費者法ニュース110號29頁以下。

[130] 有关此点,参见注36引用『民法(債権法)改正:全國·弁護士二〇〇〇人の聲——債権法改正に、反对一四六八名、赞成一九〇名』参照(注31引用『加藤雅信著作集 第九卷』845頁以下)。

松松垮垮的规定"[131]等评价,这真是出乎意料。现在,被看作修正推进派的巨头的律师,在某个演讲会上说:"这种修正方案,不通过也好",这样的传言我从多方听到了。并且,还有传闻说,听到了这个传言的法务省民事局的领导在会议上诉苦道:"在法律成立之前,请节制这种持否定意见的发言。"

看看此经过,就知道对于日本律师协会来说,本次的债权法修正也并非良策。特别是后面会讲到的,考虑到债权法修正促进者在最近的论文中说,修正保证法的内容,要求通过公证证书确认保证人的意思是律协的提案,将来出现类似商工基金事件,出现自杀者时,一定会有人来诘问律协的立场,是否损失仅止于"一两损",问题留待将来再说吧。

(6) 反对派律师们

反对债权法修正的律师人数很多。反对的结果,虽然修正的内容比当初的提案冷静了些,但是后面也会说到,问题仍然很多。对于个人来说,在反对上面所花费的时间不尽相同,有损失"一文钱"的人,也有"一两损"到"百两损"的人吧。

(7) 经济界

经济界的利害关系不能一概而论。有关债权转让和抵消的本次的修正,被称为"不合理的银行待遇优化的立法化"[132],这个我在别处再论。还有后面会说到的,也会有赞同格式条款的"可以自由在事后进行修订"的经营者吧。对于这些业者来说,是得到了比"凭空拾得了二两银子"还多的好处。并且,虽说损失还是得利明暗不分,但因关于承包人的担保责任等规定的修正,受到影响的业者也不少吧。

只是,除去这些因个别规定受到影响的业者,近来,正如债权法修正促进者所述,"对多数企业来说,因本次的修正而需要实务上变动的地方非常少"[133],该评价还是一语中的。因为本次修正本就是内容上几乎没有意义的,为了法务省民事局面子的修正。

但是,即使是这样没有实质变更的修正,现实中进行交易的人,依然需要为大规模修改合同模板等无意义的支出买单。属于典型的"一两损"吧。

(8) 国民

国民放在了最后,这次修正中受损最大的就是国民了。本来,立法必须是为

---

[131] 注 121 引用法制审议会民法(债权关系)部会第八十七回会议(2014 年 4 月 22 日)议事录第 32 页。

[132] 加藤・注 27 引用『迫りつつある債権法改正』217 頁以下、225 頁以下。

[133] 内田・注 124 引用「民法は神棚に飾るものではなく、使うものだ——二〇年ぶりの改正、その舞臺裏を聞いた」東洋経済 online 2017 年 7 月 4 日。

了国民的,但被一部分人评价为为了官厅的组织上的利害关系和"学者的野心"的本次立法,完全与国民的利益无关。

内容上来说,因本次的立法国民所受的影响是各种各样的,法定利息的变动制(我对此持肯定评价),会带来大范围影响。然后,法律修正后,如果被要求当保证人,可以以不愿意去公证处为由拒绝,这点对有些人来讲是好事,但去了公证处制作了具有强制执行力的公证文书的人,最后却可能被逼到自杀的地步,从这一点来讲是一个非常荒谬的修正。

只是对不需要知道很多法律也能平稳度日的大多数人来说,倒也不会受到明显的影响。但是,即使是对这些人来说,也不仅会受到因本次的"法的修正"带来的"法的劣化"的影响,而且,法务省的"为了面子"的修正,所支出的费用完全是国民的税金所承担的,考虑到这一点,国民受到的"大损害",远非"一两损"所能包含。

(9) 八方还不够……

本想说八方面受到了损失,但仅有六方就没了。虽然说只有七方,但是请大家原谅,我还是想说一下我自己。

作为一个民法研究者,在民法典可能劣化的情况下,进行了各种各样的发言。我知道,在负责单位法务省民事局中,包括债权法修正促进者在内,因我的发言而受伤害的人有不少,并且也给他们的组织运营带来了诸多障碍。我也知道现在仅仅在口头上对这些人表示歉意意义不大,但是,还是要说声抱歉。

过去的10年的活动,对于防止民法典的劣化是有意义的,我对此并不后悔。但是,这仅是为了防止做减法,并非一个具有建设性意义的工作。从这个角度来说,这10年对我本人来说,是失去的10年。对参与的很多人来说,也是失去的10年。

在此总说自己不太合适,但我在50多岁的10年时间里,出版了总共五卷的《新民法大系》,再将担保物权和家族法出版,《新民法大系》就可以完结了。偏偏在这个时候开始了债权法修正。并且,在这个时期,正是我开始执笔准备在60岁开始出版的《加藤雅信著作集》(全二十几卷)的阶段,正想着将此作为我的民法学留给学术界的关头,60岁这10年的这两大计划都遭受了挫折。作为研究者,失去了晚年的10年,对我个人来说非常惋惜——不管社会和学界如何评价,我个人认为,遭受了百两的损失。70岁之后的研究生活,希望能完成著作集,并完成取代《新民法大系》的《民法结晶系列》,以此来将损失降低到一两吧。

(10) 法虽然是成立了……

放下自己的事情,最后说点感想类的东西吧。最终法律成立了,对推进派来说,本应是成就感爆棚的情景吧,但不管跟谁交谈,都无法看到这种成就感。当然，还好法律没有不通过，对此感到安心的感觉是有的，但是比起高兴来说，最初的目标没能达成，勉强保住了面子。从这个角度上来说，也就是"安心了"的心态吧。我说的仅仅是推测，实际上确实是一个非常寂寞的法的成立。对国民来说是失去了的 10 年，这种不幸的经历，我只愿，最起码今后，搞行政和政治的各位，作为他山之石，要引以为戒啊。

八、结语之后

（一）遗留问题

用棒球比赛来比喻，八方一两损，说了好像很多戏言，再回到本题来终结本节吧。作为本次修正后余下的问题，我认为非常有必要进行探讨。

（二）债权法修正的问题点都被消除了吗？

如上所述，债权法修正中法务省方面当初考虑的修正目的烟消云散了。但是，这仅意味着回避了"大问题"，还有数量众多的"中问题"和"小问题"依然存在。

遗留下来的这些问题当中，针对比较大的问题，我在作为参考人参加国会审议的时候，在参考人意见中，对其进行了批判。因为限制时间是 20 分钟，能够列出来的问题，只有债务不履行、保证、时效、原状回复义务以及在质疑时提出来的格式条款这几个问题。关于债务不履行的问题已经谈过了，有关其他的问题，无法着墨太多，就将这部分放到介绍参考人意见内容的论文中吧[134]。那时候因为时间的限制，在参考人意见的时候没有能够提出来，在这里我要指出，该修正中还存在大量的问题，比如在此之前只是"判例的混乱"的欺诈行为取消权的问题被上升到了"立法的混乱"[135]；缺乏透明感，并且被称为"制度的缺陷"的债权者代为[136]的问题被立法固定下来；前面讲到的被议论为"不合理的银行优待的立法化"的债权转让和抵消[137]的问题，等等。

（三）应律师协会要求而为的修正，法务省可以免责吗——保证人自杀的危险

最近，在债权法修正促进者所写的论文中写道："特别是保护保证人的规定反映了律师协会的诉求。"[138]意图缔结保证合同者，必须要去公证处制作公证书，否则保证合同不生效。这样的修正，确实并非是法务省方面，而是日本律师协会

---

[134] 加藤·注 41 引用「國會上程債権法改正法案の問題性、問題発生の背景——衆議院法務委員會参考人意見」消費者法ニュース 110 號（平成 29 年）110 號 19 頁以下。

[135] 加藤·注 27 引用『迫りつつある債権法改正』206 頁以下。

[136] 加藤·注 27 引用『迫りつつある債権法改正』203 頁以下。

[137] 加藤·注 27 引用『迫りつつある債権法改正』217 頁以下。

[138] 内田·注 124 引用「民法は神棚に飾るものではなく、使うものだ——一二〇年ぶりの改正、その舞臺裏を聞いた」東洋経済 online 2017 年 7 月 4 日。

及律协出身的委员提议的,这是事实。这样的法修正的结果,收取保证合同的一方,大概会要求制作具有强制执行力的公证文书吧,如此一来保证合同的相对方不需要经过诉讼程序就可以强制执行。这样的话,商工基金就可以用这个手段,陆陆续续地都进行强制执行,很容易就会再现自杀者频发的事件。我在众议院法务会员会上作为参考人意见也叙述了这一点[139]。那日,除我之外的所有参考人都从赞成债权法修正的立场上表述了各自的意见,但六人中,除一位没有谈及对具有强制执行力的执行证书的担心,此外的全部人员都表示了担心,认为给将来埋下了祸根[140]。并且参考人以外,现国民生活中心的理事长,历任日本消费者法学会第一代理事长,内阁府消费者委员会第一代委员松本恒雄教授也对此点表示了担心,指出了"是对消费者保护、保证人保护的倒行逆施"[141]。

在此状况之下,作为本次债权法修正的结果,保证人自杀等的后果出现的时候,只要说这是反映律协的要求的话,法务省民事局是否就不用承担社会责任了呢?当然,制定此种法制度的提案者以及其背后的团体社会责任更大。但是,对这样的提案不做任何修正,就这样将其呈上国会的是法务省。因此,即使提议并非出自法务省,作为法案呈上者的责任也并非就没有了。所以两者都应各自承担其社会责任。

(四)穷途末路的法务省弄出的歪曲的法修正

问题并非仅限于保证的问题,认可了格式条款的事后改订,这是世上少见的反消费者保护的法修正,也并非法务省所推进的。促进者是经济界。但是,将有这样内容的修正案上呈给国会的是法务省。

将问题颇多的修正案提交给国会,将法务省逼到穷途末路的是法务省自身。让多数的法官和律师震惊的法修正内容,是缺乏社会支持的。所以不管是什么内容的法案,只要能够向律协或者经济界献媚,法务省为了多点支持都不得不做。

(五)媒体报道的"消费者保护"是真的吗

呈上国会的债权法修正案的内容在法制审议会或其部会定稿的时候,自然有媒体会对其进行报道。对于报道的媒体来说,有必要向读者展示为何要进行法修正——但通过阅读修正条文案,很难判断出其修正目的。恐怕可以说是困

---

[139] 加藤・注41引用「國會上程債權法改正法案の問題性、問題發生の背景——衆議院法務委員會參考人意見」消費者法ニュース110號21頁以下。

[140] 加藤・注75引用「國會審議にみる債權法改正法案のゆくえ——ついにとどめを刺された債務不履行の無過失責任論」消費者法ニュース111號165頁以下。

[141] 松本・注86引用「日本の債權法改正法案における消費者利益への配慮または無配慮」法學論叢(韓國全南大學校法科大學)36卷1號82頁。

扰——"民法:消费者保护之舵"、"民法修正答复:消费者保护鲜明化"、"民法,法制审答复:大幅度重视消费者保护"、"法案中有很多消费者保护的观点"等[12]报道本次修正是为了"消费者保护"的目的。

但是,被称为消费者法的第一人,曾任日本消费者法学会第一代理事长的国民生活中心的理事长,并且是法制审议会、民法部会委员的松本恒雄教授明言:"报道中好似本次法修正是为了消费者保护的目的,这是错误的"[13];担任内阁消费者委员会委员,另一位消费者法的权威河上正二教授也评价说:"报纸上用了'考虑到消费者保护'等标题,是误导"[14];法制审议会、民法部会的委员民法学者松冈久和教授也说:"大众传媒很多报道说本次的修正是重视消费者保护的修正。但是,这恐怕会招来误解。"[15]总之,消费者法的权威,法制审议会的内部人员,都异口同声地否定了本次修正的目的是为了保护消费者。

只是,本次的修正目的是消费者保护,这样的大众媒体的报道,是"一犬吠形百犬吠声"的现实版本。国会上也是,不论执政党还是在野党,不少议论都是以本次债权法修正的目的是消费者保护为前提进行的,社会上这样的议论也不少。有识之士纷纷认为是误报的大众传媒关于本次修正目的是消费者保护的报道,究竟是法务省的诱导,还是媒体自身的认识不足,对于这个,我也进行了调查,但结果却还是不明白。这些报道出来后,问了各报社的记者,都说自己所写的报道并非是消费者保护的内容,应该是没有参与采访的负责标题的人的责任。但是,上上段中所述的各报社的报道的原因还是不明,我们长期来看债权法修正工作开始到现在的大众传媒的报道态度,即使在法务省民事局在此次修正中存在有违法行为被指出来之后,即使违法行为的有无只要简单调查就可以水落石出,仍然有一部分大众传媒使用了与调查报告正相反的依据官厅发表的偏袒法务省的报道,这也是事实。毫无疑问,正因为这些媒体所制造出的印象,本次的债权法修正才能顺利地进行。

媒体在面对政治色彩强烈,或者社会热点问题时,显示出反权力的态度的例

---

[12] " "中的引用内容最初是有关《要纲草案》的报道的标题(日本经济新闻 2015 年 2 月 11 日朝刊 3 页),下面的两个是有关《要纲》的报道的标题(按顺序是:読売新聞 2015 年 2 月 25 日朝刊 2 頁、毎日新聞ん 2015 年 2 月 25 日朝刊 3 頁),最后一个是有关《要纲》的报道的说明(朝日新聞 2015 年 2 月 25 日朝刊 1 頁)。

[13] 松本恆雄「民法の改正」関西消費者協會創立五〇周年記念誌(関西消費者協會、2016 年)39 頁。

[14] 河上正二「債権法講義・特論——『定型約款』規定の問題點」法學セミナー 726 號(平成 27 年)104 頁。

[15] 松岡久和「經濟教室 民法改正 商取引に変化も」日本経済新聞二〇一五年二月二〇日朝刊 29 頁。

子也不少。但是对于非社会热点问题，这次的"消费者保护"报道却体现了其偏袒官厅、背靠大树好乘凉的做法。

第三节　要求法务省立法手续的合法化
——违法和谎言支撑的债权法修正

一、序言

本文论析了很多问题，在作为最终章节的第三节，要说一下至今尚未说到的大问题。也就是要论述一下法务省的违法行为。具体来说，主要是：①《付任期职员法》上规定的付任期的职员的雇用期间最长不超过 5 年，而法务省超过该限制将外部的学者作为付任期职员雇佣了 6 年零 10 个月的违法性；② 1999 年的阁议决定（"有关审议会等的整理合理化的基本方针"）禁止国家行政机关的职员担任审议会委员、部会委员，但在围绕债权法修正的法制审议会、民法部会中，民事局长、官房审议官、法务省参与都作为委员参加的行为违法了阁议决定的违法性；③ 通过伪装民间组织来推进行政；④ 结语。

去年 2016 年临时国会上对债权法修正法案进行审议时，日本维新会的木下智彦委员就本次法务省的债权法修正过程中是否有违反程序之处进行了质问[16]，但我在内阁府规制改革会议上与法务省的立法担当者以对峙的形式接受询问时指出的法务省违法行为的问题，并未能作为国会审议的对象。从这个意义上来说，虽本次立法是法务省民事局在数个违法行为的基础上所为的行为，但国会的行政监督对于这一点却未发挥功能。对于行政机关、立法机关都没能够发挥作用而让债权法修正就此立法这一点，我感到非常遗憾。

二、付任期的公务员的任用——违反《付任期职员法》

（一）序言

若暂且不论最后探讨的上文"（三）"，那么违法行为中最大的问题是超过《关于一般职务的付任期职员的采用及工资的特例的法律》（以下称为《付任期职员法》）规定的最长雇用期间，在法务省中任用债权法修正促进者。只是将违法任用问题在其他公开场合指出的话，可能会含有应当解雇现在被任用的人的意思。因此，虽然在第二次征集公众意见的前一年就已经发现该问题的存在，此后我也出版了不少批判文章，但直到债权法修正促进者确定将法务省内的职务辞掉为止，我都节制了批评违法任用问题的行动。虽说这个违法任用是和法务省民事

---

[16] 第 192 回国会众议院法务委员会议事录第 13 号（2016 年 12 月 6 日）第 36 页以下。

局所谓的其他违法行为、不当行为深深结合在一起的,我深知,不触及核心,一直这样批判的话,世间可能很难理解本次的债权法修正的问题的全部情况。虽在向内阁府的规制改革会议中提交的资料中论及了这个问题[147],仍在此处再次论述该点的原因,是因违法任用的问题,与法务省民事局至今的行为密切关联,明确指出下文"(四)"中详述的状况,是为了让后世回顾此问题时有所交代。

(二)负责债权法修正的两位中心人物

本次的债权法修正,是以学者出身的债权法修正促进者和纯粹的法务官僚的法务省民事局参事官[148]两人为中心推进的。这不仅可以从两位的活动情况加以证明,也可以从任用期间和任用状况等形式上进行佐证。

债权法修正促进者,在东京大学讲授民法,作为法务省民事局的付任期公务员(正式职务名称是法务省民事局参事官)被任用[149],一般被称为法务省参与。债权法修正促进者开始从事债权法修正的时间是2007年10月1日,从被任用时到2014年7月31日退职为止,共6年零10个月。法务省的债权法修正工作的实际开始时间,以《民法(债权法)修正检讨委员会设立目的书》的日期为基准的话,是2006年10月7日。在该《民法(债权法)修正检讨委员会设立目的书》上除作为发起人署名的两位法务省人员(作为法务省民事局参与的债权法修正促进者和同省同局的参事官)之外,还有七名学者[150]。在这个时期,债权法修正促进者必然还没有收到法务省的任命状,而将大学名和在法务省的职务一起公布,我推测是为了向社会表明从债权法修正的开始阶段就以法务省相关人员的身份负责修正工作。然后,去职时间是法制审议会、民法部会预计召开最终会议决定修正法案的原案《有关民法(债权关系)修正的要纲草案》的2014年7月29日之后的两天。这样,我们就能看出点猫腻了。

如前所述,法务省民事局原本预定在7月29日召开民法部会的最终会议。在对债权法修正的内容感觉存在问题的内阁府的稻田大臣的多方张罗之下,决定在7月23日以规制改革会议为舞台,以我和法务省民事局参事官为相对立的调查对象,召开调查听证会。在那之前,我因为别的事情给一个民法学者打电

---

[147] 第二十七回 创业·IT等工作组(2014年7月23日)加藤提出的资料(http://www8.cao.go.jp/kisei-kaikaku/kaigi/meeting/2013/wg3/sogyo/140723/agenda.html,2017年4月29日访问),或参见加藤·注27引用『迫りつつある债权法改正』79页以下。

[148] 法务省民事局参事官在债权法修正作业刚开始的时候是法务省参事官,现在是民事法制管理官。因其在债权法修正工作的大部分期间任参事官,为了避免混乱,本章中即使有关其官职变更后的叙述也沿用参事官的称呼。

[149] 官报平成19年10月9日第8页。

[150] 注46引用『债权法改正の基本方针』别册 NBL 126号第6页。

话,他说:"刚刚收到 7 月 29 日举行民法部会最终会议的会议通知。看来修正法案要最终决定了。"我说:"我最近要规制改革会议的听证会。刚收到了在那个会上法务省将要提出的资料。"在那一段时间内,法务省民事局方面也一定收到我打算在调查听证会上向法务省提问的内容了,这些内容现在依然可以在互联网上[151]或者在印刷物上[152]看到。但是在那天的傍晚,刚刚提到的学者又告诉我:"从法务省发来了最终会议取消的通知。"真是朝令夕改。虽然说因果关系并不明确,法务省民事局知道了规制改革会议上的调查听证的提问内容,并且从内阁府的主页上知道了包括提问内容在内的审议内容后,我个人推测是因此最终导致了民法部会最终会议的流产。

这些暂且不提,民法部会的最终会议在一个月后的 8 月 26 日召开了,那时候的内容已经变得平稳许多,决定了《要纲草案》。作为其结果,债权法修正促进者的在职期间与债权法修正的工作期间出现了一个月的偏差,如果没有规制改革会的听证会这个插曲的话,债权法修正工作的开始到结束都应当可以完全覆盖。法务省民事局的这个意图,从上述的叙述中不难理解。

就法务省民事局参事官再说一下,法务省民事局的纯正的精英官僚层的大部分都是法官出身,法务省民事局参事官也是其中一员。正如在注 139 中所说,法务省民事局参事官在债权法修正作业刚开始的时候是法务省参事官,到债权法修正作业的最终阶段时成为民事法制管理官。其他参与债权法修正作业的纯粹的法务官僚在一定的人事变动期间内去了其他部门,只有法务省民事局参事官一人从头至尾担任了债权法修正作业的核心。

以债权法修正促进者和法务省民事局参事官为中心推进了本次债权法修正的事实,通过他们的任职期间和任职状况也可以明了,这就是我最初如此说的原因。

(三)违反《付任期职员法》

如前所述,债权法修正促进者,是所谓的付任期的公务员。根据《付任期职员法》第四条及第五条的规定,付任期公务员的最长雇佣期限为五年,超过五年的不得续约。尽管如此,债权法修正促进者却在法务省任职了六年零十个月。

因为这是违反《付任期职员法》的,所以我在内阁府规制改革会议时就该问题进行了提问。对此法务省的回答如下[153]。

---

[151] 参照注 147 引用的 URL 及同注引用的文献。

[152] 加藤·注 27 引用『迫りつつある債権法改正』三章~五章。

[153] 法务省的回答书的全部内容,在加藤·注 27 引用『迫りつつある債権法改正』90 页以下做了介绍。

"该人是2007年10月1日至2012年10月1日作为付任期的职员招聘的，2012年9月30日任期期满时退职了，经过再次公开招聘及筛选，又于2012年10月1日再次被聘用，程序上没有问题。"

该法务省的回答书上，有"经过再次公开招聘及筛选"的说法，这个"公开招聘"的信息，我是孤陋寡闻。如前所述，将违反《付任期职员法》的问题公开，容易含有现在正在工作的人员应当辞职的意味，所以在这位先生确定了从法务省辞职之前我一直避免着公开这个问题。但是，本次的债权法修正的背后有法务省的违法任用的问题，我曾经在非公开的场合和关心债权法修正的人们谈起过，如果真的有"公开招募"的事实，应该会在这些人中间形成话题的吧。法务省的《回答书》中所称的为了2012年10月1日的再次聘用而进行的"公开招聘"，是关心这个问题的人们，以及其他一般人都无法得知的类型的招聘。而用不被一般人所知晓的方式进行的招聘，在日语中是不能叫作"公开招聘"的。与"公募债券"相对应的是"私募债券"。这个再次的招聘也可以被称为"私下招聘"吧。因此，我对法务省民事局，于2015年3月4日提出了在"(1)何时；(2)何处；(3)以何种使公众周知的方式"进行了公开招募的提问书，自那之后2年多，直到债权法修正成立的时点，也没有得到法务省民事局的回答。法务省民事局的回应态度也体现了本次招聘是"私下招聘"。另外，与该提问无关的其他问题，在法务省的回答书中，接着上一段引用的内容，是如下说明的：

"再者，在因前任任期期满招聘新的付任期职员时，通过正规的选拔，结果新的付任期职员与任期期满退职的前任是同一人物，人事院的见解是关于这一点制度上没有问题。"

在这里，"经过正规的选拔的结果"，再次雇佣同一人物，是依据的事前得到的人事院的见解。如果法务省民事局的回答是事实的话，人事院就相当于给了法务省民事局架空《付任期职员法》上规定的付任期职员的期限限制的认证。也就是说，法务省的回答可能使人事院要承担相应的责任。然后，为了弄清人事院是否履行了相关职责，就需要明确这几个问题。(1)何年何月何日收到了法务省的这种提问；(2)人事院何年何月何日进行了回答；(3)其提问书及回答书的具体内容是什么。假设人事院回答书的内容是承认对人事院所管辖的《付任期职员法》的擦边球行为，就会引发对人事院的追责问题。所以根据人事院究竟做了什么样的回答，就能知道法务省是否应当被追究以人事院为盾牌而行违反《付任期职员法》的违法任用的责任。

最后，还需要向人事院提问的是，用一般人乃至关心该付任期职员的雇佣问题的人所不知道的招聘手续所为的行为是否能成为"公开招聘"，法务省所进行的所谓"再次公开招聘并经过选拔"是否符合人事院所认为的"正规的选拔"。若人事院认为法务省的这种手续都没有违反《付任期职员法》第五条所规定的最长五年的在职期限的话,《付任期职员法》第五条就完全是一纸空文了。

(四)为何进行违反《付任期职员法》的任用?

1. 序——有关消费者合同法的官厅间的权力争夺

人事院若没有将《付任期职员法》第五条架空的意思的话,那为何法务省民事局要进行这样的违法任用呢?

读者看了前面"(三)"的论述之后,也会觉得奇怪:法务省民事局为何不惜违法也要"雇佣"债权法修正促进者?官厅要想在相当长的期限内利用学者的学识,通常是进入公开手续后任命其为审议会会员,若想非公开征求意见,则通常是在官厅内组织研究会来听取意见。采用这种方式与任用为付任期的职员进行组合的话,法务省民事局不需要进行违法任用,就可以利用债权法修正促进者的学识。但即便如此,仍然要超过《付任期职员法》规定的最长雇佣期间而将其纳入组织内部,其原因为何?这里有特殊的缘由。其背景当中,有前文第199页所讲的围绕消费者合同的官厅权限之争。

2. 法务省民事局,及其参与官的动向

有关这个围绕消费者合同法的官厅之间的权限之争,前文已经进行了介绍。这里以年为单位回顾一下其概况。

ⅰ 首先,2006年2月,法务省在本省的主页上以很多人不会注意到的方式告知了开始着手进行债权法修正。

ⅱ 在此基础上,后一年(2007年)的杂志新年号上对社会大众进行了告知。然后,同年10月1日债权法修正促进者被从东京大学招聘进了法务省民事局。

ⅲ 2008年,债权法修正促进者在其论文中开始主张"在民法中也使用消费者的观念,设置消费者的法律"。

ⅳ 2009年,民法(债权法)修正检讨委员会作为修正提案提出在民法典中,"将消费者和经营者作为相对应的定义规定","将消费者合同法中有关私法的实体规定删除",然后纳入民法,"将消费者合同法重新编为以消费者集体诉讼为中心的法律"等内容的《债权法修正的基本方针》。这个《债权法修正的基本方针》,后面我们会说到,是以债权法修正促进者和法务省民事局参事官等法务省民事局相关人员为中心谋划出来的。

实际上,在"ⅱ"中介绍的法务省民事局参事官在2007年的杂志新年号的介绍文章中,如前所述,希望将民事(债权法)修正检讨委员会的提案作为"法务审议会的调查审议的基础"。所以法务省民事局假借了"学术界有识之士的自发性的研究组织"的名义,自己制作了要从消费者厅夺回权限的"法务审议会的调查审议的基础"的原案。

然后,同一年10月,法务大臣在法制审议会上就债权法修正进行了咨问,作为法制审议会的部会,成立了"民法(债权相关)部会",也就是所谓的"民法部会"。

ⅴ再往后一年的2010年年末,在民法部会上对消费者合同法的相关问题进行了审议,提出了包含"可否规定有关消费者·经营者的内容"内容的提案。在做出了该提案的法制审·民法部会的资料中,记载有应当规定上文引号中内容的"发言",该"发言"是"ⅲ"中所述的属于法务省民事局的债权法修正促进者的论文中的主张,法务省民事局通过自编自演的方式,企图将消费者合同法的权限从消费者厅手中夺回来。

ⅵ2011年,民法部会决定了《中间的论点整理》,以此为对象,6月开始第一次征集公众意见。其中写道:"是否要在民法中列入'消费者'和'经营者'的概念,关于应当规定的具体内容也在进行探讨,下面再进一步研究。"在此,法务省民事局当初的计划,开始显现效果(只是,该意图因我同时期发表的论文《民法(债权法)修正——民法典要去往何方》而被大白于天下)。

从以上的叙述可知,对于法务省民事局来说,对于本次债权法修正的真正目的,即夺回围绕消费者合同法的权限,是与债权法修正促进者深深相关的。这一点和我们现在讨论的违反《付任期职员法》的违法任用的问题密切相关。

正如最初所说,若不将债权法修正促进者招入法务省,而将其任命为审议会委员或者官厅内的研究会委员,因债权法修正促进者的本职为学者,学者有改变其学说的自由。而有关消费者合同法的问题,对于法务省民事局来说,是最根本的债权法修正的目的。若是学说改了,则血本无归。

可能也基于这个事实,被法务省招聘后,开始债权法修正工作之后的债权法修正促进者就是法务省民事局的前卫兼中枢,只能被评价为以内幕交易的方式纳入组织内部,再结合最长五年的任期问题,即使有可能超过规定的五年的最长期限,也要早点任用。这是本次违法任用的背景。

当然,法务省民事局放弃了夺回权限之后,就产生了没必要再继续任用债权法修正促进者的疑问了。关于这一点,我们在下文"3."中进行论述。

3. 法务省参与官任期五年将满时的债权法修正的情况

ⅰ 序

如刚才所述,债权法修正促进者是2007年10月被招聘进法务省的。假设遵守《付任期职员法》所规定的五年的最长雇佣期限的话,应当是在2012年9月末辞职。这个时期是第一次征集公众意见结束后一年两个月,距离第二次征集公众意见半年。通过介绍这个时期的债权法修正的情况,可以清楚为何法务省不能在《付任期职员法》规定的最长雇佣期限到来的时候,遵守法律将债权法修正促进者解职的背景情况。因此,下面就本论文页所述的法务省原本的修正法律的四点目的依次探讨。

ⅱ 债务不履行的损害赔偿责任的无过失化——留给债权法修正促进者的任务之一

首先就债务不履行的损害赔偿责任进行探讨。

有点偏离话题,债权法修正促进者在付任期职员的最长雇佣期限五年的期限到来的时期,正是本章之前所说的为了实施"民法(债权法)修正——全国律师2000人的声音"问卷调查的问卷制作时期。在"将律师的声音反映到民法修正中去的协会"的办公室发现了问题。在问卷上,设计了有关债务不履行的无过失责任化是否适当的问题,敏感的是,法制审议会、民法部会的讨论之中,出现了相当于债务不履行的归责事由的文字,在这样的状况下,问卷调查的问题,是否能以债务不履行的条文草案中不存在归责事由为前提进行提问。但是,我知道法务省的债权法修正办公室在有关维也纳买卖合同等问题上有意识地向审议会提供了具有误导性的资料等情况,只要法务省还没有提出最终的正式文书,本次也可能是债权法修正办公室的掩饰,我认为问卷调查可以以债务不履行的无过失化的修正方向为前提,因此问卷调查表就以此为方向制订了。问卷调查是2012年12月开始,历时三个月,得到了2015份的回答。

但是,在2013年2月26日的民法部会上定稿并与3月11日向社会公布的《中间试案》(第二次征集公众意见的对象)中,自《债权法修正的基本方针》以来,往删除方向走的相当于"归责事由"的文字又复活了。我一边后悔自己应该在"将律师的声音反映到民法修正中去的协会"的办公室中多倾听别人的意见,一边在征集公众意见前几天中脱稿的论文中,以《断念的债务不履行无过失化》[154]为题,介绍了这个原案。

但是,法务省民事局的债权法修正办公室行为的恶劣程度,大大超出了我的预期。在《中间试案》中复活了相当于"归责事由"的文字,如前段所介绍的那样,我在论文中做了文义解释的"单纯的"评论之后,在征集公众意见的当日,法务省发布了《补足说明》,在归责事由的文字之前,加上了"'考虑合同的目的'这样的判断基准,不允许背离该合同的具体情事而抽象的判断故意过失"[155]。背离了向来以是否有"归责事由"或者"故意、过失"这样的文字来作为过失责任、无过失责任的分水岭的判断基准,开始了诡辩的战术。且不说对错,对这种执着的态度我

---

[154] 加藤・注67引用「民法(債権法)改正の『中間試案』下」法律時報85卷5号91頁以下(注31引用『加藤雅信著作集 第九卷』597頁以下)。

[155] 注68引用『民法(債権関係)の改正に関する中間試案の補足説明』113頁。

脱帽致敬。

只是，这些事情发生的 2013 年 2 月至 3 月之前约半年，2012 年 9 月末，债权法修正促进者的任期就应当到期了。我并不知道前段所介绍的情况具体是由谁来推进的。但是，如果说法务省民事局方面以及债权法修正促进者当初就打算做这些恶劣且细微的行为，或者说是一意孤行的话，那我自然认为其应当是有意违反《付任期职员法》的了。

ⅲ 潘德克吞体系的变更——留给债权法修正促进者的任务之二

如前文所述，日本债权法修正朝着变更德国流的潘德克吞体系的方向，进展到了相当程度。正如前文所介绍的，第一次征集公众意见中所提示的体系变更论，不知为何在 2 年后的 2013 年第二次征集公众意见时从论点当中消失了。在这个中间时间点，债权法修正的《付任期职员法》上规定的任期到来了。

然后，作为第二次征集公众意见对象的《中间试案》的前注中写道："在这个中间试案中，上面一中有关民法的规定，只列举现在准备讨论、修正的项目，没有特别提及的规定，可以认为是准备维持的。"[156]可见体系变更论从论点中被拿掉了。

但债权法修正办公室在第二次征集公众意见的期间，又召开了民法部会，提出了题为《有关民法（债权法）的修正的论点的补充性探讨》[157]的资料，继续审议了体系变更问题。企图不征集公众意见审议体系变更问题。在那次会上，出现了在特定的问题上"没有必要一定墨守现行的潘德克吞体系"[158]的意见。

可惜债权法修正办公室的这种抵抗未见成效，"体系的变更"的问题，最终在 2015 年 2 月 10 日决定的民法部会的《有关民法（债权关系）修正的纲要案》上完全消失，当然也就没有留在提交给国会的债权法修正法案上。

从上述经过可以看出，《付任期职员法》规定的最长五年的任期到来的 2012 年 9 月 30 日，虽说对确切的情况并不明了，即使那个阶段大多数人看来体系变更的问题已经遭受了挫折，但债权法修正办公室并未放弃体系变更的问题，在其后的第二次征集公众意见的期间，依然在内部继续坚持。对于法务省民事局以及债权法修正促进者来说，在心理上，离任期期满辞职的合法状况非常遥远。

ⅳ 将现行民法典的条文变为二倍至三倍之间——多条文化的问题及留给债

---

[156] 注 68 引用『民法（債権関係）の改正に関する中間試案の補足説明』1 頁。

[157] 注 93 引用法制审议会民法（债权关系）部会第七二回会议（2013 年 5 月 28 日）部会资料 4。

[158] 前注引用法制审议会民法（债权关系）部会第七二回会议（2013 年 5 月 28 日）议事录第 6 页。

权法修正促进者的任务之三

尽管众多实务家反对,债权法修正促进者依然朝着日本民法多条文化的方向努力。只是,在对本次债权法修正进行审议的 2016 年秋的临时国会上,在回答本次修正会否增加民法的分量时,小川秀树民事局长做了否定回答,其答辩说:"不会在本次修正中使条文数膨胀。"[159]最终,条文数并未增加。

只是,在债权法修正工作初期,曾经尝试将日本民法多条文化,最终并未特别增加条数。仅仅如此描述,并不能明白《付任期职员法》规定的债权法修正促进者的最长任期到来时,条数处在一个什么情况。只是,修正的项目数与当初相比在逐渐减少,债权法修正法,虽说提出的草案未曾修改就获得了通过,针对作为其基础的《有关民法(债权关系)修正的要纲》,法制审议会的民法部会次长曾经如此发言:这个要纲的"修正检讨项目的总数高达 200 条,但《中间的论点整理》中有 500 以上的项目,《中间试案》中有 260 项,与这两个文件相比,已经是相当的精简了"。[160]

《中间的论点整理》是第一次征集公众意见的对象,《中间试案》是第二次征集公众意见的对象。也就是说,正处于修正项目从 500 项以上减至大约一半的 260 项的中间阶段,债权法修正促进者的任期于 2012 年 9 月 30 日满期了。那个时间点,虽说多条文化的问题在衰退进程当中,但仍然没有到最终结果。法务省民事局方及债权法修正促进者还在努力当中的话,也就无法在任期期满的时候辞职了。

V 将消费者法纳入民法

刚刚在演讲中开玩笑说:"消费者合同法纳入民法典的问题,在第一次征集公众意见开始或尚未开始的时期就烟消云散了。现在的棒球比赛中没有这个规则,中肯的评价是,在第三回,中止比赛后就输了。"只有这个问题是在债权法修正促进者《付任期职员法》上的任期期满之前就已经尘埃落定了,应当说这一点跟违反《付任期职员法》的问题没有直接关联。

4. 法务省实务官僚的意图与违反《付任期职员法》

通过以上的探讨,结论就是债权法修正的原本的目的中有三点与违法任用的问题相关。

---

[159] 注 106 引用第 192 回国会众议院法务委员会议事录第 9 号(2016 年 11 月 18 日)第 12 页。

[160] 鎌田薫「『民法(債権関係)の改正に関する要綱』の決定——民法(債権関係)部会の審議を終えて」NBL1045 号(平成 27 年)6 頁。

实际上，被日本经济团体联合会干部评价为“学者的野心”(161)的债权法修正促进者，在债权法修正工作开始之前，无论是债务不履行的无过失化，还是应该变更潘德克吞体系，抑或所谓日本民法太简单了需要多条文化，都没有主张过。不光是债权法修正促进者，学界在债权法修正作业之前也不存在这样的呼声。进行了这样奇特的修正的话，就会变成“带着鬼脸吓人”(162)的修正，正如有法官经历的人所说，是“留下了债权法修正促进者的名字”(163)。在肩负起修正工作的背景中，可能是有着这样的功利心态才有了这些提案。但是这些提案虽被说成是“学者的野心”，却并非是其多年所主张的学说的体现。

通常，如果学者进行了这种突发奇想的提案，官僚是站在责备的立场的。但是，对法务省民事局的实务官僚来说，本次债权法修正的目的是将消费者合同法的权限从消费者厅夺回来，在这样的状况之下，这样遭到社会以及学界的猛烈反对的债权法修正促进者的修正提案，正好可以让消费者合同的问题躲避社会目光，是非常适宜的。对于债权法修正促进者来说，可以满足其作为学者的虚荣心，对于实务官僚来说，是将消费者合同问题从社会的瞩目中逃离的避弹衣。在这样的构造之下，债权法修正促进者与法务省实务官僚“同床异梦”般的债权法修正工作就这样被推进了。

只是，债权法修正促进者的法定最长任期期满的时候，上述三个目的都还在半途，预计在第二年举行第二次征集公众意见。法修正的内容如果具有普遍性的话，交棒给其他学者来担任中心人物也是可以的，可是因为修正的内容在学界中，包括修正工作开始前的债权法修正促进者自己，都没有主张过，所以自然无人接手。修正工作的中途，放弃了将消费者法纳入民法的法务省民事局的实务官僚也为了面子希望继续修正工作。但是，却没有人来接受缺乏普遍性的修正提案。法务省民事局落入了一个无法收场的局面。

原法官严厉批评了修正内容缺乏普遍性：“我自身作为一个法官，从来没遇到过这样的事情，不知道为什么要进行这样麻烦的立法……好像就是一个人在

(161) 武井＝阿部・注 29 引用「対談：日本経済活性化に向けたビジネス法制の提言」ビジネス法務 2011 年 8 月號第 91 頁。

(162) 本文所说的“带着鬼脸吓人”的姿态，实际上形成了本次债权法修正的一股暗流，有关这个问题，参照注 31 引用『加藤雅信著作集 第九卷』第 460 页以下的内容。有关“带着鬼脸吓人”的问题，参照第 475 頁。

(163) 遠藤＝加藤＝大原・注 31 引用「インタビュー調査報告書：債権法改正——元裁判官は、こう考える」名古屋學院大學論集社會科學篇 50 卷 3 號 136 頁（注 31 引用『加藤雅信著作集 第九卷』827 頁）。

唱独角戏,说这个修正是文化事业,但我完全看不到社会需求。"[164]出现了"没有人可以代替"的状况,对于法务省民事局来说,也只好选择违反《付任期职员法》,进行"违法任用"了。

三、违反 1999 年阁议决定《有关审议会等的整理合理化的基本计划》

（一）序言

来看看法务省民事局的其他违法行为。

实际上,国家行政机关的职员成为政府的审议会的委员,是被阁议决定所禁止的。这对于审议会的部会也适用。因此,法制审议会、民法部会上法务省职员被任命为委员是不可以的。但是,法务省漠然地将债权法修正促进者、大臣官房审议官、民事局长任命为委员,且干事中加入了包含参事官在内的三名法务省在职者。这种法制审议会、民法部会的委员构成是违反阁议决定的。

这个问题我在最初批判本次的债权法修正时就提出来了[165],并且,在规制改革委提出的资料中也进行了批判[166]。在"二"中所述的"《付任期职员法》违反"的问题,因为提出了就意味着要解雇在这个职位上的人,所以直到法制审议会的最后阶段、在债权法修正促进者从法务省辞职之前我都避免公开批判。因此,在本章中所说的违反《付任期职员法》的叙述,对许多读者来说是第一次听到的这个信息。但是,在这里要说的违反阁议决定的问题,大都是重复的已经发表的内容。因为本章是对债权法修正的总结性的论文,所以,不嫌冗繁,我就在这里重复一下全面情况。

（二）1999 年的阁议决定

1999 年 4 月 27 日,颁行了题为《有关审议会等的整理合理化的基本计划》的阁议决定[167]。其开头部分是,"在审议会等……有招致变成隐身衣的批判,指出了助长纵向支配的行政等弊害",体现了作出这个阁议决定的背景。

在此,《有关审议会等的组织的指针》的《附件 2:有关审议会等的组织的指针》中,规定如下。

"3. 委员、临时委员、特别委员以及专门委员的资格要件:

关于委员,为了能够向行政反映民意,所以原则上要从民间选拔。国会议

---

[164] 远藤、加藤、大原:注 31 引用『インタビュー調査報告書:債権法改正——元裁判官は、こう考える』名古屋学院大学論集社会科学篇 50 巻 3 号（2014 年）127 頁（注 31 引用『加藤雅信著作集 第九巻』815 頁）。

[165] 加藤・注 52 引用『民法(債権法)改正——民法典はどこにいくのか』265 頁以下（注 31 引用『加藤雅信著作集 第九巻』493 頁以下）

[166] 加藤・注 27 引用『迫りつつある債権法改正』87 頁以下。

[167] 平成一一年閣議決定「審議會等の整理合理化に関する基本的計畫」。

员、国务大臣、国家行政机关职员、地方公共团体或地方议会的代表等，除非是该审议会不可或缺的构成要素，否则不得担任委员。

但是，着眼于国家行政机关职员、地方公共团体或地方议会的代表等具有与其个人密不可分的专业知识及经验时，可以不从委员中排除。"

然后，记载了这个对"审议会等的下级机关""部会"也适用。但是，前面也说了，2009年秋成立的法制审议会、民法部会中加入了法务省在职的"国家行政机关职员"作为委员。

（三）没有意识到违法任用的当事人们

实际上，其他官厅的审议会的委员当中，通常是没有该官厅的职员的。我无法查阅所有的审议会的委员组成，只能在我个人经验的范围内叙述，我和与我有私交的人成为委员的审议会中，除了法务省的委员会，都没有该官厅的职员被任命为委员的情况。

但是，反过来说，在其他法务省管辖下的审议会中，这种违法任用是个普遍行为。被任命为民法部会委员的职员们，并未意识到自己是被违法任用的。民法部会成立之初法务省民事局长与我的谈话如实地反映了这个情况，介绍如下。

我在债权法修正开始之前，并非是反法务省或者反官僚的立场，所以与法务省也一直保持着官厅—研究者这样普通的关系。作为其中一环，如前所述，也曾作为日本政府代表代理参加了融资租赁条约、保理条约签约的外交会议。在那个外交会议上，从法务省来参加的当时的实力派官员，在债权法修正工作的中途阶段担任了民事局长。

因为外交会议，我们在渥太华一起待了一个月，关系变得亲近。我2010年6月10日给该民事局长打了电话，双方问答的大纲如下[68]。

加藤："你当了法制审的委员，这个是违反1999年的阁议决定的，你知道吗？"

民事局长："啊？……但是前任的民事局长也当了啊，不是大家都参加了吗？是违法的吗？"

加藤："是违反了。"

民事局长："但是任命我的是司法法制部，我什么都不知道。"

---

[68] 加藤雅信「民法（債権法）改正の現在——民法典の劣化は防止できるか：『中間試案』の検討——」季刊 企業と法創造9巻2號（平成25年）31頁（注31引用『加藤雅信著作集第九卷』742頁）。

（四）因为"委员等是法务大臣任命的……"——法务省司法法制部的回答

然后，我又给司法法制部打了电话，问了有关1999年阁议决定违反的问题。对此的回答如下。

法务省职员："法制审议会、民法部会，是从事立法的审议会，属于1999年阁议决定中所说的'该审议会的不可欠缺的构成要素'的情况，所以民法部会中行政机关职员也加入其中了。"

加藤："我可以理解为这是法务省的正式意见吗？"

法务省职员："这是什么意思？"

加藤："不单是法务省，其他各省也有从事立法的审议会。如果法务省的正式意见是这些审议会在审议立法事项时行政机关职员也可以被任命为委员的话，我要去信询问一下负责1999年阁议决定的总务省，是否法务省的正式意见也就是总务省的正式意见。"

法务省职员："请稍等"（与里面的人商量了一会儿后）
"我过几天再给你回答可以吗？"

然后，我为了让法务省书面回答，在2010年6月10日给法务省寄送了提问状。最初的两个问题如下。

【问题一】

（首先，展示了在"三"的开头部分介绍的《有关审议会等组织的指针》的《附件2：有关审议会等的组织的指针》中规定的"3. 委员、临时委员、特别委员以及专门委员的资格要件"，然后问了下面的问题）

"法制审议会民法（债权关系）部会中，在法务省在职的国家行政机关职员有三名担任了委员职务，这从第一次会议上印发的会议用资料《法制审议会民法（债权关系）部会委员等名簿》可知。

这些委员的任命，是否违反了1999年阁议决定，请回答。"

【问题二】

"根据2010年6月10日电话中的回答，法务省在职的委员们，因为与立法相关，所以符合'该审议会的不可欠缺的构成要素'的情况。如此理解的话，审议立法事项的审议会，都可以任命国家行政机关的职员为委员。是否可以认为法务省大臣官房司法制度调查部——正确名称应是'司法法制部'（笔者注）对1999年4月27日的《有关审议会等的组织的指针》的《附件2：有关审议会等的组织的指针》是如此理解的？"

我的提问状是3页A4纸，约一个月后，收到了下面的回答书。

> 2010年7月6日
>
> 加藤雅信 先生
>
> 法务省大臣官房司法法制部
> 司法法制课法制审议会
>
> 您2010年6月10日寄出的信件(质问状)收悉。
>
> 有关隶属于法制审议会的委员的任职情况,我们认为没有您所指出的违反阁议决定的情形。
>
> 并且,法制审议会的委员等是由法务大臣任命的,对于任命的理由,我们无法回答,敬请理解。

收到了这个回答书后,我评价如下。

"这个回答书,不知道是否是为了维持既成事实,好像只有判决主文一样,只写了'没有你所说的违反阁议决定的地方'。明明和阁议决定抵触,却毫无理由地说没有违反。

"刚才的质问书问题2,提到了6月10日的电话回答,我又问了,根据这个电话中的回答,凡是审议立法事项的审议会,都可以任命国家行政机关的职员为委员,这样理解是否正确。针对这个问题,回答书中只字未提。

"但是,即使是这样的回答书,也可以从其回答的方式中发现一些事项的端倪。首先,书面的回答中,没有再提及电话回答中所称的'法务省在职的委员,因为是与立法相关,所以属于该审议会等不可欠缺的要素'。在书面中,当局是避免论述这样的问题的。

"并且,通常应当论述一下是否属于阁议决定中记载的,'除了属于该审议会等的不可欠缺的要素的情况',对于是否属于这个除外要件,也没有触及。

"且对于我对着部局责任人寄出的质问状的回答书,连部局责任人的名字都没有署,也不符合公文书的形式。可以看出当局的态度是以让人难以追究责任人的方式寄出了这个非常简短且没有实质内容的回答书。"⑩

(五)架空阁议决定的不负责任的官僚

对于这个问题,我曾经在前面如此论述:

"本次的民法部会委员的选任,在有关法务省职员的问题上,参考1999年4

---

⑩ 加藤·注52引用『民法(債権法)改正——民法典はどこにいくのか』268頁以下(注31引用『加藤雅信著作集 第九卷』495頁以下)。

月 27 日阁议决定"《有关审议会等的组织的指针》,明显是违反该阁议决定的,至少作者本人是如此认为的。但是法务省从未回答不违反的理由,只说因为是法务大臣的任命所以没法公开理由,将责任转嫁给了政治家。当然,如果违反了行政的意向法务大臣任命了的话,行政方面就没有责任了。但是,根据行政制定的原案大臣进行了任命的话,行政当然要为违反阁议决定承担责任,对此法务省闭口不谈。因此,官僚以作为政治家的大臣为盾牌,即使不公开理由别人也拿他们没办法。"[170]

并且,在该回答书中提及的将法务官僚任命为委员的大臣,在下次选举中不幸落选了。那个时候,报纸如此报道:"某某法相在参议院神奈川选区落选,法务省内惊叹不绝……'注意倾听工作人员的意见,工作中容易相处'这样的评价很多。"[171]也就是说,刚刚的回答书,是"注意倾听工作人员的意见,工作中容易相处"的大臣将法务官僚任命为审议会委员,以后即使被追责,也可以将责任推到大臣的身上。该回答书正如镜子一样映照了这些不负责任的官僚的形象。

之后,我在前述的内阁府的规制改革会议上提问了这个问题。对此法务省的回答如下[172]:

"法制审议会民法(债权关系)部会的委员中,有关法务省职员,我们认为是具有与其个人密不可分的专业知识及经验的。1999 年 4 月 27 日的阁议决定,对于审议会等的委员,原则上要求从民间有识之士中选拔,就该决定来说,当国家行政机关职员,具有与其个人密不可分的专业知识及经验时,可以不从委员中排除。因此,法务省职员是担任法制审议会民法(债权关系)部会的委员,与该决定并不抵触。"

这个法务省的回答书中,认为"法务省职员,我们认为是具有与其个人密不可分的专业知识及经验的,因此任命为委员"。对此,我的评价如下:

"1999 年的阁议决定,一方面规定了'国家行政机关职员……,除非是该审议会不可或缺的构成要素,否则不得担任委员',一方面又规定了'当国家行政机关职员,具有与其个人密不可分的专业知识及经验时,可以不从委员中排除'。

"但是,我们看一下法制审议会、民法部会的委员的变迁,只要法务省大臣官房审议官及法务省民事局长的人员发生变动,就任该职的人就被任命为委员。制作回答书的人难道认为一旦被任命为官房审议官或民事局长,此人就具备了

---

[170] 加藤·注 52 引用『民法(债权法)改正——民法典はどこにいくのか』269 页以下(注 31 引用『加藤雅信著作集 第九卷』496 页以下)。

[171] 読売新聞 2010 年 7 月 12 日夕刊 19 页。

[172] 如前所述,法务省回答书的全部内容,在加藤·注 27 引用『迫りつつある债权法改正』90 页以下作了介绍。

'与其个人密不可分的专业知识及经验的',而一旦推任,这些知识和经验就丧失了吗？这种任命委员的方式,与其说是'属人',不如说是'属职位'。通常是被称为'连带任命'的方式吧。真是正面地无视了 1999 年的阁议决定中'国家的行政机关职员……等……不得担任委员'的规定。"⑬也就是说,法务省架空了 1999 年阁议决定,将自省的职员任命为审议会委员。在内阁府规制改革会议被指出问题时,又以诡辩来企图逃脱。

但是,正如前面所述,民法部会成立之初,虽然我感觉到了违反阁议决定的问题,但这样的审议会构成究竟会在多大程度上影响法案还不明确,因此我一直沉默着。我本人也认为制定至今已超过一个世纪的民法确有修改的必要,在那之前也只是因为修正提案有问题所以进行了反对。因此,在最初的阶段,作为法制审议会的下级组织的民法部会正式成立时,我依然抱着对官僚的朴素的信赖心,认为官厅的正式审议会上绝不会通过民法(债权法)修正检讨委员会上讨论的、学者的游戏一样的方案,因此才静观其变。在那个时间点,作为公家组织的审议会上法务官僚若做了"内容良好的民法修正"的话,我打算投赞成票。

可惜,持续阅读了民法部会的议事录之后,提出的仍然是民法(债权法)修正检讨委员会时期的荒唐的方案。比如,关于债务不履行的无过失化的提案被经济界出身或律师出身的、民间选出的委员一致反对时,作为干事担当办公室法务省民事局参事官就会说"再讨论讨论看看"来压制反对意见,议长则乘机维持法务省原案。这样的状况一直持续着。⑭因此,不仅是 1999 年的阁议决定中所称的人事问题,而且成为委员及干事的"国家行政机关的工作人员"甚至主导了审议会的运行。并且,即使民间出身的委员一致反对,也用前面所说的到底也只是少数意见、民间出身者的反对意见只是螳臂当车,法务省原案顺顺当当地在法务省在职的委员及干事的引导下通过。

读了半年间的民法部会的议事录,我认为"再这样下去的话,民法典会被劣化",所以才决定打破沉默。因此在全面展开对法务省的批判的同时,我也开始批判这个违反 1999 年阁议决定的问题,公开出版了前述的《民法(债权法修正)——民法典要去往何处》。

四、利用伪装民间组织的推进行政意图

（一）序言

以上所探讨的两点,最初违反《付任期职员法》和后来的违反 1999 年阁议决

---

⑬　加藤·注 27 引用『迫りつつある債権法改正』91 頁以下。
⑭　注 59 引用法制审议会民法(债权关系)部会第三回会议(2010 年 1 月 26 日)议事录第 24 页。

定都是对个别法规的违反。而下面要探讨的问题不是这种个别法规的违反,而是本次债权法修正违反了行政厅的行为准则,即行政厅的行为在多大范围内是被许可的,多大范围内是不被许可的,是与行政的根基相关的基本问题。

要举出的事项部分与已经论述的事项相重合,但因对其进行分析的视角不同,所以还请多多担待。

(二) 行政厅组织成立的"民间团体"与"民间团体"所为的行政活动

1. 成立民法(债权法)修正检讨委员会——法务官僚 vs. 学者有志之士

法务省以一般人能够注意到的方式公布要开始进行债权法修正工作的时期,是债权法修正促进者被招聘进法务省的次年,在 2007 年杂志的新年号上。法务省民事局参事官陈述了下列事实:(1) "法务省民事局,将在较近的将来进行民法(债权法)的根本性的修正";(2) 作为与此相关联的行动,"为了准备对民法(债权法)进行修正,学界有志之士自发性地研究组织,创设了民法(债权法)修正检讨委员会";(3) "作为法务省民事局,非常期待在这个修正检讨委员会上策划出能够在今后的法制审议会上作为基础的试案"。[15]

在此,叙述了民法(债权法)修正检讨委员会被"创设",其叙述的好像是第三人创立了这样的组织。但是如前所述,转职到法务省的债权法修正促进者、法务省民事局参事官都是民法(债权法)修正检讨委员会的发起人。只是,我的论文中没有向世人明说是法务省相关人员——与其他七名研究者一起——作为发起人创立了这个研究会的事实,而只是在刚刚的介绍文章中说,"该修正检讨委员会,也有法务省的负责人参与","认为法务省民事局,……积极地参加了其中的讨论"。[16]

也就是说,作为法务省官僚的法务省民事局参事官想给读者的印象,是以"学界有志之士"为主要成员的组织中,法务省工作人员只是从旁以第三人的身份参加并积极加入了讨论,试图否定法务省的主导性。但是,参与发起"学界有志之士的自发性的研究组织"的就有法务省在职的债权法修正促进者等,并非一般的"学界有志之士"。

2. "委员会"的名称的妄用——"私""公"性质的暧昧不明的分类使用

问题不仅如此。这个组织被称为"民法(债权法)修正检讨委员会"。但是,以法务省相关人员为中心的发起人团体,最初就将该组织命名为"委员会",这是一种妄用,并非政府的委员会。也就是说,只是发起人以及作为组织核心的办公室成员以及修正案原案的策划者的职位等都由法务省民事局的相关人员占据,社会性的实体中具有公家的色彩,但又并非是政府内部依法设置的正式的公家

---

[15] " "中的引文,参照筒井・注 48 引用「民法(财产法)関係の動向」NBL48 号 31 页。

[16] " "中的引文,参照前注同页。

机构。从法律的文义解释来说，法律规定，除了公益法人以外，不允许在"名称或者商号中使用可能会引发误解的公益社团法人或公益财团法人的文字"，违反的话，则会课以刑罚⑰，公司法中也有类似的规定⑱。对于委员会没有这种规定是事实。

但是，即使法律没有直接的禁止性规定，一般来说，让人误认为是公家组织的名称在道德上仍然是不希望其发生的。并且并非一般社会人，作为公务员的法务官僚——法律上没有称为委员会的根据，只是事实上——对于自己参与的组织，一方面称作"私人团体"，一方面又称其为"委员会"，这不得不说问题极大。虽然我知道没有法律规定这种行为违法，但是，为了任意利用该组织的私人或公家身份，使其成为具有两面性的组织，而妄自使用了"委员会"这样的名称，这真是可以称为"法匪"的行为。

3. "学界有志之士自发的研究组织"中法务官僚的作用

民法（债权法）修正检讨委员会的活动开始后，第一次全体会议上，议长说在全体会议之前，发起人已经开会选举自己担任委员长，这项决定需要征得全体会议的承认，同时又说："在本组织中，由某某老师担任办公室主任，由某某办公室主任向大家汇报。"债权法修正促进者担任办公室主任简直就是上方指派全体会议的成员，提出"2."中所述的委员会名称的选定，或者"3."中的组织结构的问题，都是事先决定好的，即使想在那个场合进行发言，也只是处在一个完全信息不足的状态，根本没有实际参与的余地。

除此之外，受此任命后，债权法修正促进者汇报说："首先决定参加所有准备会的联络成员。由某某参事官和我担任。通过这些联络人，可以横向调整各准备会的内容，让其反映在我们的讨论当中。"⑲然后如前所述，在民法（债权法）修正检讨委员会规程中规定，准备会的任务是制作《修正试案（草案）》和《理由书的草案》，而可以见到全貌的只有债权法修正促进者和法务省民事局参事官二人，也就是上方指派式的决定。并且，在民法（债权法）修正检讨委员会规程上规定了"准备会的干事，由法务省民事局的干事、调查员及相当于该职务的若干人担任"。债权法修正促进者汇报了这个事先做好的规程⑳，也就这样原封不动地获得了通过。

---

⑰ 有关公益社团法人以及公益财团法人认定等的法律第9条第4款，第63条。

⑱ 公司法第7条，第978条。

⑲ 民法（债权法）修正检讨委员会第一回全体会议（2006年12月26日）议事录第4页，第8页（http://wwr7.ucom.ne.jp/sh01/japanese/pdf/gijiroku/gijiroku001.pdf、2017年4月29日访问）。

⑳ 注46引用『債権法改正の基本方針』別冊NBL26號第116页。

在民法(债权法)修正检讨委员会中,基本上是准备会负责制作原案,全体会议对该原案进行审议。准备会的核心是债权法修正促进者和法务省民事局参事官,而全体会议,虽然法务省中除了债权法修正促进者、法务省民事局参事官,还有每逢职务变动就被同时任命的官房审议官等,其他大多数成员都是研究者。仅看这个构造的话,干事会原案(正确的说是扩大干事会原案)被全体会议否决,被否决的提案依然被法务省民事局提交到法制审议会、民法部会,所以全体会议的意见,对于法务省民事局来说,并不具有特别的意义。简单地说,民法(债权法)修正检讨委员会只是为了向国民表明"法务省相关人员制定的原案,得到了学者们的赞同"的道具。所以前文中我这样评论:法务省民事局将民法(债权法)修正检讨委员会当作傀儡团体来利用以隐藏是其自身提案的事实。

经过了这些手续之后,修正后的民法典到了获得通过的阶段,但是像这样不知法务省民事局的意图,我也担任了向国民隐藏实际情况的民法(债权法)修正检讨委员会的委员,现在只能向国民表示道歉。借此来表达我的歉意。

4. 法务省相关人员所为的强调"私人团体性"的行为

回到刚才的叙述,如上民法(债权法)修正检讨委员会所做的原案实际上是受到了法务省相关人员的强烈影响。我自身在当初把这个团体称作"在现阶段是'学界有志之士的自发的研究会',但是法务省中负责的官员也参与筹划,有半官方的性质"[181],将其评价为半官半民的存在。但是,法务省在职者和担任核心职务的相关人员,都异口同声否认法务省的干预。

如前所述,法务省民事局参事官在最初让世人知道债权法修正工作的论文中,不但将民法(债权法)修正检讨委员会介绍为"学界有志之士的自发的研究会"[182],而且在政府内部的规制改革会议的听证会上把它定义为"私人团体"[183]。其他的法务省干部们也发表论文称其为"学界有志之士的《民法(债权法)修正检讨委员会》"[184]。并且,站在法务省参与的立场上的债权法修正促进者,更进一步说:"有人说这实质上不是法务省的委员会吗?这完全是误解!"[185]

---

[181] 加藤雅信「民法典の改正——この一年間の展開と今後の展望」法學セミナー 649号(平成21年)4頁(注31引用『加藤雅信著作集 第九卷』231頁)。

[182] 筒井・注43引用「民法(財産法)関係の動向」NBL31頁。

[183] 注44引用規制改革会議第一回議事録第10頁。

[184] 始関正光「民事立法の動向」登記研究731号(平成21年)22頁。

[185] 然而,债权法修正促进者同时论述说"确实收到了法务省要对债权法进行根本性修正的讨论的决定,因此创立了该委员会",可见其并非自始至终都贯彻了与法务省无关的态度。注86引用民法(债权法)修正检讨委员会第九回全体会议(2008年11月15日)议事录第2页。

并且，民法（债权法）修正检讨委员会，作为其最终的研讨成果，发表了《债权法修正的基本方针》，在发表这个基本方针的学术研讨会的基调报告中，强调了"这个检讨委员会，虽然加入了法务省的相关人员为委员，但是并非受法务省的委托进行立法准备工作，是完全私人的、自主的、自发的委员会"。[186]

刚刚介绍了若干发言的法务省民事局参事官，在内阁府的规制改革会议的听证会上，利用该民法（债权法）修正检讨委员会是民间组织这一自己的立论，采用了实质上拒绝听证的战术。内阁府的规制改革会议说，"希望今天能听到关于债权法修正的探讨情况"[187]，对于该问题，法务省民事局参事官回答说那是"民间的有志之士的团体的讨论，即使在这里进行介绍也没有意义"[188]，全面拒绝了公开相关信息。对于此态度，规制改革方面说："包括你自己，作为法务省成员参与了的话，请你认真完成任务。"对此，他回答："我只是为了收集情报而参与的成员而已"，以自己是组织外的人物为由，拒绝公开信息。这里如前所述，法务省民事局参事官，隐藏了其作为民法（债权法）修正检讨委员会的发起人，是办公室成员，作为全部五个准备会的成员参与制作了修正试案的事实，声称自己是"为了收集情报而参与的成员而已"[189]。到了这个地步，就不单是隐匿信息的问题，而应当评价为事实上向政府内部提供了虚假情报。

接着上面的回答，规制改革方逼问道："你们所掌握的信息难道不是公共财产吗？你们不是在拿着工资的工作时间去做的这些事情吗？这部分的工资放弃了吗？难道不是工作的一个环节吗？"法务省民事局参事官回道："确实如此。"规制改革方非难道："作为工作的一个环节所知道的信息，为什么对国民或者说对我们不能公开呢？……这是政府机关工作人员的基本任务。"[190]

在法制审议会中设立了民法部会之后，同样的状况也依然在延续。法制审议会、民法部会的办公室主任职位的法务省民事局参事官，在民法部会的第一次会议上，说："民法（债权法）修正检讨委员会已经公开发表了《债权法修正的基本方针》，这……仅仅是学界有志之士的团体所公开的方案之一，……我认为我们部会当然还是从一开始……"[191]在第二次会议上又说："在上次的会议上，……说

---

[186] 鎌田薫「基調報告 総論」民法（債権法）改正検討委員會編 シンポジウム「債権法改正の基本方針」別冊 NBL127（商事法務、平成21年）6頁。
[187] 注45引用规制改革会议第十二回法务：资格TF（2008年10月3日）议事录第1页。
[188] 前注议事录第2页。
[189] 以上为注45引用 议事录第3页。
[190] 前注应用议事录同页。
[191] 法制审议会民法（债权关系）部会第一回会议（2009年11月24日）议事录第3页（http://www.moj.go.jp/content/000046716.pdf，2017年4月29日访问）。

了从一开始进行讨论,没说从零开始(笑)……"⑫这些都记载在议事录上了。

但是,民法部会的探讨结束后,委员们的评价与参事官笑着说的"从零开始"的发言的内容完全相反。如前所述,松本恒雄委员说:"法制审议会的审议中,大部分地方都以检讨委员会的提案为基础。"⑬如果松本委员的评价是正确的话,这个参事官,与前述的在规制改革会议上一样,在法制审议会、民法部会上也利用了虚伪的信息,继续否定民法(债权法)修正检讨委员会的提案是法制审议会的原案。

只是在民法部会中担任办公室主任职务的参事官不管怎么主张是从零出发,世人也并非都相信他的话。从这个发言开始,众多的学者和律师,针对民法部会上的审议内容,就指出民法(债权法)修正检讨委员会的提案是法制审议会的原案⑭。世间对"官僚"的印象,是"主掌日本行政的人"以及"可以平静地撒谎的人"这样的两极评价。从事本次债权法修正的法务官僚们,从最初的阶段就可以被评价为后者,这是上述多数学者和律师的评价。

只是为何这样有组织地将民法(债权法)修正检讨委员会定义为"私人团体"呢?这个背景在相当长的时间内都不明了。角纪代惠教授回顾刚成立委员会时候的状况说:"这个会究竟是什么定位,从最初到最后,我一直觉得不快。"⑮民法(债权法)修正检讨委员会的委员们私下也互相交换感想说:"为何法务省那些人非要说是私人团体呢?""真让人感到不快。"

5."学界有志之士的自发的研究会"提议将消费者合同法纳入民法!

我也是上述会话中的怀疑派成员,但解答我疑问的,是民法(债权法)修正检讨委员会解散半年后的 2009 年 10 月召开的消费者法学会《民法修正与消费者法》学术研讨会,我与债权法修正促进者作为评论者被邀请过去。在那个研讨会上,债权法修正促进者称,民法(债权法)修正"检讨委员会的前提是……并非完全不能变更主管"⑯。在民法(债权法)修正检讨委员会进行审议的阶段,有"修

---

⑫ 注 49 引用法制审议会民法部会第二回会议(2009 年 12 月 22 日)议事录第 20 页。

⑬ 松本·注 78 引用「日本の債権法改正法案における消費者利益 への配慮または無配慮」(韓国全南大学)法學論叢第 36 卷 1 号 68 页。

⑭ 具体评论的介绍,参见加藤·注 52 引用『民法(債権法)改正——民法典はどこにいくのか』7 页以下(注 31 引用『加藤雅信著作集 第九卷』261 页以下)。

⑮ 角发言,注 109 引用「座談會:債権法改正と日本民法の將來」法律时报 83 卷四号 4 号 69 页。

⑯ 「第二回大會シンポジウム『民法改正と消費者法』ディスカッション」消費者法第 2 号 41 页。

正民法典中消费者、经营者的定位"这样的议题。[197]某委员说："将消费者合同法的实体部分纳入民法当中，……这个与其说是法律分别规定，不如说是管辖官厅的问题，这个问题在我们这个会上进行讨论是否合适……"[198]听了这个发言，法务省民事局职员们说："包括管辖官厅的问题，都希望学者们进行考虑。"[199]通过这个来压制了疑问。听闻这个，我对于在只有法务省相关人员的场合下，却对消费者厅管辖的问题进行讨论的行政人员的态度存有疑虑，民法（债权法）修正检讨委员会进行审议的目的并非对民法典现存条文的改良，而是"敌人在本能寺"，是为了将权限从消费者厅手中夺回来。虽然迟了些，我终于认识到了这个问题。再回头看，法务省在几年时间内进行了全面规划。

官厅利用学者及其他专业知识的时候，通常做法是在审议会设立之前，在官厅内设立研究会。如果民法（债权法）修正检讨委员会是作为这样的官厅内研究会的话，债权法修正也本应能非常寻常地遵循一般的行政手续进行。

但是，法务省民事局在企图将消费者合同的权限从消费者厅手中夺回时，为了不让包括消费者厅在内的世人注意到这是官厅间的权力争夺，希望把它弄成是学者提案。因此，民法（债权法）修正检讨委员会没有被作为官厅内的研究会成立，但是如果真的弄成学者的集合的话，又无法保证是否会提出将消费者合同法纳入民法典的提案。所以，他们试图将制作修正原案的权利放到以"准备会"为名的法务省相关人员的手中，又用"全体会"的名义将学者集体作为其支援团体。

其结果是，民法（债权法）修正检讨委员会最终的修正案《债权法修正的基本方针》中，成功地将消费者合同法纳入民法典当中。但是，若被世人说"这个提案的原案是法务省相关人员制作的"，问题就又赤裸裸演变成了官厅间的权限争夺。所以才利用在世人眼中立场中立的学者团体，并且将该学者团体中的一个人吸收到官厅当中，作为学者的提案，试图将消费者合同法纳入民法典当中。

五、结语——"谎言带来谎言"伪装民间团体所做的债权法修正

也就是说，试图偷偷地将消费者合同法纳入民法典当中，首先产生了本论文开头所述的关于债权法修正目的的谎言，这个谎言又带来了民法（债权法）修正检讨委员会是"学界有志之士的自发的研究会"这第二个谎言。"谎言带来谎言"的本次债权法修正的循环就此开始。

---

[197] 注76引用民法（债权法）修正检讨委员会第八回全体会议（2008年11月3日）议事录第2页。
[198] 前注引用议事录第27页。
[199] 注76引用议事录第32页。

对于本次的债权法修正的评价,具有法官经历的某人说:"这次是偷偷摸摸进行工作,所以招致不信任是实情。"[200]我认为这个评价是非常准确的。

前面已经论述了本次的债权法修正的内在存在的"虚假构造",我个人也赞同这个评价。但是,超越了特定的法规,法务省民事局所进行的制作"民法修正"的原案的行为,对于世人,是用谎言,通过伪装民间团体所做的行为,是关系到行政的根本的原则性问题。必须严格追究法务省民事局的责任。这种通过伪装的民间团体来达到行政横行的行为,会从根本上导致行政的崩塌。从这个意义上来说,在自民党执政时期成立、到民主党执政时将其提案由公家机关的审议会继续进行,容许了利用民法(债权法)修正检讨委员会的法务省的行政行为的历代政权,以及法务大臣,虽说是被法务官僚所欺骗,其责任也是非常重大的。

实际上,这个重大问题,在债权法修正工作之初就有一部分人指出来了。在较早的阶段,内阁府的规制改革会议就对法务省民事局有这样的评论:"没有情报公开制约的民间,脱法行为般的难以让情报共有,特意让其进行讨论,在台面下进行控制";[201]"总觉得好像要让外部的民间组织来隐瞒什么似的,作为行政,这非常奇怪"[202]。对这些批判充耳不闻的法务省民事局,作为行政组织太过厚颜无耻,国会一定要将其作为行政监视的对象来对待。

在第三节中,我提出了三个问题。其中最初的问题是违反《付任期职员法》的问题,如前所述,直到债权法修正促进者从法务省辞职之前,我一直避开了谈论这个,所以在本章中初次公开的问题也不少。第二个问题是违反1999年阁议决定的问题,这是将我之前曾经提到的问题,以容易理解的方式又再次讲述了。但是,第三个问题,这个利用伪装民间组织进行行政推进的问题,在最初的批判书籍《民法(债权法修正)——民法典要去往何处》当中就提出了。但在写那本书的时期,考虑到也许在将来法务省可能会转变方向,因此没有过度批判,多少进行了抑制。相比之下,本章是如实地论述了我自己的感受。此外,论述法务省民事局的这三个违法行为的过程中,也提到了该组织所为的各个"不当行为"。回顾这个整体情况,作为我个人来说,面向将来,强烈要求"法务省立法手续合法化",所以才为第三节设置了那样的标题。

---

[200] 遠藤=加藤=大原·注31引用「インタビュー調査報告書:債権法改正——元裁判官は、こう考える」名古屋學院大學論集社會科學篇50卷3號136頁(注31引用『加藤雅信著作集 第九卷』816頁)。

[201] 注44引用规制改革会议第一回议事录第10页。

[202] 前注引用议事录第11页。

第四节　所谓债权法修正——究竟是什么

最后,既然我为本章起了以上的标题,我就有责任来回答这个问题。

本次有特殊内容的债权法修正工作开始后不久,如前所述,经团连的经济基盘本部长阿部泰久先生,就强烈批判本次的债权法修正是"学者的野心"[203]。但是,准确来说,加上这个,将消费者合同的权限从消费者厅中夺回来,让本局的人员能够增加这样的"野心",在法务省民事局也存在,这一点不能忽略。这种"野心",虽然在修正工作到一定阶段是被击破了,但这之后,法务省民事局为了不被说成"债权法修正失败了",进行了所谓"为了面子的修正"工作,最终完成了本次的修正。所以,最终被修正的内容,正如从最初阶段就主导修正工作的债权法修正促进者近期的发言所象征的一样,"本次的修正内容并非都与我的理论相一致"[204],谁的修正意图,什么样的修正目的都没有达成,最终是个"无目的的民法修正"。不单是修正的目标方向未定,除去有对于消费者来说消极面更大的保证法条、格式条款法条的修正等,有一定的积极面的法定利息的修正等,多数的修正点,正如民法修正促进者所说"对大多数企业来说,因本次的修正需要改变实务的部分非常少"[205],是"没有实质的修正",谁都不知道究竟为何要进行这样的修正。可以评价为"巨大的浪费"的修正工作长达10年之久。其最终结果,却是谁都没有期待的结局。面对着本论文评价为"八方一两损"的修正结果,被问及"所谓债权法修正——究竟是什么",不由感到一阵空虚。

终　章

一、序言

在日本进行的演讲的最后,在向明确扬起反对本次债权法修正大旗的山梨县律师协会表示谢意的同时,明确了包括山梨县律师协会在内的多数的团体及市民对于本次债权法修正是如何看待的,简单地记录并回顾了债权法修正的民

---

[203]　武井＝阿部・注29引用「対談：日本経済活性化に向けたビジネス法制の提言」ビジネス法務2001年8月号91頁。

[204]　内田・注124引用「民法は神棚に飾るものではなく、使うものだ———二〇年ぶりの改正、その舞臺裏を聞いた」東洋経済online 2017年7月4日。

[205]　内田・注124引用「民法は神棚に飾るものではなく、使うものだ———二〇年ぶりの改正、その舞臺裏を聞いた」東洋経済online 2017年7月4日。

间历史。

二、开始债权法修正工作

法务省实质上开始债权法修正工作的时间是2006年10月设立民法(债权法)修正检讨委员会时。该委员会的《设立目的书》的日期是该年10月7日,担任本次债权法修正的核心人物的人,在那上面作为发起人,以"东京大学教授(法务省民事局参与)"为职务名称署了名。通过查阅官报可知,其第二年的2007年10月1日开始作为法务省民事局参事官被聘用,可见在民法(债权法)修正检讨委员会成立的时候,已经作为兼职在法务省工作了。

先不管这个,在那个时期,我因为不知道内部是如何考虑的,不知道法务省民事局为何开始了本次债权法修正,所以是打算配合法务省工作的。但是,在民法(债权法)修正检讨委员会,慢慢明白了民法(债权法)修正检讨委员会在打算的事情。这之后我就与以法务省为后盾的债权法修正办公室站到了对立的立场上,并最终决裂了。民法(债权法)修正检讨委员会上制作原案的,是以法务省相关人员为中心的,法务省选择了粗暴地将所有反对原案的委员从法制审议会排除出去的做法。通常,不管是哪个官厅,都是尽量将反对派控制在少数派,但是法务省却试图达到反对人数为零的结果。是因为在讨论的时候,他们根本没有能够压制住反对意见的自信。

三、表明反对意见和山梨县律师协会

然而,我认为在法制审议会这样正式的场合,法务省及官厅都会采取有节制的行动。所以在审议会成立之后的半年,我一直没有在公开场合对债权法修正进行批判。但是,随着我不停翻看半年来的审议会的议事录,看到展开的是与民法(债权法)修正检讨委员会时期完全一致的讨论,我下定了决心:"这样下去,民法典会劣化,即使现在挑起争论,为了今后的日本社会,我也要说该说的话。"

表达了我的心声的是《民法(债权法修正)——民法典要去往何处》(日本评论社)这本书。这本书的出版时期是2011年5月25日,在那之后不到一个月,开始了第一次征集公众意见。

忘不了的是在书出版之前一个月的4月21日,山梨县律师协会邀请我去做一次演讲。实际上,这是我最初发声反对债权法修正。我拿着校对稿,向山梨县律师协会的会员讲述了我的意见。在当晚的宴会上,受到了很多会员的鼓励。不到一个月之后的5月13日,山梨县律师协会通过了总会决议:"强烈要求对于债权修正的审议完全冻结"(法律时报第83卷8号第55页以下)。这个总会决议,听说反对者为零。我受到了极大的鼓励,只要好好说,懂的人自然能懂。这样想着,我继续在全国各地进行演讲。

四、"思考民法（债权法）修正的会"

如前所述，2011年6月1日开始了第一次征集公众意见。为了配合这个，我从各方面进行工作。为呼吁大家提出公众意见，努力促成了"思考民法（债权法）修正的会"的成立。什么都不做的话，即使社会上有很多反对的声音，我害怕他们也只会是沉默的大多数。

我不知道响应我号召提出公众意见的人有多少，通过办公室向法务省民事局参事官室提出的公众意见就多达90件。作为总结这些公众意见的书，金融财政事情杂志社出版了《对〈民法（债权关系）的中间的论点整理〉的意见的概要》。根据这本书所说，共有369件意见。这是没有经过办公室直接提出的公众意见，所以经过我们呼吁而提出的公众意见，至少也有超过四分之一。所以该会的活动，还是起到了一定的作用。

五、到"律师2000人的声音"为止

此后一段时间，没有大规模有组织的活动。在第二次征集公众意见时，又展开了更大规模的全国性活动：以全国律师为对象实施的问卷调查。

中部律师协会联合会、山梨县律师协会、"将律师的声音反映到民法修正中去的协会"办公室，三者联合组成了实施主体，向全国的律师传真了问卷调查表（收到传真的比例为90.9%）。这个调查，在中部律师协会联合会所管辖的律师协会和山梨县律师协会是正式调查，在其他律师协会的律师中是自愿参加的调查。

从"将律师的声音反映到民法修正中去的协会"成立到调查结束差不多用了半年时间。在此期间，他们连续多日给全国各地打电话，必要时亲自去一些地方，在所有的律师协会确定了呼吁人，呼吁人的人数在全国各地就接近2000人。这个全国调查的结果，有超过2000的律师给了回答，赞成债权法修正的人不到全部人数的10%，反对人数是其7.8倍。日本律师联合会执行部为了保持与法务省的蜜月关系，不管如何叫嚣赞成债权法修正，也只是脱离了成员的执行部的独自决定，这也可以从调查结果的数据上得到反映。

六、各界国民的声音和法官的声音

这样，律师们的声音已经为世人所知，我担任代表的民法修正研究会，也多次组织学术研讨会和沙龙，将各国的负责民法修正的人的声音、关东、关西、全国的民法学者的声音、商法、民诉、行政法等相邻领域的专家的声音、各地的律师的声音、司法书士协会的声音、担任企业法务的人的声音向世人传播的同时，我个人也与经团连、经济同友会、联合、消费者团体等进行了意见交换。

只是，法官是民法的重度使用者当中的重度使用者，但是立场上，他们的声

音难以向世人传达。因此,我与大学的同事一起,组织了项目来听取了刚从法官岗位上退休的以民事实务为中枢的原法官的意见。其结果是,"本次修正,其修正内容及修正的进展方式,都是反'公益'的姿态","不夸张地说,法官全体都反对本次的债权法修正","真的是为了国民的修正吗","这一次修正工作一直在偷偷摸摸进行,不由得让人感觉到不信任"等,很明显,法官们的内心也对本次债权法修正抱着强烈的不信任感。

七、"思考改正民法修正的会"的情况

在最后阶段,2014年成立的是跨各界的有识之士组织的"思考改正民法修正的会"。这个会,以确保关于"民法(债权关系)修正",慎重且公正地进行再议的机会、时间、程序,确保充分的信息交换及确保国民进行成熟的讨论程序为目的,组织了多次学术研讨会,并发表了声明。

八、向政治家介绍情况及稻田朋美先生

在大阪进行活动的女律师也给了我个人很大的帮助。首先是对我的行为表示赞赏,给我发了邮件和信件,说"对于老师您有关债权法修正的活动,我作为一个普通国民,从心底表示感谢"。之后,又给我介绍了很多人。

某日,收到了她的电话,说当时担任内阁府大臣的"稻田朋美先生,想要与加藤老师通电话,你帮忙问问是否可以……"我说可以之后,稻田大臣就给我来了电话,这最终促成了我和法务省的债权修正负责官员在规制改革会议上进行对峙的听证会。其中的讨论内容也在内阁府的主页上公开了。这是在法制审议会的民法部会进行最终部会陈述的一周前发生的,结果是导致已经发出了开会通知的民法部会的最终会议流产。延期到一个月之后才进行了最终陈述。我个人认为,稻田朋美大臣的决断与在规制改革委员会上讨论的内容以及在内阁府的主页上刊登的我提出的资料,给本次债权法修正带来了很大的影响,使最终通过的修正内容比当初的提案温和了许多。

九、自民党的先生们——平沼纠夫先生、西田昌司先生、古川俊治先生

刚刚出现了稻田大臣的名字,对于政治家的各位先生,也稍做些介绍吧。我个人也有些过去曾经参与议员选举的政治家朋友,但与这些人仅是朋友交情,到债权法修正开始为止,在政治的领域相对没有交集。

但是,从刚才的女律师的介绍开始,向串红薯一样,与政治家的关系越来越多了。在这之间,在回归自民党之前,作为"次世代的党"的党首的平沼纠夫先生,自民党的西田昌司先生,对于他们对情况判断的速度和正确判断,以及其具有魄力的行动力我非常惊叹。从该二人开始,我的主张逐渐在其他政治家之间传扬。另外,通过别的途径得到的知己——古川俊治先生,在政治家、律师、医

师、庆应大学教授等多领域活动，总是给我特别恰当的判断。

十、民进党的先生们——阶猛先生、井出庸生先生、逢坂诚二先生以及最后的江田五月先生

并且，作为在野党的民进党，在民主党时代我就受邀出席过他们党内的学习会，一直有交情。从那时开始数年间，阶猛先生一直为了债权法修正在尽力。阶先生的攻击是很猛烈的。到底是东大棒球部的投手出身，擅长钢速球。在债权法修正的国会质问上一直在追问。另一个方面让我吃惊的是井出庸生先生，作为曾经的NHK记者，对人比较柔和，但是其读书量和直觉的敏锐度远超常人。虽说是教育学出身，但是在国会上对于法律领域也能追问作为专家的民事局长。在那时，对于我都不知道的公证人的黑暗面，比如利用公证证书逼迫吉原的妓女们签订以工作抵债的协议时、管辖吉原的公证处生意极好等，通过举出这些久远的事例，来追问用公证制度来保护保证人是否会奏效。不仅仅这个事例，对于井出先生的提问，我情不自禁要脱帽致敬。然后，逢坂诚二先生，虽说是药学部这样的理科出身，在部分国会议员或内阁在职人员不着边际地发言时，总是用笃定的态度来劝谏，我个人对于其人品留下了深刻印象。

实际上，除了在这里介绍的人物之外，我还有幸与其他多位政治家进行了交谈。虽然没有发展到为债权法修正活动，但我对江田五月先生印象深刻。虽说不是学生时代就相识的，江田先生与我为东京大学的师兄弟关系，所以初次见面已经是忘了在什么场合的很久远的时候了，是老朋友了。虽说时间长，但是却并没有很亲密……我第一次向外界表明我反对债权法修正的态度是在2011年第一次征集公众意见的时期。那时候江田五月先生是在菅直人内阁总理大臣的内阁里担任法务大臣。站在他的立场上，是无论如何不能反对债权法修正的。我虽知道这个情况，但是抱着要让负责的大臣知道情况的目的，我给他寄送了关于本次债权法修正情况的信件。然后，数日后的半夜，他的回信到达了我的电脑中。并且这不是秘书所写的千篇一律的回信，是既顾及了自己作为法务大臣的立场，又对我的信件内容进行了分析、思考后的内容。作为大臣那么繁忙还回了信，我非常感动。作为一个早熟的孩子，我在中学时代就对江田五月先生的父亲江田三郎所提倡的构造改革论感兴趣，通过杂志、论文等学习了江田的主张。父子一起，真是非常了不起的家族传承啊。

各个政治家，都有发挥其特长的领域。我也与多位性格稳健的政治家交换过意见。像本次债权法修正这样，对于背后是官僚的狂飙的立法及政策，注意平衡的稳健派政治家也很难如鱼得水地活动，这是我的印象。各人有各人的立场，为了社会的顺利运转，稳健派政治家也是必要的，但是官僚像疯马般发疯的时候，稳健派政治家的出场机会就少了。

十一、最后的最后——"既没有赢、也没有输"……

最后,在一切都已经结束的现在,来回顾一下过往。在最初的前言部分,我说了我以前的学生,现在南山大学的副校长青木清的颁奖礼的话题。还有一个,已经是很久以前的事了,是我刚刚鲜明扬起反对本次债权法修正大旗的时候,我想起了青木君向我另外的学生所说的话:"我认为,加藤老师是很会吵架的人。但是,这一次,就这一次,究竟有没有胜算啊?"他预感我会惨败,会陷于凄惨的状况,并对此表示了担心。确实,在我 2011 年拜访山梨县律师协会时,对于债权法修正的批判只有零散的几个人,用书籍的形式来挑起全面战争的,我是第一个,是"仅有一人的反叛"。青木君认为的"根本没有胜算",也是大多数人的预想。现在,法务省中推进本次修正的人,一边拿着刊登着我的反对论文的杂志,一边撒谎说:"是加藤老师写的吧,我丝毫不放在眼里。"这是某出版社的管理层告诉我的。

但是,从山梨县律师协会最初与我同样意识到问题为契机,反对派的圈子越来越大,对比当初的《债权法修正的基本方针》公布时的提案,修正的内容和修正的方向都全面改变了。将结果评价为"既没有赢、也没有输",应当离实情不远。当然,作为法律的修正,本不该有输赢,只有看有没有制定出好的法律来决定输赢。从这个观点来说,正确答案是法务省和我都输了。正所谓两败俱伤。

即便如此,因为我输了,所以我要向国民道歉。如前所述,在那么多的问题中,最起码以下四点希望在本次的债权法修正中进行改正:(1) 可能导致商工基金事件再次发生的保证和公证人制度的衔接提案(民法第 465 条第六款以下);(2) 在世界范围内蒙羞的"格式条款事后修订的自由"的导入(民法第 548 条第四款);(3) 使许多法律中规定的日本的时效制度分裂的主观起算点和客观起算点的二元论的导入(民法第 166 条第一款);(4) 带来罗马法以来的法体系的分裂的在总则编插入恢复原状的规定(民法第 121 条第 2 款)。虽说在众议院中作为参考人努力陈述了自己的意见,但还是没能做到。对于今后要受到民法约束的各位国民,对自己的力有不逮,深深地、深深地表示抱歉。

(责任编辑:尚连杰)

"寻找"信托财产所有权主体
——关于对学者的解读的审视和对信托法的回避态度的检讨

张 淳*

[摘 要] 外国学者关于英国、美国、法国、日本和英国苏格兰地区的信托法对信托财产所有权主体的态度的各种解读在这些信托法中都不能够寻找到支持。我国学者关于我国信托法对信托财产所有权主体的态度的两种解读都以该法第2条为解释论依据,但此条只能够为其中一种解读提供支持。大多数国家与地区的信托法都对信托财产所有权主体持回避态度,因为其立法机关因受制于其对信托基本类型的承认不能将以关于由受益人或者委托人享有信托财产所有权为其内容的明文规定纳入这些信托法中。因欠缺恰当性而不能通过将关于由受托人享有信托财产所有权为其内容的明文规定纳入这些信托法中以将受托人对信托财产的支配权定性为所有权。信托法没有必要将信托财产所有权授予信托的任何一方当事人。

[关键词] 信托;信托财产所有权;信托财产所有权主体;委托人;受托人

引 言

信托财产所有权归属问题一向得到各国法学界有关学者的关注,且对这一问题的研究还堪称这些年来出现在我国信托法理论研究领域内的唯一的热点。在笔者看来,中外法学界有关学者对信托财产所有权归属问题的研讨,从实然层面看均体现着对信托财产所有权主体即信托财产所有权的享有者的"寻找"。当然,这一研讨均系以各有关国家与地区的信托法均对信托财产所有权主体持有一个态度为逻辑前提。这些学者在这一研讨过程中发表的相关看法在性质上均属于对各有关国家与地区的信托法对信托财产所有权主体的态度的解读,而存在于这些解读中的结论实际则为这些学者通过这一"寻找"所获得的

---

* 南京大学法学院教授、博士生导师。

这些国家与地区的信托法的前述态度在内容方面的结论。但问题在于：包括作为这些解读对象的各有关国家与地区的信托法在内的大多数国家与地区的信托法均对信托财产所有权主体持回避态度。可见，对于中外学者对各有关国家与地区的信托法对信托财产所有权主体的态度的各种解读需要从法律角度出发来进行审视；特别是需要从立法技术角度出发对大多数国家与地区的信托法对信托财产所有权主体持回避态度的原因作出检讨。有鉴于此，笔者特写作本文。

一、外国信托法对信托财产所有权主体的态度：中外学者的解读

可以说若干外国信托法对信托财产所有权主体的态度一向得到我国法学界从事信托法理论研究的学者的关注。笔者经阅读相关论著发现：关于所谓英美信托法对信托财产所有权主体的态度为我国有关学者所普遍关注；根据由这些为数众多的学者共同持有的解读，所谓英美信托法的这一态度的内容是：关于信托财产的法律所有权由受托人享有，关于信托财产的衡平所有权由受益人享有。[①] 属于大陆法系信托法范围的法国、英国苏格兰地区与日本的信托法对信托财产所有权主体的态度也得到了我国有关学者的关注，并且其中对日本信托法的这一态度予以关注者要显得多一些。就法国信托法对信托财产所有权主体的态度而言，有学者将这一态度解读为：信托财产所有权由受托人享有；[②] 也有学者将这一态度解读为：信托财产所有权并不归受托人、委托人和受益人这三方信托当事人中的任何一方享有。[③] 而根据有关学者分别持有的解读，英国苏格

[①] 参见施天涛、余文然：《信托法》，人民法院出版社1999年版，第58页；何宝玉：《信托法原理研究》，中国政法大学出版社2005年版，第141页；陈向聪：《信托法律制度研究》，中国检察出版社2007年版，第148页；高凌云：《被误读的信托》，复旦大学出版社2010年版，第13页；谭振亭主编：《信托法》，中国政法大学出版社2010年版，第172页；温世扬、冯兴俊：《论信托财产所有权》，载《武汉大学学报》2005年第2期；董慧凝：《中国信托财产立法模式探讨》，载《社会科学》2009年第2期；李培锋：《英美信托财产权难以融入大陆法物权体系的根源》，载《环球法律评论》2009年第5期；于海涌：《论英美信托财产双重所有权在中国的本土化》，载《现代法学》2010年第5期；朱园：《论信托的性质与我国信托法的属性定位》，载《中外法学》2015年第5期；陈雪萍：《信托财产双重所有权之概念与继受》，载《中南民族大学学报》2016年第4期。

[②] 参见李世刚：《论〈法国民法典〉对罗马法的引入》，载《中国社会科学》2009年第4期。

[③] 参见吕富强：《论法国式信托》，载《比较法研究》2010年第2期。

兰地区信托法的对信托财产所有权主体的态度是:信托财产所有权由受托人享有;①日本信托法对信托财产所有权主体的态度是:信托财产所有权由受托人享有。②

在外国法学界有关学者撰写的相关论著中也存在关于对上述这些外国信托法对信托财产所有权主体的态度的解读。笔者经阅读相关论著发现:就英国信托法对信托财产所有权主体的态度而言,有英国学者将该法的这一态度解读为"关于信托财产的法律所有权由受托人享有,关于信托财产的衡平所有权由受益人享有",③但毕竟也有英国学者将该法的这一态度解读为"关于信托财产的法律所有权由受托人享有"(此项解读在这些学者的有关论著中被表述为"关于信托财产的法律所有权由受托人享有,关于信托财产的衡平法权益由受益人享有"④),还有英国学者将该法的这一态度解读为"信托财产所有权由受托人享有"。⑤ 就美国信托法对信托财产所有权主体的态度而言,有美国学者将该法的这一态度解读为"关于信托财产的法律所有权由受托人享有,关于信托财产的衡平所有权由受益人享有",⑥但毕竟也有美国学者将该法的这一态度解读为"关

---

① 参见何宝玉:《信托法原理研究》,中国政法大学出版社2005年版,第61页;李清池:《作为财团的信托》,载《北京大学学报》2006年第4期;于海涌:《论信托财产的所有权归属》,载《中山大学学报》2010年第2期。

② 参见周小明:《信托制度比较法研究》,法律出版社1996年版,第99页;张天民:《失去衡平法的信托》,中信出版社2004年版,第132—133页;唐义虎:《信托财产权利研究》,中国政法大学出版社2005年版,第27页;谭振亭主编:《信托法》,中国政法大学出版社2010年版,第173页;赵许明、罗大钧:《信托财产权属本质探究》,载《华侨大学学报》2002年第3期;于海涌:《论信托财产所有权归属》,载《中山大学学报》2010年第2期;文杰:《信托财产权在中国大陆面临的困境及其出路》,载《两岸商法评论》第2卷第2期。

③ 参见 Richard Edwards & Nigel Stockwell, *Trusts and Equity*, 5th ed., Pearson Education Limited, London, 2002, p.7; Andrew Iwobi, *Essential Trusts*, 3th ed., 武汉大学出版社2004年影印版, p.3; John Duddington, *Essentials of Equity and Trusts Law*, Pearson Education Limited, London, 2006, p.63.

④ 参见 Alastair Hudson, Understanding Equity & Trusts, 3th ed., Routledge. Cavendish, London, 2007, p.15; Graham Moffat, *Trusts Law*, 5th ed., Cambridge University Press, Cambridge, 2009, p.4.

⑤ 参见 Robert Pearce and John Stevens, *The Law of Trusts and Equitable Obligations*, 3th ed., Butterworths, London, 2002, p.109.

⑥ 参见 Roger W. Andersen, *Understanding Trusts And Estates*, 3th ed., Lexis Nexis; Matthew Bender, U.S.A, 2003, p.83; Joseph William Singer, *Introduction to Property*, ASPEN PUBLISHERS, INC, New York, U.S.A, 中信出版社2003年影印版, p.302; G.G. Bogert、D. H.Oaks, H. R.Hansen and S. D. Neeleman, *Law of Trusts*, 8th ed., Foundation Press, New York U.S.A, 2008, p.98.

于信托财产的法律所有权由受托人享有"(此项解读在这些学者的有关论著中也被表述为"关于信托财产的法律所有权由受托人享有,关于信托财产的衡平法权益由受益人享有"①),还有美国学者将该法的这一态度解读为"信托财产所有权由受托人享有"。② 值得重视的是,在持后面一种解读的美国学者中还包括分别撰写《美国信托法重述》(第二版)与《美国信托法重述》(第三版)这两部美国信托法鸿篇巨著的那两位学者。③ 就法国信托法对信托财产所有权主体的态度而言,尽管有法国学者将该法的这一态度解读为"信托财产所有权由受托人享有";④但毕竟也有法国学者将该法的这一态度解读为"信托财产所有权由受托人享有,但根据所有权保留条款也可以由委托人享有"。⑤ 就英国苏格兰地区信托法对信托财产所有权主体的态度而言,尽管有英国学者将该法的这一态度解读为"信托财产所有权由受托人享有",⑥但毕竟也有意大利学者将该法的这一态度解读为"信托财产所有权在表面上由受托人享有,在实际上由委托人享有"。⑦ 就日本信托法对信托财产所有权主体的态度而言,日本学者的解读却显得比较独特。一直以来,在日本法学界流行的通说,即"完全权"说,将在信托存续期间由受托人享有

---

① 参见 Jesse Dukeminier & Stanley M.Johanson, *Wills, Trusts, and Estates*, 6th ed.,中信出版社 2003 年影印版,p.560; Valerie J.Vollmar, Amy Morris Hess & Robert Whitman, *An Introduction To Trusts And Estates*, West Group, MN, U.S.A., 2003, p.168.

② 参见 George T.Bogert, *Trusts*, 6th ed., West Publishing Co, Minn, U.S.A., 1987, p106.需要交代的是:该学者的这一解读并不是通过由其直接陈述此项内容来体现,而是通过由其作出的"设立信托必须向受托人转移信托财产所有权"这一表述来体现——笔者。

③ 撰写前面一部著作的学者为斯科特,撰写后面一部著作的学者为英格里希;关于这一解读为这两位学者持有分别参见 Restatement of American Law of Trusts, Second, §2; Restatement of American Law of Trusts, Third, §2.

④ 参见 Blandine Mallet-Bricout, *Le Fiduciaire, Vértable Pivot Ou Simple Rouage De L'opération De Fiducie?* 58:4 McGill Law Journal-Revnu de droit McGill.927(2013).

⑤ 参见 François Barrière, *The Security Fiducie in French Law*, in Lionel Smith(eds.), The Worlds of the Trust, Cambridge University Press, 2013, pp.105-106.

⑥ 参见 Kennetr G.C.Reid, *Patrimony Not Equity:The Trust In Scotland*, 3 European Review of Private Law.432(2000).应当指出,在本文中这位学者指出这一解读系由英国有关学者持有,并且该学者还指出这一解读为英国有关学者持有由来已久,故其属于传统的对英国苏格兰地区信托法对信托财产所有权主体的态度的解读——笔者。

⑦ 参见 Maurizio Lupoi, *Trusts:A Comparative Study*, Cambridge University Press, Cambridge, 2000, p.294.应当指出,在这部著作中这位学者认为英国苏格兰地区信托法将信托建立在一个典型的古老的结构基础上:无条件的财产转移、由一个文件导致产生、以该项财产能够被返还给委托人的方式设立(参见该书第 292 页);其对该法对信托财产所有权主体的态度作如此解读正是以这一认识为出发点——笔者。

的对信托财产的支配权称为"完全权";①对存在于此说中的所谓"完全权",有持有此说的学者将其解释为系指"所有权＋名义"。② 但也有学者抛开了这一通说,该学者将在信托存续期间由受托人享有的对信托财产的支配权称为"完全所有权",并且其还指出,这里的所谓"完全所有权"也就是指"受托人名义之下的关于信托财产的所有权",③可见此说可以称为"完全所有权"说。这里的所谓"完全权"说与"完全所有权"说均属于日本有关学者分别持有的关于日本信托法对信托财产所有权主体的态度的解读;其中的"完全权"说在内容上还显得不够直观,从而需要通过进一步的解释才能够明确其含义。

稍加对比便可以发现,就被列举于本目第一段中的各种解读而言:为我国有关学者普遍持有的关于英美信托法对信托财产所有权主体的态度的解读,系以英美两国有关学者分别持有的对英美两国信托法的这一态度的三种解读中的某一种为其内容;为我国有关学者持有的法国信托法与英国苏格兰地区信托法对信托财产所有权主体的态度的解读,系以法国有关学者与英国有关学者分别持有的关于对这两部信托法的这一态度的两种解读中的某一种为其内容。就这些学者而言,如此做法不仅体现着"人云亦云",而且还体现着"仅采一家之说"。这里的所谓"人云亦云"与"仅采一家之说"均意味着我国有关学者系分别移外国有关学者的相应解读为其对所谓英美信托法——准确地讲即英美两国信托法和法国信托法以及英国苏格兰地区信托法——对信托财产所有权主体的态度的解读。为我国有关学者持有的关于对法国信托法对信托财产所有权主体的态度的那两种解读中的后面一种,极有可能系由该学者自己构思而成,因为至今并未发现有法国学者持有这一解读。为我国有关学者持有的关于对日本信托法对信托财产所有权主体的态度的解读,基本上可以说系由这些学者中最早提出这一解读者自己构思而成,因为存在于这一解读中的"所有权",从严格意义上讲,与存在于日本学者的相应解读中的"所有权＋名义"和"完全所有权"显然并不是同一个概念。当然,说该学者对这一解读的构思受到日本有关学者相应解读的一定程度的影响,这肯定是可以的。

---

① 参见[日]四宫和夫:《信托法》(增补版),日本有斐阁株式会社1986年版,第88页;[日]濑々敦子:《大陆法域的信托法的最新动向》(上),载《国际商事法务》2012年第10期,第1510页。

② 参见[日]新井诚:《信托法》,日本有斐阁株式会社2002年版,第129页;[日]新井诚:《信托法》(第四版),日本有斐阁株式会社2014年版,第207页。

③ 参见[日]能见善久:《现代信托法》,日本有斐阁株式会社2004年版,第156页。

二、外国信托法对信托财产所有权主体的态度：
来自法律的对中外学者的解读的审视

可以推论，由有关学者所为的、关于对任何一个国家或者地区的信托法对信托财产所有权主体的态度的任何一种解读，都只有当其在该国或者该地区的信托法中能够寻找到依据，才具有准确性。

由本论文第一目的内容可见，为英美两国有关学者分别持有的关于对英美两国信托法对信托财产所有权主体的态度的解读各有三种，且这里的此三种解读与彼三种解读于相互之间还能够在内容一致的基础上实现分别对应。笔者经查阅发现：以"信托财产的法律所有权由受托人享有，信托财产的衡平所有权由受益人享有"为其内容的明文规定，以"信托财产的法律所有权由受托人享有"为其内容的明文规定，以及以"信托财产所有权由受托人享有"为其内容的明文规定，这三项所谓明文规定中的任何一项，在英国信托制定法（包括1925年《英国受托人法》、2000年《英国受托人法》以及其他所有的由英国立法机关制定的信托单行法在内）和美国信托制定法（包括《美国统一信托法典》以及其他所有的由美国统一各州法律委员会颁布的具有信托单行法性质的信托示范法在内）中均并不存在（值得重视的是在英美两国的信托制定法以及在两国的财产法中均并不存在"法律所有权"与"衡平所有权"，并且有英国学者指出"关于信托财产的法律所有权与衡平所有权分别由受托人与受益人享有"在目前只是作为一种观念存在[①]）。不仅如此，能够从解释论角度确定出在其中包含关于前述三项所谓明文规定中的任何一项内容的规定在英国信托制定法和美国信托制定法中也均并不存在（在本文第一目中提到的分别持有被记载于其中的关于对英美两国信托法对信托财产所有权主体的态度的那三种解读的英美两国有关学者，在其相应论述中均并未提到这种规定并将它作为由他们所分别持有的那一种解读的依据）。如果将这三项所谓明文规定视为关于三项相应的法律规则的文字表述，可以说，在英美两国至今均并无经典的、具有最高程度的权威性并因此既能够成为英美两国法院各自统一适用为裁判信托案件的法源、又能够成为英美两国法学界关于英美两国信托法对信托财产所有权主体的态度的解读的唯一的无可争议

[①] 参见 J. E. Penner，*Law of Trusts*，8th ed.，Oxford University Press，Oxford，2012，p.26.

的依据的判例,将这三项法律规则中的任何一项记载于其中。[①] 以上所述意味着:就前述为英美两国有关学者分别持有的、关于英美两国信托法对信托财产所有权主体的态度的那三种解读中的任何一种而言,无论在英美两国信托法中如何寻找,均并不能找到依据。笔者经查阅还发现:以"信托财产所有权由受托人享有"为其内容的明文规定与以"信托财产所有权由受托人享有但根据所有权保留条款也可以由委托人享有"为其内容的明文规定在法国信托法、即2007年修订后的《法国民法典》第三卷第十四编("财产信托"一编)中均并不存在,并且能够从解释论角度确定出:包含前述两项所谓明文规定中的任何一项内容的规定在这部信托法中也并不存在(在本文第一目中提到的、分别持有关于法国信托法对信托财产所有权主体的态度的那两种解读的法国有关学者,在其相应论述中均并未提到这种规定并将它作为由他们所分别持有的那一种解读的依据——笔者注);以"信托财产所有权由受托人享有"为其内容的明文规定与以"信托财产所有权在表面上由受托人享有在实际上由委托人享有"为其内容的明文规定,在英国苏格兰地区信托法,准确地讲,在组成这部信托法的1921年《英国苏格兰地区信托法》、1961年《英国苏格兰地区信托法》与1961年《英国苏格兰地区受托人投资法》这三部法律中均并不存在,并且能够从解释论角度确定出在其中包含有前述所谓两项明文规定中的任何一项内容的规定在这三部法律中也均并不存在(在本文第一目中提到的、分别持有关于英国苏格兰地区信托法对信托财产所有权主体的态度的那两种解读的英国有关学者,在其相应论述中均并未提到这种规定并将它作为由他们所分别持有的那一种解读的依据——笔者注);以"关于信托财产的完全权由受托人享有"为其内容的明文规定与以"关于信托财产的完全所有权由受托人享有"为其内容的明文规定在日本信托法,准确地讲在组成这部信托法的《日本信托法》以及日本其他所有的信托单行法中均并不存在,并且能够从解释论角度确定出在其中包含有关于前述两项所谓明文规定中的任何一项的内容的规定在这部信托法中也并不存在(在本文第一目中提到的分别持有关于日本信托法对信托财产所有权主体的态度的那两种解读的日本有关学

[①] 在本文第一目第二段中提到的英美两国有关学者中有一些人在其著作中在分别陈述为其持有的关于英美两国信托法对信托财产所有权主体的态度的那三种解读时,还提到了存在于英美两国的能够分别为这三种解读提供支持的判例,且由不同的学者所分别提到的两个以上判例即便均能够对其中某一种解读提供支持它们也往往并不是关于同一个案件的判例;为这些已经发生法律效力的判例所分别确认由受托人享有的并不是同一种信托财产所有权;这些判例在英美两国能够并存,表明它们于彼此之间并不存在相互否定;可见这些判例中的任何一个都并不是前面提到的那种经典且具有最高程度的权威性的判例——笔者。

者,在其相应论述中均并未提到这种规定并将它作为由他们所分别持有的那一种解读的依据;应当看到,尽管在这部信托法中存在本目第三段中提到的那两项规定,但这些日本学者在其相应论述中也均并未提到这两项规定并将其中的某一项作为由他们所分别持有的那一种解读的依据;究其原因,极有可能是在这两项规定中毕竟均既不存在"完全权"也不存在"完全所有权",以至于在这些学者看来这两项规定均并不属于这种规定;值得重视的是"完全权"与"完全所有权"不仅在这两项规定中并不存在,而且其在日本信托法乃至《日本民法典》中均并不存在)。以上所述意味着:对于前述为法国有关学者持有的关于法国信托法对信托财产所有权主体的态度的那两种解读中的任何一种,为英国有关学者持有的关于英国苏格兰地区信托法对信托财产所有权主体的态度的那两种解读中的任何一种,以及为日本有关学者持有的关于日本信托法对信托财产所有权主体的态度的那两种解读中的任何一种,无论分别在法国信托法、英国苏格兰地区信托法与日本信托法中如何寻找,也均并不能够寻找到依据。从以上所述出发完全可以说:上述为英美两国有关学者分别持有的关于英美两国信托法对信托财产所有权主体的态度的那三种解读,为法国有关学者持有的关于法国信托法对信托财产所有权主体的态度的那两种解读,为英国有关学者持有的关于英国苏格兰地区信托法对信托财产所有权主体的态度的那两种解读,以及为日本有关学者持有的关于日本信托法对信托财产所有权主体的态度的那两种解读,无一例外地都是具有解释论性质的解读。不仅如此,这些解读还都是由最先将其提出的学者分别对这五部外国信托法对信托财产所有权主体的态度的内容进行"推测"的产物。当然,这些学者在进行这里提到的推测时,通常会考虑到与信托在本国或者本国相关地区的运作有关的某种价值取向、理论观念、实务中的做法、类似制度中的相应安排乃至历史因素等因素;即便如此,由这些学者分别进行的关于对这五部外国信托法对信托财产所有权主体的态度的这一推测,肯定都多少带有"主观臆断"的色彩。可见上述由有关国家的学者分别持有的对这五部外国信托法对信托财产所有权主体的态度的各种解读,都属于纯法理意义上的解读,且其中任何一种解读的准确性恐怕都是值得商榷的。

在本文第一目中提到,上述为我国有关学者分别持有的所谓英美信托法对信托财产所有权主体的态度的解读,英国苏格兰地区信托法对信托财产所有权主体的态度的解读,以及法国信托法对信托财产所有权主体的态度的那两种解读中的前面一种,均分别系以英美两国学者与法国学者对本国或者本国某一地区的信托法对信托财产所有权主体的态度的相应解读为其内容。如此处理意味着这些学者系分别移外国有关学者的相应解读为其对所谓英美信托法——准确地讲即英美两国信托法和法国信托法以及英国苏格兰地区信托法——对信托财产所有权主体的态度的解读。但值得重视的是,我国有关学者在如此处理时,却完全忽视了为这些外国学者持有的相应解读均并不能够在这四部外国信托法中寻找到依据,完全忽视了这些解读在准确性方面还有待商榷,完全没有意识到只要这些解读欠缺准确性则必将致使其对关于这四部外国信托法对信托财产所有权主体的态度形成错误认识。应当说我国有关学者的如此处理体现出对外国有关学者的相关认识的机械移植,这的确显得很不恰当。尽管为我国有关学者持有的关于法国信托法对信托财产所有权主体的态度的两种解读中的后一种,极有可能系由该学者自己构思而成,但这一解读的准确性恐怕也值得商榷;因为以"信托财产所有权并不归受托人、委托人和受益人这三方信托当事人中的任何一方享有"为其内容的明文规定在法国信托法中并不存在。只有为我国有关学者持有的日本信托法对信托财产所有权主体的态度的解读,在日本信托法中能够寻找到依据。尽管以"信托财产所有权由受托人享有"为其内容的明文规定在日本信托法中也并不存在,但能够从解释论角度确定出在其中实质上包含有关于前述明文规定的内容:2006年修订前的《日本信托法》第1条规定:"本法称信托者,谓实行财产权转移及其他处分而使他人依一定目的管理或处分财产。"存在于此条中的"财产权"显然包括所有权,相应地存在于其中的"财产权转移"则显然可以被解释为由委托人在设立信托时在向受托人提供财产以作为信托财产的过程中将原来由其享有的包括所有权在内的关于该项财产的全部权利转移给受托人,基于这一解释便完全可以确定在此条中包含有"在信托成立后信托财产所有权系由受托人享有"这一内容。2006年修订后的《日本信托法》第2条第3款规定:"本法所称'信托财产',是指属于受托人的财产中的应当通过信托管理或处分的所有财产。"存在于此款中的"属于受托人的财产"显然可以被解释为由受托人享有所有权的财产,基于这一解释也完全可以确定在此款中包含有"信托财产所有权由受托人享有"这一内容。此项规定得到了持有这一解读的我国学者中的绝大多数人的重视,这些学者在对这一解读进行陈述时,还均将包含有关于信托财产所有权由受托人享有这一含义的2006年修订前的《日本信托法》第1条作为这一解读的依据。[①] 正是这后面一点,才致使为这些学者持有的关于这部外国信托法对信托财产所有权主体的态度的解读具备了一定程度的准确性。

[①] 在本文第一目第一段中的第五个注释中提到的持有这一解读的那7位学者中的前面6位在其论著中陈述此项解读时均将此条作为其依据。

三、我国信托法对信托财产所有权主体的态度：
中外学者的解读以及来自法律的对这些解读的审视

可以说在《中华人民共和国信托法》以下简称"《信托法》"自2001年出台起至今，关于这部信托法对信托财产所有权主体的态度，一直得到我国法学界从事信托法理论研究的学者的高度关注。依笔者在阅读相关论著基础上进行的归纳，在我国法学界比较有影响的、为这些学者持有的关于这部信托法对信托财产所有权主体的态度的解读有两种：

一种解读认为这部信托法的这一态度以"信托财产所有权由委托人享有"为其内容。这一解读系由笔者首先提出，并且下述记载的相关理由还是由笔者与此项解读一并提出。关于这部信托法系确认信托财产所有权由委托人享有从下述条文即可发现：第一，该法第7条第1款规定："设立信托，必须有确定的信托财产，并且该信托财产必须是委托人合法所有的财产。"依此条信托财产所有权在信托设立前须由委托人享有。该法第2条在此前提下规定："本法所称信托，是指委托人基于对受托人的信任，将其财产权委托给受托人，由受托人按委托人的意愿以自己的名义，为受益人的利益或者特定目的，进行管理或者处分的行为。"此条为体现该法关于信托财产所有权归属态度的最重要条文，其中的"财产权"显然包括财产所有权，但其中的"委托人将其财产权委托给受托人"却显然不仅在内涵上并不同于"委托人将其财产权转移给受托人"，且其实施结果也并不能够导致包括财产所有权在内的任何财产权被转移给受托人。可见此条实际上是认为在信托设立后，信托财产所有权仍然由委托人享有。第二，该法第15条中段规定："设立信托后，委托人死亡或者依法解散、被依法撤销、被宣告破产时，委托人是唯一受益人的，信托终止，信托财产作为其遗产或者清算财产……"由于只有当作为自然人的委托人在生前享有所有权的财产在其死亡时才能够成为其遗产，或者只有当作为法人的委托人在终止即依法解散、依法被撤销、被宣告破产前享有所有权的财产在其终止时才能够成为其清算财产，可见此段清楚地表明，在其看来，在信托存续期间信托财产所有权由委托人享有。第三，该法第28条、第29条则在使用"委托人的信托财产"这一术语基础上分别规定受托人不得将"不同委托人的信托财产进行相互交易"或受托人必须将"不同委托人的信托财产分别管理、分别记账"。由于"委托人的信托财产"在涵义上也就是"由委托人享有所有权的信托财产"，可见这两条也清楚地表明在其看来在信托存续期间信托财产所有权由委托人享有。①

另一种解读认为这部信托法的这一态度是"信托财产所有权由受托人享有"。这一解读系由钟向春、周小明首先提出,并且下述记载的相关理由也是由这两位学者与此项解读一并提出。关于这部信托法确认信托财产所有权由受托人享有,可以通过联系其中的有关规定来对存在于该法第 2 条中的某一关键词进行审视来确定。该法第 2 条规定:"本法所称信托,是指委托人基于对受托人的信任,将其财产权委托给受托人,由受托人按委托人的意愿以自己的名义,为受益人的利益或者特定目的,进行管理或者处分的行为。"在此条中并没有明确规定信托财产所有权需要转移给受托人,而是只使用了"委托给"一词。但应当看到:第一,该法的下述规定表明,在其看来委托人在信托存续期间已无财产拥有资格。该法第 8 条规定:信托可以采取遗嘱方式设立。第 15 条规定:"信托财产与委托人未设立信托的其他财产相区别。"第 52 条规定:信托不因委托人死亡、解散、被撤销或者破产而终止。第二,在该法的下述规定的字里行间明确了信托将导致信托财产所有权转移。该法第 14 条规定:"受托人因承诺信托而取得的财产是信托财产"。第 41 条规定:在原受托人职责终止时必须向新受托人办理信托财产移交手续。第 55 条规定:当信托终止时由受托人向权利归属人办理信托财产转移手续。在这三项规定中均包含关于在信托存续期间信托财产必须转移给受托人这一含义。联系前述各项规定来加以审视,对存在于该法第 2 条中的"委托给"一词,便不能简单理解为一种意思表示行为,正确的理解应当是"委托+给";其中的"委托"是指设立信托的意思表示行为,其中的"给"则是指将信托财产所有权转移给受托人的行为。②

就上述两种解读而言,前面一种解读为较多的学者持有或者倾向于赞成,③

---

① 参见张淳:《中华人民共和国信托法中的创造性规定及其评析》,载《法律科学》2002 年第 2 期。
② 参见钟向春、周小明:《信托活动中的主要法律问题》,载《中国金融》2001 年第 11 期。
③ 参见何宝玉:《信托法原理研究》,中国政法大学出版社 2005 年版,第 129 页;赵许明、罗大钧:《信托财产权属本质探究》,载《华侨大学学报》2002 年第 3 期;董慧凝:《中国信托财产立法模式探讨》,载《社会科学》2009 年第 2 期;闫荣涛:《中国信托财产所有权归属分析与建构》,载《昆明理工大学学报》2009 年第 9 期;于海涌:《论信托财产所有权归属》,载《中山大学学报》2010 年第 2 期;楼建波:《信托财产独立性与信托财产归属的关系》,载《广东社会科学》2012 年第 2 期;陆培源、方新军:《试论我国信托财产所有权归属》,载《长春理工大学学报》2014 年第 10 期。

后面一种解读也为较多的学者持有或者倾向于赞成。①

可以推论,就上述为我国有关学者分别持有的《信托法》对信托财产所有权主体的态度的两种解读而言,其中的任何一种,只有当其在这部信托法中能够寻找到依据,才具有准确性。应当看到,在《信托法》中,既不存在一项以"信托财产所有权由委托人享有"为内容的明文规定,也不存在一项以"信托财产所有权由受托人享有"为内容的明文规定;但只要对其内容稍做审视便可以发现,其第2条在性质上显然属于存在于这部信托法中的、能够从解释论角度确定出在其中包含有关于信托财产所有权由何人享有的一项规定;并且为我国有关学者分别持有的关于该法对信托财产所有权主体的态度的上述两种解读,都是以此条为基本依据。可以肯定,该法第2条只能够成为这两种解读中的某一种的依据。至于此条加上在性质上与其相同的该法第15条中段与其第28条、第29条,能不能够共同构成前一种解读的有说服力的依据,敬请读者判断。而通过运用该法第8条中的有关规定与第15条前段以及将存在于其中的但书一并引用的第52条(如本目第三段所述,被有关学者引用的该法第8条内容仅为存在于此条第2款中的一项规定,被该学者引用的该法第15条内容仅为此条前段,被该学者引用的第52条中遗漏了"但本法或者信托文件另有规定的除外"),再加上该法第14条、第41条和第55条,能不能够确定该法第2条在实际内容上与2006年修订前的《日本信托法》第1条趋于一致,并由此致使此条能够成为后面一种解读的有说服力的依据(提出这一解读的一位学者在其后来的著作中正是依据《日本信托法》的此条来说明这一解读②),也敬请读者判断。

关于《信托法》对信托财产所有权主体的态度已经得到域外有关学者的关注。笔者发现:就这部信托法对信托财产所有权主体的态度而言,已经有美国、法国、日本与我国香港地区的学者将该法的这一态度的内容解读为"信托财产所有权由委托人享有",并且这些学者还均将《信托法》第2条作为由其持有的这一

---

① 参见[日]中野正俊、张军建:《信托法》,中国方正出版社2004年版,第87页;席月民:《中国资产信托法研究》,中国法制出版社2008年版,第228页;周小明:《信托制度:法理与实务》,中国法制出版社2012年版,第205—206页;郭玉萍:《信托财产所有权的归属》,载《河南金融管理干部学院学报》2002年第5期;盛学军:《中国信托立法的缺陷及其对信托功能的消解》,载《现代法学》2003年第6期;耿利航:《信托财产与中国信托法》,载《政法论坛》2004年第1期;王连洲:《中国信托制度发展的困境与出路》,载《法学》2005年第1期。

② 参见周小明:《信托制度:法理与实务》,中国法制出版社2012年版,第205—206页。

解读的依据;①只要这一解读系由这些学者在对此条进行认真研读的基础上得出的结论,那么就可以说其系由他们自己构思而成。值得一提的是:这一解读还可以被认为也是为英国学者海顿实际持有的关于《信托法》对信托财产所有权主体的态度的解读;该学者在面对我国有关刊物的记者评论这部信托法时便指出:存在于该法第2条中的关于"委托人将其财产权委托给受托人"的规定表明,在信托成立后信托财产所有权由委托人享有,并且其还认为我国立法机关将这一规定纳入该法中"可能是因为中国人不喜欢把财产的所有权转移给别人这一做法"。② 在由该记者撰写的记载其前述看法的采访文章中提道:海顿先生时任英国信托法委员会副主席,并且《信托法》起草小组有关人士在《信托法》的制定过程中曾经两次专门前往英国就有关事宜向这位英国著名信托法专家请教。可见关于前述看法系由该学者自己构思而成不言而喻。有鉴于此,对海顿先生的前述看法自然应当给予高度重视。

四、立法空白:有关国家与地区的信托法对信托财产所有权主体的回避态度

从表面上看,任何一部信托法,都可以将一项关于信托财产所有权主体的规定纳入其中,并通过这一规定来昭示其对信托财产所有权主体的态度。可以推论,有可能出现在一部信托法中的涉及信托财产所有权主体的规定包括两种:一种是关于信托财产所有权主体的明文规定即以关于信托财产所有权由何人享有为其内容的明文规定,另一种是能够从解释论角度确定出在其中包含有关于信托财产所有权由何人享有的涵义的规定。但从认识论角度看,就任何一部信托法而言,确定无疑地只能够将前面一种规定视为体现着该法对信托财产所有权

---

① 分别参见 Adam Hofrt, *Shapeless Trusts And Settlor Title Retention Play:An Asian Morality*,58 Loyola L. Rev. 135 – 136 (2012);Blandine Mallet-Bricout, Le Fiduciaire, Vértable Pivot Ou Simple Rouage De L'opération De Fiducie? 58:4 McGill Law Journal-Revnu de droit McGill.926(2013);[日]瀬々敦子:「中国信託法の比較の考察(上)」,国際商事法務 2011 年第 11 号 1546 页(应当说这位日本学者对这一解读系实际持有:该学者在这篇论文中指出,依据《中国信托法》第 2 条的精神即便委托人不将包括所有权在内的财产权转移给受托人信托也能够设立;关于其对这一态度的实际持有可由此点佐证——笔者注);Lusina Ho, *Trust Law in China*, Sweet & axwell Asis,2003,p41.后面这部著作的作者的中文姓名为"何锦璇";参见何锦璇(Lusina Ho)《香港信托法和信托业总览》,朱少平、葛毅主编:《中国信托法起草资料汇编》,中国检察出版社 2002 年版,第 77 页以下。

② 参见魏甫华、高如华:《如何监管信托——专访英国信托法委员会副主席海顿教授和伦敦大学国王学院马休斯教授》,《中国法律人》2004 年第 3 期。

主体的态度的规定,而决不能够将后面一种规定视为体现着该法对信托财产所有权主体的态度的规定。因为,将存在于任何一部信托法中的某一条规定确定为属于后面一种规定,这纯然系由法学界有关学者或者法律实务界有关人士运用法律解释方法对这一条规定进行解释,并通过这一解释得出了关于在其中包含有关于信托财产所有权由何人享有的涵义的结论所使然;可见,存在于这部信托法中的某一条规定成为后面一种规定纯然为解释论的产物;且不要说由个别学者或者实务界人士所为的将存在于这部信托法中的某一条规定确定为属于后面一种规定是否已经得到法学界或者法律实务界的普遍接受还存在疑问,即便是已经得到法学界或者法律实务界的普遍接受,并由此致使这一条规定能够成为由有关学者或者实务界人士持有的关于这部信托法对信托财产所有权主体的态度的某一种解读的依据,甚至能够被法院参照适用以确定存在于有关个案中的信托财产所有权由何人享有,该规定作为后面一种规定存在仍然属于解释论的产物。况且该规定在成为后面一种规定后存在着这样一种可能性:在经过了若干时间后,法学界有关学者或者法律实务界有关人士中的大多数人因观念的改变而不再将其视为属于后面一种规定;只要这种情形一旦出现,并且由此致使法院放弃了关于参照适用该规定以确定存在于有关个案中的信托财产所有权由何人享有的做法,那么即便在法学界或者法律实务界中仍然有人坚持对其原有的定性,该规定作为后面一种规定的权威性与公信力也必将大大降低。可见,着眼于存在于其中的后面一种规定来确定一部信托法对信托财产所有权主体的态度,所得结论在准确性与可靠性方面肯定是要显得差一些,甚至有可能在某些特定情形下还无法保证。既然只能够将存在于其中的前面一种规定视为体现着其对信托财产所有权主体的态度的规定,就任何一部信托法而言,只要前面一种规定在其中并不存在,这便体现着这部信托法在关于信托财产所有权主体的规定方面存在空白;这是一项立法空白,它体现着该法对信托财产所有权主体持回避态度。

但在英美两国信托法以及大多数大陆法系国家与地区的信托法中却并不存在关于信托财产所有权主体的明文规定。笔者经查阅发现:关于信托财产所有权主体的明文规定在英美两国信托法(指信托制定法,[①]以下同)中并不存在;准确地讲,不仅在本文第二目第一段中提到的与由英美两国有关学者分别持有的那三种解读相对应的那三项规定在这两国信托法中并不存在,就连以关于信托

[①] 由本文第二目第二段的正文与注释以及本段本句后面的注释中的相关内容可见,对关于英美两国信托法对信托财产所有权主体的态度只能够着眼于这两国的信托制定法来确定。

财产所有权由除存在于这三项规定中的人外的其他人享有为其内容的明文规定在这两国信托法中也并不存在。① 关于信托财产所有权主体的明文规定在属于大陆法系信托法范围的我国、法国、英国苏格兰地区与日本的信托法中也并不存在。准确地讲,不仅在本文第三目第五段中提到的与由我国有关学者分别持有的那两种解读相对应的那两项明文规定、在本文第二目第一段中提到的与由法国有关学者与英国有关学者分别持有的那两种解读相对应的那两项明文规定以及在该目第二段中提到的与由日本有关学者持有的那一种解读相对应的那一项明文规定分别在这四个国家与地区的信托法中均不存在,就连以关于信托财产所有权由除存在于前述这些规定中的人外的其他人享有为其内容的明文规定在这四个国家与地区的信托法中也均不存在。不仅如此,关于信托财产所有权主体的明文规定,准确地讲是以关于信托财产所有权由任何人享有为其内容的各项明文规定在属于大陆法系信托法范围的韩国、以色列、菲律宾、卢森堡、南非、毛里求斯、埃塞俄比亚、巴拿马、乌拉圭、加拿大魁北克省的信托法与我国台湾地区的相关规定中均并不存在。众所周知,目前制定有信托法者在大陆法系国家与地区中系居于极少数;而前述国家与地区在制定有信托法的大陆法系国家与地区中已居于大多数。在其中并不存在关于信托财产所有权主体的明文规定,这体现着英美两国信托法以及多数大陆法系国家与地区的信托法在关于信托财产所有权主体的规定方面均存在空白。

毕竟在属于大陆法系信托法范围的俄罗斯、列支敦士登与美国路易斯安那州这三个国家与地区的信托法中存在关于信托财产所有权主体的明文规定:《俄罗斯联邦民法典》第四编第五十三章即财产信托管理一章中的第1014条规定"信托管理的委托人为信托财产的所有权人",《列支敦士登民法典》第三卷第四编第十六章第一节即信托一节中的第897条中包含有"受托人为信托财产的独立的所有权人"这一内容,《美国路易斯安那州信托法典》第二部分第四章第2条规定"受托人是指对被转移给作为受信任者的其管理的信托财产享有所有权的人"。然而,在其中存在关于信托财产所有权主体的明文规定者在大陆法系国家与地区的信托法中却显然居于极少数。

以上所述表明:英美两国信托法以及大多数大陆法系国家与地区的信托法均对信托财产所有权主体持回避态度。应当看到,居然有这么多国家与地区的

---

① 其实不仅在英美两国至今并无关于以确认信托财产所有权由除受托人外的其他人享有为其内容的经典且具有最高权威性并因此而能够成为英美两国法院各自统一适用以裁判信托案件的法源的判例,而且在这两国至今还并无关于以确认信托财产所有权由除受托人外的其他人享有为其内容的普通的判例。

信托法,包括堪称具有世界影响的英美两国信托法与日本信托法在内,对信托财产所有权主体均持回避态度。此点的确多少让人匪夷所思。

五、通过将相应的明文规定纳入其中以致使其信托法能够表明对信托财产所有权主体的态度:有关国家与地区的立法机关的难题

在英美两国信托法以及大多数大陆法系国家与地区的信托法中均并不存在关于信托财产所有权主体的明文规定,以至于这些国家与地区的信托法在关于信托财产所有权主体的态度方面均存在立法空白;这肯定是出自这些国家与地区的立法机关的刻意安排;而这些国家与地区的立法机关如此办理,从立法技术角度或者其他必须考虑的因素的角度看,恐怕可以说是"知难而退"与"不得已而为之"。

可以确定能够存在于信托法中的关于信托财产所有权主体的明文规定包括三项:第一项是以"信托财产所有权由委托人享有"为其内容的明文规定,第二项是以"信托财产所有权由受托人享有"为其内容的明文规定,第三项是以"信托财产所有权由受益人享有"为其内容的明文规定。因为,信托财产毕竟系由委托人提供,在信托存续期间这种财产系由受托人管理与支配,并且因管理信托财产所生利益即信托利益系由受益人享受,此点为信托法所确认。既然如此,为该法所明文规定的信托财产所有权主体便只能够是信托的三方当事人中的某一方,具体地讲,便只能够或者是委托人或者是受托人或者是受益人,三者必居其一。

如果将属于明示信托范围的合同信托、宣言信托与遗嘱信托视为三种基本类型的信托,再加上归复信托、推定信托与法定信托这三种基本类型的信托,能够得到信托法承认的信托基本类型便包括六种。① 在谈到信托基本类型时便不能不提及目的信托(以慈善信托或曰公益信托为其典型):目的信托可以分别作为属于合同信托、宣言信托与遗嘱信托这三种基本类型的信托的范围的一种具体类型的信托存在,因为信托合同、信托宣言与信托遗嘱这三种信托设立行为均可以导致目的信托设立。值得重视的是前述六种基本类型的信托在其当事人存在状况方面的差异:合同信托与宣言信托一般说来均存在委托人、受托人与受益

---

① 这里的所谓信托法承认,就合同信托、宣言信托与遗嘱信托而言,意味着该法允许其有关当事人设立这三种基本类型的信托;就归复信托、推定信托而言,意味着这两种基本类型的信托只要因法定事由出现而产生,其在该法上便能够作为信托成立;就法定信托而言,则意味着这种基本类型的信托只要依法律规定而产生,其便能够被该法作为信托来对待。

人这三方信托当事人,尽管前者的委托人与受益人依法可以为同一人,而后者的委托人与受托人依法必须为同一人,但这两种信托只要是作为目的信托存在则其便只存在委托人与受托人,却并不存在受益人;遗嘱信托一般说来只存在受托人与受益人这两方信托当事人,却并不存在委托人(关于遗嘱信托不存在委托人系就在其成立后处于存在状态的这种信托而言,因这种信托系由设立它的信托遗嘱生效而成立,但该遗嘱依法系因作为遗嘱人的委托人死亡而生效),但这种信托只要是作为目的信托存在,则其便只存在受托人却既不存在委托人又不存在受益人,即作为目的信托存在的遗嘱信托仅有受托人这一方信托当事人存在;至于归复信托、推定信托与法定信托,则其均只存在受托人与受益人这两方信托当事人,却并不存在委托人。应当指出,前述六种基本类型的信托中的任何一种均存在受托人这一方信托当事人,特别是合同信托、宣言信托与遗嘱信托即便是作为目的信托存在也均存在受托人。换句话说就是,只有受托人这一方信托当事人为这六种基本类型的信托所共有,完全可以说,存在受托人是这六种基本类型的信托在信托当事人存在状况方面的共性。

既然不同基本类型的信托以及相关具体类型的信托在当事人存在状况方面存在着上述差异,从立法技术角度看,就任何一部信托法而言,如果这部信托法仅承认某一种基本类型的信托,一项关于信托财产所有权主体的明文规定必须符合下述条件才能够被纳入该法中:被作为信托财产所有权主体而记载于此项规定中的那一方信托当事人,必须是在属于这种基本类型的信托的范围的那两种以上具体类型的信托中一律存在;如果这部信托法承认某两种以上基本类型的信托,一项关于信托财产所有权主体的明文规定必须符合下述条件才能够被纳入该法中:被作为信托财产所有权主体而记载于此项规定中的那一方信托当事人,不仅必须在这两种以上基本类型的信托中一律存在,而且还必须在分别属于这两种以上基本类型的信托的范围的那两种以上具体类型的信托中也一律存在。因为,就存在于这部信托法中的关于信托财产所有权主体的明文规定而言,只有在符合前述条件情形下,在该法仅承认某一种基本类型的信托的情形下,其才能够统一适用于属于这种基本类型的信托的范围的各种具体类型的信托的全部,并因此而能够成为关于认定存在于这些具体类型的信托中的任何一种的信托财产所有权主体的依据;在该法承认某两种以上基本类型的信托的情形下,其才不仅能够统一适用于这两种以上基本类型的信托的全部,而且还能统一适用于属于其中任何一种基本类型的信托的范围的各种具体类型的信托的全部,并因此既能够成为关于认定存在于这两种以上基本类型的信托中的任何一种中的信托财产所有权主体的依据,又能够成为存在于属于这种基本类型的信托的范围内的各种具体类型的信托中的任何一种中的信托财产所有权主体的依据。

与此相反,如果已经存在于这部信托法中的那一项关于信托财产所有权主体的明文规定不符合前述条件,那么此项规定作为关于认定存在于被该法承认的某两种以上基本类型的信托或者某一种基本类型的信托中的某两种以上具体类型的信托中的信托财产所有权主体的依据便显得不够全面。这具体说来是:第一,如果被作为信托财产所有权主体而记载于此项规定中的那一方信托当事人,仅仅是在被该法承认的某两种以上基本类型的信托中的某一种中存在,然而在另一种中并不存在,此项规定便只能够适用于前面一种基本类型的信托,却并不能够适用于后面一种基本类型的信托,并因此而只能够成为认定存在于前面一种基本类型的信托中的信托财产所有权主体的依据,却并不能够成为认定存在于后面一种基本类型的信托中的信托财产所有权主体的依据。第二,如果被作为信托财产所有权主体而记载于此项规定中的那一方信托当事人,仅仅是在属于被该法承认的某一种基本类型的信托的范围的两种以上具体类型的信托中的某一种中存在,然而在另一种中并不存在,此项规定便只能够适用于前面一种具体类型的信托,却并不能够适用于后面一种具体类型的信托,并因此而只能够成为认定存在于前面一种具体类型的信托中的信托财产所有权主体的依据,却并不能够成为认定存在于后面一种具体类型的信托中的信托财产所有权主体的依据。而为此项规定所存在的前述不够全面及其所由产生的在适用上的"顾此失彼",从立法技术角度看诚属不可思议。

一项以"信托财产所有权由受益人享有"为其内容的明文规定在本文第四目中提到的包括我国在内的那些国家与地区的信托法中均并不存在。可以确定这些国家与地区的信托法均承认慈善信托或曰公益信托;①此点系由这些国家与地区的社会政策均鼓励民间(私人)捐资举办慈善事业或曰公益事业所使然。鉴于慈善信托或曰公益信托为典型的目的信托,即慈善信托或曰公益信托并不存在受益人,并且这些国家与地区的信托法除了均承认慈善信托或曰公益信托外,还均或多或少地承认其他类型包括具体类型与基本类型的信托,而这些类型的信托均存在受益人;可见一项以"信托财产所有权由受益人享有"为其内容的明文规定,就这些国家与地区的信托法而言,显然均并不符合本目第四段中提到的有关条件,或曰此项规定如果存在于这些信托法中则显然只能够成为认定存在

---

① 在英美两国信托法和属于大陆法系信托法的范围的我国(包括台湾地区)、日本、韩国、以色列、毛里求斯的信托法中均存在慈善信托制度或曰公益信托制度,而这一制度自然允许设立慈善信托或曰公益信托;在属于大陆法系信托法的范围的另外的那十二个国家与地区的信托法中虽然并不存在慈善信托制度或曰公益信托制度,但在这些国家与地区的信托法中却均并不存在关于禁止设立慈善信托或曰公益信托的规定,为这些信托法所持有的关于允许设立慈善信托或曰公益信托的态度即由此可见。

于前述其他类型的信托中的信托财产所有权主体的依据,然而却并不能够成为认定存在于慈善信托或曰公益信托中的信托财产所有权主体的依据。由此点出发可以推论,就这些国家与地区的立法机关而言,其从立法技术角度出发根本不可能考虑将一项以"信托财产所有权由受益人享有"为其内容的明文规定纳入本国或者本地区的信托法中,并以这一规定来作为其信托法关于信托财产所有权主体的明文规定。

一项以"信托财产所有权由委托人享有"为其内容的明文规定在除俄罗斯信托法外的上述其他国家与地区的信托法中也均并不存在。众所周知,英美两国信托法既承认合同信托与宣言信托又承认遗嘱信托、归复信托、推定信托与法定信托。属于大陆法系信托法范围的一些国家与地区的信托法的相关情况是:毛里求斯信托法既承认合同信托与宣言信托又承认遗嘱信托与推定信托,[①]列支敦士登信托法既承认合同信托又承认遗嘱信托与推定信托,[②]菲律宾信托法既承认合同信托又承认归复信托与推定信托,[③]日本、韩国、巴拿马、英国苏格兰地区的信托法与我国台湾地区的相关规定既承认合同信托与宣言信托又承认遗嘱信托,[④]以色列与加拿大魁北克省的信托法既承认合同信托又承认遗嘱信托与法定信托,[⑤]埃塞俄比亚、南非、乌拉圭与美国路易斯安那州的信托法既承认合同信托又承认遗嘱信托,[⑥]法国信托法既承认合同信托又承认法定信托。[⑦] 鉴于遗嘱信托、归复信托、推定信托与法定信托均并不存在委托人,并且这些国家与

---

① 参见《毛里求斯信托法》第6条和第53条。

② 参见《列支敦士登民法典》第三卷第四编第十六章第一节即信托一节中的其第898条和第899条。

③ 菲律宾信托法以《菲律宾民法典》第四编即债与合同编中的其标题为"信托"的第五部分为其存在形式;存在于这一部分中的该法第1441条确认信托既可以是明示信托又可以是默示信托;而这一立法安排表明此条承认的明示信托仅限于合同信托。但对于这部民法典第1447条至第1457条规定的各种默示信托通过比较法解释可以被确定为分别属于归复信托与推定信托。参见 Maurizio Lupoi, *Trusts: A Comparative Study*, Cambridge University Press, Cambridge, 2000, p.277.

④ 分别参见2006年修改后的《日本信托法》第3条、2012年修改后《韩国信托法》第3条、《巴拿马信托法》第1条、1921年《英国苏格兰地区信托法》第2条第1款和中国台湾地区"信托法"第2条和第71条。

⑤ 分别参见《以色列信托法》第2条和《加拿大魁北克省民法典》第四编第六部分第二章即信托一章中的第1262条。

⑥ 分别参见《埃塞俄比亚民法典》第一编第三部分第三章第三节即信托一节中的第517条第1款、《南非信托财产管理法》第1条第9项、《乌拉圭信托法》第2条和《美国路易斯安那州信托法典》第二部分第四章第2条。

⑦ 参见《法国民法典》第三卷第十四编即财产信托编中的第2012条。

地区的信托法或相关规定除了均承认这四种基本类型的信托中的某一种或者某两种以上外,还均承认合同信托与宣言信托这两种基本类型的信托或者至少承认其中的某一种,而合同信托与宣言信托均存在委托人;可见以一项以"信托财产所有权由委托人享有"为其内容的明文规定,就这些国家与地区的信托法或相关规定而言,显然也均并不符合本目第四段中提到的有关条件,或曰此项规定如果存在于这些信托法中则显然只能够成为认定存在于合同信托与宣言信托中的信托财产所有权主体的依据,然而却并不能够成为认定存在于遗嘱信托、归复信托、推定信托与法定信托中的信托财产所有权主体的依据。由此点出发可以推论,就这十七个国家与地区的立法机关或相关机构而言,其从立法技术角度出发,也根本不可能考虑将一项以"信托财产所有权由委托人享有"为其内容的明文规定纳入本国或者本地区的信托法或相关规定中,并以这一规定来作为其信托法关于信托财产所有权主体的明文规定。在其中并不存在以"信托财产所有权由委托人享有"为其内容的明文规定的信托法还包括卢森堡信托法;尽管在其中并不存在相关规定,但可以认为《卢森堡信托和诚信合同法》在实际上仅承认合同信托;此点可由下述佐证:这部信托法是专门针对《海牙信托公约》在卢森堡的适用而制定;前述相关规定的并不存在意味着该法系以该公约承认的信托基本类型为其承认的信托基本类型,而为该公约承认的信托基本类型仅为合同信托一种。① 既然其仅承认合同信托,基于与本目第七段中提到的俄罗斯立法机关将此项规定纳入俄罗斯信托法中的理由相同的理由,可以认为卢森堡立法机关完全可以将此项规定纳入这部信托法中;但该机关却并没有如此办理;对于此点只能够作下述解释:该机关认为此项规定并不可取。

在这里需要提及俄罗斯与我国的信托法:一项以"信托财产所有权由委托人享有"为其内容的明文规定存在于俄罗斯信托法中;鉴于这部信托法只承认存在委托人的合同信托,而并不承认不存在委托人的任何一种基本类型的信托;② 可见,此项规定就这部信托法而言,完全符合本目第四段中提到的有关条件,故就俄罗斯立法机关而言,从立法技术角度看完全可以将此项规定纳入这部信托法中;而该机关之所以将此项规定纳入该法中,此点肯定是原因或者原因之一。一项以"信托财产所有权由委托人享有"为其内容的明文规定在《信托法》中并不存在;尽管如此,如果本文第三目第二段中提到的以关于这部信托法系以"信托财

---

① 参见该公约第 4 条。
② 这部信托法以《俄罗斯联邦民法典》第四编第五十三章即财产信托管理一章为其存在形式;存在于在性质上属于合同法分则的这一编中的这一章为规定财产信托合同的专章,而关于能够导致不存在委托人的任何一种基本类型的信托成立的规定在该章中却并不存在;关于这部信托法只承认合同信托即由此可见。

产所有权由委托人享有"为其对信托财产所有权主体的态度的内容的那一种解读能够成立,相应地只要确认被记载于本段中的关于这一解读的理由中提到的存在于这部信托法中的那几项条文共同构成了一项立法安排,那么就可以肯定地说持有这一解读的学者系确认此项立法安排在实质内容上接近于前述规定,并在此基础上将其作为这一解读的依据;但这部信托法毕竟既承认合同信托又承认遗嘱信托;[①]可见如果此项立法安排确系在实质内容上接近于前述规定则就这部信托法而言,显然也并不符合本目第四段中提到的有关条件,或曰如此内容的此项立法安排如果存在于这部信托法中,则显然只能够成为认定存在于合同信托中的信托财产所有权主体的依据,却并不能够成为认定存在于遗嘱信托中的信托财产所有权主体的依据。由此点出发来看,如果此项立法安排确系在实质内容上接近于前述规定,那么从立法技术角度出发,便可以认为我国立法机关实不宜将其纳入这部信托法中。

一项以"信托财产所有权由受托人享有"为其内容的明文规定在除列支敦士登与美国路易斯安那州的信托法外的包括我国在内的上述另外国家与地区的信托法中也均并不存在。从本目第六段与第七段中可见,就合同信托、宣言信托、遗嘱信托、归复信托、推定信托与法定信托这六种基本类型的信托而言,在这些国家与地区的信托法中,对它们均持承认态度者有之,对它们中的某两种、某三种或者某四种持承认态度者有之,仅对它们中的某一种持承认态度者亦有之;然而,毕竟在这六种基本类型的信托中乃至在目的信托包括慈善信托或曰公益信托中均存在受托人;换句话说,在为这些国家与地区的信托法承认的相关类型的信托中无一例外均存在受托人;可见一项以"信托财产所有权由受托人享有"为其内容的明文规定,就这些国家与地区的信托法而言,显然均符合本目第四段中提到的有关条件,或曰此项规定如果存在于这些信托法中,则显然能够成为认定存在于为它们所承认的任何一种基本类型的信托中的信托财产所有权主体的依据。既然如此,就这些国家与地区的立法机关而言,其从立法技术角度看,完全可以或曰完全能够将一项以"信托财产所有权由受托人享有"为其内容的明文规定纳入本国或者本地区的信托法中,并以这一规定来作为其信托法关于信托财产所有权主体的明文规定;然而,这些国家与地区的立法机关却均未将此项规定纳入本国或者本地区的信托法中。应当看到,在本文第六目中提到由受托人享有的对信托财产的支配权,在性质上并不是物权法或曰财产法意义上的所有权;正是此点极有可能成为这些国家与地区或者其中的大多数的立法机关拒绝将一项以"信托财产所有权由受托人享有"为其内容的明文规定纳入本国或者本地区

---

① 参见该法第8条第2款。

的信托法中的原因或者原因之一。

值得重视的是,尽管除俄罗斯、列支敦士登与美国路易斯安那州外的上述包括我国在内其他国家与地区的立法机关均"知难而退",并没有将上述那三项明文规定中的任何一项纳入本国或者本地区的信托法中;但这些国家与地区的立法机关中的几乎全部,却毕竟有意地或者无意地为本国或者本地区的法学界有关学者与法律实务界有关人士探究关于本国或者本地区的信托法对信托财产所有权主体的态度留下了解释论空间,因为:这些立法机关均并没有将一项以"信托当事人中的任何一方均并不享有信托财产所有权"为其内容的明文规定纳入本国或者本地区的信托法中。只有加拿大魁北克省立法机关在此点上显得走极端:该机关却将此项规定纳入该地区的信托法中。《加拿大魁北克省民法典》第四编第六部分第二章即信托一章中的第 1261 条规定:"信托财产由在设立信托时便转移而来的财产和由他人提供的财产所组成,该项财产构成独立的,与委托人、受托人或受益人的财产相区别的财产,这些人中的任何人对该项财产都并不享有任何物权"。此条中的"并不享有任何物权"在涵义上显然包括"并不享有所有权"这一内容。① 正是此项规定的存在,致使就关于其对信托财产所有权主体的态度而言在这部信托法中已经不存在解释论空间。应当说加拿大魁北克省立法机关如此办理肯定是在正视历史经验基础上为之:1888 年出台并施行于加拿大魁北克省的《下加拿大民法典》将信托制度确立于其中;该制度仅承认通过赠与行为设立的信托与通过遗赠行为设立的信托。② 从信托法的角度看,就这两种信托而言,前者为合同信托的一种,后者为遗嘱信托的一种,并且这两种信托作为私人信托均存在受益人。《下加拿大民法典》第 932 条规定在因继承而产生的财产代际传承发生情形下,下一代后继者享有传承财产的所有权;在自这部民法典施行之日起至 1912 年止这一期间,加拿大魁北克省司法机关在需要的情形下是参照适用这一条来处理有关的信托案件(据此可以肯定在被确立于这部民法典中的信托制度中并不存在关于信托财产所有权主体的明文规定),并在这一参照适用基础上形成了其关于对信托财产所有权主体的下述态度:信托财产所有权由受益人享有。但在 1912 年里由其高等法院针对一个信托案件做出的判决致使该省司法机关形成了关于信托财产所有权主体的新的态度:信托财产所有权由受托人享有,并且这一态度在自这一年起至包含第 1261 条的 1994 年《加

---

① 此点也为加拿大有关学者所确认。参见 William E. Staver, The Quebec Law Of Trust, 21 Estates, Trust & Pensions Journal.136(2002)。

② 参见 A. H. Oostrhoff, The New Quebec Trust, 10 Estates and Trust Journal.322(1991).《加拿大魁北克省民法典》于 1991 年出台,并于 1994 年起施行。

拿大魁北克省民法典》施行时止这一期间还一直为该机关持有；而在此期间关于信托财产所有权究竟应当由受益人享有还是应当由受托人享有却一直存在着争论。① 鉴于存在于后面这部民法典中的加拿大魁北克省信托法毕竟承认合同信托、遗嘱信托与法定信托，并且毕竟承认将公益信托包含于其中的目的信托，② 以及在该法施行前的一个相当长的期间里，该省司法机关一直持有关于信托财产所有权由受托人享有这一态度，并着眼于本文第六目第五段中提到的在该法制定过程中出现的有关情况，说该机关如此办理的目的主要在于，不给本国法学界有关学者与本地区法律实务界人士将"信托财产所有权由受托人享有"作为其对这部信托法对信托财产所有权主体的态度的解读留下解释论空间，这恐怕是可以的；至于该机关的如此办理，则恐怕是出于慎重起见。

六、关于由受托人享有的对信托财产的支配权的非所有权性质

在本文第一目与第三目中提到，为包括我国在内的一些国家的学者持有的关于对英美两国信托法以及法国、日本与英国苏格兰地区的信托法对信托财产所有权主体的态度的若干种解读，均系以"信托财产所有权由受托人享有"为其内容；鉴于这若干种解读在相关国家与地区的信托法中均并不能够寻找到支持，故不妨认为这些学者是在通过陈述这些解读而主张这些国家与地区的信托法应当确认信托财产所有权由受托人享有。值得重视的是，在我国，有一些持有或者倾向于赞成本文第三目中提到的关于《信托法》系以"信托财产所有权由委托人享有"为其对信托财产所有权主体的态度的学者，也认为这部信托法应当确认信托财产所有权由受托人享有；③况且一项以"信托财产所有权由受托人享有"为其内容的明文规定在列支敦士登与美国路易斯安那州的信托法中毕竟存在。有鉴于此，关于对由受托人享有的信托财产所有权，的确需要将其与由受托人享有的对信托财产的支配权联系起来进行审视。

本目中的"所有权"是指这样一种所有权：它不仅集关于对作为其客体的财

---

① 参见 William E.Staver, *The Quebec Law Of Trust*, 21 Estates, Trust & Pensions Journal.134-136(2002).

② 这后面一点参见《加拿大魁北克省民法典》第四编第六部分第二章即信托一章中的第1266条。

③ 参见董慧凝：《中国信托财产立法模式探讨》，载《社会科学》2009年第2期；闫荣涛：《中国信托财产所有权归属分析与建构》，载《昆明理工大学学报》2009年第9期；于海涌：《论信托财产所有权归属》，载《中山大学学报》2010年第2期；陆培源、方新军：《试论我国信托财产所有权归属》，载《长春理工大学学报》2014年第10期。

产的占有权、使用权、收益权与处分权这四项权能于一体,而且还具有下述三项固有法律属性:其一是可以由权利主体在不违反法律规定的前提下任意地不受限制地行使,其二是权利主体可以通过行使它以支配作为其客体的财产来为自己谋求利益,其三是在权利主体死亡或者终止时可以成为其遗产或者清算财产。此即所有权法理论中所谓绝对所有权。众所周知,存在于包括《物权法》在内的大陆法系各国各地区的民法典物权法编或者财产法编中的"所有权"均属于这种所有权,其中尤以《法国民法典》第 544 条规定的所有权为典型,并且存在于这些国家与地区的相关法律中的"所有权"还仅此一种;不仅如此,这种所有权也存在于英美两国的财产法中。① 可以肯定:在本文第一目与第三目中提到的,为包括我国学者在内的大陆法系各有关国家与地区的学者分别持有的、关于对本国或者本国某一地区的信托法对信托财产所有权主体的态度的各种解读中的、由信托的某一方当事人享有的关于信托财产的"所有权",为少数大陆法系国家与地区的信托法明文规定的、由信托的某一方当事人享有的关于信托财产的"所有权",以及为大多数大陆法系国家与地区的信托法对关于其由信托当事人中的何人享有持回避态度的"所有权",无一例外的都是指并且只能够是指这种所有权;因为存在于这些国家与地区的相关法律中的"所有权"仅此一种。不仅如此,在本文第一目中提到的、为英美两国有关学者分别持有的关于对本国信托法对信托财产所有权主体的态度的某一种解读中的、由受托人享有的关于信托财产的"所有权",也能够被认为是指这种所有权。因为,尽管英美两国有关学者在前述解读中没有提及,但存在于其中的由受托人享有的关于信托财产的"所有权",能够被认为是指这种所有权,由下述论述可见:合同信托、宣言信托与遗嘱信托依据英美两国信托法系由委托人提供财产设立,并且这两国信托法还系将其对由自己提供以设立信托的财产享有所有权确认为委托人的条件之一;② 而归复信托、推定信托与法定信托依据这两国信托法则系由财产所有人在将财产转移给有关的人占有后因法定事由出现而成立。由此点出发便可以推:存在于其前述解读中的由受托人享有的对信托财产的"所有权",依这些学者的观念系由原本由委托人或者其他财产所有人享有的对有关财产的"所有权"转移而来,即

---

① 参见 F. H. Lawson & Bernard Rudden, *The Law of Property*, 3rd ed., Oxford University Perss,2002,pp.90-91;[美]约翰·E·克里贝特、温科·W·约翰逊、罗杰·E·芬德利、欧内斯特:《财产法:案例与材料》,齐东祥、陈刚译,中国政法大学出版社 2003 年版,第3—4页。

② 参见 Robert A. Pearce & John Stevens, *The Law of Trusts and Equitable Obligations*, 3rd ed., Butterworths, London, 2002, p.153;G.T.Bogert, *Trusts*, 6th ed., West Publishing Co, Minn, U.S.A., 1987, p.22.

在这些学者看来,在该项财产成为信托财产后原本由委托人或者其他财产所有人对其享有的"所有权"便转归受托人享有。应当看到,就由委托人享有的对有关财产的"所有权"而言,将该项财产转移给受托人以设立信托体现着委托人对它的任意行使,将该项财产转移给受托人并以自己为其受益人设立自益信托,或者在收取对价情形下以第三人为其受益人设立他益信托,均体现着委托人通过行使它为自己谋求利益;英美两国有关法律既不禁止设立信托,也不禁止设立自益信托与他益信托,这意味着该法对委托人对它的如此任意行使以及为自己谋求利益持允许态度;此外,允许设立遗嘱信托则意味着这两国有关法律对它在委托人死亡时能够成为其遗产持承认态度;可见它具有前面提到的那三项固有法律属性,从而应当被确认为也属于这种所有权。就由其他财产所有人享有的对有关财产的"所有权"而言,将有关财产转移给有关的人占有毕竟也体现着该财产所有人对它的行使;既然依据英美两国信托法该财产所有人在将有关财产转移给有关的人占有后因法定事由出现将导致归复信托、推定信托与法定信托成立,那么就可以确定在这三种类型的信托的成立上,正是它才能够致使该财产所有人起到与委托人在设立合同信托、宣言信托与遗嘱信托方面的作用相同或者相似的作用;故着眼于此点便可以推论它与由委托人享有的对有关财产的"所有权"属于同一种所有权。既然由委托人与其他财产所有人享有的对有关财产的"所有权"也就是这种所有权,相应地,对存在于这些学者的前述解读中的由受托人享有的对信托财产的"所有权"便能够被认为是指这种所有权。

在信托存续期间,信托财产系由受托人管理和支配,这一管理和支配系由受托人对信托财产的占有、使用、收益和处分所体现(当然依据信托法,受托人对于在这一过程中取得的收益即信托利益应当运用于满足受益人的信托受益权或者其他信托目的);而信托的性质,决定了在信托存续期间受托人对信托财产享有支配权,并且其对这一支配权的享有还具有必然的性质。从信托法的角度看,如果信托为合同信托、宣言信托与遗嘱信托乃至目的信托包括慈善信托或曰公益信托,其受托人对信托财产的支配权来源于信托设立行为,即信托合同、信托宣言或者信托遗嘱;如果信托为归复信托、推定信托与法定信托,其受托人对信托财产的支配权来源于法律,即信托法或者其他有关法律。以上所述表明:在信托存续期间受托人对信托财产的支配权的享有,与在信托法中是否存在一项以"信托财产所有权由受托人享有"为其内容的明文规定完全没有关系;换句话说,即便在信托法中并不存在此项规定,受托人仍然享有对信托财产的支配权。目前在英美两国信托法以及大多数大陆法系国家与地区的信托法中均并不存在一项以"信托财产所有权由受托人享有"为其内容的明文规定,即便如此,关于受托人对信托财产享有支配权,这在这些国家与地区的信托法上可以说决无争议。由此点出发便完全可以认为,如果各有关国家与地区的立法机关一定要将一项以"信托财产所有权由受托人享有"为其内容的明文规定纳入本国或者本地区的信托法中,其如此办理与其说是在承认由受托人依据信托设立行为或者法律享有的对信托财产的支配权的前提下另行再授予受托人关于信托财产的"所有权",还不如说是将由受托人依据信托设立行为或者法律享有的对信托财产的支配权在性质上明确为"所有权",或者干脆说是将由受托人享有的对信托财产的支配权命名为"所有权",仅此而已。

笔者认为,由受托人享有的对信托财产的支配权,依其性质却绝对不是关于信托财产的所有权,即这两种权利在性质上相去甚远。因为,在任何一部内容比较完备的信托法中都存在并且还必然存在关于受托人遵从信托条款义务的规定、关于受托人忠诚义务的规定与关于在原受托人职责终止情形下由新受托人来继续运作信托的规定。[①] 前面一项规定要求:受托人必须按照存在于信托设立行为中的信托条款来行使其对信托财产的支配权,准确地讲,是要求受托人必须在接受该条款的限制的前提下行使这一支配权,而不允许受托人任意地不受限制地行使这一支配权;中间一项规定要求:受托人必须是出于为受益人谋求利益之目的或者是出于实现其他信托目的之目的而行使其对信托财产的支配权,而不允许受托人出于为自己谋求利益之目的或者出于满足自己的需要之目的的行使这一支配权,尤其是不允许受托人将在这一支配权行使过程中取得的利益据为己有;就后面一项规定而言,尽管此项规定系将其死亡或者终止列为能够导致受托人职责终止的事由之一,但依该规定的精神,只要在信托设立行为或者信托法或者其他有关法律中并无相反的规定,在原受托人死亡或者终止情形下,有关信托将由新受托人来继续运作,故在这种情形下该项信托的信托财产将转归新受托人占有,由原受托人享有的对信托财产的支配权也将随之转归新受托人享有并行使。如果说就前述三项规定而言,后面两项规定能够适用于任何一种基

---

① 关于这三项规定在美国、日本、毛里求斯与我国的信托法中的存在状况分别参见《美国统一信托法典》第八章第1条、第八章第2条、第七章第4条,2006年修订后的《日本信托法》第29条第1款(对于此款的内容应当联系2006年修订前的《日本信托法》第4条来审视,因为它被解释为在保持了后面一条的本旨的基础上扩大了此条在文义上的涵义。参见[日]新井诚:《信托法》(第四版),日本有斐阁株式会社2014年版,第251页)、第30条和第31条、第56条和第62条,《毛里求斯信托法》第37条第2款、第37条第3款和第4款、第29条,《中华人民共和国信托法》第25条第1款、第26条至第28条、第39条至第40条。关于这三项规定中的后面一项规定在英国信托法中的存在状况参见1925年《英国受托人法》第36条和第41条,前面两项规定在这部信托法中的存在状况参见 Lord Hailsham of St, *Halsbury's Laws of England*, Volume 48: *Trusts*, 4th ed, Butterworths, London, 1984, paras 817 – 818、para 821. 本书作者为英国大法官。

本类型的信托,而前面一项规定只能够适用于合同信托、宣言信托与遗嘱信托,那么存在于信托法或者其他有关法律中的关于归复信托、推定信托与法定信托的规定则要求这三种信托的受托人也必须在接受本法有关规定的限制的前提下行使对信托财产的支配权,而不允许受托人任意地不受限制地行使这一支配权。可见前述这些规定在信托法或者其他有关法律中的存在,已经致使受托人任意不受限制地行使对信托财产的支配权、为自己谋求利益行使这一支配权以及这一支配权或曰作为这一权利的客体的信托财产在受托人死亡或者终止时成为其遗产或者清算财产在法律上均成为不可能;由此点出发便可以确定:受托人对信托财产的支配权并不具有为本目第二段中提到的作为一种财产权利的所有权所具有的那三项固有法律属性,从而其在性质上绝对不是关于信托财产的所有权。既然如此,立法机关便实不宜将由受托人享有的对信托财产的支配权在性质上明确为"所有权",或曰实不宜将这一支配权命名为"所有权"。

笔者基于上述认识大胆推测:极有可能是对于关于由受托人享有的对信托财产的支配权在性质上与所有权相去甚远这一点有着深刻的认识,英美两国以及大多数大陆法系国家与地区的立法机关才没有通过将一项以"信托财产所有权由受托人享有"为其内容的明文规定纳入本国或者本地区的信托法中的方式将这一支配权在性质上明确为"所有权"。在此点上可以将加拿大魁北克省立法机关的相关做法视为一典型例证:在《加拿大魁北克省民法典》的制定过程中,曾经有一个专门负责这部民法典中的信托制度起草工作的委员会在经过深思熟虑后主张将关于信托财产的所有权授予受托人,还有一个立法方案认为组成信托财团的那些财产的所有权应当由受托人以自己的名义持有;但由于由受托人享有或者持有的信托财产所有权被认为与"自拿破仑法典出台以来便已经形成的关于所有权被定义为是指在符合法律规定的条件的情形下可以由其权利人对财产绝对地和不受限制地使用、收益和处分的权利"这一民法传统观念不相协调,以至于该省立法机关最终没有采纳该委员会的前述主张和该方案。① 甚至可以说,肯定是本着前述深刻认识,加拿大魁北克省立法机关才进而将在其中包含有"受托人并不享有信托财产所有权"这一含义的第 1261 条纳入《加拿大魁北克省民法典》中的信托制度中,毛里求斯立法机关也进而将在其中存在"受托人不是信托财产所有人"这一规定的第 3 条第 1 款纳入《毛里求斯信托法》中。值得重视的是,分别存在于英国、卢森堡与埃塞俄比亚的信托法中的下述规定:《英国土地信托和受托人选任法》第 6 条第 1 款规定:"与由其对作为受托人的职责的履

---

① 参见 A. H. Oostrhoff, The New Quebec Trust, 10 Estates and Trust Journal.323、326-328(1991).

行所要达到的目的相适应,一个土地受托人对被纳入信托的土地拥有一个绝对所有权人的全部权利。"《卢森堡信托和诚信合同法》第 2 条第 1 款规定:"对于作为一项信托的标的物的财产,对该项信托的受托人的地位参照一个所有权人的地位来确定。"《埃塞俄比亚民法典》第一编第三部分第三节即信托一节中的第 527 条第 1 款规定:"受托人对构成信托标的的财产享有所有权人的权利。"着眼于其内容可以认为这三个国家的立法机关均系出于为受托人能够充分行使对信托财产的支配权在法律上创造条件的考虑才分别将前述三项规定纳入本国的信托法中。但应当看到,"受托人对信托财产享有所有人的权利或者拥有所有人的地位"在涵义上显然并不等同于"受托人是信托财产所有人";由此点出发可以推论,极有可能也是本着前述深刻认识,这三个国家的立法机关才宁可分别将这三项规定纳入本国的信托法中,也并不愿意"越雷池一步"而分别将一项以"信托财产所有权由受托人享有"为其内容的明文规定纳入其信托法中。

倘若各有关国家与地区的立法机关一定要通过将一项以"信托财产所有权由受托人享有"为其内容的明文规定纳入本国或者本地区的信托法中的方式,将由受托人享有的对信托财产的支配权在性质上明确为"所有权",因此项规定的适用而产生的由受托人享有的信托财产所有权在性质上也绝对不是所有权,因为它作为一种所谓的所有权仍然并不具备本目第二段中提到的作为一种财产权利的所有权所具有的那三项固有法律属性。已经有外国学者意识到了此点:法国学者马利·布里库特一方面将法国信托法对信托财产所有权主体的态度解读为"信托财产所有权由受托人享有",另一方面从其相关论述中可以发现该学者在实际上却认为由受托人享有的信托财产所有权在性质上并不是所有权。该学者的相关论述是:由受托人享有的关于信托财产的所有权是由委托人在设立信托时转移而来的。财产法关于所有权的规定的要点在法国法上是由民法典第 544 条记载;大多数学者认为此条规定的所有权属于一种不受限制的所有权。但在信托的框架内,受托人对信托财产的权能却可能是非常有限的;尽管存在于法国民法中的相应的安排在缩小受托人对信托财产的权能方面显得并不明显,但在这一安排中却包含着关于对所有权的许多重要的限制的萌芽;对受托人的这些权能的限制属于严格的限制;这些限制的存在致使由受托人享有的对信托财产的所有权具有了不同于所有权的特性:受托人已经不是关于信托财产的唯一的所有权人,他更多的是像信托财产的管理人(就管理信托而言)或者保管人(就担保信托而言)。对受托人的这些权能的限制是法律为了第三人的利益设置。这些限制导致产生了一项新的认识:受托人作为信托财产的所有权人是为了别人的利益而出现的所有权人的一种形式。但是,当受托人在特定的行为过程并且是为了其他人的利益而已经丧失了所有权人的一些典型的权能时,还能够将他称为财产所有权人吗?[①] 显然,在任何一个国家或者地区的立法机关通过将一项以"信托财产所有权由受托人享有"为其内容的明文规定纳入本国或者本地区的信托法中的方式将由受托人享有的对信托财产的支配权在性质上明确为"所有权"的情形下,存在于其前述论述中的这位法国学者的看法均能够适用于存在于该国或者该地区的信托法中的由受托人享有的信托财产所有权。

七、对关于信托财产所有权主体的明文规定在信托法中存在的必要性的否定

在笔者看来,关于信托财产所有权主体的明文规定在信托法中的存在并无必要性,因为信托法没有必要将信托财产所有权授予信托的任何一方当事人。

(一)对关于将信托财产所有权授予委托人或者受益人的明文规定在信托法中存在的必要性的否定

一部信托法如果只承认合同信托,即便如此办理从立法技术角度看已无障碍,立法机关也没有必要将一项以"信托财产所有权由委托人享有"为其内容的明文规定纳入这部信托法中。

一部信托法如果不承认目的信托,即便如此办理从立法技术角度看已无障碍,立法机关也没有必要将一项以"信托财产所有权由受益人享有"为其内容的明文规定纳入这部信托法中。

信托法没有必要将信托财产所有权授予委托人或者受益人。因为,众所周知,作为财产权利的所有权以为权利主体支配作为其客体的财产提供权利依据为其功能。在信托存续期间,信托财产在事实上是处于受托人的管理和支配之下;不仅如此,从信托法的角度看,对信托财产的管理和支配,只能够由受托人来进行,而决不能够由委托人或者受益人来进行;仅此一点,便决定了信托法没有必要信托财产所有权授予委托人或者受益人。况且在信托存续期间,关于对信托财产的支配权系由受托人享有,故即便委托人或者受益人依据信托法享有信托财产所有权,从物权法或者财产法的角度看,其全部权能即占有权、使用权、收益权和处分权也均与由委托人或者受益人享有的信托财产所有权相脱离,而进入了由受托人享有的对信托财产的支配权中;在这种情形下,就委托人或者受益人而言,从法律上看其对信托财产所有权的享有已经没有任何意义;关于信托法没有必要信托财产所有权授予委托人或者受益人亦由此可见。

---

① 参见 Blandine Mallet-Bricout,Le Fiduciaire,Vértable Pivot Ou Simple Rouage De L'opération De Fiducie? 58:4 McGill Law Journal-Revnu de droit McGill.927 - 928(2013).

（二）对关于将信托财产所有权授予受托人的明文规定在信托法中存在的必要性的否定

就任何一部信托法而言，立法机关均没有必要将一项以"信托财产所有权由受托人享有"为其内容的明文规定纳入这部信托法中。

英美两国以及大多数大陆法系国家与地区的立法机关之所以没有将一项以"信托财产所有权由受托人享有"为其内容的明文规定纳入本国或者本地区的信托法中，笔者大胆推测，其认为如此办理并无必要极有可能也是原因之一。在此点上可以将以色列立法机关的相关做法视为一典型例证：在1979年出台的《以色列信托法》的制定过程中，关于这部信托法的最初的那一稿草案并没有规定受托人是信托财产的所有权人，尽管在以色列有一种传统观点认为受托人应当是信托财产的所有权人；对于这一稿草案没有采纳前述传统观点其起草者的解释是：关于信托的设立，有委托人向受托人提供信托财产便足够了，至于委托人向受托人转移信托财产的所有权则并不是必需的。但在关于对这一稿草案的讨论过程中产生的一项全体一致的意见却认为关于受托人享有信托财产所有权是信托的基本特征，并且该项意见还对该稿草案没有对关于受托人是信托财产的所有权人做出规定提出了批评。在此之后被提交的关于这部信托法的另一稿草案采纳了前述传统观点；在这一稿草案中被列入了关于受托人是信托财产的所有权人的规定。这一稿草案曾经被提交以色列宪法、法律和司法委员会讨论；对于该稿草案将关于受托人是信托财产的所有权人的规定纳入其中，曾经有一些委员表示反对，但在几经讨论后该委员会却表示赞成与支持。然而，对于这部信托法是否应当对关于受托人是信托财产的所有权人做出规定，以色列立法机关在立法过程中却一直摇摆不定与犹豫不决，以至于其最终还是没有将这一规定纳入该法中。[①] 就以色列立法机关没有将此项规定即以"信托财产所有权由受托人享有"为其内容的明文规定纳入《以色列信托法》中而言，存在于前述立法过程中的、由关于这部信托法的最初那一稿草案的起草者的相关解释中的"关于信托的设立委托人向受托人转移信托财产的所有权并不是必需的"，恐怕还真的是原因之一。

关于立法机关没有必要将一项以"信托财产所有权由受托人享有"为其内容的明文规定纳入信托法中的理由是：该机关将此项规定纳入信托法中所能够起到的作用仅在于将由受托人对信托财产享有的支配权在性质上明确为"所有权"；但信托法却没有必要将由受托人对信托财产享有的支配权定性为"所有

[①] 参见 Joshua Weisman, *Shortcomings In The Trust Law*, 1979, 15 Israel L. Rev., 377－379(1980).

权"。此点着眼于下述各点便可以确定：

其一是着眼于其能够为受托人支配信托财产提供充分的权利依据，便可以确定信托法没有必要将此项支配权定性为"所有权"。这具体说来是：从各有关国家与地区的物权法或者财产法的角度看，就由受托人依据信托设立行为或者信托法或者其他有关法律享有的对信托财产的支配权而言，无论这一支配权是否被信托法在性质上明确为"所有权"，其也完全能够为受托人对信托财产的以占有、使用、收益与处分为其内容的支配，包括出于管理性质的支配、出于保管性质的支配、出于占有转移性质的支配以及出于其他性质的支配，并由此实现对信托的运作提供充分的权利依据。或者这样说：由受托人享有的对信托财产的支配权，与由受托人享有的信托财产所有权，在能够为受托人对信托财产的以占有、使用、收益与处分为其内容的支配所能够提供的权利依据的充分程度方面，堪称完全一致；在这里并不存在着在为受托人对信托财产的支配所能够提供的权利依据方面，前面一种权利相对地显得不够充分、而后面一种权利则相对地显得充分这样一个问题。

其二是着眼于其依法系以受托人身份与第三人进行交易，便可以确定信托法没有必要将此项支配权定性为"所有权"。这具体说来是：在信托存续期间，在为有效运作信托所必需的情形下，受托人会通过行使对信托财产的支配权与第三人进行关于信托财产的交易；从各有关国家与地区的信托法的角度看，无论这一支配权是否被本法在性质上明确为"所有权"，受托人对于这一交易都应当以其受托人身份进行。或者这样说：即便由受托人享有的对信托财产的支配权已经被信托法在性质上明确为"所有权"，受托人对于这一交易依据这些国家与地区的信托法仍然应当以其受托人身份进行，而决不能以信托财产所有权人的身份进行。

其三是着眼于占有制度能够为处于受托人占有之下的信托财产提供保护，便可以确定信托法没有必要将此项支配权定性为"所有权"。这具体说来是：在各有关国家与地区的物权法或者财产法中均既存在着所有权制度又存在着占有制度，依据其在法律上的分工，存在于这些国家与地区的社会生活中的离开了所有权的财产占有系由占有制度提供保护；并且占有制度对遭到侵权行为侵害的、离开了所有权的、处于非所有权人占有之下的财产所能够提供的救济措施，与所有权制度对遭到侵权行为侵害的、作为所有权客体并处于所有权人占有之下的财产所能够提供的救济措施，完全相同。在各有关国家与地区的信托法没有将受托人对信托财产的支配权在性质上明确为"所有权"的情形下，受托人对信托财产的占有固然系以这一支配权为依据、但从其法律上看却仍然属于离开了所有权的财产占有，故对于此项财产占有系由占有制度提供保护；也正是由于存在来自占有制度的保护,故处于其占有之下的信托财产一旦遭到侵权行为的侵害,受托人便可以占有制度为依据并通过司法程序请求法院通过运用以停止侵害、恢复原状、排除妨碍、返还财产、消除危险或者赔偿损失为其内容的救济措施来给予救济。可见即便这些国家与地区的信托法没有将受托人对信托财产的支配权在性质上明确为"所有权",这在对处于受托人占有之下的信托财产提供法律保护方面也并不会产生消极影响。

结　语

关于信托财产所有权主体的明文规定在英美两国信托法以及大多数大陆法系国家与地区的信托法中并不存在,此点表明从这些国家与地区的信托法的角度看,信托财产所有权主体在信托存续期间系处于"消失"状态;由于并未将此项规定纳入其信托法中系由这些国家与地区的立法机关有意为之,可见致使信托财产所有权主体在信托存续期间在其信托法上处于"消失"状态系出自于这些立法机关的刻意安排。应当指出:信托财产所有权主体在信托存续期间在英美两国信托法以及大多数大陆法系国家与地区的信托法上处于"消失"状态,致使信托法理论中的信托财产所有权理论、信托财产独立性理论、信托财产主体性理论以及与信托财产所有权有关的其他理论均需要重塑。不仅如此,就各种类型的以由所有人将其财产转移给他人占有为基础而形成的财产关系而言,其中属于其所有权主体在其存续期间在法律上处于"消失"状态者仅信托一种;有鉴于此,对于信托财产所有权主体在信托存续期间在信托法上处于"消失"状态,的确需要由关于所有权的一般理论来做出解释,而要满足此项解释需求则需要有针对性地在这一理论中增添新的内容。笔者坚信,只要信托财产所有权主体在信托存续期间在英美两国信托法以及大多数大陆法系国家与地区的信托法上处于"消失"状态能够得到各有关国家与地区法学界学者的正视与重视,他们必定会对这一法律现象进行认真的研究;在这一研究过程中,前述存在于信托法理论中的各项理论将得到重塑,关于所有权的一般理论也将增添新的能够满足前述解释需求的内容,并在此项内容增添基础上得到发展。

"Seek" the Subject of Trust Property Ownership
——The examination of scholars' interpretations and Criticism of Trust law's Evasive Attitude

Zhang Chun

Abstract: Foreign scholars' various interpretations on the attitudes of trust laws of the United Kingdom, the United States, France, Japan and Scotland in UK towards the subject of trust property ownership cannot find support in their trust laws. Chinese scholars' two interpretations on the attitude of Chinese Trust Law towards the subject of trust property ownership are based on article 2 of this law, but this article can only provide support for one of the two interpretations. The trust laws of most countries and regions have evasive attitudes towards the subject of trust property ownership. Because its legislature is limited by its recognition of the basic types of trust, it cannot include the explicit provisions on the ownership of trust property by the beneficiary or settler into these trust laws. Due to the lack of appropriateness, it is impossible to characterize the right of the trustee to control the trust property as the ownership by including the explicit provisions on the ownership of trust property enjoyed by the trustee as its content in these trust laws. It is not necessary for trust law to grant ownership of trust property to any party of the trust.

Keywords: Trust; Ownership of Trust Property; Subject of Trust Property Ownership; Settlor; Trustee

邮轮旅游旅行社责任限制权利研究
——基于《旅游法》第71条的法律漏洞及其填补

孙思琪[*]

[摘　要]　邮轮旅游旅行社的责任限制权利问题，是指旅行社在为邮轮公司承担责任时能否援引后者享有的法定赔偿责任限制权利，本质是旅游法律与运输法律及其周边法律的衔接，属于《旅游法》第71条的法律漏洞。旅行社如果通过邮轮旅游服务合同约定责任限制，可能受到格式条款的法律规制而无效力。对此应当综合运用目的性限缩和比较法的方法填补法律漏洞，认可旅行社约定责任限制的效力。赋予旅行社法定责任限制权利的法理基础，一是海事法律赔偿责任限制的制度考量对于旅行社同样适用，二是旅行社承担邮轮公司责任涉及的不真正连带责任、权利义务对等原理的要求。旅行社责任限制权利的法定化应当首先通过《海商法》的修改实现。同时，现行法律规定的赔偿责任限额也亟待提高。

[关键词]　邮轮旅游；旅行社；责任限制；承运人；履行辅助人

一、问题的提出

邮轮旅游是近年来在我国快速发展的新兴旅游形式，《推动共建丝绸之路经济带和21世纪海上丝绸之路的愿景与行动》也明确提出"推动21世纪海上丝绸之路邮轮旅游合作"。不同于国际邮轮旅游市场传统上以邮轮公司直销和旅行社等销售商代销为主的邮轮船票销售模式，旅行社包销邮轮船票长期以来在我国占据主导地位。由此在旅客、[①]邮轮公司和旅行社三方之间形成三组基础法律关系，即旅客与旅行社之间的邮轮旅游服务合同法律关系，旅客与邮轮公司之

---

[*]　孙思琪，男，上海海事大学法学院博士研究生。本文为国家社科基金后期资助项目"《海商法》修改基本理论与主要制度研究"（16FFX010）、交通运输部重大软科学研究项目"我国《海商法》修改之研究"（2013-322-810-040）的部分研究成果。

[①]　关于与旅行社、承运人相对的旅游服务合同、海上旅客运输合同的当事人，《旅游法》《海商法》分别采用"旅游者""旅客"的称谓，二者实际指代的对象对于邮轮旅游并无差异。考虑到未来我国邮轮旅游民事法律制度可能将以《海商法》为主体，本文均以"旅客"称之。

间通过邮轮船票证明的海上旅客运输合同法律关系，以及邮轮公司与旅行社之间的邮轮船票销售合同法律关系。① 因此，邮轮公司和旅行社同为邮轮旅游经营者，二者对于旅客的法律责任时有交错。邮轮旅游旅行社的责任限制问题，即是指在此种三方法律关系之下，旅行社在为作为履行辅助人的邮轮公司承担责任时能否援引后者享有的法定赔偿责任限制权利。

《旅游法》第五章"旅游服务合同"第 71 条第 1 款规定："由于地接社、履行辅助人的原因导致违约的，由组团社承担责任；组团社承担责任后可以向地接社、履行辅助人追偿。"第 2 款规定："由于地接社、履行辅助人的原因造成旅游者人身损害、财产损失的，旅游者可以要求地接社、履行辅助人承担赔偿责任，也可以要求组团社承担赔偿责任；组团社承担责任后可以向地接社、履行辅助人追偿。但是，由于公共交通经营者的原因造成旅游者人身损害、财产损失的，由公共交通经营者依法承担赔偿责任，旅行社应当协助旅游者向公共交通经营者索赔。"根据该条规定，旅行社可能须为履行辅助人的行为先行承担违约或侵权责任，而后再向履行辅助人追偿。但是，该条规定将公共交通经营者原因造成的损害排除在旅行社为履行辅助人承担侵权责任的范围之外，② 主要原因有二：第一，不同于其他履行辅助人，旅行社对于公共交通经营者基本没有选择余地，更无控制能力。③ 旅行社面对实力强大的航空公司、铁路部门等公共交通经营者，往往处于劣势地位，对其行为缺乏有效的影响力和控制力；④第二，公共交通经营者造成的人身、财产损害责任，大多享有法定赔偿责任限制，而旅行社并不享有此种赔偿利益。如果要求旅行社先行承担赔偿责任，而后在旅行社向公共交通经营

---

① 参见孙思琪、戎逸：《邮轮旅游法律关系的立法范式与理论辨正》，载《中国海商法研究》2017 年第 3 期。

② 也有观点认为，公共交通经营者并不属于履行辅助人的范畴，因为履行辅助人通常与旅行社存在合同关系，而公共交通经营者与旅行社之间并不存在合同关系。（参见王利明：《合同法研究》（第四卷），中国人民大学出版社 2017 年版，第 619—620 页。）然而，《旅游法》第 71 条第 2 款以地接社、履行辅助人为原则，而以公共交通经营者为例外，表明公共交通经营者必然属于地接社或履行辅助人的范畴。而且，公共交通经营者显然不构成地接社，因而理应归入履行辅助人。但是，根据《旅游法》第 111 条第 6 项的规定，履行辅助人应当"与旅行社存在合同关系"，而公共交通经营者与旅行社之间却通常不存在合同关系。《旅游法》的内部逻辑显然存在瑕疵。当然，也有观点认为"与旅行社存在合同关系"并非履行辅助人的必备要件，而是对其典型形式的描述。（参见杨富斌、苏号朋主编：《〈中华人民共和国旅游法〉释义》，中国法制出版社 2013 年版，第 237 页。）此种理解至少与法条文义有所出入。

③ 李飞、邵琪伟主编：《〈中华人民共和国旅游法〉释义》，法律出版社 2013 年版，第 177 页。

④ 参见吴高盛主编：《〈中华人民共和国旅游法〉释义及实用指南》，中国民主法制出版社 2013 年版，第 202 页。

者进行追偿时往往将会遭遇法定赔偿责任限制抗辩,面临追偿不足的困境,从而有欠公允。①

邮轮公司作为邮轮船票证明的海上旅客运输合同的承运人,依照海事法律享有责任限制的权利。以我国《海商法》为例,该法第五章"海上旅客运输合同"第117条规定了承运人单位赔偿责任限制的权利,同时又于第十一章"海事赔偿责任限制"规定了承运人作为船舶所有人时享有海事赔偿责任限制或称综合赔偿责任限制的权利。前者是指承运人对于每位旅客、每件行李或每一车辆的最高赔偿限额,后者则是针对一次事故所引起的各种索赔的综合性赔偿限制。②二者对于邮轮公司可能同时适用。③ 邮轮公司与旅行社订有邮轮船票销售合同,并在邮轮旅游活动中实际提供交通、住宿、餐饮等服务,因而在邮轮旅游服务合同下属于《旅游法》第111条规定的履行辅助人。④ 而且,邮轮公司虽然从事班轮运输业务,性质却与陆上或水上公共交通业务存在本质区别,不具有公共服务的属性。⑤ 旅行社对于邮轮公司享有较为充分的选择空间,并不欠缺控制能力,因而不宜将邮轮公司认定为公共交通经营者。此外,合同法上亦有"公共承运人"的相近概念,是指以向不特定的社会公众提供运输服务为业的承运人。⑥ 公共运输事业属于社会公共事业,直接涉及国计民生,加之公共运输往往是垄断性行业,为了规范承运人的行为,保障公共运输业的正常经营秩序,合同法对于公共承运人通常设置更多的强制性规定。⑦ 例如,《合同法》第289条规定了公共运输承运人的强制缔约义务:"从事公共运输的承运人不得拒绝旅客、托运人通常、合理的运输要求。"《民法典分则编(草案)》第595条亦有相同规定。邮轮公司提供的相关服务显然并不具备公共运输业所具有的公共性、垄断性等特征,

---

① 参见杨富斌、苏号朋主编:《〈中华人民共和国旅游法〉释义》,中国法制出版社2013年版,第242页。

② 参见司玉琢主编:《海商法》,法律出版社2012年版,第379—385页。

③ 邮轮旅游运输如果发生海难事故,邮轮公司作为承运人可以享受根据单位赔偿责任限制所确定的最高赔偿额,即一次限制;如果邮轮公司同时又是海事赔偿责任限制的责任主体,比如包括船舶经营人在内的船舶所有人,同时还可享受海事赔偿责任限制的最高限额,即二次限制。如果一次限制小于二次限制,则以一次限制为准;反之亦然。参见司玉琢主编:《海商法》,中国人民大学出版社2008年版,第360页。

④ 《旅游法》第111条第6项规定:"履行辅助人,是指与旅行社存在合同关系,协助其履行包价旅游合同义务,实际提供相关服务的法人或者自然人。"

⑤ 孙思琪:《〈海商法〉修改视角下邮轮旅游法律制度构建》,载《大连海事大学学报(社会科学版)》2017年第6期。

⑥ 参见余延满:《合同法原论》,武汉大学出版社1999年版,第647页。

⑦ 参见马俊驹、余延满:《民法原论》,法律出版社2010年版,第702页。

相反属于较为典型的享受型消费，①甚或不是以运输为其根本目的，而更多是作为实现旅游目的的工具。对此亦有最高人民法院的相关判决可供佐证。② 因此，邮轮公司作为邮轮旅游服务合同的履行辅助人不属于公共交通经营者。③

受到旅行社包销邮轮船票的影响，旅客主要通过与旅行社订立邮轮旅游服务合同购买邮轮旅游产品，旅行社代替邮轮公司成为旅客直接面对的邮轮旅游经营者。由此导致邮轮船票作为海上旅客运输合同证明的功能明显弱化，旅客大多不了解邮轮船票的法律效力及其条款内容，因而一般选择旅行社寻求救济、解决争议。如果旅客根据《旅游法》第71条的规定要求旅行社为邮轮公司的行为先行承担侵权或违约责任，旅行社再向邮轮公司追偿时同样可能遭遇法定责任限制抗辩，从而陷入追偿不足的窘境。而且，邮轮公司与旅行社缔结的邮轮船票销售合同通常包含专门的责任限制条款。④ 因此，旅行社在此种情形下能否

---

① 参见孙思琪、戎逸：《邮轮旅游法律关系的立法范式与理论辨正》，载《中国海商法研究》2017年第3期。

② 最高人民法院在马士基（中国）航运有限公司、马士基（中国）航运有限公司厦门分公司、厦门瀛海实业发展有限公司国际海上货运代理经营权损害赔偿纠纷再审民事判决书中认为：公共运输是指为社会提供公用事业性服务并具有垄断地位的运输。公共运输履行者负有为社会公众提供运输服务的社会职能，具有公益性、垄断性等特征。为维护社会公众利益，我国法律法规除对公共运输规定较严格的市场准入条件和价格管制等监管措施外，还对从事公共运输的承运人规定了强制缔约义务。国际海上集装箱班轮运输是服务于国际贸易的商事经营活动，不属于公用事业，不具有公益性特征。目前，无论在世界某一区域还是整个世界范围内，国际班轮运输具有较强的竞争性，并不具有垄断性。托运人或其货运代理人在运输服务上也具有较大的选择余地，可以选择不同的班轮公司或不同的船舶承运，也可以选择不同的航线、不同的运输方式实现同一运输目的。据此国际班轮运输不属于《合同法》第289条规定的公共运输。参见最高人民法院（2010）民提字第213号民事判决书。

③ 对此也有不同观点，例如李元俊认为：邮轮应当属于《最高人民法院关于审理旅游纠纷案件适用法律若干问题的规定》第18条规定的"飞机、火车、班轮、城际客运班车等公共客运交通工具"，因为该类交通工具以固定班次运营为特征，乘客对于具体的运输时间、路线等没有协商的权利，交通工具经营者也没有选择乘客的权利。（参见李元俊：《涉邮轮旅游争议解决相关问题研究》，载何力主编：《国际经济法与海关法前沿》（第一辑），法律出版社2017年版，第275页。）上海市旅游局政策法规处发布的《〈上海市邮轮旅游经营规范〉解读》也认为："不宜将邮轮公司简单界定为旅游辅助服务人，而应按照公共交通经营者的要求，承担承运人的相应责任。"上海市旅游局：《〈上海市邮轮旅游经营规范〉解读》，http://lyw.sh.gov.cn/lyj_website/html/defaultsite/lyj_zcfg_zcjd/2016-10-17/detail_136446.htm，2018年11月2日最后访问。

④ 例如："邮轮公司有权享有任何相关海事法律和公约中关于责任限制或豁免的规定。此外，本协议不得限制或剥夺邮轮公司享有上述责任限制或豁免权。无论本协议其他条款中另有其他任何规定，邮轮公司均享有任何适用法律、条约或公约中规定的所有权利、特权和豁免权，包括但不限于《中华人民共和国海商法》第十一章之规定以及《1976年海事索赔责任限制公约》之规定。"

援引邮轮公司作为海运承运人的法定责任限制权利,甚或免责事由,应是邮轮旅游法律调整的重点问题之一。① 此问题的本质,其实在于旅游法律与运输法律及其周边法律的衔接,也是《旅游法》第 71 条既存的法律漏洞。邮轮旅游是近十余年方才在我国兴起的旅游形式,邮轮公司恐怕也是旅游活动中少数既享有法定赔偿责任限制权利却又不属于公共交通经营者的履行辅助人,因而《旅游法》立法时并未充分考虑与海事法律的衔接,既有理论研究对此同样关注甚少。② 虽然目前我国司法实践中邮轮旅游纠纷尚且不多,最终判令邮轮公司或旅行社承担责任的更少,③但随着我国邮轮旅游产业不断发展,旅行社的责任限制问题必将愈加突出。

本文基于邮轮旅游旅行社责任限制问题的特殊性,考察旅行社通过邮轮旅游服务合同等途径约定援引邮轮公司法定赔偿责任限制的效力及其法律漏洞填补,探究赋予旅行社法定责任限制权利的法理基础,提出旅行社责任限制权利法定化的规范技术。

二、旅行社责任限制条款效力的法律漏洞及其填补

(一)旅行社责任限制条款的效力考察

《旅游法》第 71 条要求旅行社为其履行辅助人承担责任,本质上乃合同相对性原则之贯彻。合同关系是存在于特定当事人之间的权利义务关系,原则上仅

---

① 孙思琪:《〈海商法〉修改视角下邮轮旅游法律制度构建》,载《大连海事大学学报(社会科学版)》2017 年第 6 期。

② 法律出版社 2018 年 1 月出版的《比较民法与案例研究》(第三卷),设有题为"旅游合同辅助人的民事责任比较法研究"的主题案例比较研究,其中收录海峡两岸学者论文八篇,比较法域涉及德国、法国、意大利、日本、我国台湾地区、英美法乃至罗马法,但几未讨论旅行社是否可以援引履行辅助人的责任限制权利。参见詹森林、朱晓喆主编:《比较民法与判例研究》(第三卷),法律出版社 2018 年版,第 19—177 页。

③ 2017 年 12 月 19 日,上海海事法院对于蒋建萍诉皇家加勒比 RCL 邮轮有限公司、浙江省国际合作旅行社有限公司上海分公司海上人身损害责任纠纷一案作出一审判决。该案不仅是海事法院首例以判决方式结案的邮轮旅客人身损害纠纷,同时也是海事法院判决的首例邮轮旅游纠纷。该案中旅客在邮轮上因地面积水而滑倒摔伤,同时对旅行社和邮轮公司提起诉讼。法院在判决中也认为:旅客可以要求旅行社作为组团社在邮轮公司即履行辅助人承担责任的范围之内承担同等赔偿责任。但是,由于该案旅客的人身损害情况尚不严重,法院判定的赔偿金额仅为 65489.16 元,未能达到法定赔偿限额,因而并不涉及旅行社能否援引邮轮公司的法定责任限制权利。参见上海海事法院(2017)沪 72 民初 136 号民事判决书。

在合同当事人之间发生效力,并不及于第三人。① 同时,《合同法》第 107 条确立了严格责任原则。由于履行辅助人总体上是基于债务人的意思而实施履行行为,债务人可以预料和控制履行辅助人的行为,因而履行辅助人的行为被视为债务人自身的行为。债务人此时实际也是对处于自身支配范围内的违约行为负责。② 对此亦有比较法上的判例可供参考,例如我国台湾地区法院认为:"旅行契约系指旅行业者提供有关旅行给付全部于旅客,而由旅客支付价金之契约,除另有约定外,食宿及交通之提供均包括在内,若该食宿、交通由旅行业者洽由他人给付者,除旅客已直接与该他人发生契约行为外,该他人为旅行业者之履行辅助人,该辅助人之故意或过失不法侵害旅客之行为,旅行业者应负损害赔偿责任。"③既然我国合同法律关于违约责任的归责原则是严格责任原则,旅行社作为旅游服务合同的当事人,对于违约情形自然应向旅游者承担责任,而不问违约是因其本人或是履行辅助人造成。至于《旅游法》第 71 条第 2 款关于侵权责任的规定,则在合同相对性原则的基础之上更多依循不真正连带责任的原理,即数个责任人基于不同的原因而依法对同一被侵权人承担全部的赔偿责任,某一责任人在承担责任后,有权向终局责任人要求全部赔偿。④ 依据《旅游法》第 71 条第 2 款,旅行社为中间责任人或称先付责任人,而邮轮公司则是终局责任人。

  邮轮旅游的旅行社在我国现行法律之下并无援引海运承运人责任限制的法定权利,但旅行社是否可以通过邮轮旅游服务合同约定此种权利? 以上海为例,目前订立邮轮旅游服务合同大多依据《上海市邮轮旅游合同示范文本》(2015 版)或《上海市出境旅游合同示范文本》(2013 版)。二者既有条款均无关于责任限制的规定,旅行社如需约定责任限制仅能通过补充条款实现。但是,《上海市邮轮旅游合同示范文本(2015 版)》"使用说明"第 9 条规定:"旅行社制定补充条款等双方自行约定内容对本合同示范文本有关条款的内容进行补充、细化的,自行约定内容不得减轻或者免除应当由旅行社承担的责任。"⑤根据《旅游法》第 71 条之规定,无论是邮轮公司作为履行辅助人的原因导致的违约抑或侵权,虽然旅行社并非终局责任人而只是承担先付或称中间责任,但此种责任基于法律规定产生,故而仍属旅行社的法定责任。因此,倘若严格依照法条文义进行解释,旅

---

① 韩世远:《合同法总论》,法律出版社 2011 年版,第 12 页。
② 参见王利明:《合同法研究》(第二卷),中国人民大学出版社 2015 年版,第 457 页。
③ 97 年度台上字第 593 号民事判决。
④ 王利明、杨立新、王轶、程啸:《民法学》,法律出版社 2017 年版,第 235 页。
⑤ 《上海市出境旅游合同示范文本》(2013 版)"使用说明"第 9 条也规定:"旅行社制定补充条款对本合同示范文本有关条款的内容进行补充、细化的,补充条款的内容不得减轻或者免除应当由旅行社承担的责任。"

行社通过补充条款约定责任限制构成减轻责任,属于不得自行约定的内容。

即使旅行社确将责任限制作为补充条款列入合同,由于旅客购买邮轮旅游产品之后,旅行社一般是将已经包含补充条款的邮轮旅游服务合同整体提供给旅客供其签署,旅客对此"要么接受,要么走开"(take it or leave it),双方之间无论对于原有条款或是补充条款均无充分的协商空间。而且,邮轮仅一航次的旅客便有数千人之多,旅行社的责任限制条款显然不可能专门针对个别旅客,而是在与全部旅客的缔约中统一使用。因此,责任限制作为补充条款也符合格式条款为重复使用而预先拟定、未经协商的基本特征,还须受到关于格式条款的法律规制。邮轮旅游服务合同具有消费者合同的性质,我国法律对于此类合同格式条款的规制,同时见于《合同法》以及《消费者权益保护法》。结合《合同法》第40条以及第53条之规定,旅行社提供的减轻其责任的格式条款无效,尤其是减轻造成人身损害,以及因故意或者重大过失造成财产损失的责任;另据《消费者权益保护法》第26条,旅行社不得以格式条款减轻其责任。因此,至少从法条的文义解释而言,旅行社通过格式条款减轻自身责任应属无效,我国现行法律尚不允许邮轮旅行社通过合同条款约定援引海运承运人责任限制的权利。

既然《旅游法》第71条的规范旨意主要在于贯彻合同相对性原则,旅行社本质上承担的是邮轮公司的责任,如果要求旅行社不加限制地承担高于邮轮公司本应承担的责任,反而逾越了为他人承担责任的立法目的。无论此种责任是由旅行社先行承担抑或邮轮公司直接承担,责任都是基于运输及其周边行为产生,应当适用运输法律确立的损害赔偿标准,包括其中的责任限制内容。因此,允许旅行社通过合同条款援引邮轮公司的责任限制权利,并不否认旅行社应为履行辅助人承担责任的法理,反而促使旅行社和邮轮公司的责任程度更趋等量,不应片面依据法条文义认定为通过格式条款减轻责任。同时,《旅游法》第71条并非未有考虑履行辅助人的责任限制问题,只是由于立法当时的局限性仅关注了公共交通经营者,而未顾及不属于公共交通经营者的其他承运人。"公共交通经营者"的字面含义明显失之过窄,但又难以通过扩张解释囊括邮轮承运人,[①]并且无法延及未排除公共交通经营者的该条第1款。而且,考虑到当前我国邮轮船票制度仍不健全,旅客对于船票及其证明的海上旅客运输合同的效力和功能并无准确认识,要求旅客直接向邮轮公司索赔的客观条件尚不成熟,仍应赋予旅客选择索赔对象的权利。因此,如果通过目的解释的方法认可邮轮旅游服务合同责任限制条款的效力,更能贯彻《旅游法》第71条第2款排除公共交通经营者的

---

① 扩张解释要求必须在可能的文义范围之内,邮轮旅游承运人不具有公共性,显然不属于该条文义的射程范围。

立法目的。

(二) 旅行社责任限制条款效力的漏洞填补方法

基于《旅游法》第71条存在的缺陷,该条显然未能顾及多数情形下旅游产品作为旅游服务合同标的所具有的组合性。组合旅游产品作为旅游产品的扩展形态,是由旅行社等旅游企业围绕旅游产品的核心价值而做出的多重价值追加。交通设施等媒介要素本身不是独立的旅游产品,但当此类媒介要素被组合到以景区为核心的旅游产品之上,便构成组合旅游产品的组成部分,成为旅游产品利益的追加部分。① 邮轮旅游产品即属于典型的组合旅游产品,并且作为核心的景区正是邮轮本身。《旅游法》基于旅游产品的组合性本应充分考虑与《海商法》等其他法律的衔接,但却未能有效协调与现有法律之间的关系,使得《旅游法》第71条在邮轮旅游领域的适用明显违背了法律对于公平正义的基本要求,因而构成法律漏洞。② 具体而言,此种法律漏洞应属隐藏漏洞,也即法律虽然含有得以适用的法条,但并未考虑特定类型案件的特质,根据立法目的对此适用并不妥当的法律不圆满状态。③ 因此,法官在对旅行社的责任限制权利,尤其是援引邮轮公司责任限制的条款效力进行裁判时,除依据目的解释的方法进行适当的法律解释外,应当综合运用目的性限缩和比较法的方法妥善填补法律漏洞。

1. 目的性限缩的方法

所谓目的性限缩,是指法官在适用法律时,发现有关法律规范适用于某个特定案件,不符合法律目的的要求,因而可以缩小待解释条文适用的范围,将该案件排除在法律规定的适用范围之外。④ 由于《旅游法》第71条存在隐藏漏洞,导致既有格式条款规则对于旅行社约定责任限制的效力判定亦有隐藏漏洞,而目的性限缩正是填补隐藏漏洞的主要方法。

无论是《合同法》抑或《消费者权益保护法》,规制格式条款的目的均在于通过社会利益天平平衡契约自由与契约正义、效率与公平,从而维护消费者权益。⑤ 格式条款规则所谓禁止减轻责任,本旨在于禁止格式条款提供者通过格式条款不合理地减轻其本应承担的责任,也即不适当地减轻责任。例如,有些格式条款对于消费者违约责任的规定十分详尽,而对经营者责任只字不提,甚至明

---

① 参见谢彦君:《基础旅游学》,商务印书馆2015年版,第103—105页。
② 参见王利明:《法律解释学导论:以民法为视角》,法律出版社2017年版,第547页。
③ 梁上上:《利益衡量论》,法律出版社2016年版,第56页。
④ 王利明:《法律解释学导论:以民法为视角》,法律出版社2017年版,第613页。
⑤ 参见韩世远:《合同法总论》,法律出版社2011年版,第740页。

示对于合同履行过程中发生的一切不利后果概不负责。① 但是,邮轮旅行社通过邮轮旅游服务合同约定援引邮轮公司的法定责任限制权利,其中减轻的责任本身并不属于旅行社应当承担的责任。不属于旅行社责任应有两层含义,不仅旅行社实际是为终局责任人邮轮公司先行承担责任,而且该部分责任在终局责任中亦可依据法律规定免除。因此,旅行社约定援引邮轮公司的责任限制权利并无不妥,不符合禁止通过格式条款减轻责任的规范旨意,应当排除在《合同法》以及《消费者权益保护法》相关规定的适用范围之外。

此外,虽然亦可通过目的性扩张的方法,对于公共交通经营者做出超过文义的解释,使其涵盖邮轮旅游承运人,从而将邮轮公司原因造成的损害排除在旅行社的责任范围之外。但是,此种方法将会限制旅客对于索赔对象的选择权,也无法适用于未排除公共交通经营者的《旅游法》第71条第1款,因而在旅行社包销为主的邮轮旅游市场格局之下未必适宜。

2. 比较法的方法

比较法的方法是指通过借鉴国外立法和判例,并结合本国法制背景和社会实际确定裁判依据的法律漏洞填补方法。② 采用比较法方法的理论根据在于,现代社会各国法律往往相互学习、借鉴、参考,因为各国面对的社会问题大抵相同,各国立法相互借鉴已成通例。③ 但是,外国法律或者判例应当作为法理而非直接援用,④也即通过比较法的方法证明现代民法对于相关事项已经形成基本公认的规则。

比较法上不乏允许旅行社约定责任限制,甚或直接援引履行辅助人责任限制权利的立法例。例如,德国《民法》第651h条"容许之责任限制"第1款规定:"有下列情事之一者,旅游营业人得依与旅客间之约定,就其非人身损害之赔偿责任,限缩为旅费之三倍:1. 旅客之损害非因故意或重大过失而生者;或 2. 旅游营业者就旅客已生之损害,仅因给付提供人之可归责事由而应负责者。"⑤ 据此对于旅游组织者因履行辅助人而负的责任可以协商进行限制,但仅限于给付承

---

① 参见王利明主编:《中国民法典学者建议稿及立法理由:债法总则编·合同编》,法律出版社2003年版,第233页。
② 王利明:《法律解释学》,中国人民大学出版社2016年版,第408页。
③ 参见梁慧星:《裁判的方法》,法律出版社2017年版,第267页。
④ 参见孔祥俊:《法律解释与适用方法》,中国法制出版社2017年版,第341页。
⑤ 台湾大学法律学院、台大法学基金会编译:《德国民法典》,北京大学出版社2017年版,第617页。

担人而不包括导游等旅游组织者企业组织之内的工作人员。① 其中所称"给付提供人",包括各类运输的承运人,②因而后一情形即可涵盖旅行社为邮轮公司的行为承担责任的情形。至于允许旅行社援引履行辅助人的责任限制权利,最典型的便是《国际旅行合同公约》(International Convention on Travel Contracts)第 15 条确立了分离原则,其中第 1 款规定:"旅行组织人委托第三方提供交通、食宿以及提供与旅行或者旅居有关的其他服务时,他应当按照关于各项服务的规定,对由于全部或部分未履行上述服务而给旅行者造成的损失或损害负责。"③据此旅行社应当按照调整有关服务的法律规定承担责任,包括享受赔偿责任限制。④ 同时,德国《民法》第 651h 条第 2 款也规定:"给付提供人应提供之旅游给付适用国际协议或以该国际协议为依据之法律规定,而依该协议或规定,损害赔偿请求仅于特定要件或限制时,始发生或得主张,或于特定要件时,予以排除者,旅游营业人亦得就此向旅客主张之。"⑤无论是国际公约抑或德国法,准许基于履行辅助人的行为提出责任限制抗辩的理由在于,损害若仅在履行辅助人的范围内产生,旅行社不应承担重于履行辅助人的责任,否则有欠公允。⑥ 此外,欧盟《关于一揽子旅游的指令》第 5 条第 2 款第 3 项、第 4 项⑦以及英国《包价旅游法规》第 15 条第 3 款⑧亦有类似规定。

邮轮旅游作为 21 世纪海上丝绸之路建设的重点领域之一,适当借鉴比较法

---

① 参见申海恩:《旅行社转团中的责任承担——德国法的视角》,载詹森林、朱晓喆主编《比较民法与判例研究》(第三卷),法律出版社 2018 年版,第 36 页。
② 参见陈卫佐译注:《德国民法典》,法律出版社 2015 年版,第 261 页。
③ 袁振民译:《国际旅行合同公约》,载《法学译丛》1992 年第 3 期。
④ 参见汪旭鹏:《〈旅游法〉履行辅助人制度评析》,载《旅游学刊》2015 年第 9 期。
⑤ 台湾大学法律学院、台大法学基金会编译:《德国民法典》,北京大学出版社 2017 年版,第 617 页。
⑥ 参见杜景林、卢谌:《德国民法典全条文注释》,中国政法大学出版社 2014 年版,第 552—553 页。
⑦ 欧盟《关于一揽子旅游的指令》第 5 条第 2 款第 3 项规定:"关于不履行或不正确履行一揽子旅游服务合同而产生的损害赔偿责任,成员国可以允许赔偿额受到有关此类服务的国际公约所规定的责任限额的限制。"第 4 项规定:"关于不履行或不正确履行一揽子旅游服务合同而产生的非人身损害赔偿责任,成员国可以允许赔偿额受到合同约定限额的限制。该限制不应当具有不合理性。"吴越、李兆玉、李立宏译:《欧盟债法条例与指令全集》,法律出版社 2004 年版,第 147 页。
⑧ 英国《包价旅游法规》第 15 条"合同另一方有责任严格履行合同"第 3 款规定:"合同中可规定,如未提供或未适当提供包价旅游包含的服务,按照制约这类服务的国际惯例所规定的限额进行赔偿。"韩玉灵、申海恩主编:《最新境外旅游法律汇编》,中国法制出版社 2012 年版,第 6 页。

的立法成果并无不妥。既然比较法上对于旅行社援引履行辅助人的责任限制权利已有较为充分的立法例可资参照,尤其是业已生效的《国际旅行合同公约》也有相关规定,而我国现行法律亦未明文排除旅行社享受责任限制的权利,应当通过比较法的方法填补《旅游法》第71条的漏洞。

基于上述目的性限缩和比较法的方法,认可旅行社通过邮轮旅游服务合同约定援引邮轮公司作为履行辅助人的法定责任限制权利,甚或在诉讼中直接主张邮轮公司的责任限制,已经具备充分的法理依据。不应仅凭此种责任限制表面上看似具有减轻责任的性质,囿于格式条款的法律规制而否定其效力,否则难免有悖合同正义。

三、旅行社责任限制权利法定化的法理基础

通过目的性限缩和比较法的方法填补《旅游法》第71条的法律漏洞,认可旅行社通过邮轮旅游服务合同约定援引邮轮公司责任限制权利的效力,仅能作为法律完善以前的权宜之计。而且,我国司法实践对于邮轮旅行社的责任限制权利尚未形成指导性案例等可供参照的裁判标准,仅靠各级法院自行通过上述方法填补《旅游法》第71条的法律漏洞,未必能够得出完满的裁判结果。因此,妥善解决旅行社责任限制问题的根本途径,仍然在于通过立法赋予旅行社援引邮轮公司责任限制的权利。具体而言,旅行社责任限制权利法定化的法理基础主要有二:一是海事法律赋予邮轮公司单位赔偿责任限制以及海事赔偿责任限制权利的制度考量,对于邮轮旅游旅行社同样存在;二是邮轮公司既然是终局责任人,基于不真正连带责任乃至权利义务关系的法理,旅行社理应与邮轮公司承担程度相当的责任。

(一)海事法律赔偿责任限制的制度考量

民事损害赔偿的最高原则是完全赔偿原则,力求促使受害人回复到倘未遭受侵害时应处之状态,[①]也即"赔偿被害人所受之损害,俾于赔偿之结果,有如损害事故未曾发生者然"。[②] 但是,船舶航行于海上往往经年累月无法靠岸,而且由于海上特殊风险的存在成败难卜。船舶所有人等主体未必谙熟航海技术,也未必随船同行,因而须将驾驶、管理船舶之职权授予船长。若依代理责任的通常规定,船舶在外所负债务概由船舶所有人等主体承担,未免风险过大,投资者将

---

① 参见程啸:《侵权责任法》,法律出版社2015年版,第664页。
② 曾世雄(著),詹森林(续著):《损害赔偿法原理》新学林出版股份有限公司2005年版,第17页。

裹足不前,并且难以推进航运业之发展。① 因此,海商法基于鼓励航运业发展等特殊政策之考量,背离完全赔偿原则创设海事赔偿责任限制制度。该制度赋予船舶所有人等特定主体将其对单次海损事故引起的特定海事请求所承担的赔偿责任限定在一定数额之内的权利,②虽然客观上导致海损事故受害者遭受的损失无法得到充分、有效的赔偿,③但在海事活动的特定背景之下却更为符合民事法律秉持的公平原则。公平原则作为法律公平正义价值之体现,要求实现当事人利益的平衡,并且防止出现利益衡量的显失公平。④ 海事赔偿责任限制制度的创设本身即有不同于一般民事法律的特殊利益衡量,因而学说上也认为海上债务具有特殊平衡性。⑤ 海上运输法中承运人单位赔偿责任限制制度亦有相同考量,责任限制制度也被视为海商法的特色之一。⑥ 而且,考虑到海事赔偿责任限制制度对于债权人多有不利,海商法同时设有船舶优先权制度,基于衡平及公益之理由对于特定债权赋予优先权,⑦使其能够在有限的赔偿数额之中享有优先受偿的权利。

海商法调整对象的特殊性主要在于海上特殊风险的存在,以及人们抵御海上特殊风险的能力弱于一般民事活动,此外还涉及船舶等基本要素的特殊性。所谓海上特殊风险,也称海上绝对风险,是指船舶在海上或其他可航水域进行运输或者其他活动中遭遇的各种风险,包括碰撞、搁浅、触礁、火灾、台风、海啸、恶劣天气、战争、海盗等,而不论风险是由自然原因或是人为原因造成。海上相对风险可以理解为海上绝对风险、人们抵御海上绝对风险的能力以及从事海上运输或其他海上商业活动的成本与收益之间的函数关系。⑧ 由于海上相对风险明显高于一般民事活动,人们抵御海上特殊风险的能力相对较弱,因而需要专门的法律制度予以特殊规制。赋予海上旅客运输承运人责任限制的上述制度考量,对于旅行社理应同样适用。海事责任的特殊平衡性是以责任本身为法理基础,责任承担者的身份不应过多影响此种平衡。旅行社本质上是为邮轮公司承担责任,虽然运输以及其他船上服务实际并非由旅行社履行,但邮轮旅游产品的组合性决定了旅行社必然是以中介以及组合旅游产品的设计和销售为其根本职能,

---

① 参见桂裕编著:《海商法新论》,正中书局1974年版,第124页。
② 胡正良主编:《海事法》,北京大学出版社2016年版,第596页。
③ 何丽新、谢美山:《海事赔偿责任限制研究》,厦门大学出版社2008年版,第71页。
④ 参见王利明:《民法总则研究》,中国人民大学出版社2012年版,第120—121页。
⑤ 参见赖来焜:《最新海商法论》,神州图书出版有限公司2002年版,第11页。
⑥ 参见郑玉波:《海商法》,林群弼修订,三民书局2008年版,第11—12页。
⑦ 参见梁宇贤:《海商法论》,三民书局1997年版,第228—229页。
⑧ 参见胡正良主编:《海事法》,北京大学出版社2016年版,第5页。

也即向旅客提供产品组合、信息、导游、陪同和预定等服务，而不是实际承担运输以及船上餐饮、住宿等其他休闲娱乐服务。① 只要责任产生的原因符合海事法律确立的责任限制条件，此类活动仍然属于海事活动，相应造成的损害也仍然受到海上特殊风险等海事因素的影响，鼓励航运事业发展的特殊政策考量亦仍须顾及，故而理应允许包括旅行社在内的责任承担者享有同一的责任限制权利，而不必太多过问责任由何者先行承担。同时，旅客在邮轮营运中遭受侵权损害产生的赔偿请求，虽然可能遭遇责任限制抗辩，但依据《海商法》第 22 条第 1 款也可能相应受到船舶优先权担保。因此，旅行社即使先行承担邮轮公司的责任，也完全符合包括责任限制在内的海事法律制度的全局构造。

此外，海商法本身即有承运人的受雇人、代理人可以援引承运人责任限制的规定，也即通常所称"喜马拉雅条款"（Himalaya Clause）。② 至于喜马拉雅条款的具体内涵，通常认为是指：承运人的履行辅助人，对于承运人依照法律规定或合同约定所能主张的一切抗辩和责任限制，亦得加以援用。③《海商法》第 120 条规定即有此项规定。根据代理法的一般原理，代理行为所生法律效果直接归属于本人，而非先归诸代理人然后转承本人。④ 因此，海运事业早期索赔人往往选择直接起诉承运人的受雇人或代理人，从而绕开运输法律关于承运人责任限制的规定，以期得到更为高额的索赔结果，喜马拉雅条款由此而生。⑤ 此类条款而后也被航空运输法吸收。⑥ 由此推及邮轮旅游的场合，虽然享有法定责任限制权利的邮轮公司在邮轮旅游服务合同下只是履行辅助人，而非合同当事人本人，但问题的核心却未必不同，即海上运输合同承运人以外的主体在承担运输事项责任时能否援引承运人的法定责任限制权利。因此，邮轮旅客对于确因邮轮公司造成的损害如果选择直接向旅行社进行索赔，原因虽然更多在于船票以及海上旅客运输合同的缺位，但实际形成的法律困局却与喜马拉雅条款大抵相同。赋予旅行社援引邮轮公司赔偿责任限制的法定权利，至少在海商法的场域之中具备充分的法理基础。

---

① 参见谢彦君：《基础旅游学》，商务印书馆 2015 年版，第 123 页。
② 值得注意的是，作为喜马拉雅条款源起的 Adler 诉 Dickson 一案，本身即是一起海上旅客运输合同纠纷案件，由于涉案客船名为"喜马拉雅"，"喜马拉雅条款"因此得名。具体参见 Adler v. Dickson，[1954] 2 Lloyd's Rep.
③ 参见蔡佩芬：《海商法》，元照出版有限公司 2017 年版，第 214 页。
④ 朱庆育：《民法总论》，北京大学出版社 2016 年版，第 338 页。
⑤ 参见郭瑜：《海商法教程》，北京大学出版社 2012 年版，第 113 页。
⑥ 参见《民用航空法》第 113 条第 1 款。

（二）旅行社承担邮轮公司责任的法理依据

旅行社与邮轮公司之间依据《旅游法》第 71 条形成的责任形态，尤其是该条第 2 款规定的侵权责任，属于不真正连带责任，可以归入数人分别因其违约行为或侵权行为而成立的不真正连带债务。不真正连带债务的首要特征，在于数个债务人是基于不同原因负有债务。至于邮轮旅游的场合，旅行社是基于与旅客之间的邮轮旅游服务合同而负损害赔偿之债，而邮轮公司作为旅行社的履行辅助人则是基于与旅行社之间的合同关系而负债务。

不真正连带债务的情况下，均存在终局责任人，也即形成债务的真正责任人。履行了给付义务的债务人有权向终局责任人追偿，并且是全部追偿，而非连带债务的部分追偿，通过追偿可以实现债务人之间的公平。[①] 需要讨论旅行社责任限制权利的情形，邮轮公司作为海运承运人即是终局责任人。如果旅行社先行向旅客承担完全赔偿，而后追偿时邮轮公司却可主张责任限制抗辩，债务人之间的公平便无从实现，从而有违不真正连带债务的规则原理。究其实质，中间责任和终局责任既然是不同主体在不同阶段承担的同一责任，责任程度理应相同。中间责任人承担不真正连带责任的本质应属替代责任，也即责任人为行为人的行为负责。[②] 所谓替代者，乃指以此代彼而生彼之作用，因而旅行社与邮轮公司对于同一事项分别作为替代责任人、终局责任人的责任程度理应相当。同时，基于权利义务关系的法理，现代平等原则要求权利和义务应当对等。[③] 尤其在具体法律关系之中，权利义务互相包含，权利的范围就是义务的界限，义务的范围亦即权利的界限。[④] 旅行社通过为旅客组织和安排运输以及船上餐饮、住宿等休闲娱乐服务内容提供邮轮旅游服务，从而在邮轮旅游服务合同中享有收取合理服务费用等权利，[⑤] 相应承担的义务也应与此相当。既然运输及其周边服务依法享有责任限制，旅行社组织和安排运输及其周边服务产生的责任自然不应高于服务本身而要求完全赔偿，否则便与旅行社在邮轮旅游服务合同中的权利不相对等。

此外，《旅游法》第 71 条第 1 款秉持合同相对性原则的另一含义在于，旅客与旅行社的履行辅助人之间通常不存在合同关系，旅客无法直接向履行辅助人

---

① 参见王利明：《债法总则研究》，中国人民大学出版社 2014 年版，第 257 页。
② 参见杨立新：《侵权责任法》，法律出版社 2011 年版，2015 年修订，第 131 页。
③ 参见张光杰主编：《法理学导论》，复旦大学出版社 2015 年版，第 184 页。
④ 参见张文显主编：《法理学》，法律出版社 2007 年版，第 168 页。
⑤ 参见刘云亮主编：《旅游法学》，法律出版社 2011 年版，第 197 页。

请求违约责任,而只能由作为旅游服务合同当事人的组团社承担责任。① 但是,邮轮旅游较之一般旅游活动具有明显的特殊性,尤其是旅客、邮轮公司、旅行社三方之间的法律关系。邮轮公司在邮轮旅游服务合同下虽然只是履行辅助人,但旅客与邮轮公司之间却另有独立的合同关系,主要表现为邮轮船票证明的海上旅客运输合同法律关系,旅客可以据此直接向邮轮公司开展索赔。随着未来我国邮轮船票制度的建立与完善,邮轮船票的功能必将有所复归,旅客直接向邮轮公司请求违约责任的情形应会更加普遍。因此,旅行社为其履行辅助人承担责任的法理依据,对于邮轮旅游明显减弱。虽然基于合同相对性原理,仍应继续要求旅行社为邮轮公司承担责任,但应当赋予旅行社援引邮轮公司责任限制的法定权利,使其债务负担重新归于合理。

四、旅行社责任限制权利法定化的规范技术

(一)旅行社责任限制权利法定化的规范路径

赋予旅行社援引邮轮公司责任限制的法定权利,应有两条立法路径可供选择:其一是通过《旅游法》的修改,其二则是通过《海商法》的修改。

旅行社能否援引履行辅助人的责任限制,严格而言应是各类旅游活动的共同命题,而非邮轮旅游所独有,同时也是《旅游法》第71条既存的规范缺陷,更应通过同法加以完善。因此,《旅游法》修改应是赋予旅行社援引履行辅助人责任限制法定权利的根本途径。但是,《旅游法》2013年方才通过生效,并已于2016年、2018年分别做了小幅修改,短期之内进行实质性修改的可能性较低。而且,旅行社的责任限制权利虽有共性,但目前不属于公共交通经营者却又享有法定责任限制权利的履行辅助人尚且较少,加之认为邮轮公司属于公共交通经营者的理论误解仍然普遍存在,立法者很难周全考虑此种特殊问题。如果《旅游法》得以修改,建议参考《国际旅行合同公约》第15条、德国《民法》第651h条第2款以及欧盟《关于一揽子旅游的指令》第5条第2款第3项、第4项等比较法上的立法例,在现行第71条增加第3款规定:"旅行社依照本条第一款、第二款承担的赔偿责任,履行辅助人依照中华人民共和国法律和中华人民共和国缔结或者参加的国际条约享有抗辩理由或者赔偿责任限制的,旅行社有权援用履行辅助人的抗辩理由或者赔偿责任限制。"《旅游法》修改之前如果最高人民法院修改《关于审理旅游纠纷案件适用法律若干问题的规定》或者制定其他相关司法解释,亦应增加上述规定。至于《旅游法》第71条第2款的但书规定,基于旅行社

---

① 参见王利明:《合同法研究》(第四卷),中国人民大学出版社2017年版,第619页。

对于公共交通经营者欠缺控制力、影响力之考量,仍可予以保留。

考察我国当前的立法趋势,邮轮旅游民事法律制度最有可能通过《海商法》修改建立,主要是在传统海上旅客运输法律制度的基础之上,充分考虑邮轮旅游运输的特殊性创设特别规定,并以承运人也即邮轮公司与旅行社之间的责任关系为规范重点。目前《海商法》修改已经列入十三届全国人大常委会立法规划的第二类项目,即需要抓紧工作、条件成熟时提请审议的法律草案,并且作为激发市场主体活力和推动形成全面开放新格局的重点领域立法,加之邮轮公司的法定责任限制权利主要来源于《海商法》第五章及第十一章的规定,因而通过《海商法》修改实现旅行社责任限制权利的法定化目前最为可行。因此,建议《海商法》修改时将现行第五章"海上旅客运输合同"的现有规定作为第一节"一般规定"并加以完善,同时增加二节"邮轮旅游",并参考现行《海商法》第58条以及第120条的喜马拉雅条款做出如下规定:"由于承运人原因导致旅行社违反邮轮旅游服务合同约定,或者造成旅客人身损害、财产损失,旅客向旅行社提出赔偿请求的,旅行社有权援用中华人民共和国法律和中华人民共和国缔结或者参加的国际条约关于承运人抗辩理由和赔偿责任限制的规定。"①

(二)法定赔偿责任限制的限额完善

旅行社既可援用邮轮公司的法定责任限制权利,从而必须考虑既有责任限额规定的合理性。目前《海商法》第117条规定的海上旅客运输承运人单位赔偿责任限额,主要参考了《修正〈1974年海上旅客及其行李运输雅典公约〉的1976年议定书》,对于旅客人身损害的赔偿限额为46666特别提款权,约合64655美元、②448557元人民币。③ 1992年《海商法》通过当时,我国城镇居民人均生活费收入仅为1826元,④而2016年城镇居民人均可支配收入已经达到36396元,⑤约为1992年的19.9倍。因此,现行赔偿限额已经明显不能适应《海商法》通过以来我国国民经济的快速发展,最为典型的实例便是"东方之星"号事故的赔偿

---

① 孙思琪:《〈海商法〉修改增加规定邮轮旅游之研究》,载《中国海商法研究》2018年第3期。

② 根据国际货币基金组织2018年10月29日公布的计算标准,1特别提款权合1.385490美元。

③ 根据《2018年10月29日中国外汇交易中心受权公布人民币汇率中间价公告》,2018年10月29日银行间外汇市场人民币汇率中间价为1美元对人民币6.9377元。

④ 数据来源:《中华人民共和国国家统计局关于1992年国民经济和社会发展的统计公报》,http://www.stats.gov.cn/tjsj/tjgb/ndtjgb/qgndtjgb/200203/t20020331_30006.html,2018年11月2日最后访问。

⑤ 数据来源:《中华人民共和国2017年国民经济和社会发展统计公报》,http://www.stats.gov.cn/tjsj/zxfb/201802/t20180228_1585631.html,2018年11月2日最后访问。

标准为82.5万元,接近现行国际海上旅客运输承运人单位赔偿责任限额的2倍;而且,该起事故属于国内水路旅客运输,承运人依据《合同法》以及《水路旅客运输规则》并不享有赔偿责任限制,国际海上运输与国内水路运输的赔偿标准之间已经明显失衡。海上旅客运输承运人的赔偿责任限额亟待提高。

表1 《海商法》《雅典公约》关于海上旅客运输承运人单位赔偿责任限额规定比较

赔偿项目	海商法	1976年议定书	1990年议定书	2002年雅典公约
旅客人身损害	46666	46667	175000	400000
自带行李损害	833	833	1800	2250
车辆损害	3333	3333	10000	12700
其他行李损害	1200	1200	2700	3375
车辆免赔额	117	117	300	330
其他行李免赔额	13	13	135	149

(单位:特别提款权)

承运人赔偿责任限额的确定并无过多的法理基础,而应依据充分的数据统计,综合考虑海上旅客运输的赔偿情况,使得承运人在一定比例的损害赔偿情形能够援引责任限制,[①]或以30%左右为宜。从而使得责任限制制度不至形同虚设,尽量维持责任人和索赔人之间的利益平衡。有观点主张将责任限额提高为现行标准的两倍,即旅客人身损害的赔偿限额为93332特别提款权,[②]但就目前海上旅客运输的赔偿情况而言可能仍显过低。因此,海上旅客运输承运人单位赔偿责任限额的提高可有两个方案:一是提高为《修正〈1974年海上旅客及其行李运输雅典公约〉的1990年议定书》的标准,即旅客人身损害的赔偿限额为175000特别提款权,约为现行标准的3.75倍;二是直接提高为《2002年海上旅客及其行李运输雅典公约》的标准,即旅客人身损害的赔偿限额为400000特别提款权,约为现行标准的8.57倍。[③] 方案二虽然能为旅客提供更为充分的保障,但方案一的优势在于避免一次性过多提高赔偿限额,造成海上旅客运输的经营负担明显加重,给予运输市场合理的适应期间。《1974年海上旅客及其行李运

---

① 参见胡正良、於世成、郑丙贵等:《〈鹿特丹规则〉影响与对策研究》,北京大学出版社2014年版,第43页。
② 参见陈琦:《中国海上旅客运输法完善的动因、问题与建议——以〈海商法〉第五章的修改为核心》,载《大连海事大学学报(社会科学版)》2017年第5期。
③ 参见胡正良、孙思琪:《我国〈海商法〉修改的基本问题与要点建议》,载《国际法研究》2017年第4期。

输雅典公约》及其《1976年议定书》已于1994年8月30日对我国生效,但公约第7条第2款规定:"虽有本条第1款的规定,本公约任何当事国的国内法在承运人为该国国民时仍可规定每一旅客的更高赔偿责任限额。"据此即使《海商法》修改时规定高于公约的责任限额,亦于履行公约无甚妨碍。此外,不同于传统海上旅客运输具有明显的公共运输性质,邮轮旅游运输应属高端消费服务。如果《海商法》修改时不对现行限额进行提高,或者提高幅度有限,对于邮轮旅游运输承运人的赔偿责任限额亦应另作专门处理,必要时可以考虑实行一般海上旅客运输和邮轮旅游运输承运人单位赔偿责任限额的双轨制。

至于海上旅客运输承运人作为船舶所有人的海事赔偿责任限额,《海商法》第211条第1款规定:"海上旅客运输的旅客人身伤亡赔偿责任限制,按照46666计算单位乘以船舶证书规定的载客定额计算赔偿限额,但是最高不超过25000000计算单位。"据此如果对于每名旅客的赔偿均达到现行《海商法》规定的承运人单位赔偿责任限额,至多仅可赔偿535名旅客。由于邮轮仅一航次的旅客便有数千人之多,为免大型邮轮事故中依据承运人单位赔偿责任限制"一次限制"确定的赔偿总额,受到海事赔偿责任限制制度"二次限制"的影响而明显缩减,现行《海商法》规定的海事赔偿责任限额亦须提高。至少应当提高至《〈1976年海事赔偿责任限制公约〉1996年议定书》的标准,[①]该议定书第4条规定:"对于任何不同事件产生的还是旅客人身伤亡的索赔,船舶所有人的责任限额应为175000计算单位乘以该船按其证书准许载运的旅客人数所得的数额。"[②]

此外,现行《海商法》第117条第4款、第211条第2款共同规定了国际海上旅客运输和国内海上旅客运输的赔偿责任限额双轨制,[③]《海商法》修改时是否进行并轨,应当基于海上旅客运输合同制度和海事赔偿责任限制制度进行全盘考虑。但是,随着未来我国沿海邮轮旅游业务逐渐兴起,[④]目前国内海上旅客运

---

① 参见胡正良、孙思琪:《我国〈海商法〉修改的基本问题与要点建议》,载《国际法研究》2017年第4期。

② 初北平主编:《新编海商海事法规精要》,大连海事大学2009年版,第825页。

③ 《海商法》第117条第4款规定:"中华人民共和国港口之间的海上旅客运输,承运人的赔偿责任限额,由国务院交通主管部门制定,报国务院批准后施行。"第211条第2款规定:"中华人民共和国港口之间海上旅客运输的旅客人身伤亡,赔偿限额由国务院交通主管部门制定,报国务院批准后施行。"

④ 参见徐珏慧:《开展沿海邮轮业务促进邮轮产业持续发展》,载《中国港口》2018年第1期。

输的赔偿责任限额也已明显过低,①取消双轨制或者至少大幅提高国内海上旅客运输责任限额的必要性将会愈加凸显。

五、结　论

通过上文分析,可以得出以下结论：

第一,邮轮旅游旅行社的责任限制权利问题,本质是旅游法律与运输法律及其周边法律的衔接,属于《旅游法》第71条的法律漏洞。

第二,旅行社如果通过邮轮旅游服务合同约定援引邮轮公司的法定责任限制权利,可能由于受到格式条款的法律规制而无效力。对此应当综合运用目的性限缩和比较法的方法填补法律漏洞,认可旅行社约定责任限制的效力。

第三,赋予旅行社法定责任限制权利的法理基础,一是海事法律赔偿责任限制的制度考量对于旅行社同样适用,二是旅行社承担邮轮公司责任涉及的不真正连带责任、权利义务对等原理的要求。

第四,旅行社责任限制权利的法定化可以通过《旅游法》或《海商法》的修改实现,其中后者在当前立法趋势下更为可行。同时,海上旅客运输承运人的单位赔偿责任限额,及其作为船舶所有人的海事赔偿责任限额也亟待提高。

On the Right of Limitation of Liability for Cruise Travel Agencies：
Based on the Legal Loophole of Article 71 of Chinese Tourism Law and Its Filling-up

Sun Siqi

Abstract：The right of limitation of liability(LoL) for cruise travel agencies means whether a cruise travel agency is entitled to invoke the right of LoL for the cruise company. The core of the issue is the coordination between tourism law and transport law. If a travel agency stipulates the right of LoL through cruise tourism service contract，the clause may be identified as

---

① 根据原交通部《中华人民共和国港口间海上旅客运输赔偿责任限额规定》第3条、第4条,国内海上旅客运输承运人对于旅客人身损害的单位赔偿责任限额仅为4万元人民币,不足国际海上旅客运输限额的10%；国内海上旅客运输旅客人身损害的赔偿责任限制,按照4万元人民币乘以船舶证书规定的载客定额计算赔偿限额,但是最高不超过2100万元人民币,最高限额亦不足国际海上旅客运输限额的10%。

invalid standard clause. The legal loophole of article 71 of *Chinese Tourism Law* should be filled-up by the method of purposive restriction and comparative law. The theory of LoL for maritime claims, non-really joint liability and equity of rights and obligations are the legal bases of the legalization of the right of LoL for cruise travel agencies. The legalization shall be realized through the revision of Chinese Maritime Code.

Keywords: Cruise Tourism; Travel Agency; Limitation of Liability (LoL); Carrier; Performance Assistant

(责任编辑:尚连杰)

知识产权法学

《著作权法》中"其他权利"的理解与适用

赵杰宏[*]

[摘　要]　基于成文法的局限性,《著作权法》所列举的著作权不能适应经济社会的迅猛发展,"应当由著作权人享有的其他权利"作为兜底条款应运而生。著作权的法定性只是相对法定,外延开放的"其他权利"并没有违背该原则。尽管法官在个案中如何适用"其他权利"享有自由裁量权,但不得在穷尽列举著作权前径直适用"其他权利",只能在列举著作权无法适用或适用时产生规则冲突时方可适用。"应当由著作权人享有的其他权利"中的"应当"意味着人们产生了对某种利益的强烈保护愿望,并且发生了侵权行为,呈现出了保护的紧迫性。"应当"也意味着法官对必须加以保护的利益不能遗漏,对不应当保护的利益不得保护。因"其他权利"是一系列权利的集合体,非单一权利,法官在个案中不能仅以"其他权利"被侵犯为由做出裁判,而应将"其他权利"予以类型化,设定名称并予以定义。在论证适用"其他权利"时,要严格把握侵权要件。在归责原则上,"无过错原则"比"过错原则"更接近立法本意。

[关键词]　著作权;其他权利;著作权法定;法律适用

我国《著作权法》第 10 条第 1 款第 17 项规定了"应当由著作权人享有的其他权利",此条文被称为兜底条款,[①]"其他权利"亦被称为兜底权利。《著作权法》设立"其他权利"的目的是弥补第 10 条第 1 款第 1 项至第 16 项人身权和财产权不能完全涵盖但又需要予以保护的具有著作权意义上的利益。"其他权利"的存在使著作权种类、保护要件等关键内容并不都由《著作权法》条文明确规定,可由法官在个案中运用自由裁量权认定。有观点认为此做法一方面违反了知识

---

[*]　赵杰宏:上海财经大学法学院博士生,常熟理工学院副教授,研究方向:经济法、知识产权法。本文系作者主持的 2018 年教育部人文社科项目(18YJC890061)、2016 年江苏省教育厅高校哲社项目(2016SJD820016)、2015 年上海财经大学研究生创新项目(CXJJ - 2015 - 389)的部分成果。

①　参见熊琦:《著作权法定与自由的悖论调和》,载《政法论坛》2017 年第 3 期。

产权法定主义,①"造成著作权权利体系的膨胀,不利于在文学艺术领域鼓励创新与推动新兴产业发展";②另一方面,不同法官对"其他权利"的理解不同导致适用不统一,出现相似案情不同判决的情形,降低了人们对司法的信任度及对《著作权法》的认同感。为此,有学者主张《著作权法》第三次修改时应废除"其他权利"。③但学者之见没有改变"其他权利"在立法颇受青睐的现状。我国正在酝酿《著作权法》第三次修改,相关国家机构公布的《著作权法(修改草案)》第一稿、第二稿、送审稿均保留了"其他权利"。与现行《著作权法》中"其他权利"兜底人身权与财产权模式不同的是,《著作权法(修改草案)》中的"其他权利"仅对著作财产权兜底。

在司法实务中,已有多起案件是依据"其他权利"裁判的。2013年,上海市浦东新区法院在"央视国际网络诉上海聚力传媒案"④的判决中认定被告侵犯了原告享有的"其他权利";2015年,北京市朝阳区法院在"新浪诉凤凰网案"⑤的判决中也认定被告侵犯了原告的"其他权利"。2017年,在广受争议的"广州网易计算机系统有限公司诉广州华多网络科技有限公司侵害著作权及不正当竞争纠纷案"⑥一审判决中,针对网络游戏直播连续画面的新型问题,法院认定被告侵害原告对网络游戏享有的著作权中的"其他权利"。不同时间、不同地域的法院都在个案中适用了"其他权利","其他权利"的司法适用有增多迹象。由此引发了如下思考:《著作权法》权项配置中为什么会有"其他权利"?"其他权利"是否如学者所言违背了著作权的法定性?"应当由著作权人享有的其他权利"中的"应当"作何理解?法官在个案中适用"其他权利"条款,是径直适用还是穷尽列举著作权后的"无奈之举"?法官在个案中如何界定"其他权利"的范围?同时,目前司法实务中适用"其他权利"的皆为侵权案件,法官如何认定侵犯"其他权利"的要件也成为问题。本文试图结合案例对上述几个问题进行探讨。

一、《著作权法》权项配置方式中兜底条款的必要性

基于成文法的局限性,《著作权法》列举式的权利配置方式需要"其他权利"

---

① 参见郑胜利:《论知识产权法定主义》,载《中国发展》2006年第3期。
② 付继存:《著作权绝对主义之反思》,载《河北法学》2017年第7期。
③ 参见刘铁光:《论著作权权项配置中兜底条款的废除——以著作权与传播技术发展的时间规律为中心》,载《政治与法律》2012年第8期。
④ 上海市浦东新区法院(2013)浦民三(知)初字第241号民事判决书。
⑤ 北京市朝阳区法院(2014)朝民(知)初字第40334号民事判决书。
⑥ 广州知识产权法院(2015)粤知法著民初字第16号民事判决书。

兜底。《著作权法》10条第1款第1项至第16项以定义的方式列举了十六项权利人享有的人身权与财产权。这种列举式的权利配置方式将著作权的类型、内容、要件等内容通过成文法确立，契合了著作权法定的基本原则。但著作权法定性与作品使用方式的无限性存在矛盾。随着人类认知能力的不断进步，权利人对作品的使用方式是无穷多样的，基于作品使用方式的著作权类型也难以穷尽。而立法者因时代因素及理性有限性，不可能将作品的无穷尽使用方式均予以归类并类型化，明文规定为权利。所以，单纯的列举式权利配置方式必然会造成著作权体系的僵化与封闭，无法回应经济与社会的迅猛发展，特别是科技的发展。

我国《著作权法》的制定修改与科技发展的关系最为密切。1986年的《民法通则》第94条规定民事主体享有著作权。此条款仅为我国著作权体系搭建框架，但当时的科技水平还没有令《著作权法》达到"呼之欲出"的程度。到1990年，中国经过十多年的改革开放，科技水平显著提高，信息传播的手段与方式多样化，《著作权法》"应运而生"。2001年、2010年《著作权法》两次修改及正在酝酿的第三次修改的原因之一就是对新传播技术的回应。[①]《著作权法》如要及时赶上科技的脚步，只有频繁修改，这又会对成文法的稳定性造成不利影响。因此，《著作权法》采取开放式的权利配置方式，即配置"应当由著作权人享有的其他权利"，是完全必要的。外延开放的兜底权利与明确具体的列举权利一起构建了我国的著作权权利体系。

二、《著作权法》权项配置中的兜底条款与著作权的法定性

著作权法定是指从法律制度层面，对著作人身权与财产权的内涵、外延、实现程序等进行具体的规定和描述。[②] 法定主义者认为凡是《著作权法》没有明确配置的权利就是著作权人所不能享有的，"法无明文规定不可有"。法定主义者强调，知识产品公共物品的属性客观上决定了知识产权的主体、客体和权利范围等重要事项的划定需要依据法定主义观念。[③] 因著作权客体不同于物权客体的有形物，不具有物理边界，无法靠感性思维把握，只能通过抽象思维认知。因此，如果著作权范围不明确，社会公众使用知识产品时，可能动辄得咎，无所适从，出

---

① 参见刘春田：《〈著作权法〉第三次修改是国情巨变的要求》，载《知识产权》2012年第5期。

② 参见陈红岩、尹奎杰：《论权利法定化》，载《东北师大学报（哲学社会科学版）》2014年第3期。

③ 参见李扬：《知识产权法定主义及其适用——兼与梁慧星、易继明教授商榷》，载《法学研究》2006年第2期。

现"公共领域成了孤岛,剩下的全是权利的海洋"的现象。① 一些学者认为《著作权法》权项配置中的兜底权利有违著作权法定原则,正是基于上述理由。

事实上,著作权既是源于创造性活动的自然权利,又是国家基于功利原则授予的法定之权。② 综合起来,著作权法定只是一种相对的法定,而非绝对的法定,民事法律中绝对的权利法定性以物权为典型。《物权法》第 5 条规定"物权的种类和内容,由法律规定。"该条款中无"等""其他"外延开放性的词语。这表明,物权的种类与内容只能由全国人民代表大会及其常委会以立法的形式确定。其他法律文件,如行政法规、地方性立法抑或司法解释皆在严禁之列。作为著作权法定相对性的体现,《著作权法》条文中"其他权利"的存在表明了著作权法定是一种开放的法定。四项著作人身权与十二项著作财产权均以定义的方式廓清了其内涵与外延,③每项权利的适用有其特定的范围。"其他权利"外延开放,范围极广,是对十六项权利的有效补充。

其次,"其他权利"也并非"法无明文规定"。法律明文规定不仅指法律的字面规定,还包括通过法律逻辑推演得出的结论。因此,法律明文规定包括两种情形:一是显性规定。二是隐形规定。④ "其他权利"正是《著作权法》条文明确规定的。迄今为止,《著作权法》制定及各修改版本甚至草案中均存在"其他权利"词语。1990 年的《著作权法》第 10 条第 1 款第 5 项"……等方式使用作品的权利"。此处"等"为"等外等",表示列举未尽。通过对"等"的逻辑分析可得出"等"与"其他权利"是同一意思。2001 年《著作权法》修正案第 10 条第 1 款第 17 项"应当由著作权人享有的其他权利","其他权利"被保留在 2010 年《著作权法》修正案第 10 条第 1 款第 17 项。2012 年公布的《著作权法(修改草案)》第一稿第 11 条第 1 款第 14 项"应当由著作权人享有的其他权利";第二稿第 10 条第 1 款第 11 项"应当由著作权人享有的其他权利";送审稿第 13 条第 1 款第 10 项"应当由著作权人享有的其他权利"。

表面看,"其他权利"采取概括性的表述方式,内涵没有具体的含义,外延亦没有确定的指向,不如"署名权"、"复制权"等列举著作权那样内涵清晰、外延具体。倘若就此得出"其他权利"违反法定性的结论,则过于武断。因为,"其他权利"是以其所在法条列举的规定为前提,或抽象或归纳出某权利的基本特征,以

---

① 参见崔国斌:《知识产权法官造法批判》,载《中国法学》2006 年第 1 期。
② 彭学龙:《知识产权:自然权利亦或法定之权》,载《电子知识产权》2007 年第 8 期。
③ 《著作权法》第 10 条:(1) 发表权,即决定作品是否公之于众的权利;……(5) 复制权,即以印刷、复印、拓印、录音、录像、翻录、翻拍等方式将作品制作一份或者多份的权利。
④ 参见陈兴良:《刑法的明确性问题:以〈刑法〉第 225 条第 4 项为例的分析》,载《中国法学》2011 年第 4 期。

最大限度地涵盖具有高度一致性和相当性的侵权行为,故不违背法定原则的实质要求与形式要求。①

三、"应当"的理解

"应当由著作权人享有的其他权利"之"应当",意味着保护列举著作权之外的利益具有正当性与紧迫性。

首先,"应当"意味着保护列举权利之外的利益具有正当性。法的存在价值就在于保护各种正当利益。② 成文法本身的局限性及立法者认知能力的有限,使得列举权利之外必然存在着其他权益,尤以民事法律为甚。为了填补遗漏,《民法总则》第126条规定"民事主体享有法律规定的其他民事权利和利益。"《侵权责任法》第2条规定"本法所称民事权益,包括……等人身、财产权益"。权益是权利与利益的统称。在司法实践中,已出现"悼念权"③、"贞操权"④、"被遗忘权"⑤等新型利益。当然,并非生活中的所有利益都应被法律保护。在众多利益当中,被社会广泛认可的利益具有法律保护的正当性,国家对其有尊重和保障的义务。

其次,"应当"意味着人们对某种利益有着强烈的保护愿望。愿望来源之一在于该种利益在生活中具有极大的经济价值。在"广州网易公司诉广州华多公司侵害著作权及不正当竞争纠纷案"中,原告要求被告赔偿1个亿。"央视国际网络诉上海聚力传媒案"与"新浪诉凤凰网案"共同点都是体育赛事直播节目被盗播。体育赛事组织者通过授权电视台、网站等传播媒体直播、转播或点播体育赛事节目,获得了巨大经济利益。2013—2016赛季,英格兰足球超级联赛本土转播权总额达到30.18亿镑。⑥ 而传播媒体也愿意花费巨资购买体育赛事直播节目的转播许可。"PPTV(聚力网络电视)用2.5亿欧元购买了西班牙甲级足球

---

① 参见刘宪权:《操纵证券、期货市场罪"兜底条款"解释规则的建构与应用——抢帽子交易刑法属性辨正》,载《中外法学》2013年第6期。

② 参见冯晓青:《知识产权法的价值构造:知识产权法利益平衡机制研究》,载《中国法学》2007年第1期。

③ 参见李源、袁楠:《悼念权的权属辨析》,载《人民司法》2011年第8期。

④ 参见赵忠江:《贞操权——一项失"贞"的民事权利和概念》,载《大连海事大学学报(社科版)》2013年第3期。

⑤ 参见吴飞、傅正科:《大数据与"被遗忘权"》,载《浙江大学学报(人文社会科学版)》2015年第2期。

⑥ 参见祝建军:《体育赛事节目的性质及保护方法》,载《知识产权》2015年第11期。

联赛 2015—2020 赛事在中国大陆的全媒体转播权。"①体奥动力公司以 80 亿的价格获得中国足球超级联赛 2016—2020 赛季全媒体版权。② 传播媒体对花费巨资购买的体育赛事直播节目自然"爱护有加",对未经许可盗链、盗播体育赛事直播节目的不当行为"严防死守"。盗链、盗播体育赛事直播节目的行为人明知其行为违法,但在经济利益的引诱下"铤而走险"。保护愿望来源之二就是当盗链、盗播行为出现后,权利人基于何种权利起诉,法官依据何部法律及条款予以裁判并不统一。有权利人主张物权被侵犯的,但被法官驳回;③也有权利人主张著作财产权及被告有不正当竞争行为,法官驳回著作财产权诉求,但认为被告有不正当竞争行为;④也有权利人主张著作财产权中的信息网络传播权,获得了法官支持;⑤也有权利人主张著作财产权中的信息网络传播权,法官以"其他权利"作为依据认定被告侵权。对于权利人而言,最希望通过司法裁判以明确体育赛事直播节目究竟以何法律何条款得以保护,而不是纷繁嘈杂的现状。

"应当"也对法官的自由裁量权提出了挑战。"正当利益只有通过法律确认和保护才能真正为主体所享有。"⑥法定权之外的利益因其表现形式的不确定性与外延的模糊,立法只能对其做原则性规定,确认利益的任务由司法承担。"应当"意味着法官对必须加以保护的利益不能遗漏;对不应当保护的利益不能通过自由裁量权加以保护。"应当"实质上是对法官自由裁量权的约束,法官的自由裁量权不能肆意行使。自由裁量权的恰当与否在很大程度上依赖于法官的职业素质和职业伦理。⑦ 相似案件,不同法官基于《物权法》、《著作权法》、《反不正当竞争法》等做出"五花八门"的判决,表明了法官自由裁量权的行使不容乐观。有学者对法院的自由裁量权表示担忧,反对法官造法。⑧ 但是,法官在个案中行使自由裁量权是其享有的权利,也是法院能够正确裁判个案的必要条件。通过提高行使自由裁量权的水平,法官可以尽可能接近个案正义。"民法以充分创设和

---

① 赵杰宏:《三网融合背景下体育赛事直播的法律保护》,载《青年记者》2017 年第 10 期。
② 参见张玉超:《我国体育赛事新媒体转播权市场开发的回顾与展望》,载《体育科学》2017 年第 4 期。
③ 参见上海市浦东新区人民法院(2012)浦民二(商)初字第 2451 号民事判决书,以及上海市第一中级人民法院(2013)沪一中民五(知)终字第 59 号民事判决书。
④ 参见广东省深圳市福田区人民法院(2015)深福法知民初字第 174 号民事判决书。
⑤ 参见广东省广州市中级人民法院(2010)穗中法民三初字第 196 号民事判决书。
⑥ 孙山:《寻找被遗忘的法益》,载《法律科学(西北政法大学学报)》2011 年第 1 期。
⑦ 参见曾玉珊:《论知识产权侵权损害的法定赔偿》,载《学术研究》2006 年第 12 期。
⑧ 参见崔国斌:《知识产权法官造法批判》,载《中国法学》2006 年第 1 期。

保障私权为己任。"①司法实务中，法官不得不面对无既有权利依据，但又具有正当性的利益予以司法救济的情形。通过类似案件的若干判决，对某利益持续不断保护，昭示其正当性，进而形成社会共识，从而在《著作权法》修改时，将该利益以有名权利的配置方式单列出来。

四、列举著作权与"其他权利"的适用顺序

尽管在《著作权法》中规定了"其他权利"，法官在个案可以予以适用，但这并不意味着法官在个案中可以绕过列举著作权径直适用"其他权利"。作为既没有定义，也没有界定内涵与外延的"其他权利"，法官如欲适用，必须在个案中无法适用列举著作权或适用列举著作权时产生规则冲突时，方可适用。亦即"其他权利"在司法个案的适用，是有前提的适用。

就"新浪诉凤凰网案"与"央视国际网络诉上海聚力传媒案"而言，法官选择"其他权利"是无法适用列举著作权的"无奈之举"，这符合了"其他权利"的适用前提：穷尽列举权项仍无法适用。两个案件的共同点在于，欲用"其他权利"规制"网络定时转播"的盗播行为。以"新浪诉凤凰网案"为例，该案属于体育赛事直播节目盗播案，被告凤凰网未征得原告新浪公司许可的情形下，私自截取原告的中国足球超级联赛直播节目并予以转播。这是侵犯著作财产权的行为，与著作人身权无关。《著作权法》第10条第1款第1项到第4项赋予的是著作权人的著作人身权。著作人身权是基于作品以人身利益为内容的权利，反映了作者与作品之间的不可分割的"血缘"关系。② 新浪公司通过支付费用获得体育赛事直播节目的转播许可是一种商业行为，与体育赛事不具有"血缘"关系，其不能基于发表权、署名权、修改权、保护作品完整权等著作人身权请求法律保护，只能基于财产权起诉。新浪公司在起诉时主张的"独占播放权"也可佐证著作人身权与本案毫无关联。

《著作权法》第10条中的"复制权、发行权、出租权、展览权、表演权、放映权、摄制权、改编权、翻译权、汇编权"等十项著作财产权明显不适用"新浪诉凤凰网案"。其中，复制权、发行权、出租权共同点是对有形作品的复制使用。而新浪公司的体育赛事直播节目属于数字化信息，不具有任何形状，这三项权利明显不适宜；翻译权、改编权、摄制权、汇编权共同点是对发表的作品再创作以形成新的作

---

① 刘凯湘：《论民法的性质与理念》，载《法学论坛》2000年第1期。
② 参见余秀宝：《论著作人身权与作者的分离》，载《上海政法学院学报（法治论丛）》2012年第5期。

品。"新浪诉凤凰网案"是行为人未经权利人许可盗播体育赛事直播节目而引发的法律纠纷。盗播不属于创作行为,这四项权利可以排除;表演权、放映权、展览权共同点是通过不同类型的传播方式将作品内容提供给民众。但是表演权、放映权、展览权三种权利的实现方式要求民众必须在现场。而通过观看体育赛事直播节目的观众不在比赛现场,现场与观众处于不同的地域。因此表演权、放映权、展览权亦可排除。

另外,广播权与信息网络传播权也无法规制"网络定时转播"的体育赛事直播节目的盗播行为。从《著作权法》中的广播权定义可以看出,广播权只保护通过电视直播的体育赛事节目,不保护通过互联网直播的体育赛事节目。广播权规制的是三类传播行为:一是电视台或电台通过无线电波发送信号,观众或听众通过电视机或收音机接收信号并播放画面或声音;二是电视台或电台通过有线的方式向电视机或广播喇叭发送信号;三是电视台或电视通过大屏幕显示器或扩音器向不特定的观众或听众播放信号。很明显,新浪公司通过网络直播体育赛事节目既不属于广播也不属于电视直播。网络直播体育赛事节目的非交互性特点令其无法适用信息网络传播权。信息网络传播权作为网络环境下的一项重要权利,其具有三个特征:一是网络性,信息的传播必须通过互联网;二是公开性,信息公开范围可大可小,但必须面对不特定公众,点对点的信息传送被排除在外;三是交互性,公众可通过互联网按照个人意愿获取信息,而不是被动接受。网络直播的体育赛事节目是典型的非交互性传播方式。体育比赛进程也不会因观众暂停观看或结束观看而暂停或结束,观众只能被动地适应比赛进程。交互式传播方式中最重要特质——时间的自主性在网络直播体育赛事节目中无从体现。所以,《著作权法》第10条第1款第1项到第16项都无法规制"网络定时转播"的体育赛事节目的盗播行为。但体育赛事直播节目蕴含着商业利益,容易被盗播,需要司法对其保护。个案中,法官只能在穷尽列举著作权后适用"其他权利"。

五、"其他权利"适用中权利的类型化

"其他权利"是权利的集合体,非单一权利。《著作权法》中是以作品使用方式区分著作权权项的,有多少种作品使用方式就可能产生多少种权利。理论上,使用作品的方式是无穷尽的,那么权利数量也是无穷尽的,[①]远非通过列举所能囊括。所以,"其他权利"是列举著作权之外的可由著作权人享有的无穷尽权利

---

① 刘春田:《知识产权法(第3版)》,高等教育出版社2007年版,第65页。

的集合体,而非一项单一的权利。因此,权利人认为其享有的列举著作权之外的人身权或财产权被侵犯,欲通过诉讼的方式维权时,必须对侵权人的侵权行为予以法律定性并以恰当的诉讼理由起诉,"不得违背诉的确定性、单一性特点"[①]。

作为权利的集合体的"其他权利",因不具有确定性、单一性,不能作为诉讼理由。因此,在"新浪诉凤凰网案"中,新浪公司认为凤凰网侵犯了其拥有的中超联赛直播节目的"独占传播权"。新浪公司明知网络直播的体育赛事节目的盗播行为不属于列举著作权规制的对象,试图创立一个新的权利名称——"独占传播权"。新浪公司意识到"其他权利"作为权利的集合,无法在起诉书中作为具体的诉讼理由,故以"独占传播权"作为被侵犯的权利提起诉讼。而法官在判决书中认为原被告争议的网络直播的体育赛事节目应受我国《著作权法》的保护,但不属于列举著作财产权范畴,应属于"其他权利"。这表明,法官认为"其他权利"是一项单一的权利,是与列举著作权并列的第十七项权利。实际上,著作权人享有的"其他权利",不仅是对著作财产权的延伸,也是对著作人身权的拓展。如按法官观点"其他权利"属于著作财产权,那么著作人身权的兜底条款在哪里?一项确定的、单一的权利不可能既属于著作财产权又属于著作人身权,否则在逻辑上是矛盾的。若如法官所言,将作为集合体的"其他权利"作为案件裁判依据,那么权利人是否能以"其他权利"被侵犯为名起诉?抑或权利人直接以"著作权"被侵犯为名起诉,不再具体为复制权、广播权等权项?如此做法,无论从法理上还是实务上都明显不可行。所以在适用中,法官必须将作为权利集合体的"其他权利"通过类型化予以细分,不能笼统地以原告"其他权利"被侵犯作为裁判的依据。

法官通过类型化对"其他权利"予以细分时,必须对单一权利予以命名并加以定义。在个案中,法官如依据"其他权利"进行裁判,其适用的不是"其他权利"本身,而是"其他权利"所包含的某个单一的权利。此单一权利为"其他权利"的下位权利,法院必须对该单一权利设定一个名称,如"新浪诉凤凰网案"中原告所主张的"独占播放权"或可能主张的"远程播放权"、"网络直播权"等都是一项单一权利。假设法官支持了原告的"独占播放权"主张,或以"远程播放权"、"网络直播权"等变通方式支持原告主张,则法官不能仅在判决书中创立一个权利名称,还要对该权利予以定义,以厘清其内涵与外延。

之所以要求法官对单一权利予以定义,是因为列举著作权均以定义的方式确定行为模式,明确其内涵与外延。例如《著作权法》第10条第1款第1项至第16项以定义的方式列举了十六项权利人享有的人身权与财产权。"其他权利"

---

① 祝建军:《知识产权案件请求权基础理论研究》,载《电子知识产权》2005年第11期。

中某一权利只有定义后才符合著作权的逻辑体系。在定义的方式上,法官不能"随心所欲"。法官必须采取列举著作权(尤其是著作财产权)"技术主义"的定义方式。尽管此种依据传播路径创设权利的立法思路必因技术的飞速发展而疲于奔命。[①] 但在《著作权法》第三次修改尚未完成的背景下,为了保持与列举著作权的一致性及著作权体系的完整性,法官必须根据传播路径对单一权利进行定义。

六、"其他权利"适用中侵权要件的论证

从目前的判例来看,法官对"其他权利"的适用,大多是解决网络环境下传播行为立法不足的问题。法官基本采取了"因为该种行为不能由著作权法所明确列举的著作财产权所调整,所以应当适用兜底权利进行调整"[②]的思路,但对如何适用兜底权利语焉不详。法官在判决书中论证侵犯"其他权利"的要件方式难以令人信服。"在判决书中妥当且有说服力的判决理由对纠纷的解决至关重要。"[③]在个案中,法官如欲适用"其他权利",必须详细论证侵权行为的构成要件。

以一般侵权行为还是特殊侵权行为适用"其他权利",要就个案进行具体分析。行为人的行为只有符合侵权要件才承担相应的民事责任。《著作权法》第47条和第48条以列举的方式规定了侵犯著作权的行为及法律责任。两个条文的区别在于第47条仅规定了民事责任,第48条列举的行为因涉及对公共利益的损害,除民事责任外还承担行政责任和刑事责任。但两条文均未以明确的措辞界定行为人侵犯著作权的要件。民事侵权领域的基本法《侵权责任法》从侵权责任角度将侵权行为分为一般侵权行为与特殊侵权行为。因"其他权利"是诸多权利的集合体,具体到对某项权利的侵犯,既可能是一般侵权行为,也可能是特殊侵权行为。所以,法官适用"其他权利"的案件是一般侵权行为还是特殊侵权行为,需要就个案进行具体分析。

无论是一般侵权行为还是特殊侵权行为,违法行为、损害事实、因果关系必不可少。"违法行为是指行为人违反了法律规范的禁止性规定所实施的侵害他

---

① 参见焦和平:《论我国〈著作权法〉上"信息网络传播权"的完善——以"非交互式"网络传播行为侵权认定为视角》,载《法律科学》2009年第6期。
② 参见熊琦:《著作权法定与自由的悖论调和》,载《政法论坛》2017年第3期。
③ 施付阳:《民事诉讼理由与裁判理由的冲突级模式选择》,载《法律适用》2009年第8期。

人民事权利和利益的作为与不作为。"①在"新浪诉凤凰网"案中,原告认为被告擅自将正在直播的中超比赛的电视信号通过信息网络同步向公众进行转播是违法行为。如果原告主张此行为属于侵犯"其他权利"的行为,在行为方式上必须与第47条和第48条列举的行为不尽相同,如果相同,则应纳入列举的著作财产权中,不能适用"其他权利"。实际上,被告盗播体育赛事直播节目的行为确实不属于第47条与第48条中的任一行为。损害事实是指一定的行为造成人身或财产上的不利益。② 在"新浪诉凤凰网"案中,原告认为被告分流了用户关注度和网站流量,因此,被告攫取了新浪公司的经济利益。用户关注度和网站流量何以成为一种经济利益?在体育赛事直播节目中,吸引观众的关注度与黏性,可以增加对体育赛事直播网站的访问量。这种访问量可以使得体育赛事直播网站的广告投放量增加,间接带来经济利益的增加。而凤凰网的盗播行为使部分观众不访问新浪网即可观看赛事,新浪网的访问量减少了,间接导致经济利益减少。所以,新浪公司认为凤凰网给其造成1000万的经济损失。因果关系是指违法行为和损害事实之间所存在的前因后果的必然联系。③ 凤凰网使用自己的域名与服务器盗链体育赛事在网络上传播,这一行为直接导致体育赛事直播节目脱离了权利人的控制在网络上无序传播。凤凰网的行为为直接侵权。

归责原则是民事侵权行为法及其理论的核心。④ 根据我国民事立法与基本理论,归责原则有过错原则、无过错原则、公平原则。⑤《著作权法》没有规定侵权归责的一般原则,不同侵权行为具有不同的归责原则。《著作权法》第47条和第48条的不法行为中的归责原则可分为两类:一是过错原则,即有"故意"的表述。如第48条第6款规定,未经权利人许可,故意避开或破坏权利人采取的技术措施的。二是无过错原则,即未经权利人许可而实施的某些行为,此规定没有赋予行为人证明自己没有过错进而免责的权利。如第48条第5款规定,未经许可,播放或者复制广播、电视的。所以《著作权法》第47条和第48条的归责原则既有过错原则也有无过错原则。那么《著作权法》第47条第11项规定的"其他侵犯著作权以及与著作权有关的权益的行为"该采取过错原则还是无过错原则?归纳第47条与第48条中的侵权行为,可以发现与体育赛事直播节目最为接近的第48条第1款、第4款、第5款均采取了"无过错原则"。从48条第1款、第4

---

① 丛立先:《网络版权侵权行为构成要件探论》,载《法学评论》2007年第5期。
② 王卫国主编:《民法》第2版,中国政法大学出版社2011年版。
③ 杨立新:《论竞合侵权行为》,载《清华法学》2013年第1期。
④ 参见李明发:《侵权民事责任归责原则若干问题的探讨》,载《安徽大学学报(哲学社会科学版)》1990年2期。
⑤ 参见王成:《侵权法归责原则的理念与配置》,载《政治与法律》2009年第1期。

款、第 5 款可以推定出法官适用"其他权利"裁判体育赛事直播节目案件时适用"无过错原则"比"过错原则"更接近立法本意。

结　语

从目前适用"其他权利"的案件来看,法官对"其他权利"的理解与把握还不够成熟,司法实务中衡量的尺度不尽统一。随着经济社会的发展,特别是科技的发展,现有《著作权法》中列举的著作权权项的局限性将会不断呈现。这一方面给了"其他权利""大显身手"的机会;另一方面,"其他权利"适用越多,对《著作权法》的著作权体系冲击越大,越显得现有《著作权法》的境地尴尬。我国正在酝酿《著作权法》的第三次修改,立法者应审时度势,通过条文的修改,对著作权权项的重新配置,合理有效地减少"其他权利"在司法实务中的适用。

Understanding and Application of "Other Rights" in the Copyright Law

Zhao Jiehong

Abstract: With the limitations of statute law, the detailed copyrights listed in the Copyright Law are no longer fit for the rapid development of the economy and society, and "other rights that should be enjoyed by copyright owners" come into being. The numerus clausus of copyright is only relatively statutory, and the extension of the "other rights" does not violate this principle. Although judges have the discretion to apply "other rights" in cases, they must not apply "other rights" until they have exhausted the enumeration of copyright. The "other rights" can only be applied when the enumeration of copyright cannot be applied or there is a conflict of rules in application. The "should" in "other rights that should be enjoyed by copyright owners" means that people have a strong desire to protect certain interests, and that infringement has occurred, showing the urgency of protection. "Should" also means that judges must not omit the benefits that should be protected, and must not protect the interests that should not be protected. Since "other rights" are a collection of rights, not a single right, the judge cannot make judgment in the case that the "other rights" are violated, but the "other rights" should be categorized, named, and defined. In analyzing and applying "other rights", it is necessary to strictly apply the infringement requirements. On the principle of attribution, the "no-fault principle" is closer to the legislative intent than the "fault principle".

Keywords: Copyright; Other Rights; Numerus Clausus of Copyright; Application of Law

（责任编辑：吕炳斌）

商标诉讼消费者调查证据的比较法研究

湛 茜*

[摘 要] 在商标诉讼中,消费者调查证据常用以认定相关消费者对于特定商标或产品的态度和观念。近年来,国内外法院逐渐开始采纳当事人提交的消费者调查结果作为商标诉讼的证据之一。尽管消费者调查证据在各国商标诉讼中普遍得到认可,但其具体适用仍存在很多争议,核心问题主要围绕消费者调查证据的法律性质界定、可采性分析、证明力认定以及合理开展消费者调查的具体程序标准。从比较法角度考察具有代表性的国家如美国、英国和澳大利亚商标诉讼中消费者调查证据适用的相关立法和司法实践,旨在为我国法院在商标诉讼中适用消费者调查证据提供借鉴和参考,以及帮助诉讼当事人判断提交消费者调查证据的价值和意义并制定合理诉讼策略。

[关键词] 消费者调查报告;商标诉讼;证据;比较法研究

消费者调查是指诉讼当事人为实现证明目的,委托市场调查机构通过科学手段向相关群体征集能反映消费者主观认知心理状态的一种社会调查方式。消费者调查作为搜集数据的科学方法相对于其他方式具有明显的优势。① 由于消费者调查能够以科学方法搜集信息并能借此推断多数人群的主观态度和观念,与其他证据相比,消费者调查证据更直接、客观、高效和具有代表性。自20世纪50年代起,消费者调查逐渐成为商标诉讼中非常重要且具有创新意义的证据形式之一。商标诉讼的特点在于关键事实的认定总是围绕消费者的主观认知。② 绝大多数商标诉讼中,诉讼当事人负有举证责任证明争议商标之间存在商标混淆之虞,争议商标具备相应的知名度,或者消费者是否将争议标记视为来源指示

---

* 华东师范大学法学院副教授,法学博士,研究方向:知识产权法。
① Federal Judicial Center (eds.) *Reference Manual on Scientific Evidence*, 2nd ed., 2000, pp. 359 – 362.
② Shari Seidman Diamond and David J. Franklyn, *Trademark Surveys: An Undulating Path*, 92 Tex. L. Rev. 2029, 2039 (2013 – 2014).

标记。商标诉讼的关键问题在于证明相关消费公众对于特定商标或产品的观念和态度,由于消费者调查证据常被用以搜集此类信息和数据,其在商标诉讼中具有重要价值。①

对于法院而言,商标诉讼中消费者调查证据的重要价值在于其能够以科学的方式评估相关消费公众对于特定商标或产品的看法。② 消费者调查作为搜集信息的科学手段,其能够确保商标案件的审理基于事实本身,而非法官个人对于特定标记的主观认知。法官对于特定标记的主观认知通常源于印象或者个人偏见,一项合理设计的消费者调查能够有效纠正法官的错误认识。信息优于直觉。消费者调查的科学性使得其较于法官的主观判断,更具可信赖性。③ 对于商标诉讼当事人而言,采用消费者调查方式搜集消费公众的主观认知可以有效替代召集大量证人出庭作证,或者提供实际混淆证据。一项合理开展的消费者调查能够提供其他证据形式无法获取的有关消费者主观认知的有效证据。④ 如果案件争议必须依赖消费公众的主观态度来判断,提供消费者调查证据则是当事人自然且合理的选择。部分案件中由于其他证据形式的匮乏,消费者调查证据可能是证明消费公众主观认知的唯一方式。⑤

近年来,国内外法院逐渐开始采纳当事人提交的消费者调查结果作为商标诉讼证据。尽管消费者调查证据在各国商标诉讼中普遍得到认可,但其具体适用仍存在很多争议,核心问题主要围绕消费者调查证据的法律性质界定、可采性、证明力认定以及合理开展消费者调查的程序标准等。本文旨在从比较法角度考查具有代表性的国家诸如美国、英国和澳大利亚商标诉讼中消费者调查证据适用的相关立法和司法实践,以期为我国法院在商标诉讼中适用消费者调查证据提供借鉴和参考,以及帮助商标诉讼当事人判断提交消费者调查证据的价值和意义并制定相应合理的诉讼策略。

---

① Robert C. Bird, *Streamlining Consumer Survey Analysis: An Examination of the Concept of Universe in Consumer Surveys Offered in Intellectual Property Litigation*, 88 Trademark Rep. 269, 270 (1998).

② Michael Rappeport, *Litigation Surveys—Social "Science" as Evidence*, 92 Trademark Rep. 957, 959(2002).

③ Diamond and Franklyn, p. 2029.

④ Diamond and Franklyn, p. 2063.

⑤ Hans Zeisel, *Uniqueness of Survey Evidence*, 45 Cornell L. Rev. 322, 323 (1960).

一、美国消费者调查证据适用

(一) 美国消费者调查证据司法实践

美国法院很早开始讨论消费者调查证据的适用。1930年学者Handler和Pickett提出——"商标案件需要准确测试消费者反应,而非凭借法官的主观直觉;采用市场分析手段来判断两个商标是否存在冲突,能使法院审理结果更具确定性和预见性;消费者是否被误导更应该在市场中进行判断,而非在法庭上"。① 1948年Triangle Publications案中Frank法官也曾在异议观点中强调——"一位认真负责的法官,不应依赖其自身对于消费者反应的主观判断,而应接受一些更加准确的事实信息;审理该案件的法官均不是少女,也并非少女的妈妈或姐妹,除非其能够从少女或其经常为其购买衣服的女性亲属上直接获取相关信息,否则法官自身很难对该争议做出判断。因此原告本可以采用消费者调查方式来证实大多数女孩在看到原告杂志和被告广告时,是否能够在二者之间建立一定的联系"。②

1. 从排斥到接受阶段

早期案件中美国法院并不赞成消费者调查作为证据适用,多数案件由法官自己决定案件根本问题,当事人只能提交证人证言。③ 美国法院一直认为消费调查属于传闻证据并因此拒绝采纳。④ 消费者调查在商标诉讼中作为证据适用,仅是非常例外的情况。⑤ 仅在极少数案件中法官才会采纳消费者调查证据,

---

① Handler & Pickett, *Trademarks and Trade Names*, 30 Colum. L. Rev. 759 (1930).

② Triangle Publications, Inc. v. Rohrlich, 167 F.2d 969, 77 U. S. P. Q. 196, 77 U. S. P. Q. 294 (2d Cir. 1948).

③ Evans & Gunn, *Trademark Survey Evidence*, 20 Tex. Tech L. Rev. 1 (1989).

④ See, eg, Coca-Cola Co. v. Victor Syrup Corp., 218 F2d 596, 104 USPQ 275 (CCPA 1954); Landstrom v. Thorpe, 189 F2d 46, 89 USPQ 291 (CA 8 1951); Procter & Gamble Co. v. Sweets Laboratories Inc., 137 F2d 365, 58 USPQ 611 (CCPA 1943); Elgin National Watch Co. v. Elgin Clock Co., 26 F2d 376 (D Del 1928); Ex parte Procter & Gamble Co., 96 USPQ 272 (Exam Ch 1953); S.C. Johnson & Son, Inc. v. Gold Seal Co., 90 USPQ 373 (Comr 1951); Radam v. Capital Microbe Destroyer Co., 81 Tex 122, 16 SW 990 (1891). Elgin Nat'l Watch Co. v. Elgin Clock Co., 26 F.2d 376 (D. Del. 1928).

⑤ Reginald E. Caughey, *The Use of Public Polls, Surveys and Sampling as Evidence in Litigation, and Particularly Trademark and Unfair Competition Cases*, 44 Cal. L. Rev. 539, 541 (1956).

例如1934年DuPont案和1963年American Foods案。① 20世纪50年代期间随着民意调查在政治学和心理学领域的不断认可，美国法院逐渐形成统一观点——有关调查人群主观心理状态的证据不应作为传闻证据被排除。② 1951年Bireley案中美国法院明确——"对于消费者调查主张适用传闻证据排除规则的观点是站不住脚的；受访者所做陈述并非用于证明其言论的真实性，而是作为一种事实，用来说明普通消费者在看到一瓶橙汁的反应；仅当案件涉及受访者言论的可信性时，受访者才需要接受法庭的交叉质询"。③ 消费者调查不应被视为传闻证据的理由在于——调查并非旨在证明受访者所言的真实性，而仅旨在证明受访者的主观心理状态。

美国法院还曾困惑于消费者调查不能像其他证据一样在法庭上接受交叉质询。④ 1957年American Luggage案中法院认为——"受访者不能参加交叉质询，就无法对其诚实、表述能力、感知和记忆做出判断，因此无从得知受访者是否会受到引导性问题、具体询问环境、调查人员性格特点的影响；但是如果特定案件中所有上述风险都可以降到最低，例如受访者的回答在总体上能够作为衡量

---

① DuPont Cellophane Co., Inc. v. Waxed Products Co., Inc., 6 F Supp 859, 22 USPQ 145 (EDNY 1934); American Foods, Inc. v. Golden Flake, Inc., 312 F2d 619, 136 USPQ 286 (CA 5 1963).

② See, eg, International Milling Co. v. Robin Hood Popcorn Co., 110 U.S.P.Q. 368 (Comm'r Pat. 1956); Sears, Roebuck & Co. v. All States Life Ins. Co., 246 F.2d 161, 114 U.S.P.Q. 19 (5th Cir. 1957); American Luggage Works, Inc. v. United States Trunk Co., 158 F. Supp. 50, 116 U. S. P. Q. 188 (D. Mass. 1957); Standard Oil Co. v. Standard Oil Co., 252 F.2d 65, 116 U. S. P. Q. 176, 76 A. L. R.2d 600 (10th Cir. 1958); Great Atlantic & Pacific Tea Co. v. A. & P. Trucking Corp., 51 N.J. Super. 412, 144 A.2d 172, 118 U. S. P. Q. 560 (1958); Prudential Ins. Co. v. Prudential Life & Casualty Ins. Co., 377 P.2d 556, 134 U. S. P. Q. 417 (Okla. 1962); Zippo Mfg. Co. v. Rogers Imports, Inc., 216 F. Supp. 670, 137 U. S. P. Q. 413 (S. D. N. Y. 1963); Wembley, Inc. v. Diplomat Tie Co., 216 F. Supp. 565, 137 U. S. P. Q. 107 (D. Md. 1963); Stix Products, Inc. v. United Merchants & Mfrs., Inc., 295 F. Supp. 479, 160 U. S. P. Q. 777 (S. D. N. Y. 1968); Shulton, Inc. v. Mennen Co., 170 U. S. P. Q. 54, 56 (T. T. A. B. 1971); Ralston Purina Co. v. Quaker Oats Co., 169 U. S. P. Q. 508 (T. T. A. B. 1971); La Maur, Inc. v. Alberto-Culve Co., 179 U. S. P. Q. 607 (D. Minn. 1973), aff'd, 496 F.2d 618, 182 U. S. P. Q. 10 (8th Cir. 1974), cert. denied, 419 U. S. 902, 42 L. Ed. 2d 148, 95 S. Ct. 186, 183 U. S. P. Q. 386 (1974); Grotrian, Helfferich, Schulz, Th. Steinweg Nachf. v. Steinway & Sons, 523 F.2d 1331, 186 U. S. P. Q. 436 (2d Cir. 1975).

③ United States v. 88 Cases, Bireley's Orange Beverage, 187 F.2d 967 (3d Cir. 1951).

④ Sears, Roebuck & Co. v. All States Life Ins. Co., 246 F.2d 161, 114 U. S. P. Q. 19 (5th Cir. 1957).

其主观心理状态的可靠指标,缺乏交叉质询并不会导致对任何一方当事人的不利影响,且获取其他证据的方式不可行或难以负担,则调查证据可予以采纳"。①学者 McCarthy 同样认为——如果消费者调查采取科学合理的方式进行,即便受访者不能参与交叉质询也不应减损调查结果的证明力;调查负责人参加庭审,法院可以通过交叉质询的方式了解调查相关信息;鉴于消费者调查是判断消费者反应的唯一方式,使用消费者调查证据的必要性远胜于交叉质询的缺失。②

2. 司法期待上升阶段

随着消费者调查证据的适用越来越普遍,美国法院逐渐开始期待当事人提交调查结果,用以辅助法院判断消费者的心理状态。③ 例如 1983 年 Zatarains 案中美国法院表明——"调查证据在商标案件中至关重要(critically important);我们非常欢迎调查证据的适用,只要该调查与法律争议相关、采用开放式问卷设计,且调查过程中立公正"。④ 目前美国法院在各种类型商标案件中均认可消费者调查证据的适用,合理设计的消费者调查在商标案件审理中常被赋予支配性证明力。首先,美国法院认为消费者调查是证明商标侵权必不可少的(virtually indispensable)证据形式。⑤ 例如 Star Industries 案中法院认为商标混淆案件中被告提交了证明不存在混淆的调查证据,如果原告不能采用调查证据方式予以回应,则判决将不利于原告。⑥ 此外,消费者调查证据是证明商标第二含义或者通用名称最直接且最有说服力的(the most direct and

---

① American Luggage Works, Inc. v. United States Trunk Co., 158 F. Supp. 50, 116 U.S.P.Q. 188 (D. Mass. 1957).

② McCarthy, *McCarthy on Trademarks and Unfair Competition*, Clark Boardman Callaghan, 2004, §32:167.

③ McCarthy, §32:195.

④ Zatarains, Inc. v. Oak Grove Smokehouse, Inc., 698 F.2d 786, n.4, 217 U.S.P.Q. 988, 996 n.4 (5th Cir. 1983).

⑤ See, eg, Checkpoint Sys., Inc. v. Check Point Software Techs., Inc., 269 F.3d 270, 283 n.10 (3d Cir. 2001); Vision Sports, Inc. v. Melville Corp., 888 F.2d 609, 615 (9th Cir. 1989); McNeil Nutritionals, L.L.C. v. Heartland Sweeteners L. L. C., 566 F. Supp. 2d 378, 392 (E. D. Pa. 2008). Universal City Studios, Inc. v. Nintendo Co., 746 F.2d 112, 223 U. S. P. Q. 1000 (2d Cir. 1984); Columbia University v. Columbia/HCA Healthcare Corp., 964 F. Supp. 733, 43 U. S. P. Q.2d 1083 (S. D. N. Y. 1997); Merriam-Webster, Inc. v. Random House, 35 F.3d 65, 32 U. S. P. Q.2d 1010 (2d Cir. 1994); Braun, Inc. v. Dynamics Corp. of America, 975 F.2d 815, 24 U. S. P. Q. 2d 1121, 1132 (Fed. Cir. 1992); Atlantic Richfield Co., 43 U. S. P. Q. 2d 1574, 1580, 1997 WL 607488 (S. D. N. Y. 1997).

⑥ Star Industries, Inc. v. Bacardi & Co. Ltd., 412 F.3d 373, 75 U. S. P. Q. 2d 1098 (2d Cir. 2005).

persuasive evidence)证据。① 例如 Yankee Candle 案中法院认为"尽管调查证据并非证明商标第二含义的必需方式,但却是非常有价值的手段"。有些情况下,如果当事人不能提供消费者调查证据,甚至有可能导致其处于不利地位。② 总体而言,美国法院曾在大量商标案件中依赖消费者证据做出判决;除非存在其他强而有力的证据,消费者调查是填补空白的重要证据。③

(二)美国消费者调查证据相关立法

1.《复杂诉讼指南》

美国联邦司法中心 1960 年制定的《审理旷日持久案件推荐程序指南》最早对消费者调查证据做出规定。④ 该指南 1969 年被《复杂诉讼指南》所替代。⑤ 消费者调查是通过数据统计手段观察大众中相对少部分或样本特点来评估某事件中的人群或公众的特点、交易、态度或意见。消费者调查被分为两类:第一类调查旨在搜集有关公众信息,这些信息的真实性须予以证实;第二类调查旨在衡量公众意见、态度和行为,其并不确认某项客观事实的真实性,而仅提供有关公众认知的证据。⑥ 该指南肯定了采用调查手段可以节约大量时间和成本,有些案件中调查甚至是搜集和展示相关数据唯一可行手段。提交调查证据的当事人有义务证明调查遵循普遍认可的调查研究原则。《复杂诉讼指南》列举了七项考量

---

① Co-Rect Prods. Inc. v. Marvy! Adver. Photography, Inc., 780 F.2d 1324, 1333 n.9 (8th Cir. 1985).In re Certain Vacuum Bottles & Components Thereof, 219 U. S. P. Q. 637, 1982 WL 54201;Brown v. Quiniou, 744 F. Supp. 463, 16 U. S. P. Q. 2d 1161 (S. D. N. Y. 1990)

② Union Carbide Corp v. Every-Ready Inc., 531 F.2d 366, 387 - 88 (7th Cir. 1976)

③ Consolidated Freightways, Inc. v. Central Transport, Inc., 201 U. S. P. Q. 524 (E. D. Mich. 1978); RJR Foods, Inc. v. White Rock Corp., 201 U. S. P. Q. 578 (S. D. N. Y. 1978), aff'd, 603 F.2d 1058, 203 U. S. P. Q. 401 (2d Cir. 1979); Scotch Whiskey Ass'n v. Consolidated Distilled Products, Inc., 210 U. S. P. Q. 639 (N.D. Ill. 1981); U-Haul International, Inc. v. Jartran, Inc., 522 F. Supp. 1238, 212 U. S. P. Q. 49 (D. Ariz. 1981), aff'd, 681 F.2d 1159, 216 U.S.P.Q. 1077 (9th Cir. 1982); National Football League Properties, Inc. v. Wichita Falls Sportswear, Inc., 532 F. Supp. 651, 215 U. S. P. Q. 175 (W.D. Wash. 1982).

④ Judicial Conference of the United States, *Handbook of Recommended Procedures for the Trial of Protracted Cases: Report of the Judicial Conference Group on Procedure in Protracted Litigation*, 25 F. R. D. 351.

⑤ Judicial Conference of the United States, *Manual for Complex Litigation*, at http://www.fjc.gov/public/pdf.nsf/lookup/MCL40000.pdf/ $ file/MCL40000.pdf(Last visited on 2018 - 10 - 10).

⑥ See § 11.493 of Manual for Complex Litigation (4th edition).

因素:(1) 选取并界定合适的调查人群;(2) 选取的样本能够代表该人群;(3) 精确报告搜集的数据;(4) 采用公认的统计原则分析数据;(5) 问卷问题应清晰准确,不具引导性;(6) 由具有资质的调查人员进行调查,并遵循合理的调查程序;(7) 调查程序应确保客观性。上述前四项要素与调查证据的可采性(admissibility)相关,后三项要素则与调查证据的有效性(validity)相关。值得注意的是,即使美国法院认为当事人提交的调查方式存在错误,仍可以采纳该证据,只是该证据的证明力会有争议。提交调查证据的当事人需要考虑在调查工作完成之前向对方当事人公开调查方式(例如调查询问的具体问题、给予调查人员的指导、调查阶段使用的其他控制手段)。对方当事人可以立即提出反对意见,使得当事人能够在完成调查之前改正相应的措施。双方当事人专家的会面协商便于迅速解决影响调查证据可采性的问题。

2.《商标审查程序指南》

美国专利商标局制定的《商标审查程序指南》[①]也强调调查证据、市场研究和消费者反应研究在商标案件中与确立商标第二含义密切相关。[②] 为证明第二含义的存在,调查必须证明消费公众已将争议商标视为产品或服务的来源指示标记。申请人必须证明调查证据程序和统计的准确性,并审慎设计调查问卷。有关消费者调查过程,参与调查的受访者数量,以及调查地理范围等信息,均有助于判断消费者调查的证明力。如果调查结果显示相当一部分消费者公众能够将争议商标与唯一来源联系起来,则足以证明商标第二含义的存在。[③] 如果存在其他证据,消费者调查并非强制提交的证据。如果当事人未能提交消费者调查证据,美国专利商标局并不会做出不利于当事人的推断。[④]

二、英国消费者调查证据适用

(一) 英国消费者调查证据司法实践

尽管消费者调查证据对于商标案件审理可能存在潜在价值,英国法院对其

---

① United States Patent and Trademark Office, *Trademark Manual of Examining Procedure*, at https://www.uspto.gov/trademark/guides-and-manuals/tmep-archives (Last visited on 2018 - 10 - 10).

② See TMEP § 1212.06 (d).

③ See TMEP § 1212.06 (d).

④ Hilson Research, Inc. v. Society for Human Resources Management, 27 U.S.P.Q. 2d 1423, 1435 - 36 (T.T.A.B. 1993); McDonald's Corp. v. McClain, 37 U.S.P.Q. 2d 1274 (T.T.A.B. 1995).

态度非常谨慎。① 商标诉讼当事人采用消费者调查证据需要事先征得英国法院许可。② 消费者调查证据在多数商标案件中的实际价值仅在于搜集潜在证人，即法院通过对当事人的预调查确定证人范围，证人出席庭审就公众如何看待特定标记给出自己的观点。③ Neutrogena 案中 Jacob 法官指出——"单纯的调查问卷鲜有裨益，问卷设计和记录答复不可避免会存在很多问题；法官需要全面了解如何搜集证据，如果当事人不能在交叉质询中对调查证据进行质证，则很难确定受访者的主观态度；因此在一些调查证据具有证明力的案件中，法院会要求部分受访者参与交叉质询"。④

英国法院将消费者调查分为两个阶段：第一阶段为消费者调查的执行阶段，涉及调查问卷和调查公众；第二阶段为调查结果的收集和处理；第三方对调查结果的解释评估被法院视为专家证据。⑤ 尽管消费者调查证据本身并非专家证据，由于调查本身操作、调查结果分析通常离不开专家的参与，英国法院将消费者调查证据与专家证据同等对待。⑥ 无论采取上述何种程序，专家证据抑或证人搜集调查，英国法院对于调查证据的态度都很谨慎。总体而言，英国法院在商标诉讼中采用消费者调查证据主要经历了三个历史阶段。

1. 无法可依阶段

英国第一例涉及消费者调查证据的案例是 1972 年的 General Electric 案。⑦ 该案中消费者调查证据被当事人通过受访者证人证言和专家证人的方式提交，初审法院并未提及传闻证据规则。上诉法院却批评初审法院给予消费者调查过多的证明力，法官认为——"如果争议产品是普通公众日常消费产品，则消费者是否可能产生商标混淆就是一个陪审团问题；法官解决该问题的方法应当和陪审团一致，法官本身就是该类产品的潜在消费者"。反之，1983 年 Lego 案中 Falconer 法官则认为"证明公众对特定问题主观心理状态的证据是公认的传闻证据排除规则例外；证明客观事实例如公众观点的证据，并非传闻证据；因

---

① Du Pont Trade Mark，[2004] F.S.R.15.
② Kate Swaine，Alexander Bayer，Julia Holden，Lisa Lennon，*The value and treatment of Survey Evidence in different Jurisdictions*，100 Trademark Rep. 1373，1380（2010）.
③ Uwe Luken，*How Courts View Surveys in Trade Mark Cases*，249 Managing Intell. Prop. 43（2015）.
④ Neutrogena Corp v. Golden Ltd（t/a Garnier）[1996] R. P. C. 473.
⑤ Kate Swaine，p.1381.
⑥ Kate Swaine，p.1380.
⑦ General Electric Co. of U.S.A v. General Electric Co. Ltd. [1972] 1 W. L. R. 729.

此调查结果属于传闻证据规则的例外情况或者根本不属于传闻证据"。①

2. Raffles 标准阶段

1984 年 Imperial 案是英国法院适用消费者调查证据最具决定性意义的案件。该案涉及两个烟草商标之间的混淆问题，当事人提交了六项调查证据来证明消费者混淆的存在。该案中 Whitford 法官肯定了消费者调查证据在商标案件中与日俱增的重要性，并期待当事人提交的调查证据能够值得信赖。Whitford 法官在判决中给予了判断消费者调查证据的有效性的标准，该标准也被称为 Raffles 标准：(1) 选取的受访者必须代表相关领域消费公众；(2) 有足够数量的受访者；(3) 调查以公正的方式进行；(4) 调查必须向对方当事人公开，包括调查数量、调查方式、受访者数量等；(5) 受访者的所有回答应向对方当事人公开；(6) 问卷问题不应具有引导性，或引发受访者产生联想；(7) 准确记录受访者的回复；(8) 公开对采访者的指示；(9) 如果受访者回答需要输入电脑，应公开相应的输入程序。②

3. 法院主导阶段

2012 年 Interflora 案则是近年来英国法院适用消费者调查证据最有影响力的案件。③ 该案初审法院允许原告根据其预调查的受访者召集证人，上诉法院审查了调查证据的性质和功能，强调法官有义务积极管理案件，以确保案件审理成本符合民事诉讼法的相关规定。法官认为——"如果争议产品或服务很普通且属于法官经验范畴之内，法官可以自己做出决定，而无须专家证据或消费者证据；当事人计划开展消费者调查需要事先获得法院许可；仅当法院认为调查证据可能具备真实价值，才会许可当事人开展调查；消费者调查的可信性对于其价值评估具有重要作用；其次，消费者调查的价值还需要能够证明调查成本合理。法院需要对开展调查进行成本效益分析(cost-benefit analysis)"。④ 法官进一步明确——"就商标案件而言，该真实价值标准仅在非常特殊或不寻常的案件中才能满足；采用调查证据来证明公众观点仅具有很少的价值，或者根本不具备任何价值"。⑤

Interflora 案对于部分商标侵权案件消费者调查证据适用产生了一定程度的消极影响。例如 ATEN 案中 Smith 法官表示"应将消费者调查证据锁在箱子

---

① Lego Systems A/S v. Lego M Lemelstrich Ltd [1983] F. S. R. 155.
② Imperial Group Ltd v. Philip Morris Ltd [1984] R.P.C. 293.
③ Interflora Inc v. Marks & Spencer Plc [2012] EWCA Civ 1501.
④ Marks and Spencer Plc v. Interflora Inc & Another [2012] EWCA civ 1501.
⑤ Kate Swaine and Bonita Trimmer, Surveying the Trademark Surveys, 226 Managing Intell. Prop. 40 (2013).

里,并注明无关证据且不会在任何商标案件中使用"。① Zeebox 案中初审法院认为,看电视并非深奥的活动,法官可以自己决定案件,因此拒绝当事人的调查申请;上诉法院也认为,相对于耗资巨大的调查成本而言,调查证据的实证价值微乎其微。② 反之,Interflora 案后也有部分案件当事人成功获得法院许可开展消费者调查。例如 Enterprise 案中当事人计划开展消费者调查证明争议商标的显著性;法院认为该调查可能具备真实价值,因为法官不能根据其个人知识和经验判定争议商标是否获得显著性;法院认为对该调查的成本效益分析应当主要考虑反对采纳调查证据的当事人,该案中被告反对调查证据的成本甚至高出原告预估的调查成本本身,因此法院认为调查可能具有的真实价值能证明其成本合理,从而批准原告提出的调查申请。③ 再如 Greek Yoghurt 案中法官认为当事人的预调查结果有助于认定当事人是否能证明商誉,以及大部分相关公众是否认为希腊酸奶标志意味着该酸奶产品在希腊生产,因此允许被告承担成本开展消费者调查。④ Maier 案中当事人为证明有商标混淆之虞计划进行消费者调查,法院也认为该调查的实证价值与成本相称。⑤ 这些案件似乎表明,英国法院仍然继续允许消费者调查证据在商标案件中的适用,只要其对于证明实际消费者的主观反应有价值。⑥

总体而言,如果当事人希望依赖调查证据,应当征得英国法院的批准。当事人需要向英国法院提交下述材料:预调查结果;该调查符合 Raffles 标准的证明;预调查成本,以及进一步调查的预计成本。仅在很少的情况下,英国法院才会批准当事人进行调查,调查必须符合下述标准:首先,调查具备实证价值,这意味着调查必须公正、客观、调查方法和数据透明。其次,调查具有正当性,只有在法官自身不能做出判断的情况下,且调查成本合理的情况下,调查才被视为具有正当性。

(二)英国消费者调查证据相关立法

1.《商标指南》

英国知识产权局《商标指南》对消费者调查证据做出专门规定。⑦ 英国知识

---

① A & E Television Networks LLC and AETN UK v. Discovery Communications Europe Ltd [2013] EWHC 276.
② Zee Entertainment Enterprises Ltd v. Zeebox Ltd [2013] EWHC 1644 (Ch).
③ Enterprise Holdings Inc v Europcar Group UK Ltd [2014] EWHC 2498 (Ch).
④ Fage UK Limited v. Chobani UK Limited [2012] EWHC 3755 (Ch).
⑤ Maier v. ASOS Plc [2012] EWHC 3456 (Ch).
⑥ Uwe Luken, p.43.
⑦ UK Intellectual Property Office, *Trademark Manuals*, at https://www.gov.uk/government/publications/manual-of-trade-marks-practice(Last visited on 2018 - 10 - 10).

产权局认为,消费者调查通常华而不实,很少能增加任何实质证明力。[①] 仅在很少见的情况下,消费者调查证据可用以证明特定商标的固有显著性,即被消费者视为指示产品来源的标记。

如果申请人提交消费者调查证据,需要注意以下事项:说明如何选择受访者(如果受访者能够代表相关公众则调查结果更具有证明力);相关公众包括该类产品或服务的实际或潜在消费者,不应将调查仅限于可能购买申请者产品或服务的消费者;公开收到调查问卷或者受邀参加调查的受访者的具体数量;公开接受调查的受访者的数量及其答复;问卷或附页上不应出现申请人的姓名信息;提交展示给受访者的标记表示;提交受访者给出的准确回答;如果由专业调查人员进行,应公开调查进行的位置以及给予调查人员的指示,例如用于电脑记录答案的编码指示。

就消费者调查问卷设计而言,问卷问题应不具有引导性,且不应该引导消费者人为猜测。就调查的控制样本而言,增加一个或多个商标(虚构商标或第三方商标)作为控制样本,可以避免受访者仅仅根据猜测而获得的认知。就消费者调查的时间而言,消费者调查通常应在商标申请日之后进行;如果该标记在申请日之前已经使用很长时间,且消费者调查是在申请日后不久进行,消费者认知在这一段时间内不太可能发生变化;但是如果该标记在申请日之前并未使用很久,或者该标记更多在申请日之后使用和公开,该调查的证明力会受到负面影响,因为公众对该标记的认知可能是源于申请日之后。虽然《商标指南》列举了上述标准,如果消费者调查未能遵循上述标准,并不必然意味着该调查结果不具有证明力。技术上存在一定缺陷的消费者调查仍然可以具有证明力,只要该调查以诚实公正的方式进行,且该缺陷不会严重影响调查结果。

2.《商标审判工作指南》

英国知识产权局《商标审判工作指南》[②]进一步规定:调查证据和专家证据只有在经过听证官同意的情况下才能提交给知识产权局。提交消费者调查证据会增加当事人的成本;未提交消费者调查的当事人则需要花费时间考虑调查证据;因此通常情况下提交消费者调查证据会增加诉讼成本和导致诉讼延长。如果当事人希望从调查结果中得出结论,有必要提交有关专家证人证据。当事人如果需要开展消费者调查需要征得听证官的事先许可,并告知有关调查的所有

[①] See Trademark Manuals, pp. 120 – 123.

[②] UK Intellectual Property Office, *Trade Marks Tribunal Work Manual*, at http://webarchive. nationalarchives. gov. uk/tna/20140603093547/http://www. ipo. gov. uk/pro-types/pro-tm/t-law/t-tpn.htm(Last visited on 2018 – 10 – 10).

细节;调查目的;调查所要询问的问卷问题;向受访者展示的刺激物;公众样本性质,例如样本大小、社会阶层、性别和地理位置;执行调查的主体;给予调查员的具体指示;开展调查的具体地点;当事人是否期待从调查得出结论。①

三、澳大利亚消费者调查证据适用

（一）澳大利亚消费者调查证据司法实践

澳大利亚对于消费者调查证据一直秉持怀疑态度。② 历史上消费者调查证据一直被视为传闻证据而被排除适用,澳大利亚法院在理论层面上承认消费者调查证据历经很长时间。③ 1987年澳大利亚法院第一次认可消费者调查证据,④直到1990年才正式确认——消费者调查证据至少是潜在可被采纳的证据形式。⑤ Lockhart法官总结了澳大利亚法院在采纳调查证据方面持谨慎态度的三方面原因:首先,部分法官担心自己的审判职能被调查证据所取代;其次就证据形式而言,法官更青睐能够进行交叉质询的证人证言;第三,法官认为耗时费力的消费者调查的证明力往往非常有限。⑥ 总体而言,澳大利亚法院并不青睐消费者调查证据,该类证据在商标诉讼中适用的成功率也非常低。

1. 一概排斥阶段

早期案件中澳大利亚法院将消费者调查证据视为传闻证据。澳大利亚法院认为——由于接受调查的受访者和进行调查的采访者均未作为证人出庭,如果采用消费者证据会不合理地剥夺对方当事人交叉质证的权利。⑦ 反对消费者证据的观点最早在1973年Hoban's Glynde案中得到阐述。该案涉及在商场附近建造酒店的公共许可授权问题,申请人提交的证据中包括两个专家证人,专家曾经针对该许可是否基于公众需要而开展过消费者调查。尽管初审法院采纳了该

---

① See Trade Marks Tribunal Work Manual, § 4.8.4.5.
② Fiona Brittain, *Survey Evidence in Trade Mark Disputes — A Sledgehammer to Crack A Walnut?* 2 Australian Intellectual Property Law Bulletin 39 (2016).
③ Ruth M. Corbin, *Survey Evidence and the Law Worldwide*, LexisNexis, 2008, p. 376.
④ Shoshana Pty Ltd. and Another v. 10th Cantanae Pty Ltd. And Others (1987), 18 F. C. R. 285, 11 I. P. R. 249.
⑤ Arnotts Ltd. & Ors v. Trade Practices Commission (1990), 24 F. C. R. 313, 97 A. L. R. 555.
⑥ Lockhart, *Handling Trade Practices Cases*, 17 UNSW Law Journal 307 (1994).
⑦ James Farmer, *The Admissibility of Survey Evidence in Intellectual Property Cases*, University of New South Wales Law Journal 57, 60(1984).

调查证据,上诉法院却明确表示——"调查证据在任何法院都不具备可采性,因为其不仅是传闻证据,而且是二手甚至三手传闻证据。"① Bray 法官进一步评论道——"由于此类传闻证据不能进行交叉质询,若要对方当事人接受这样的传闻证据是不公正的"。② 该案的指导意义非常明确——消费者调查证据作为不可采纳的传闻证据应被法院拒绝。③ 1983 年 Mobil Oil 案中法院遵循了 Hoban's Glynde 案的法院意见,认为消费者调查证据属于传闻证据而拒绝采纳。King 法官认为——"在缺乏交叉质询受访者的情况下,法官无法得知受访者考虑该文字标记的具体环境,而且受访者的观点表述也不可能被赋予任何相关含义"。④ 考虑到司法效率和成本,澳大利亚法院也不允许传唤数以百计的证人出庭,其更注重剥夺对方当事人的交叉质询权可能导致的司法不公正。

2. 重心转移阶段

1987 年 Schoshana 案被认为是澳大利亚法院适用调查证据的一个重要分水岭。⑤ 该案中被告在其录像机广告中使用了电视节目主持人 Sue Smith 的名字,原告向法院起诉被告侵犯了其人格权;在赔偿数额问题上,原告提交了一份有关女性节目主持人代言费的调查证据;被告认为该调查属于传闻证据,因为参与调查的受访者未能作为证人出庭质证。Burchett 法官并不赞同被告的主张:首先受访者的回答并非传闻证据,而是有关受访者主观心理状态的原始证据;其次,受访者的回答属于传闻证据规则的例外情形;第三,调查材料是形成专家意见的基础。Burchett 法官认为没有必要去证明调查观点的真实性;值得信赖的并非需要专家处理的原始材料,而是专家的观点,即其所做的调查结果。⑥ Schoshana 案的重要意义在于其标志着澳大利亚法院对于调查证据的态度转变,此后澳大利亚法院开始逐渐接纳调查证据,更多关注调查证据的证明力问题。1987 年之后澳大利亚法院逐渐开始接纳消费者证据,集中体现为接受调查的受访者无须再经过交叉质询环节。

1990 年 Arnotts 案中被告为证明其诉讼主张聘请专家进行相关消费者调

---

① Hoban's Glynde Pty Ltd v. Firle Hotel Pty Ltd (1973) SASR 503, at 506.
② Hoban's Glynde Pty Ltd v. Firle Hotel Pty Ltd (1973) SASR 503, at 510.
③ Ruth M. Corbin, p. 381.
④ Mobil Oil Corp. v. Registrar of Trade Marks (1984) 51 ALR 735.
⑤ Shoshana Pty Ltd. and Another v. 10th Cantanae Pty Ltd. And Others (1987), 18 F.C.R. 285, 11 I. P. R. 249.
⑥ Shoshana Pty Ltd. and Another v. 10th Cantanae Pty Ltd. And Others (1987), 18 F.C.R. 285, 11 I. P. R. 249.

查,并提交了调查报告以及对该报告的电脑分析。[①] 初审法院认为——"对受访者回答的电脑分析并不能证实任何调查过程,专家证人也无法证实任何调查过程或电脑分析结果;如果证据并非由采访者或受访者直接提供,则法院不予采纳"。上诉法院则认为——"商标案件中通常缺乏公众对于商标或产品的认知或态度证据,这并不会在很大程度上影响案件审理,法院可做出自己的判断;但是信息总归胜于直觉;如果对于公众认知状态是案件审理的相关因素,则接受调查证据肯定胜于排斥此类证据;法院关注的重点应是调查证据的必要性或可信性,而不是担心该证据是否符合传闻证据规则;有关某人身体状况、情绪、观点和主观心理状态的庭外陈述,应区别于证明事实真实性的陈述;前者属于传闻证据例外,后者应属于传闻证据"。[②] Lockhart 法官进一步说明——"如果当事人采用调查证据证明公众持有特定观点,则该证据并非传闻证据,调查证据仅仅是告知法官市场环境下公众如何看待一项产品或商标;但是如果当事人采用调查证据证明上述公众观点的正确性和真实性,则该证据是传闻证据。如果调查由专业调查人员合理进行,调查问卷具有相关性且明确无误,则调查证据可予以采纳"。

3. 有法可循阶段

1995 年澳大利亚《联邦证据法》和 1994 年《实践指南》分别规定了消费者调查证据的可采性和可信性问题。此后澳大利亚法院对于调查证据的讨论较多集中在当事人进行的消费者调查是否符合《联邦证据法》和《实践指南》的相关规定。例如 1999 年 Centurion 案中原告向法院申请进行一项电话调查以确认其实际商业损失。[③] French 法官强调《实践指南》要求当事人在庭审之前对调查形式和方法达成共识,从而避免当事人在庭审过程中仍质疑调查形式和方法而浪费时间;因此任何有关调查问卷设计、调查方法和调查范围的争议都应当在中期听审阶段提出并决定,而非正式庭审阶段;如果当事人未能遵循《实践指南》,可能会导致法院不允许当事人在庭审阶段提出有关消费者调查证据的异议。再如 1999 年 Everyday 案中原告根据《实践指南》通知被告其计划进行消费者调查;被告未给予任何回应,却在庭审中提交专家证据质疑原告调查结果的可采性和证明力;原告认为被告未提前给予原告有关专家证据的书面通知,违反了《实践指南》的相关规定。[④] 该案 Tamberlin 法官则认为司法正义是法院的首要考虑要素,任何案件管理原则都不能僭越该目标,当事人未遵守《实践指南》并不必然

[①] Trade Practices Commission v. Arnotts Ltd. & Ors (1989), A. P. T. R 50-684.

[②] Arnotts Ltd. & Ors v. Trade Practices Commission (1990), 24 F. C. R. 313, 97 A. L. R. 555.

[③] Cenurion Roller Shutters Pty Ltd v. Automatic Technology Pty Ltd (1999), 47 IPR 126.

[④] Everyday Australia Pty Ltd v. Gillette Australia Pty Ltd (1999) 47 IPR 327.

导致该证据被排除。①

（二）澳大利亚消费者调查证据相关立法

为克服消费者调查证据适用中的诸多难题，澳大利亚联邦法院 Black 法官 1994 年 4 月 8 日颁布《实践指南 11》。在此基础上 Keane 法官 2011 年 8 月 1 日颁布了《实践指南 13》②。《实践指南》旨在确保当事人对于调查证据的异议在案件审理早期提出，从而避免审判过程中因当事人对调查形式、调查方法和调查范围的异议而浪费案件审理时间。遗憾的是，《实践指南》并未对调查证据的可采性问题做出规定，其程序性规定旨在降低调查结果在案件审理时被拒绝或不具证明力的风险。

鉴于《实践指南》存在的问题，澳大利亚联邦法院 Allsop 法官 2016 年 10 月 25 日颁布了新的《调查证据实践指南》③。该指南有两个目的：第一，确立当事人通知对方当事人其计划提交调查证据的程序，以确保对方当事人有充分机会能够给予回应；④第二，给予希望依赖调查证据的一方当事人就调查证据的可采性或者证明力等事项提供指导。⑤ 该指南鼓励双方当事人就调查涉及的任何争议问题进行建设性讨论。⑥ 计划开展调查的当事人需要在开展调查之前书面告知对方当事人。⑦ 书面通知需要包含下述信息：调查所适用争议的准确说明，即通过调查证据证明的争议事实；调查设计细节，包括负责调查设计的人员姓名和资质、调查性质（例如是电话调查、在线调查还是面对面调查）、调查公众的准确描述、有关抽样总量、抽样程序和使用样本大小的准确描述、调查问卷的复印件以及给予调查人员的任何信息指示、负责编码处理分析数据的人员姓名和资质、任何预调查的细节。⑧ 收到书面通知的 21 天之内，对方当事人需要提交书面通知声明其对于调查设计的异议，或者为解决该问题而建议的设计变动。⑨

---

① Everyday Australia Pty Ltd v. Gillette Australia Pty Ltd (1999) 47 IPR 327.
② Australia Federal Court，Practice Note CM 13，August 2008，at http://www.fedcourt.gov.au/law-and-practice/practice-documents/practice-notes/cm13(Last visited on 2018 - 10 - 10).
③ Australia Federal Court，Survey Evidence Practice Note（GPN-SURV），October 2016，at http://www.fedcourt.gov.au/law-and-practice/practice-documents/practice-notes/gpn-surv(Last visited on 2018 - 10 - 10).
④ See Survey Evidence Practice Note § 2.3.
⑤ See Survey Evidence Practice Note § 2.4.
⑥ See Survey Evidence Practice Note § 3.4.
⑦ See Survey Evidence Practice Note § 3.1.
⑧ See Survey Evidence Practice Note § 3.2.
⑨ See Survey Evidence Practice Note § 3.3.

当事人应当注意调查问卷的设计和调查具体步骤,以确保调查证据具备相关性和可信性。调查的可采性或者其证明力,由法官根据所有相关证据认定。①当事人应避免下述问题:未充分明确调查旨在衡量的争议;问卷采用歧视性或引导性问题,或者过度调查;问卷问题可能存在不同解释,或采用界定模糊的概念和术语;调查问卷篇幅过长或过于复杂;调查问卷未经测试;调查总量不能充分代表目标人群;抽样数量不足;对受访者回复的记录或编码不恰当;受访者未回复或未完成调查的比例过高;数据分析不恰当;调查人员或记录人员缺乏培训或经验;缺乏充分的质量控制。② 此外,该指南还要求当事人提交的调查报告应当包含下述信息:调查目的;目标公众界定;样本设计说明;调查设计说明;调查问卷复本;抽样误差计算和估值;标注清晰的数据表格;编码和相关指示;质量控制措施;调查过程中不可预见且影响调查数据或结果的质量和可信性的问题细节。③

结　语

消费者调查在各国商标诉讼中作为法律证据适用主要经历了三个大致的历史阶段:早期一概排斥——中期例外认可——后期基本接纳。尽管消费者调查证据在商标诉讼中的价值已经得到普遍承认,但是各国法院对于如何认可消费者调查证据的证明力的态度和方式差别仍然很大。比较而言,美国法院对于消费者调查证据在商标诉讼中的适用态度更为包容开放,而英国和澳大利亚法院对于消费者调查证据在商标诉讼中的适用态度则更为谨慎小心。总体而言,消费者调查证据的证明力取决于该调查的相关性、可靠性和有效性。商标诉讼当事人如希望消费者调查证据具备实证价值,须遵循各国所规定的有关合理开展消费者调查的方法和标准。

笔者曾对我国法院 2001 年至 2016 年审理的商标侵权案件开展实证研究,研究表明我国目前商标诉讼中消费者调查证据的适用主要呈现为应用率偏低和采信率畸高的特点。④ 首先,我国法院 2001 年至 2016 年间审理的 17836 例商标侵权案件中,仅 90 例案件涉及消费者调查证据。这个数量相对于我国每年庞大

---

① See Survey Evidence Practice Note § 4.1.
② See Survey Evidence Practice Note § 4.2.
③ See Survey Evidence Practice Note § 5.1.
④ Qian Zhan, *Consumer Survey Evidence in China Trademark Lawsuits: An Empirical Study*, 7 (3) Queen Mary Journal of Intellectual Property Law 306, 330 (2017). 该文研究范围为国内法院在 2001 年至 2016 年审理的商标侵权案件,具体实证研究方法、研究计划、研究结论限于篇幅,未予赘述。

的商标侵权案件数量而言，只是沧海一粟。由于数据研究建立在商标侵权案件判决的基础上，当事人诉讼前开展却并未提交的消费者调查未包含在内，因此可能在一定程度上低估消费者调查的应用频率。影响商标诉讼当事人提交消费者调查证据的主要原因包括开展消费者调查的金钱成本、时间限制、技术困难、其他证据形式的存在、争议商标本身的价值，以及可预测的消费者调查结果等。其次，与较低的应用率形成鲜明对比的是，商标诉讼中我国法院对于消费者调查证据的采信率却明显偏高。90例商标案件中当事人提交了93例消费者调查，其中高达68例消费者调查(75.3%)法院予以采纳，仅25例消费者调查(24.7%)法院不予采纳。这一比率远远高于其他国家商标侵权诉讼消费者调查证据的采信率。遗憾的是，法院采信消费者调查证据的多数案件中，法院仅确认调查证据的可采性，却很少给予认定消费者调查证据可采性和证明力的具体根据。法院不予采信消费者调查的理由主要包括：消费者调查不具备真实性[①]、合法性[②]、相关性[③]；

[①] 参见杭州张小泉集团有限公司与上海张小泉刀剪总店等商标侵权上诉案(2004)沪高民三(知)终字第27号民事判决书。立邦涂料(中国)有限公司诉中山市可邦涂料有限公司等商标侵权纠纷案(2005)渝一中民初字第485号民事判决书。贵州贵酒有限责任公司与贵州省仁怀市茅台镇麒麟酒业有限公司等侵害商标权纠纷案(2012)黔高民三终字第69号民事判决书。安德烈亚斯·斯蒂尔两合公司诉杭州古力园林机械有限公司侵害商标权及不正当竞争纠纷案(2014)浙杭知初字第288号民事判决书。拉科斯特股份有限公司诉黄为东侵害商标权纠纷案(2014)金义知民初字第47号民事判决书。烟台开发区鲁蒙防水防腐材料有限责任公司诉山东蓝盟防水防腐材料股份有限公司侵害注册商标专用权纠纷案(2014)烟民知初字第290号民事判决书。

[②] 参见上海弘奇食品有限公司与上海西门町服装有限公司商标侵权纠纷案(2005)沪高民三(知)终字第137号民事判决书。上海弘奇食品有限公司与上海泰金餐饮有限公司商标侵权纠纷上诉案(2005)沪高民三(知)终字第151号民事判决书。鲁道夫·达斯勒体育用品波马股份公司与农工商超市(集团)有限公司侵犯商标专用权纠纷上诉案(2009)沪高民三(知)终字第70号民事判决书。安德烈亚斯·斯蒂尔两合公司诉杭州古力园林机械有限公司侵害商标权及不正当竞争纠纷案(2014)浙杭知初字第288号民事判决书。

[③] 参见和成(中国)有限公司诉上海和成洁具有限公司不正当竞争案(2002)沪一中民五(知)终字第3号民事判决书。丰田自动车株式会社诉浙江吉利汽车有限公司等侵犯商标权纠纷和不正当竞争案(2003)二中民初字第06286号民事判决书。广州星河湾公司实业发展有限公司等诉浙江港龙置业有限公司侵害商标权及不正当竞争纠纷案(2012)浙嘉知初字第58号。安德烈亚斯·斯蒂尔两合公司诉杭州古力园林机械有限公司侵害商标权及不正当竞争纠纷案(2014)浙杭知初字第288号民事判决书。大自然家居(中国)有限公司与徐州佳侣地板经销处、杭州比纳实业有限公司侵害商标权纠纷案(2015)徐知民初字第40号民事判决书。

相关公众界定错误①;当事人未提交消费者调查样本②;消费者调查问卷设计问题③;消费者调查系单方当事人做出④,或调查机构缺乏相应资质⑤;以及调查执行过程问题⑥。

总体而言,我国目前商标诉讼中法院适用消费者调查证据存在两个主要问题。首先,法院认定消费者调查证据的可采性和证明力方面主观性和随意性较强,缺乏统一客观的标准。由于国内商标诉讼消费者调查证据的应用率很低,国内法院鲜有机会讨论如何审查消费者调查证据。为数不多的涉及消费者调查证据的商标案件中,法院很少详细阐明其拒绝采纳消费者调查证据的理由。法院予以采信调查证据的多数案件中,法院也仅确认了调查证据的可采性,对于消费者调查证据的证明力的探讨相对较少。其次,消费者调查的质量与法院采纳调查证据和认定证明力之间存在重要关联,设计执行不当的消费者调查可能导致错误的调查结论,从而显著降低其对于案件结果的影响。商标诉讼当事人的首要任务在于遵循公认的科学方法和标准开展调查,确保消费者调查证据的相关

---

① 参见丰田自动车株式会社诉浙江吉利汽车有限公司等侵犯商标权纠纷和不正当竞争案(2003)二中民初字第06286号民事判决书。刘征与上海汉涛信息咨询有限公司侵害商标权纠纷上诉案(2013)沪一中民五(知)终字第247号民事判决书。中粮置业投资有限公司等诉北京元邑房地产开发有限责任公司侵犯商标专用权及不正当竞争纠(2013)朝民初字第08370号民事判决书。

② 上海缘禄寿司酒家有限公司诉上海元绿饮食有限公司等商标侵权纠纷案(2001)沪一中知初字第21号民事判决书。

③ 参见北京天普太阳能工业有限公司诉青岛天普电器有限公司商标侵权纠纷案(2005)青民三初字第986号民事判决书。大宇资讯股份有限公司诉上海盛大网络发展有限公司侵犯注册商标专用权纠纷案(2006)浦民三(知)初字第125号民事判决书。鲁道夫·达斯勒体育用品波马股份公司与农工商超市(集团)有限公司侵犯商标专用权纠纷上诉案(2009)沪高民三(知)终字第70号民事判决书。刘征与上海汉涛信息咨询有限公司侵害商标权纠纷上诉案(2013)沪一中民五(知)终字第247号民事判决书。

④ 参见丰田自动车株式会社诉浙江吉利汽车有限公司等侵犯商标权纠纷和不正当竞争案(2003)二中民初字第06286号民事判决书。贵州贵酒有限责任公司与贵州省仁怀市茅台镇麒麟酒业有限公司等侵害商标权纠纷案(2012)黔高民三终字第69号民事判决书。安德烈亚斯·斯蒂尔两合公司诉杭州古力园林机械有限公司侵害商标权及不正当竞争纠纷案(2014)浙杭知初字第288号民事判决书。百伦贸易(中国)有限公司与周乐伦侵害商标权纠纷案(2015)粤高法民三终字第444号民事判决书。

⑤ 参见研究生入学管理委员会诉北京市海淀区新东方学校侵犯著作权和商标专用权纠纷案(2001)一中知初字第33号民事判决书。

⑥ 参见百伦贸易(中国)有限公司与周乐伦侵害商标权纠纷案(2015)粤高法民三终字第444号民事判决书。大宇资讯股份有限公司诉上海盛大网络发展有限公司侵犯注册商标专用权纠纷案(2006)浦民三(知)初字第125号民事判决书。

性、可靠性和有效性,但是实践中当事人通常缺乏合理科学开展消费者调查证据的具体程序指导。笔者认为,解决上述问题的有效路径在于明确我国法院审查消费者调查证据的具体标准。消费者调查的审查标准应主要涉及六个方面。第一,相关公众的界定,包括界定相关公众的标准、常见界定错误;第二,对相关公众的调查抽样,包括抽样标准、抽样方式、抽样范围和样本数量;第三,调查问卷设计,包括问卷措辞、问题形式和顺序、过滤机制、控制措施,以及对调查问卷的预测试;第四,调查主体,包括调查专家的资质、诉讼律师的职责,以及采访人员的专业培训、书面指示和监督验证;第五,调查的实际执行,包括调查类型和调查环境的选择,调查展示的内容和方式;第六,调查报告的制作,包括调查数据的记录和分类,以及调查报告的制作。

Consumer Survey Evidence in Trademark Lawsuits: A Comparative Study

Zhan Qian

Abstract: A consumer survey is an instrument used to gather data on the beliefs and attitudes of consumers towards particular trademarks or products. In recent years, courts have come to rely increasingly on the results of surveys conducted by one or both litigants in trademark lawsuits. Despite wide acceptance and vital influence of consumer survey evidence in trademark lawsuits, there remain many debates on the precise legal nature of survey evidence, admissibility of survey evidence, probative value given to survey evidence, as well as procedural requirement to properly conduct a consumer survey. This article aims to introduce relevant legislation and judicial practice concerning consumer survey evidence applied in trademark lawsuits in certain representative jurisdictions, in particular, the United States, the United Kingdom and Australia. The goal of our study is to offer experience and guidance for China courts to apply consumer survey evidence in trademark lawsuits, and help trademark litigants to determine the value of presenting consumer surveys and make more informed decisions about their litigation strategies.

Keywords: Consumer Survey Report; Trademark Lawsuits; Evidence; Comparative Law Study

(责任编辑:吕炳斌)

刑事法学

轮奸的法教义学展开*

黄旭巍**

[摘　要]　轮奸是不同犯罪人轮流强奸同一被害女性的共同实行犯。应当在坚持轮奸是强奸罪之共同实行犯的基础上，贯彻不法形态的共同犯罪观，故成立轮奸与刑事责任能力无关。轮奸是强奸罪的加重构成要件，存在未遂形态，各行为人强奸均未得逞不影响轮奸的成立。轮奸的既遂标准是二人以上强奸既遂，此时所有参与人均构成轮奸既遂。自己实行强奸的，在对他人的强奸结果具有物理或心理的因果性、且负正犯责任的范围内，成立片面轮奸。

[关键词]　轮奸；共同实行犯；刑事责任能力；未遂形态

《中华人民共和国刑法》（简称《刑法》）第236条第3款第4项规定，二人以上轮奸的，处十年以上有期徒刑、无期徒刑或者死刑。相对于一般情节的强奸罪处三年以上十年以下有期徒刑，轮奸是强奸罪的五种加重法定刑情节之一。因此，在法教义学层面上厘清轮奸的含义，事关重大。本文将从比较法与实证分析的双重视角，对轮奸展开法教义学分析。

一、轮奸是不同犯罪人轮流强奸同一被害女性的共同实行犯

顾名思义，二人以上轮奸，是指不同犯罪人轮流强奸同一被害女性。换言之，当只有一名犯罪人实行了强奸行为时，即使其他犯罪人实施了强奸的教唆或帮助行为，整个案件也不属于轮奸。

案例一：2000年5月16日下午，张烨、施嘉卫等人使用暴力、威胁等手段，强迫曹某脱光衣服站在床铺上，并令其当众小便和洗澡。嗣后，被告人张烨对曹

---

* 本文系司法部国家法治与法学理论研究项目（编号：16SFB5019）的阶段性研究成果，并受南京大学985三期资助。

** 黄旭巍，南京大学法学院。南京：210093。

某实施了奸淫行为,在发现曹某有月经后停止奸淫;被告人施嘉卫见曹某有月经在身,未实施奸淫,而强迫曹某采用其他方式使其发泄性欲。约一小时后,张烨和施嘉卫等人又对曹某进行猥亵,直至发泄完性欲。①

有观点认为,本案两名被告人的行为成立轮奸。② 然而,被告人施嘉卫"未实施奸淫",而只是对被告人张烨的强奸行为给予了帮助。因此,虽然两名被告人成立强奸的共同犯罪,但并非轮奸这一共同实行犯类型。在本案一审、二审判决中,两级法院均援引了刑法第236条第1款而不是第3款,对两名被告人所犯的强奸罪都判处了三年以上十年以下有期徒刑,从而肯定了本案不构成轮奸。

我国台湾地区所谓"刑法"第222条也曾经有类似的规定,即二人以上犯强奸罪或准强奸罪,而共同轮奸者,处无期徒刑或七年以上有期徒刑。但是,我国台湾地区"刑法"1999年修正时,将"轮奸"修订为"二人以上共同犯之者",作为加重强制性交罪的一种类型。应当认为,修法后的共同强制性交罪,比轮奸的范围更广泛。换言之,"二人以上共同参与强制行为,而仅由其中一人为性交者,则在理论上应属普通强制性交罪的共同正犯",现在"却全成为加重强制性交罪的共同正犯,而且要科以有如轮奸罪一样的重刑"。③ 因此,2010年台上1997号判决指出:"'刑法'第222条第1项第1款所称之二人以上共同犯前条之罪者,系指在场共同实行或在场参与分担实行强制性交犯罪之人,有二人以上而言。上诉人系由王某某、沈某某抓住A女双脚,而由上诉人将高粱酒瓶插入A女生殖器内,王某某、沈某某自系参与强制性交犯行之施强暴之行为,原判决论上诉人以刑法第222条第1项第1款之罪责,于法并无不合。"显然,如果该案发生在大陆地区,则只能认定为强制猥亵、侮辱罪;即使上诉人实施了强奸行为,也不可能以轮奸论处。

日本刑法第178条之2规定,二人以上当场共同犯强奸罪或者准强奸罪的,成立集团强奸罪,处4年以上有期惩役。这是着眼于以集团方式实施的强奸行为具有手段的危险性以及发生结果的高度危险性,而设立的强奸罪、准强奸罪的加重类型。要成立本罪,"至少必须是,其中一人着手了实行行为,并且,一人以上在犯罪现场实施了具有强奸的实行共同正犯之实质的加功行为,这样理解是相当的"。也就是说,只要二人以上共谋强奸并且(实质性地)参与了针对被害人的暴力或胁迫,就成立集团强奸罪。④ 笔者认为,不可将日本的集团强奸罪与我

---

① 参见金泽刚:《张烨等强奸、强制猥亵妇女案》,载《刑事审判参考》2001年第9集。
② 参见陈兴良:《轮奸妇女之未完成形态研究》,载《刑事法判解》2004年第1期。
③ 林山田:《刑法各罪论(上)》,2005年自版,第239页。
④ 参见[日]西田典之:《日本刑法各论》,王昭武、刘明祥译,法律出版社2013年版,第94～95页。

国的轮奸混为一谈。在A对X实行强奸行为时,如果B只是参与了A针对X的强制行为,则被害人X遭受的强奸只有一次,A、B的行为不属于轮奸。

在此,还有两点需要说明。第一,轮奸是强奸罪的共同实行犯,并不意味着"强奸罪的共同正犯的唯一形式就是轮奸"。① 例如,被告人A、B共同对被害人X、Y实施强制后,A强奸了X,B强奸了Y。此时,A、B虽然是强奸罪的共同正犯,但并不成立轮奸。第二,由于轮奸要求二人以上对同一被害人实行强奸,故轮奸实际上属于必要共犯中的聚合犯。在这种聚合犯的内部,只有共同实行强奸者才成立轮奸;但在其外部,当然可能存在轮奸的教唆犯或者帮助犯,这与轮奸是共同实行犯类型的强奸罪并不矛盾。

二、成立轮奸与刑事责任能力无关

成立轮奸,是否要求至少两名犯罪人具有刑事责任能力,牵涉到对共同犯罪本质的理解,是理论与实务中争议激烈的问题。早在民国时代,1939年上3242判例就指出:"共同正犯之要件,不仅以有共同行为为已足,尚须有共同犯意之联络。刑法对于无责任能力者之行为,既定为不罚,则其加功于他人之犯罪行为,亦应以其欠缺意思要件,认为无犯意之联络,而不算入于共同正犯之数。"这就意味着,有责任能力者与无责任能力者轮流强奸同一被害人时,有责任能力者不成立轮奸;利用两名无责任能力者轮流强奸同一被害人时,利用者也不成立轮奸。不难看出,这种观点在共犯本质问题上采取了犯罪共同说,认为共同犯罪是不法有责形态。反之,如果在共犯本质问题上赞同行为共同说、认为共同犯罪是不法形态,则必然会主张上述两种情形属于轮奸。

案例二:2000年7月某日中午,被告人李尧伙同未成年人申某某(时龄13周岁)将幼女王某领到玉米地里,先后对王某实施轮流奸淫。

对于被告人李尧是否应认定为轮奸,本案二审中,有两种不同意见。其一是轮奸共同犯罪说,认为李尧的行为不属于轮奸。理由是:轮奸属于共同犯罪中的共同实行犯。既然是共同犯罪,那么,就必须具有两个以上犯罪主体基于共同犯罪故意实施了共同犯罪行为这一要件。由于本案的另一行为人不满14周岁被排除在犯罪主体之外,也不存在所谓的犯罪故意,故不能将本案认定为共同犯罪,因而也就不能认定为轮奸。其二是轮奸共同行为说,认为李尧的行为属于轮奸。理由是:刑法规定的轮奸只是强奸罪的一个具体的量刑情节。认定轮奸,并不要求各行为人之间必须构成强奸共同犯罪,而是看是否具有共同的奸淫行为。

---

① 陈兴良:《轮奸妇女之未完成形态研究》,载《刑事法判解》2004年第1期。

法院判决采纳了轮奸共同行为说,认为虽然二人之间不构成强奸共同犯罪,但仍应认定其具备了轮奸这一事实情节。①

必须指出,轮奸共同犯罪说与犯罪共同说、轮奸共同行为说与行为共同说并不等同。轮奸共同犯罪说与轮奸共同行为说虽然结论迥异,但两者的共同之处在于:都坚持共同犯罪是不法有责形态,成立共同犯罪要求主体必须是两个以上具有刑事责任能力的人,故有责任能力者与无责任能力者轮流强奸同一被害人的情形并不是共同犯罪。可以说,在共同犯罪的成立条件问题上,轮奸共同犯罪说与轮奸共同行为说都是以犯罪共同说、不法有责形态的共同犯罪观为逻辑前提的。从这一共同前提出发,轮奸共同行为说的特色在于,主张轮奸不必是共同犯罪,而只需二人以上轮流强奸同一被害人即可。应当说,轮奸共同行为说虽然戴着不法有责形态共同犯罪观的枷锁,但却跳出了不法形态共同犯罪观的舞蹈。实际上运用了不法形态共同犯罪观的思维方式,正是轮奸共同行为说的亮点所在。换言之,轮奸并不要求各行为人成立不法有责意义上的共同犯罪,但必须是不法意义上的强奸共同犯罪。

笔者认为,应当在坚持轮奸是强奸罪之共同实行犯的基础上,贯彻不法形态的共同犯罪观。一方面,"刑法之所以对轮奸加重刑罚,不仅因为被害人连续遭受了强奸,而且还因为共同轮奸的行为人,既要对自己的奸淫行为与结果承担责任,也要对他人的奸淫行为与结果承担责任"。② 如果主张轮奸不必是共同犯罪,就会导致没有意思联络的二人事实上先后轮流强奸了同一被害人的情形也成立轮奸的不合理结论。因此,应当坚持轮奸的行为人必须构成强奸共同犯罪。另一方面,应当贯彻不法形态的共同犯罪观。犯罪具有不法和有责这两个层次,相应地,犯罪既可能指完整意义上的不法且有责的犯罪,也可能指不法意义上的犯罪。所以,从文理上看,共同实施不法意义上的犯罪是"共同犯罪"一词可能具有的含义。从实质上看,不法是连带的,责任是个别的,共同犯罪的立法宗旨是将法益侵害结果归属于共同犯罪人的行为。所以,共同犯罪是共同实施法益侵害行为的不法形态。那么,有责任能力者与无责任能力者轮流强奸同一被害人时,就应当先进行不法判断,两者成立共同犯罪,属于轮奸;再进行有责判断,故无责任能力者无罪,但有责任能力者成立轮奸类型的强奸罪。同理,利用两名无责任能力者轮流强奸同一被害人时,先进行不法判断,被利用的两名无责任能力者成立共同犯罪,属于轮奸,但利用者基于优越的意思支配了两名被利用者的轮

---

① 参见张杰:《李尧强奸案——与未满刑事责任年龄的人轮流奸淫同一幼女的是否成立轮奸》,载《刑事审判参考》2004年第1集。

② 张明楷:《刑法学》,法律出版社2016年版,第874页。

奸行为，故轮奸应当归属于利用者；再进行有责判断，利用者成立轮奸类型的强奸罪。

三、二人以上强奸既遂是轮奸的既遂标准而非成立标准

在我国，轮奸并不是一个独立罪名，而只是强奸罪法定刑加重的情节。因此，轮奸是否存在既未遂问题，值得研究。具体来说，涉及以下三个问题：第一，二人以上共谋后，轮流对被害女性实行了强奸行为，但均未得逞的情形，是否成立轮奸？换言之，应当认定为强奸未遂，还是轮奸未遂？第二，二人以上共谋后，轮流对被害女性实行了强奸行为，但其中仅一人得逞的情形，是否成立轮奸？是既遂还是未遂？第三，三人以上共谋后，轮流对被害女性实行了强奸行为，其中二人以上得逞的情形，对未得逞的其他人而言，是否成立轮奸？是既遂还是未遂？

（一）各行为人强奸均未得逞不影响轮奸的成立

有观点认为，轮奸犯罪只有既遂形态，不存在未遂形态。轮奸在性质上是强奸罪的加重量刑情节，属于情节加重犯，而情节加重犯的成立与否是以刑法规定的特定情节的具备与否为标准的。由此，如果没有二人以上的实际轮流奸淫行为（只有一人完成强奸行为或者所有人均未完成强奸行为），就应当说没有具备这一情节，因而也就无所谓情节加重犯构成和加重处罚的问题。[①] 也就是说，二人以上强奸既遂，既是轮奸的既遂标准，也是轮奸的成立标准。因此，当各行为人强奸均未得逞时，并不成立轮奸，而只能以强奸罪未遂论处。笔者不赞同这种观点。

第一，从文理解释的角度来看，正如成立强奸罪不需要完成强奸行为一样，"二人以上轮奸"并不等同于二人以上完成轮奸行为。在二人以上轮流强奸被害人但均未得逞的场合，完全具备了实际轮流奸淫这一强奸罪的加重量刑情节。这一点也得到了司法实务的认同："轮奸系情节加重犯，而非结果加重犯。二名以上行为人只要基于共同的强奸故意，在同一段时间先后对同一被害人实施强奸行为的，就应当依法认定为具有轮奸情节。各行为人的强奸行为是否得逞，并不影响对各行为人具有轮奸情节的认定。"[②] 如果以"从客观上看，仅仅是一个

[①] 参见钱叶六：《"轮奸"情节认定中的争议问题研讨》，载《江淮论坛》2010年第5期。
[②] 冉容、涂俊峰、黄超荣：《张甲、张乙强奸案》，载《刑事审判参考》2013年第4集。

'强制猥亵妇女罪'的行为"①为理由,否定这种场合成立轮奸,那么其逻辑结论应该是连强奸都不成立,而只构成强制猥亵、侮辱罪,这显然是荒谬的。

第二,从法定刑升格条件的分类来看,轮奸不是单纯的量刑规则,而是加重的构成要件。与《刑法》第236条第3款第3项所规定的"在公共场所当众强奸妇女"一样,在形式上,轮奸是有别于一般强奸的特殊不法行为类型;在实质上,轮奸提高了强奸罪的不法程度,其成立需要贯彻责任主义的要求,即以行为人认识到自己是在和他人轮流强奸被害人为前提。因此,轮奸这种情节加重犯虽然不是独立罪名,但属于一种加重的构成要件,存在未遂形态。可资印证的是,在前述域外相关立法中,日本的集团强奸罪、我国台湾地区的共同强制性交罪,也都有处罚未遂犯的规定。总之,在二人以上轮流强奸被害人但均未得逞的场合,应当认定为轮奸未遂。

第三,从法益侵害的程度来看,只有承认轮奸存在未遂形态,才能实现罪刑均衡。主张轮奸的成立标准是二人以上强奸既遂的论者认为:"只有在二人以上轮流奸淫(即强奸既遂)的情况下,对被害人造成身心伤害才能大于普通强奸,刑法也才有加重处罚的正当根据",②"即便数人意图轮奸但最终均未得逞的甚至全部中止的,也构成轮奸,都要对他人加重处罚,这显然过于严酷,主观主义刑法倾向明显,不利于保障被告人的人权"。③笔者认为,以上主张与批判有失偏颇。在二人以上轮流强奸但均未既遂的情形中,各行为人不仅有轮奸的意图而且有轮奸的行为,客观上给被害人造成了连续遭受强奸的现实紧迫危险,对被害人性自主权益的威胁明显大于一般强奸罪的未遂或中止,完全符合加重法定刑的实质根据,而与主观主义刑法风马牛不相及。因此,应当认定为轮奸未遂或中止,对各行为人以强奸罪定罪,适用轮奸的法定刑,同时结合总则中犯罪未遂或中止的处罚原则量刑。

(二)轮奸的既遂标准是二人以上强奸既遂

案例三:2003年4月28日凌晨1时许,被告人唐胜海、杨勇趁女青年王某酒醉无知觉、无反抗能力之机,先后对其实施奸淫。唐胜海在对王某实施奸淫的过程中,由于其饮酒过多未能得逞;杨勇奸淫得逞。

南京市下关区人民法院指出,轮奸情节本身没有独立的既未遂问题,只有强

---

① 吴情树、苏宏伟:《强奸罪中"轮奸"情节的司法认定》,载《中华女子学院学报》2009年第2期。

② 吴情树、苏宏伟:《强奸罪中"轮奸"情节的司法认定》,载《中华女子学院学报》2009年第2期。

③ 钱叶六:《"轮奸"情节认定中的争议问题研讨》,载《江淮论坛》2010年第5期。

奸罪的既未遂问题。轮奸解决的仅是对行为人所要适用的法定刑档次和刑罚轻重问题。所谓未遂,仅是犯罪的一种未完成形态而已,而轮奸并非独立一罪。认为轮奸也有既未遂的观点,是把认定轮奸这一强奸罪的加重处罚情形与认定强奸罪既未遂形态相混淆了,并且对如同本案的情形,是对全案以轮奸未遂定,还是仅对奸淫未得逞的个人以轮奸未遂定,势必难以作出合理的回答。对于本案,由于各行为人均实施了轮奸行为,故首先应对各被告人以强奸罪定罪并按轮奸情节予以处罚,其次由于有一人既遂,故从共同犯罪的形态看,对两人都应按强奸罪既遂论,且须按轮奸情节确定所适用的法定刑。[1] 上述观点虽然否认轮奸存在既未遂,但实际上是认为,轮奸型强奸罪的既遂标准是其中一人强奸既遂即可。这种观点得到了最高人民法院的认可,在我国司法实务中居于主流地位。在理论上,也有一些中外学者赞同这种主张。例如,日本学者针对集团强奸罪指出:"只要满足了'二人以上当场共同'犯强奸罪等这一要件,即便并非是全体成员均完成了奸淫行为,也要以本条既遂的共同正犯来论。"[2] 又如,我国台湾地区学者在分析共同强制性交罪时认为:"本款不仅属于第221条普通强制性交罪的共同正犯之特别规定,且又有处罚未遂犯之规定,因此若共同参与者有一人既遂时,依共同正犯'一部行为全部责任'原则,所有的参与者皆构成本罪的既遂,除非皆为未遂时,始成立本罪的未遂罪。"[3] 但是,以一人强奸既遂作为轮奸型强奸罪的既遂标准,存在疑问。

笔者认为,在二人以上轮流强奸被害人但仅有一人得逞的情况下,各行为人毫无疑问符合轮奸的成立条件。不仅如此,按照共同犯罪中一人既遂则全体既遂的原则,无论是已得逞的一人,还是未得逞的其他行为人,都已构成强奸罪既遂。上述判决承认了轮奸的成立与强奸罪的既遂,值得肯定。然而,各行为人强奸罪既遂并且成立轮奸,并不意味着能够将二者相加,从而以轮奸型强奸罪的既遂论处。在笔者看来,上述判决将二者相加,恰恰是把认定轮奸这一强奸罪的加重处罚情形与认定强奸罪既未遂形态相混淆了。究其根由,正是因为没有认识到轮奸是强奸罪的加重构成要件,本身具有不同于一般强奸罪的独立的既遂标准。也就是说,无论是单独犯罪还是共同犯罪,一般强奸罪的既遂标准都只须一人强奸既遂,在教唆或帮助他人强奸的情形中,在二人共谋后分别强奸两名被害人的情形中,莫不如此;但是,"二人以上轮奸"的既遂标准则必须是二人以上的

---

[1] 参见张文菁:《唐胜海、杨勇强奸案——轮奸案件中一人强奸既遂一人未遂的应如何处理》,载《刑事审判参考》2004年第1集。

[2] [日] 西田典之:《日本刑法各论》,王昭武、刘明祥译,法律出版社2013年版,第94页。

[3] 陈子平:《刑法各论》(上),元照出版有限公司2013年版,第218页。

强奸行为已经既遂。所以,各行为人均构成轮奸未遂,这并不是对其中强奸既遂者的轻纵。当然,由于全案也构成强奸罪既遂,故最终各行为人成立强奸罪既遂与轮奸未遂的想象竞合,应从一重论处。

(三)二人以上强奸既遂时所有参与人均构成轮奸既遂

在三人以上轮流强奸被害人且其中二人以上得逞的情形中,毫无疑问,得逞者成立轮奸既遂。但对于其中的未得逞者如何认定,则存在争议。对此,我国台湾地区1976年台上字第2064号刑事判例要旨认为:刑法第222条之轮奸罪,必须参与行为人均奸淫既遂始能成立。其中如有人奸淫未遂,除奸淫既遂者有二人以上均构成轮奸罪外,其奸淫未遂之人,仍应绳以同法第221条第3项之强奸未遂罪,观于同法第222条无处罚未遂犯之规定,此为当然之解释。笔者认为,该要旨之所以将参与轮奸而未得逞者以强奸未遂罪论处,可能一方面是把强奸罪当作亲手犯,故即使有其他二人以上轮奸既遂,参与轮奸而未得逞者仍然只构成未遂犯,另一方面,由于轮奸罪无处罚未遂犯之规定,故无法对其以轮奸罪未遂论处。修法以后,我国台湾地区审判部门2006年度第5次刑事庭会议已决议,因本则判例不合时宜,不再援用。

我国有学者主张:"三人或者三人以上实施的轮流奸淫案中,即便其中数人以上因实际实施了奸淫行为而构成轮奸,但对于其他未实际完成奸淫行为的参与人而言,由于其不完全具备与他人轮流奸淫的客观事实的存在,因而也就不能论之为轮奸。"①换言之,在三人以上轮流强奸被害人且其中二人以上得逞的情形中,应当将未得逞者认定为一般强奸罪既遂。但是,笔者认为,未得逞者与已得逞者是共同正犯,就要对已得逞的二人以上的轮奸行为与结果承担责任。如果不对其适用轮奸的法定刑,恐怕与共同犯罪的原理不符。

案例四:被告人王洪亮、马东凤与齐永继于2008年11月15日,经事先预谋并购买避孕套,使用暴力手段对被害人牛某某实施奸淫,其中被告人王洪亮、马东凤先后与被害人牛某某发生了性关系,被告人齐永继因意志以外原因未能与被害人牛某某发生性关系。北京市第一中级人民法院认为,王洪亮、马东凤与齐永继的行为均已构成强奸罪,且系轮奸。但齐永继在强奸过程中因意志以外的原因而未遂,应当认定为犯罪未遂,对其依法予以减轻处罚,判处有期徒刑八年,剥夺政治权利一年。

本判决的理由是:"每个参与者的强奸行为都具有亲自参与性和不可替代性。轮奸犯罪不同于盗窃、危害公共安全等共同犯罪之处在于,参与轮奸者注重犯罪的亲身感受性和自我满足性,唯有亲自完成插入或者接触行为,其本人的犯

---

① 钱叶六:《"轮奸"情节认定中的争议问题研讨》,载《江淮论坛》2010年第5期。

罪目的才能达到,而他人的犯罪感受无法代替本人的感受。因此,在判断轮奸犯罪中参与者的既遂还是未遂问题上,有必要实事求是地考虑到强奸犯罪亲手犯的特殊性,对于因意志以外原因未能得逞者应客观评价为强奸未遂"。① 笔者认为,该判决将未得逞的齐永继的行为以轮奸论处,是其可取之处。但以强奸犯罪是亲手犯为理由,将齐永继认定为犯罪未遂,则值得商榷。实际上,以所谓亲自参与性和不可替代性来论证强奸犯罪是亲手犯,显得似是而非。和盗窃罪等其他犯罪一样,强奸罪也存在间接正犯,这足以说明强奸罪并非亲手犯。因此,应当贯彻共同犯罪中一人既遂则全体既遂的原则,将齐永继以轮奸既遂论处。

案例五:宋某、张某、刘某、何某决定对女青年赵某进行强奸。在一饭店内,4人将赵灌醉后扶至某公寓内,宋、张、刘先后对赵实施了强奸。当轮至何某时,宋某又对赵实施了强奸。何某对此表示不满,放弃了强奸行为。② 笔者认为,本案中四名行为人均成立轮奸,并且均已既遂。当然,何某毕竟放弃了强奸行为,虽然并不成立轮奸中止,但有可能作为整个共同犯罪中的从犯,从轻、减轻或者免除处罚。

四、应当承认片面轮奸

如前所述,轮奸是共同实行犯类型的强奸罪。对于每个共同实行犯来说,即使只实施了部分行为,也要将全部结果归属于其行为,这就是部分实行全部责任的原则。之所以如此,是因为每个共同实行犯相互利用、补充了其他人的行为,与其他人的行为及结果具有物理或心理的因果性。一般而言,在轮奸案件中,就轮流强奸同一被害人,各行为人之间往往进行了相互沟通、彼此联络,达成了共识,并互相支持其他人的行为,因而与轮奸结果既具有心理的因果性、也具有物理的因果性。不过,也可能存在所谓的片面轮奸。例如,"乙帮助甲奸淫丙女时并没有轮奸的意图,甲也没有轮奸的意图,乙待甲完成奸淫行为后,自己又单独奸淫了丙女"。③ 笔者认为,甲对于乙的强奸既无心理的因果性、又无物理的因果性,故甲不成立轮奸;而乙对于甲的强奸即使没有心理的因果性、也至少具有物理的因果性,故乙应当成立轮奸。但是,并不能一概肯定片面轮奸的存在。例如,乙偷看到甲强奸了丙,在甲离开后,乙也强奸了丙。此时,甲固然不成立轮

---

① 周维平:《轮奸犯罪中未得逞者的定性与处罚》,载《人民司法》2010年第12期。
② 《对本案中放弃轮奸的何某应如何量刑?》,载《人民司法(应用)》2009年第7期。
③ 陈洪兵:《"二人以上轮奸"的认定》,载《海南大学学报(人文社会科学版)》2012年第6期。

奸；即使是对甲的强奸知情因而具有轮流强奸意图的乙，由于对甲的强奸不具有物理或心理的因果性，因而也不成立轮奸。

案例六：2009年8月6日凌晨，苑建民等以"包夜"为名，将女服务员许某强行带至同伙家中。被告人李佳得知后，驾车赶到，提出对被害人许某实施强奸。苑建民等人表示同意，并协助把其他两位被害人叫离，为李佳强奸许某提供方便。李佳对许某实施强奸行为完毕后离开现场。之后，苑建民、王连军又分别对许某实施了强奸。

裁判理由指出，李佳没有与他人实施轮奸的共同故意，仅须对自己实施的强奸行为负责。但是，即便在李佳离开现场后，只有苑建民一人对被害人许某实施强奸，也同样应当认定苑建民构成轮奸。因为苑建民为李佳实施强奸提供帮助的行为，已经构成强奸罪的共犯，之后又单独实施强奸行为，完全符合轮奸的认定条件。① 笔者赞同苑建民成立片面轮奸的结论，但对该裁判理由不敢苟同。"如果前行为人对后行为人的强奸结果仅负教唆或者帮助责任的，则不能对前行为人适用轮奸的规定。"② 换言之，只有当行为人对他人的强奸结果负正犯责任时，行为人才成立片面轮奸。在本案中，苑建民的绑架行为已经使被害人许某丧失了反抗能力，其对李佳的强奸结果负正犯责任而不仅仅是帮助，因此苑建民才成立轮奸。

A Legal Dogmatic Analysis of Gang Rape

Huang Xuwei

Abstract：A Gang rape refers to a rape committed by different perpetrators against one female victim. Joint crime concept of illegal forms shall be implemented based on the insistence of gang rape belonging to the co-perpetrator of rape, and therefore the constitution of gang rape is irrelevant to criminal liability. Gang rape is the aggravated element for the offence of rape, and it exists a form of attempt. Constitution of gang rape shall not be affected even if all perpetrators fail to complete the rape. Accomplishment standard of gang rape is that all participants will be deemed to commit an ac-

---

① 参见郑鹏飞、吴孔玉：《苑建民、李佳等绑架、强奸案——行为人实施强奸行为完毕离开现场后，其他帮助犯起意并对同一被害人实施轮奸行为的，能否认定该行为人构成轮奸》，载《刑事审判参考》2012年第4集。

② 张明楷：《刑法学》，法律出版社2016年版，第874页。

complished gang rape if more than two perpetrators have completed the rape. Unilateral gang rape will be constituted when the perpetrator committed the rape with a physical or mental causality on the consequence of rape and within the scope of principal offender liability.

Keywords:Gang Rape; Co-Perpetrator; Criminal Liability; Attempt

（责任编辑:徐凌波）

城市街面犯罪热点测量的新方法及新推进

阮重骏*

[摘　要]　传统热点探测手段缺乏对微观地理空间的关注,忽略了街面犯罪独特的空间分布特性。对此,笔者融合核密度制图和路段制图提出核密度路段制图这一新思路。而针对两侧空间相互独立的道路,笔者进一步提出双侧制图的想法。本研究显示,新的街面犯罪热点探测方法更为准确、科学。本研究也再次证实街面盗窃犯罪的聚集性;证实作为标志性建筑物的大型商业中心对街面盗窃犯罪具有极强的吸引力;发现两种重合的空间环境因素作为犯罪诱因具有叠加作用;发现临近的多种空间环境因素之间的犯罪吸引力的交互作用。同时,本研究也揭示环境犯罪学与犯罪地理学相融合的必要性以及研究方法上关注微观地理单位的重要性。基于此研究,笔者提出犯罪热点防治个别化的理念与思路,并探讨了研究区中热点路段的具体防治策略。

[关键词]　街面犯罪;犯罪热点制图;城市犯罪学

一、问题的提出

街面犯罪是一类常见的犯罪活动,"一般系指发生在城镇街道、广场等露天公共场所的犯罪"[①]。街面犯罪的防治,一直都是警察部门的主要工作,也是犯罪学研究的重点课题。最近的研究指出,相比于单纯地增加警察数量,有针对性的防治策略在减少犯罪方面能够起到更为明显的效果。[②] 而在诸多策略之中,

---

*　阮重骏,吉林大学刑法学专业博士研究生,主要研究方向为犯罪学。
　　本文是中央政法委2017年度课题"运用大数据技术提高社会安全风险预防预测预警能力研究"、2016年度国家法治与法学理论研究中青年课题"地理信息系统支持下的犯罪热点与空间因素相关性研究"(16SFB3017)的阶段性成果。

①　周忠伟、李小强:《遏制街面犯罪的警务机制研究》,载《中国人民公安大学学报》(社会科学版)2005年第6期。

②　Yong Jei Lee, John E. Eck & Nicholas Corsaro, Conclusions from the history of research into the effects of police force size on crime—1968 through 2013: a historical systematic review, 12 J.Exp.Criminol. 431-451(2016).

像热点警务这样关注地理空间的警务模式,在降低犯罪以及社会混乱方面所起的作用是极其明显的。① 由于街面犯罪本身即根据犯罪发生的空间——街面而产生的概念,相比于其他类型的犯罪,街面犯罪的空间属性更加明显,采用热点警务策略也更为合适。基于此,热点警务可谓目前打击街面犯罪最为有效的路径之一。

热点警务的实施以犯罪热点的定位为前提。无法准确地探知犯罪热点的位置,会使热点警务的开展失去根基。而犯罪热点定位越是精确就越能够提高热点警务的效能。这促使学者们将目光投到更微观的地理空间当中,比如,1989年 Sherman、Gartin、Buerger 等人分析了明尼苏达州某市街道的报警情况分布,②2004 年 Weisburd、Bushway、lum 等人考察了美国西雅图市街道路段的犯罪分布③。Weisburd 和 Eck 教授就曾经在文章中指出,他们所谓的"地点"并不是指那些较为宏观的地理单位,如邻里和社区,而是指在社区和邻里等较大的社会环境中的某些特定地理位置这样的微观层面的地理单位。④

犯罪热点制图是最为常见的犯罪热点定位方式。就目前来看,街面犯罪的热点制图方法主要是以下两种:路段制图和核密度制图。但是在研究中,笔者发现,这两种热点制图方法都存在或多或少的缺陷,尤其在对微观地理单位进行犯罪热点测量时,其暴露出来的问题更为明显。而且,这两种常规的犯罪定位方法是探测犯罪热点的一般方法,并没有考虑各种犯罪类型所具有的独特的空间分布特性。这直接影响了街面犯罪热点定位的精度与准确度,导致误差的产生。而这样的误差极易带来误导,尤其是在探索微观地理空间层面的空间环境因素和街面犯罪之间关系时。无法精确探测空间环境因素对于街面犯罪的影响,使得空间环境因素与街面犯罪关联性的研究在很长的一段时间内无法获得长足的发展,也导致现实中街面犯罪热点防卫策略缺乏足够的针对性,防卫空间理念以及情景预防策略失去了得以发展的基础。而这些缺失又使得街面犯罪预防变得极为困

---

① David Weisburd and John E. Eck. *What can police do to reduce crime, disorder, and fear?*, 593 Ann. Am.Acad. Political Soc. Sci. 42 - 65(2004).

② Lawrence W.Sherman, Michael Buerger & Patrick Gartin, *Repeat Call Address Policing: The Minneapolis RECAP Experiment*, Final Report to the National Institute of Justice, Washington, DC: Crime Control Institute, 1989.

③ David Weisburd, Shawn Bushway, Cynthia Lum & Ming yang Sue, *Trajectories of crime at places: A longitudinal study of street segments in the city of Seattle*, 42 Criminology, 283 - 322(2004).

④ John E. Eck & David Weisburd, *Crime Places in Crime Theory*, in John E. Eck & David Weisburd(ed.), *Crime and Place*, crime prevention studies, vol.4, Monsey, NY: Willow Tree Press, 1995, pp.1 - 33.

难,以致发生一些严重的恶果,比如最近骇人听闻的发生在上海小学门口的砍人事件。试想一下,如果在该小学门口拥有更针对性的空间防卫设计,如安保力量的合理部署或者以隔离带划分空间以维持秩序等措施,可能就能够避免这类案件的发生。因此,发展一套新的针对微观地理空间的犯罪热点定位方法十分必要。

二、传统犯罪热点制图方法上的不足

(一)研究区及犯罪数据预处理

图 1 突出显示的贯穿地图左右的线段即本文的研究区——浙江省杭州市某一街道内的某一主干道路。该路段为双向四车道,全长约 2155 米,由西向东横跨了整个街道。路段上包含有大型购物中心、社区出入口、学校、公园、繁华的十字路口等诸多特征显著的空间环境因素,能够较为全面地反映各种空间环境因素对街面盗窃犯罪的空间分布的影响。

图 1　研究区

本文的犯罪数据来自该街道公安部门的接警数据,数据的真实性得以保证,同时也排除了错报误报的可能。此数据涵盖了 2011 年至 2013 年这三年间所有的盗窃犯罪,总计 6860 起。笔者将街面犯罪限定为露天公共场所的犯罪,因此排除了发生在公园内、商店内以及公交车内的盗窃犯罪。这些被排除的盗窃犯罪所受到的最主要的影响来自其所在的环境本身,即公园、商店和公交车本身的环境,而非主要来自街面环境因素的影响。若是将其一并纳入分析可能会干扰我们对热点影响因素的判断。在排除非街面盗窃数据以及研究区以外的街面盗窃数据之后,共计有 426 起街面盗窃案件列入本文的考量。

本研究中,犯罪数据的定位依据百度地图以及百度检索所提供的信息完成。通过百度地图以及百度搜索,几乎所有的街面盗窃犯罪都得到了准确的定位,一些表述较为模糊的犯罪数据,笔者也尽可能地为其确定了一个最具可能性的位置。

本文的电子地图来自百度在线地图,浏览时间为 2017 年 3 月 22 日,地图数据源自 2015 年。虽然该电子地图的数据时间与本文的街面盗窃数据有一定出入,但是根据笔者的检索与核对,该电子地图上除了有少数商铺进行了转让外,具体的空间环境因素并没有发生重大改变,因此不会影响本文的研究与分析。

（二）路段制图与核密度制图的一般方法

路段制图与核密度制图是最为常见的犯罪热点制图方式。路段制图的方法大致为：将道路根据预先设定的标准，拆分成长度相等或者相近的路段。然后统计各个路段上发生的犯罪数量。最后依据各个路段上犯罪数量的大小，以不同的颜色或者颜色的深浅来展示犯罪热点路段的分布。由于街面犯罪本身就是发生在街面路段上的犯罪，所以路段制图非常符合街面犯罪的空间分布特征。而且，路段制图所形成的包含有街面犯罪数量属性的路段，也可以作为研究对象以进行进一步的分析与研究，比如回归分析、统计分析等，所以这种街面犯罪热点制图的方法被学者们广泛地使用。

本研究中，笔者首先将研究路段划分成长度相等的 100 米路段（由于研究区的道路长度不能被 100 整除，所以最后一段路段较短，大约只有 55 米长）。然后，对每个路段范围内所发生的街面盗窃犯罪数量进行统计，并依据每个路段的盗窃数量，采用自然间断点分级法（Jenks）分类①，将这些路段划分为不同类别。最后，根据每一类别下街面盗窃犯罪的数量赋予它们不同深度的颜色。图 2 所展示的就是本研究区的路段色温图。图中，颜色越深的路段其上发生街面盗窃犯罪的数量越高，颜色越浅的路段其上发生街面盗窃犯罪的数量就越低。

文二西路路段（100 m）
盗窃数
0—1　　2—4　　5—8　　9—18　　19—24　　25—51　　52—184

图 2　街面盗窃犯罪路段分布图

核密度制图是以核密度函数②估算研究区所有空间内的犯罪密度的方法。

---

①　"自然间断点"类别基于数据中固有的自然分组。将对分类间隔加以识别，可对相似值进行最恰当地分组，并可使各个类之间的差异最大化。要素将被划分为多个类，对于这些类，会在数据值的差异相对较大的位置处设置其边界。——来源于 ArcGIS10.2 帮助菜单。

②　核密度方程的几何意义为：密度分布在每个 x_i 点中心处最高，向外不断降低，当距离中心达到一定阈值范围（窗口的边缘）处密度为 0。网格中心 x 处的核密度为窗口范围内的密度和为：$f(x) = \dfrac{1}{nh^d} \sum_{i=1}^{n} K\left(\dfrac{x-x_i}{h}\right)$，这里 $K(\ )$ 为核密度方程，h 为阈值，n 为阈值范围内的点数，d 为数据的维数。——[美]王法辉：《基于 GIS 的数量方法与应用》，姜世国、滕骏华译，商务印书馆 2009 年版，第 38 页。

核密度分析法是一种基于概率分布的空间统计方法,其基本原理是在每一个犯罪活动的空间位置上设置一个核密度函数,用所有犯罪活动的密度函数来表示犯罪活动在空间范围内的分布。[①] 核密度制图在犯罪热点分布的可视化方面有着巨大的优势。同时,核密度制图对空间范围内犯罪密度的估计也更加细致、准确,所以其也是常见的犯罪热点制图手段之一。

图3展示的是本研究区的核密度制图结果。笔者设定的搜索半径为50米,这样其搜索区域直径为100米,与上文的路段所覆盖的距离相同。根据核密度函数计算的街面犯罪密度,依然采用自然间断点分级法,笔者将研究区的密度值分成了9类,并按照街面盗窃犯罪密度的高低赋予它们不同的颜色。在图中,颜色越深的区域,其街面盗窃犯罪的密度越高;颜色越浅的区域,其街面盗窃犯罪的密度越低。图例中显示了每种颜色所对应的街面盗窃犯罪的密度值(单位为:个/平方米)。

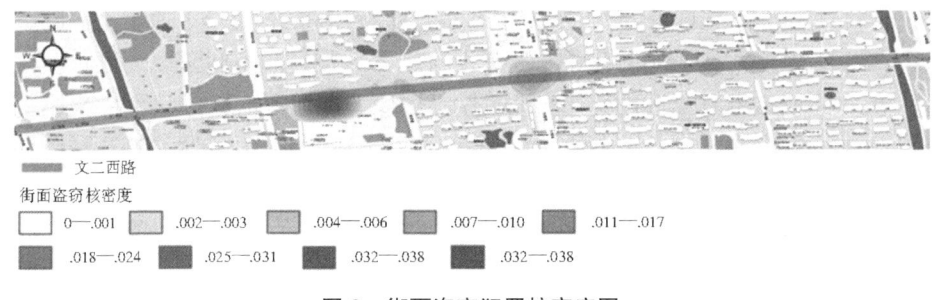

图3 街面盗窃犯罪核密度图

(三)路段制图与核密度制图方法的局限

从上面的研究中,我们不难看出,路段制图和核密度制图都能直观地展示出街面盗窃犯罪热点的空间位置,且二者所判断的热点位置也大体相同。但是如果仔细观察图2和图3,我们会发现,两者在热点的判断上存在细微的差异。为了能够更加清晰地展示两者的差异,笔者将这两种热点地图进行了叠加,并放大了部分研究区。图中黑点代表街面盗窃犯罪的发生地点。对比两种热点地图,我们就能够很清楚地看出,两种制图方式在热点定位上存在的偏差。根据街面盗窃犯罪的分布情况,可以看出,核密度制图更加准确,更加符合街面盗窃犯罪的空间分布情况,路段制图则有割裂犯罪热点的嫌疑,比如最左边的路段的右端和中间路段的左端其实差异并没有路段分布图所展示的那么巨大。

---

① 陈鹏、李锦涛、马伟:《犯罪热点的分析方法研究》,载《中国人民公安大学学报》(自然科学版)2012年第3期。

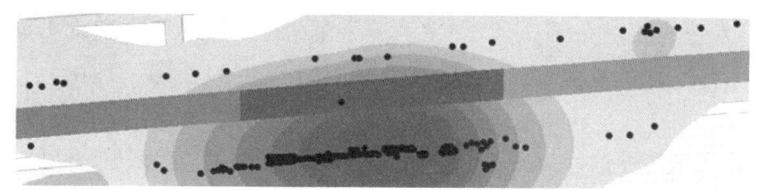

图 4　路段分布图与核密度图在部分研究区中的差异

这引出了路段制图的一个最主要的问题——路段划分的主观性。由于路段制图在路段划分之初并没有考虑犯罪的空间分布情况，其仅仅是根据研究者主观的分割标准进行路段的划分。这导致街面盗窃犯罪在研究之初就已经被人为地进行了分类，其所展示的街面盗窃犯罪的空间分布不再是真正意义上的街面盗窃犯罪的空间分布，而是街面盗窃犯罪被研究者依据所在的路段进行分类后所产生的分布情况。为了更好地阐明路段划分的主观性所带来的问题，我们来看下面的这个例子：假设在研究的街道中，所有的街面犯罪都只聚集在一个很小的路段之上。但是在分割街道的时候，这个很小的路段上恰好产生了一个分割点，将这个热点路段分割成了不同的两个路段。这样就会造成以下两个后果：1. 热点的距离被人为地扩大，从一个很小的路段变成了所划分的两个路段；2. 街面犯罪的聚集程度被低估，因为原本高密度的犯罪空间被分割到了两个更大的空间之中。（可参照下面的示意图）

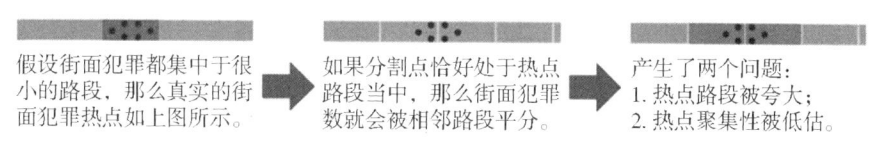

图 5　路段制图的缺陷

如果我们减小分割所得的路段长度，将街道切成大量的短小路段，那么在一定程度上，能够降低第一个问题发生的可能性，但是这却会使得第二个问题变得更加严重。举个很极端的例子，如果将路段长度设为一毫米，那么一个路段上最多只会发生一个犯罪，这时各个路段的街面犯罪数量就只有 1 和 0 的差别。而且现实中，过于短小的路段也会失去指导警力布防的意义，因为任何一个理智的警察部门都不会每隔几米就设定一个仅仅一两米的路段作为重点巡防的目标空间。

相对来说，核密度制图的优势在于，在研究之初并没有对街面有任何预先的分类。其之后进行分类的依据是通过核密度函数所计算出来的街面犯罪的密度值。相比于路段制图这更加灵活和准确。但核密度制图也同样遭到了不少的质疑。有学者指出："核密度制图容易得出虚假的犯罪热点位置。由于带宽的存在以及核密度方程的空间平滑作用，核密度会在两个犯罪地点间创造一个热点而不是指出真正的热点在哪里。"①笔者承认上面的问题在热点制图时确实存在，可是，笔者并不认为这是核密度制图方法本身产生的缺陷。理由主要有以下两点：

第一，不论何种估计方式都会造成信息缺失，产生与实际情况的偏差。我们知道，犯罪地点是一个个的点数据，而路段或者区域是一个线数据或者面数据。点是最基本的空间单位，线和面都可以由无数个点组成，所以线和面所包含的信息要远大于点。要从点出发拟合线和面必然需要进行信息的填补与估计。换言之，要将犯罪地点这样的点要素转换成路段这样的线要素或是区域这样的面要素，必然需要对路段或者区域内其他位置的犯罪数量进行估计。不论是路段制图还是核密度制图都是在完成一个空间估计的过程。路段制图是将各个路段上的犯罪数量平均分布到整个路段上，而核密度制图则通过空间平滑②的方法将搜索区域范围内的犯罪数量以核密度函数加总到中心位置。不论是平均分布还是空间平滑，都必然会在不同程度上损害犯罪地点位置信息的精确程度。是以，只要进行路段或者区域的估计就不可避免地会产生一定的偏差。而相比于平均分布的路段制图，核密度制图更加精细而准确，结果也更加可靠。可以说，目前来看，核密度估计是最可靠的估计方式。

第二，核密度制图产生虚假热点本身就是个伪命题。在进行核密度制图时，有一个必须要设定的参数，就是搜索半径，也即上文提到的带宽。搜索半径决定了在计算中心点的犯罪密度的时候，多大范围内的犯罪得以纳入分析。而搜索半径的选择应该是根据研究需要的精度以及犯罪数据分布的情况来确定。如果将搜索半径设定为50米，那么也就默认了观察者是在直径100米的观测窗口下进行观察研究的。这时，如果观察者进一步把放大地图的比例尺，在更小的观测窗口观察热点的分布情况，当然可能会发现热点呈现在两个聚集点之间，因为这时的观察窗口要小于研究者所预先设定的。之所以造成核密度制图会产生虚假热点的假象，很大程度在于研究者没有设定符合自己观察需要的搜索半径，而不是核密度制图技术上的缺陷。图六就很好地说明了这个问题（图中线段代表搜索区域的直径长度）。

---

① Justin Song, Richard Frank, Patricia Brantingham & Jim LeBeau, *Visualizing the spatial movement patterns of offenders*, in ACM SigSpatial 2012 Proceedings of the 20th International Conference on Advances in Geographic Information Systems，2012，pp.554 - 557.

② 空间平滑是将某点周围地区（定义为一个空间窗口）的平均值作为该点的平滑值，以此减少空间变异的一种方法。而常用的核密度估计法以及移动搜索法就是空间平滑的两种基本的方法。——参见［美］王法辉：《基于GIS的数量方法与应用》，姜世国、滕骏华译，商务印书馆2009年版，第35页。

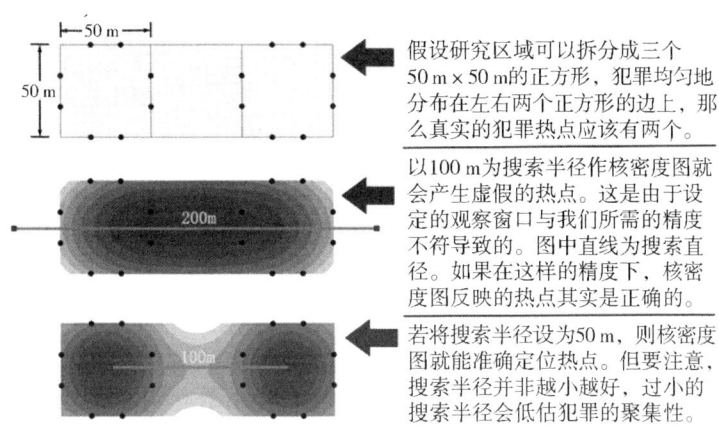

图 6 带宽与核密度制图

虽然目前来看,核密度制图是最为精准的热点制图手段,但是实际上,核密度制图并不适合街面犯罪的热点探测。众所周知,街面犯罪发生于街道空间当中,所以街面犯罪呈现带状分布的特点。而核密度制图设计之初并没有考虑到这一点,它是以整个空间区域作为研究对象,所以在图 4 上,我们可以清楚地看到核密度制图得到的犯罪热点并不在街道上。这就违背了街面犯罪的空间特性。

同时,核密度制图呈现的空间热点无法为我们的进一步研究带来帮助。不像路段制图明确地给出了一个热点路段,核密度制图虽然划出了一个热点空间,但是却并没有明确地告诉我们哪条路段是犯罪热点。而由于核密度制图的热点与道路的分离,也使得将热点投射到路段上成为不可能。如果不能准确地将热点定位到路段上,那么之后要进一步分析街面犯罪的影响因素、产生机理、防治措施等问题就无从下手了。

三、新思路:核密度路段制图及双侧制图

(一)核密度制图与路段制图的结合

如前所述,路段制图和核密度制图各有优缺点。路段制图的优点在于符合街面犯罪的空间分布特征,便于进一步开展研究,缺点在于不够精确。核密度制图的优点是可视化效果好,热点定位精确,缺点是没有考虑街面犯罪空间分布的独特性。如图 7 所示,对比两者的优缺点,我们不难发现,核密度制图与路段制图的优缺点正好能够形成互补。因此,笔者思考,将两种制图方式结合起来,是否正好能够取长补短,进一步提高街面犯罪热点制图的科学性。

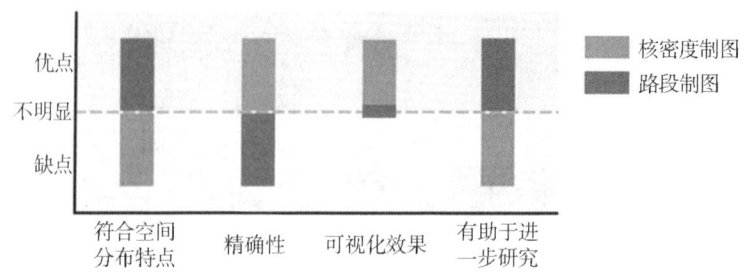

图 7 核密度制图与路段制图优缺点对比

接下来的问题是,如何取长补短地将两种犯罪热点制图科学地结合起来。对于这一问题,本文认为需要考虑以下两个方面:

其一,为了避免过多的主观因素参与到路段的分割上,我们不能预先设定路段的分割标准,而是应该采用核密度制图的方式预估整个路段上的犯罪密度情况,以核密度函数计算出来的犯罪密度作为分割路段的标准。

其二,为了弥补核密度制图没有考虑街面犯罪空间分布特点的缺陷,必须先将街面犯罪地点移动到表征道路的线要素上。如此一来,核密度制图探测到的街面犯罪热点就不会与道路相分离了。

基于上述思考,核密度路段制图的详细过程应当如下:首先,将处于道路两侧的作为街面犯罪地点的点要素按照其与道路形成的垂线移动到作为道路的线要素之上。其次,用移动后的街面犯罪地点作为分析对象,进行核密度分析。根据所计算的街面犯罪的密度值对整个空间区域进行分类。笔者建议采用上文提到的自然间断点法,因为这种分类方法能够最大程度提高各类别的区分度。然后,依据各类空间之间的边界对道路进行打断,并按照路段所在空间的犯罪密度等级进行分级。最后,依据路段的等级进行可视化处理,统计各个路段上的街面犯罪数量以便进一步分析研究。图 8 对核密度路段制图的整个流程进行了展示。

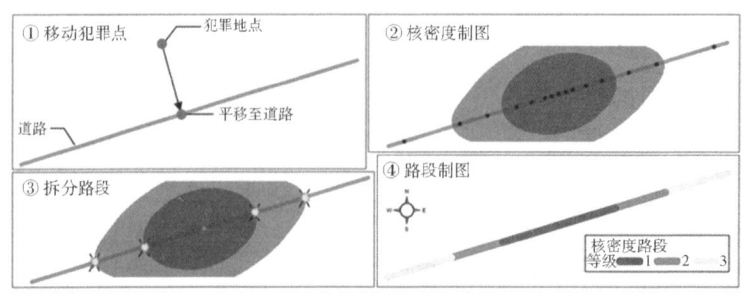

图 8 核密度路段制图示意流程

按照上述制图方法,笔者根据本研究区的街面盗窃犯罪分布情况,制作了本研究区内街面盗窃犯罪的核密度路段图。(见图9)为了和上文的制图分析相统一,笔者设定搜索半径为50米。与核密度制图和路段制图进行对比,我们可以明显看出:相比于路段制图,核密度路段制图更加精确,路段的拆分也更加合理,而相比于核密度制图,核密度路段制图则更符合街面盗窃犯罪的空间分布特征,也便于准确定位热点路段。笔者可以得出这样的结论,核密度路段制图很好地结合了核密度制图以及路段制图的优点,同时也对核密度制图以及路段制图的缺点进行了一定程度的弥补。

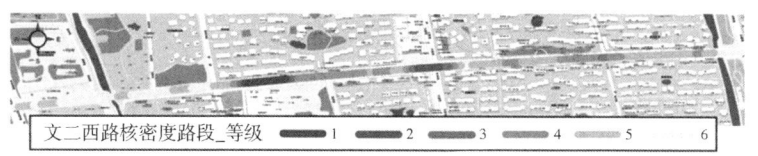

图9　街面盗窃犯罪核密度路段图

采用量化对比的方法或许能够更加直观地反映核密度路段制图的优势。本研究中,笔者首先进行了100米路段制图、50米路段制图以及核密度路段制图,并统计了各个路段上发生的街面盗窃犯罪数量。然后,对100米和50米的路段,按照各个路段上发生的街面盗窃犯罪数量进行降序排列;对核密度路段先按照等级进行排序,再在等级内部按照街面盗窃犯罪数量进行降序排列。之后,根据排序情况,依次累加街面盗窃犯罪的数量以及路段的长度。最后,分别绘制100米路段、50米路段以及核密度路段上街面盗窃犯罪累积数量与道路累积长度之间的关系图,以进行比较。(见图10)

之所以加入50米的路段制图,是为了考察以100米为搜索长度的核密度制图相比于50米路段制图是否更具优势。图10显示,在相同的观察窗口下,核密度路段制图能够更加精确地发现热点路段。而与拥有更高观察精度的50米路段制图相比,在最初的A区域中,核密度路段依然能够通过最短的路段发现最多的犯罪,这就说明了核密度路段制图对于热点更加准确、敏感。随着道路长度增加,核密度路段制图与50米路段制图之间的差距开始减少,到达C区域时,核密度路段制图的准确度开始低于50米路段制图。但如果我们仔细地分析下C区域,我们就很容易发现原因。C区域一共增加的街面盗窃犯罪数量大约为75个,但是路段长度累积增加了850米。所以,本文认为造成这一问题的主要原因在于,核密度路段制图在拆分路段时,并没有过多地关注那些犯罪密度较低的路段,它将这些长度较长但却并不重要的路段笼统地划分成一类。笔者以为,这并不是核密度路段图的缺点,相反,能够不对这些低犯罪率区域进行过度地拆分,

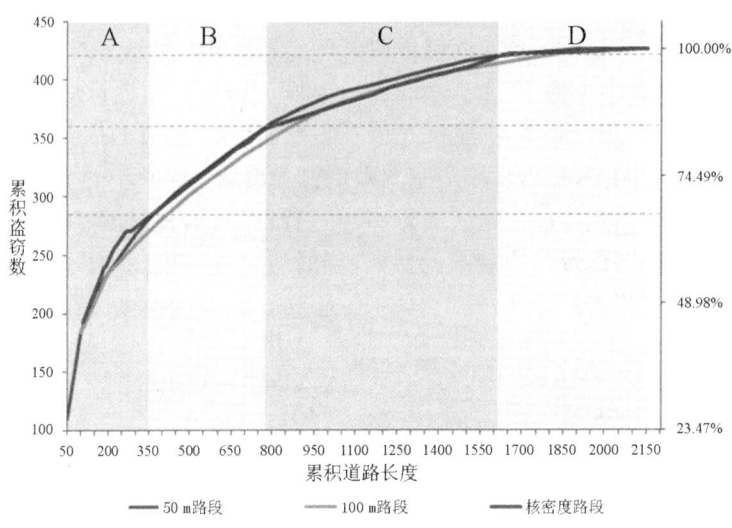

图 10 核密度路段制图与路段制图比较

这反倒可以作为核密度路段制图的另一个优势。而且通过观察 A 区域，我们可以发现，对于不超过大约 70% 的街面盗窃，核密度路段制图都可以用更短的路段发现更多的犯罪。可以说，核密度路段制图对于街面犯罪热点的灵敏度远高于路段制图。

（二）双侧核密度路段制图思路的提出

现有的街面犯罪热点制图都没有考虑到街面犯罪分布的一个重要特点，即街面盗窃犯罪分布在道路的两边而非道路之上。如果研究对象是不划分机动车与非机动车道的双向车道道路，那么这个问题并不明显，因为这些狭窄而又便于横穿的道路无法对道路两侧的空间起到足够的阻隔作用。这些道路两侧的空间环境因素存在着交互影响，此时，在道路上找寻街面犯罪热点的位置不会产生任何问题。但是，如果像本研究区这样机动车与非机动车道分离的双向四车道道路，情况就完全不同了。由于机动车道的阻隔，道路两边的空间产生了分离，道路两边空间环境因素的交互作用减弱，甚至可以忽略不计。而本研究区的机动车道两边还设置有绿化隔离带，阻隔作用得到进一步加强。此时，仅仅考虑整个路段上的犯罪情况是不合理的，因为道路两侧空间的犯罪分布情况差异极大。图 11 就是一个最好的例子。

图 11 所展示的是，核密度路段制图所显示的两个明显的街面盗窃犯罪热点。我们可以发现，热区 A 中，道路两边的街面盗窃犯罪分布呈现明显的差异，而热区 B 由于处于十字路口，道路两边的空间环境的交互性较好，街面盗窃犯罪

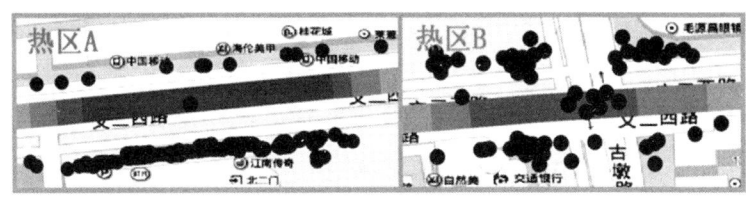

图 11　热区对比

分布较为一致。如果我们只是将整个路段作为研究对象进行分析，就很可能错误地以为，不论是在道路的哪一侧，热区 A 的街面盗窃犯罪密度都要高于热区 B 的街面盗窃犯罪密度。但实际情况却不尽如此。热区 A 北侧道路的街面盗窃犯罪密度不仅不如热区 B 的任何一侧，而且从我们整个研究区的情况来看，热区 A 北侧的道路甚至都不能称为一个热点路段。为了避免产生这样的谬误，笔者认为，像本研究区这样对道路两侧空间有较强阻隔作用的双向四车道，很有必要进行道路双侧的犯罪热点制图。

以本研究区为例，笔者进行了双侧核密度路段制图的尝试。第一，将道路两侧的空间一分为二。第二，将表征道路的线要素复制、平移到道路的两侧，并将街面盗窃犯罪地点平移到所在空间的一侧道路上。第三，在每一侧道路空间上进行街面盗窃犯罪的核密度分析。第四，将两个道路空间的街面盗窃犯罪核密度数值根据所在空间范围进行裁剪。第五，合并裁剪的核密度数值。第六，重新对整个空间的核密度数值进行分类。第七，根据核密度数值产生的分类进行路段制图。简言之，就是对道路两边的空间分别进行核密度探测，然后综合两个空间的街面犯罪密度值，进行核密度路段制图。图 12 是对双侧核密度路段制图流程的简要说明。

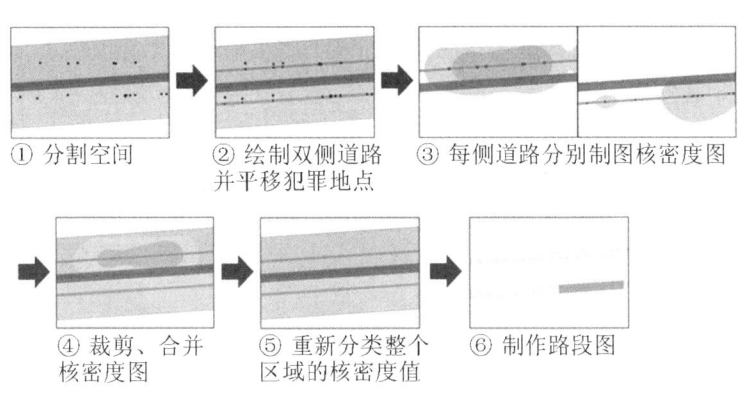

图 12　双侧核密度路段制图的流程简述

本研究区根据上述方法,将核密度分析的搜索半径设置为 50 米,采用自然间断点方法进行分类,最终得到如下的双侧核密度路段图:

图 13　街面盗窃犯罪双侧核密度路段图

接下来需要检测下,双侧核密度路段制图是不是比核密度路段制图以及观察窗口更小的 50 米路段制图更具有优势。笔者依然采用上文提到的比较方法,通过依次累加排序后的路段的街面盗窃犯罪数量以及路段长度,绘制街面盗窃犯罪的累积数量与路段的累积长度之间的关系图,从而来比较这三种方法对于街面犯罪热点的敏感程度。(见图 14)由于双侧核密度路段制图进行了道路双侧的分析,其路段的累积长度是另外两种制图的一倍,所以笔者为了统一标准,在比较时采用了累积的道路长度占比来替换累积路段长度,以累积的街面盗窃犯罪数量占比替换累积的街面盗窃犯罪数量。

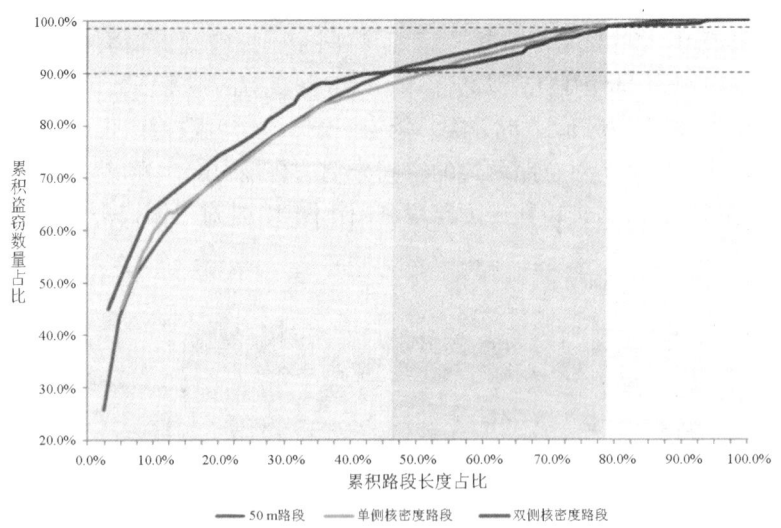

图 14　双侧核密度路段制图与核密度路段制图以及 50 米路段制图的比较

从图 14 中我们可以明显地看到,对于本研究区来说,针对 90% 以下的街面盗窃犯罪,双侧核密度路段制图都能够以最少的路段发现最多的街面盗窃犯罪。而对于那些街面盗窃犯罪数量较低的路段,双侧核密度路段制图也没有进行过度的拆分。所以,最后我们可以得出这样的结论:本研究区中,双侧核密度路段制图对于街面盗窃犯罪的热点路段更加敏感,更适合我们的研究区,所绘制的街面盗窃犯罪热点路段也更加准确。

四、重新审视影响街面犯罪热点的空间环境因素

空间环境因素与犯罪热点的形成息息相关。"城市犯罪受城市的物理环境条件和空间特性的影响,有时环境及空间形式的不同,导致犯罪种类、发生过程及犯罪属性的不同。"[①]而作为犯罪条件的空间环境因素在犯罪防治上也有着重要作用。"'条件'是可控的和容易改变的,而'原因'则是结构性和难以改变的。控制并消除犯罪条件是一种比消除犯罪原因(尤其是深层次的犯罪根源)更具可行性的解决方式。"[②]

准确的犯罪热点定位是认识犯罪热点及其空间环境因素的前提。在以往的方法下,由于犯罪定位的不精确,很容易对诱发犯罪的环境因素产生错误认识,容易忽略一些重要的环境因素,甚至会将一些非犯罪诱因的环境也纳入考量之中。那么更为准确的双侧核密度路段制图又能否指引我们重新审视犯罪热点与其空间环境因素的关系呢?接下来,我们将视线投射到双侧核密度路段制图发现的热点当中。

本研究根据双侧核密度路段制图定位了一级热点1个,二级热点4个。首先,让我们将目光集中在犯罪聚集程度最高的一级路段上。该一级路段(见图15)长度为126.95米,占所有路段长度的3.00%。该路段上发生的街面盗窃犯罪数量有192起,占总的街面盗窃犯罪数量的45.07%。在本研究区中,有将近一半的街面盗窃犯罪仅仅发生在这短短的百米多的路段上,再次证实街面盗窃犯罪有着明显的集中性。该一级路段对街面盗窃犯罪的吸引作用远远高于其他路段,这暗示着,该路段中有着吸引街面盗窃犯罪的重要因素。

分析图15我们发现,西城广场是该路段上仅有的建筑物。而西城广场在本研究中既扮演着大型购物中心的角色又是该地域的标志性建筑。可见,街面盗窃犯罪聚集于此并不是一个巧合。目前的研究已经指出,标志性建筑物对于盗窃犯罪有着极强的吸引力,商业密度对于犯罪的空间分布也有显著的影响。[③]本研究再次证实了这一情况,并进一步发现,拥有标志性建筑物和大型商业中心双重属性的建筑物,对于街面盗窃犯罪有着极其巨大的吸引作用,而且这种吸引

---

① [日]伊藤滋:《城市与犯罪》,郑光林、夏金池译,群众出版社1988年版,第3—4页。
② 马瑞:《城市"易犯罪"空间研究》,清华大学博士学位论文,2010年,第26页。
③ 单勇:《犯罪热点成因:基于空间相关性的解释》,载《中国法学》2016年第2期。

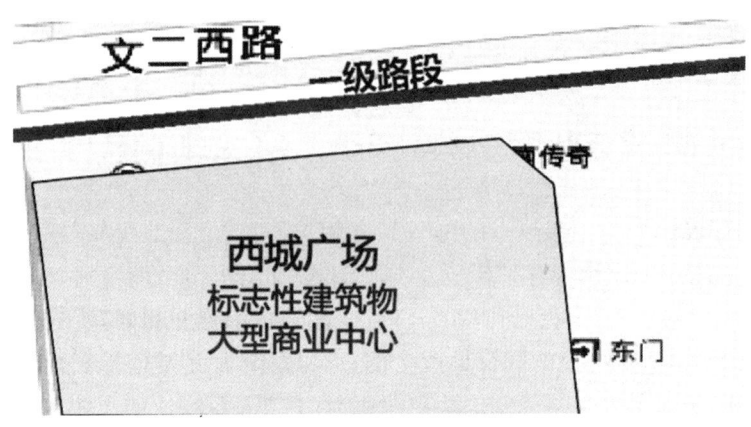

图 15　一级街面盗窃犯罪路段

作用要远远高于一切其他的空间环境因素。

然后,我们将目光投射到本研究区的四个二级热点上。本研究区中,二级路段一共4条(见图16),总长度为264.51米,占所有路段长度的6.14%,其上共发生有街面盗窃犯罪78起,占研究区中街面盗窃犯罪总数的18.31%。其中二级路段 A 与 B 处于道路的两侧,位于一个繁华的十字路口区域。该十字路口区域的东北角、和西南角是商业聚集区,西北角是一个大型写字楼,而东南角是小型公司及小型的银行营业厅。这就很好地解释了为何二级路段 B 并没有延伸至十字路口的东南角位置,因为小型的公司与银行并不能吸引足够的人流量,从而为街面盗窃提供潜在可能。分析这两个二级路段,可以发现,处于繁华的十字路口上的商业区以及大型写字楼对于街面盗窃犯罪也有着很强的吸引作用。

而另外两个二级路段——二级路段 C 与 D,则有着与路段 A、B 不一样的空间环境因素。二级路段 C 与 D 并非道路两侧的对向路段,也并不毗连,却有着惊人的相似性。这两个路段本身都是沿街店铺聚集区域,且正对公交车站。它们附近都存有小区进出口以及交叉路口。基于这样的相似性,笔者认为,公交车站所在的沿街店铺群应是吸引街面盗窃犯罪的主要因素,因为它们所在的位置正巧位于街面盗窃犯罪的热点路段之上。而交叉路口和小区进出口并没有形成如此强烈的街面盗窃犯罪聚集效果,但是这两种空间环境因素也提供了更强的流动性以及更多的人流量,在一定程度上促进了附近区域的街面犯罪聚集程度。所以,C、D 两个热点路段的形成主要受到公交车站附近的沿街店铺群的吸引作用,而交叉路口以及小区进出口则进一步增强该路段对于街面盗窃犯罪的吸引力。可以说,C、D 两个热点路段的形成是这四个空间环境因素相互作用的结果。

图 16 二级街面盗窃犯罪路段

总结一下,我们可以得到以下的发现:第一,作为标志性建筑的大型商业购物中心对街面盗窃犯罪有着极强的吸引力,大量的街面盗窃犯罪活动会受其影响聚集于此从而产生高密度热点。第二,繁华的十字路口的商业区以及大型写字楼路段也对着街面盗窃犯罪有着一定的吸引力,进而产生次一级的热点。第三,公交车站所在的沿街店铺群对街面盗窃犯罪的吸引作用或许并没有繁华的十字路口的商业区以及大型写字楼路段那么强烈,但是它会受到交叉路口以及小区进出口的影响而进一步增强,从而也产生次一级的热点。可见,在分析热点产生原因的时候,我们不仅应该考虑单独空间环境因素的作用,还不能够忽视多种空间环境因素的相互作用。

五、双侧核密度路段制图的理论价值

(一) 深化对犯罪空间分布规律的认识

以往的研究已证明,犯罪的空间分布呈现明显的聚集性和稳定性。1986年,Pierce、Spaar 和 Briggs 在对波士顿的研究中就发现犯罪呈现聚集性的特点。[①] 1989 年,Spelman 和 Eck 估计10%的地点发生了大约60%的犯罪。[②] 同年,Sherman 等人,在明尼苏达州明尼阿波利斯的研究中发现,50%的报警电话仅仅来自3.5%的街道地址[③]。在 1995 年对印第安纳波利斯和堪萨斯市的研究

---

① Glenn L. Pierce, Susan Spaar & LeBaron R. Briggs, *The character of police work: Strategic and tactical implications*, Boston, MA: Center for Applied Social Research, Northeastern University, 1988.

② William Spelman & John E. Eck, *Sitting ducks, ravenous wolves and helping hands: New approaches to urban policing*, 35 Public Affairs Comment, 1-9(1989).

③ Lawrence W. Sherman, Michael Buerger & Patrick Gartin, *Repeat Call Address Policing: The Minneapolis RECAP Experiment*, Final Report to the National Institute of Justice, Washington, DC: Crime Control Institute, 1989.

中，Sherman 等人进一步发现，枪支犯罪也存在聚集性[1]。同年，Spelman 指出一些地点的犯罪聚集特性在很长时间内保持稳定。[2] 2004 年，Weisburd 等人的西雅图研究发现，从 1989 至 2002 年期间，50% 的犯罪仅仅发生在 4.5% 的路段上，而且在这 14 年中，这些犯罪聚集点保持稳定。[3] 近年来，我国的研究也证实了犯罪空间分布的聚集性和稳定性。单勇教授及其团队发现，在其研究区的总计 686 个路段中，有 66 个路段上就发生了超过 50% 的盗窃犯罪。[4] 进一步，单勇教授发现，7 年间，其研究区中 10.99% 的盗窃犯罪持续发生于 1.11% 的区域内，30.79% 的盗窃犯罪持续发生于 5.17% 的区域内，52.11% 的盗窃犯罪持续发生于 10.53% 的区域内，从而验证了热点稳定性，得出盗窃犯罪热点较长时间内在一定程度上保持相对稳定的结论。[5]

上述研究侧重于证明热点的存在，却没能进一步说明热点的成因。相比于探寻引发或促进热点产生的空间环境因素，我们通常更倾向于采用日常行为理论[6]来解释热点的产生。将热点的产生归因于有动机的犯罪人、合适的目标以及监护的不足这三者的聚集本无可厚非，但是这样的解释仅仅阐明了热点产生的潜在机理，对于导致这些因素在犯罪热点聚集的原因却没有给出进一步的解答。这对于进行犯罪防治是十分不利的，因为它缺乏了从理论联系到实践的桥梁。理解空间环境因素在热点产生中所扮演的角色就能起到桥梁的作用。而目前的研究也表明，犯罪热点的聚集确实很有可能受到空间环境因素的影响。[7] 但是对于产生犯罪热点空间环境因素的研究还缺少大量的实验证据予以支撑。

双侧核密度路段制图从一个微观的视角，得到了以下发现：

---

[1] Lawrence W. Sherman & Dennis P. Rogan, *Effects of gun seizures on gun violence: "Hot spots" patrol in Kansas City*, 12 Justice Q. 673-693(12).

[2] William Spelman, *Criminal careers of public places*, in John E. Eck & David Weisburd(ed.), *Crime and Place, Crime Prevention Studies*, Vol.4, Monsey, NY: Criminal Justice Press, 1995, pp.115-144.

[3] David Weisburd, Shawn Bushway, Cynthia Lum & Ming yang Sue, *Trajectories of crime at places: A longitudinal study of street segments in the city of Seattle*, 42 Criminology, 283-322(2004).

[4] 单勇、阮重骏：《城市街面犯罪的聚集分布与空间防控——基于地理信息系统的犯罪制图分析》，载《法制与社会发展》2013 年第 6 期。

[5] 单勇：《基于热点稳定性的犯罪空间分布规律再认识》，载《法制与社会发展》2016 年第 5 期。

[6] Lawrence E. Cohen & Marcus Felson, *Social Change and Crime Rate Trends: A Routine Activity Approach*, 44 Am. Sociol. Rev. 588-608(1979).

[7] 单勇：《犯罪热点成因：基于空间相关性的解释》，载《中国法学》2016 年第 2 期。

1. 肯定了犯罪的聚集特性。本研究中3.00%的路段上发生45.07%的街面盗窃犯罪,9.14%的路段上集中63.38%的街面盗窃犯罪。这是对犯罪聚集性的又一次证明,同时也是对于热点警务的又一个有力支持。

2. 肯定了作为标志性建筑物的大型商业中心是形成街面盗窃犯罪热点的重要因素。通过观察和对比,本研究发现,作为标志性建筑物的大型商业中心对街面盗窃犯罪有着极强的吸引力。这进一步明确了作为标志性建筑物的大型商业中心在促进热点产生过程中所起的作用。此发现为空间环境因素与犯罪热点的关联性提供有力的支持。

3. 发现了两种重合的空间环境因素作为犯罪诱因所产生的叠加作用。繁华的十字路口的商业区以及大型写字楼路段是重要的防控区域,十字路口的人流量与商业区和大型写字楼带来的人财物的聚集相互影响最终导致犯罪热点的形成。这表明,两种重合的空间环境因素(繁华的十字路口及位于其上的商业区和大型写字楼)作为犯罪诱因能够相互叠加,并形成犯罪热点。

4. 发现了临近的多种空间环境因素之间犯罪吸引力的交互作用。本研究发现,在交叉路口和小区进出口附近的公交车站所在位置的沿街店铺群也是吸引街面盗窃犯罪的主要因素。这一发现不仅仅是对形成犯罪热点的空间环境因素的补充,更提示我们要对诸多空间因素的交互作用进行考量。交叉路口带来的流动性,小区进出口带来的人流量,公交车站产生的人流量和沿街店铺群所导致的人财物的集中,这几种要素相互纠缠,互相促进,从而导致犯罪热点的产生,这是以往的研究所忽略的。以往的研究大多采用回归分析等统计手段,将各个空间因素单独作为一个因素进行分析而忽略了这些因素相互之间的交互作用。本发现证实了这种交互作用是存在的,而且对于热点的形成也起到了关键的作用。

(二)犯罪热点治理的精确化

正如本研究指出的,热点路段拥有各自不同的空间环境因素,这暗示了各个热点路段拥有不一样的形成机理和各自的特点。一级路段作为大型商业中心与标志性建筑物的所在区域,长期拥有高密度的人流量以及钱财物的集中是导致其成为犯罪热点的关键因素,这是其他热点路段所不具有的重要因素。而同样被划分为二级热点的各个路段也并非完全相同。本研究中,第一种二级热点路段是由繁华的十字路口以及位于该路口的商业区与大型写字楼的综合作用形成的。而第二种二级热点路段则是交叉路口、小区进出口、公交车站、沿街店铺群这四种空间环境因素相互作用产生的。不同的形成机理就应该采用不同的防治策略,才能对症下药。如果不考虑二者的差异而等同视之,采用一刀切的治理方案,则很难取得全面有效的防治效果,甚至还会造成大量的警力资源的浪费。所以,热点治理的精确化必须要考虑各个热点各自的独立性、独特性,理解它们的差异,在此基础上制定有针对性的治理方案。这和刑法中"量刑个别化"的理念类同,所以笔者希望能够在此提出"犯罪热点治理个别化"的理念。

笔者认为,犯罪热点治理精确化或者说"个别化"应该包含以下几个步骤:第一,发现热点。这要求研究者在微观的地理空间上发现犯罪热点,对犯罪热点进行精确定位。第二,认识热点。需要研究人员从经验、常识、理论和实际出发对于每个作为犯罪热点的微观地理空间进行分析,理解热点的特性、空间环境因素、成因。将相似的热点进行归类,不同的热点进行区分。第三,制定方案。通过对每一类热点的特性、成因和环境因素的把握,制定出有针对性的治理方案。第四,治理热点。对每类犯罪热点实施有针对性的方案。第五,评估效果。对各个犯罪热点的犯罪治理情况进行评估。如果评估表明方案有效则继续实施,如果方案并没有取得显著的效果,那么就需要思考问题的症结,到底是热点认识的不足,还是制定的方案针对性不够,抑或是治理措施没有得到良好的执行。如果问题出在热点认识不足则重新回到第二步,如果问题是制定的方案针对性不够则返回第三步,如果是治理措施没有得到完整的执行那么则返回第四步,然后再次循环。所以这些步骤不是线性的,而应该是循环往复的。同时,即使评估效果显著也并不能使之成为最终的步骤,因为任何的策略不是一劳永逸的。城市的

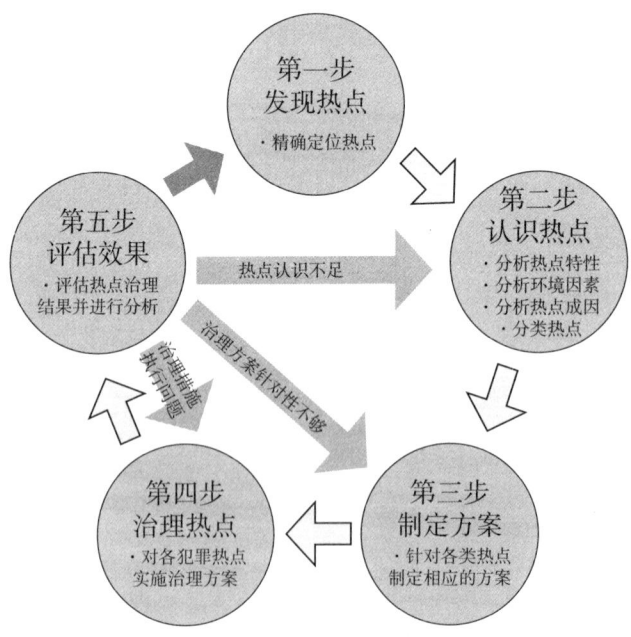

图 17 犯罪热点个别化防治流程图

发展常常导致重大的环境变化,而人们生活方式的转变也会使得空间环境因素的作用发生改变,同时犯罪活动自身也存在变化的可能,所以当时行之有效的治理方案很可能在这些变化中失去效果,研究人员需要时常回归第一步来重新对城市热点进行定位、分析。

(三)促进环境犯罪学、犯罪地理学的交融

环境犯罪学在融合了建筑学和城市规划等学科的知识的基础上,着重强调犯罪与环境之间的相互作用,以期通过改善那些利于引发犯罪的空间因素从而达到减少犯罪的目的。犯罪地理学则将视角集中于城市犯罪的空间分布、犯罪热点的空间演化等问题之上,并以此为基础从而提出空间防控的理论模型与应用计划。二者虽然是因为侧重点的不同而产生的两个不同学科,但是在犯罪治理,特别是犯罪的空间防治方面,拥有着极强的联系。在犯罪热点研究中,我们既需要关注街面犯罪的空间分布状况、空间聚集,也需要分析空间环境对街面犯罪发生的影响。

在本研究中,双向四车道将城市街面空间分割为两侧相互独立的区域,从而促使我们必须要进行双侧制图才能获得精确的热点定位信息。可见环境因素对于犯罪的空间分布有着至关重要的影响,不考虑环境因素而进行的犯罪分布的探测与研究很难做到精准、精确。同样的,对于犯罪热点的分析只有在准确测量了犯罪分布情况的基础上才能获得正确的认识。本研究中二级热点路段成因的发现就是一个很好的例子。二级热点路段的成因可谓十分复杂,是两个或多个空间环境因素相互关联之后产生的结果,如果不是在微观层面准确定位犯罪的地点很难发现这样的热点形成机理。可见,在犯罪热点研究中,环境犯罪学与犯罪地理学应当相互补充,而非割裂地对待犯罪热点的问题,它们都是空间防控研究中不可或缺的重要环节。

(四)推动研究方法聚焦微观城市空间

上文已经谈到,如今很多的研究人员都已将研究目光集中到了微观层面的地理空间之上。目前来看,这样的思维与视角的转变确实引发了许多新的思考并带来了理论的突破,如热点警务、情景预防、预测警务、问题导向警务等理论的产生都是基于这一视角转变所产生的结果。

但是就目前来看,国内外学者似乎仅仅意识到将视角投入微观地理空间的重要性,而没有重视在研究方法上对于微观地理空间的关注。可以说,研究方法与研究内容是相辅相成的,适合的研究方法才能更好地帮助我们进行相关的研究。但就目前来看,犯罪热点的研究在方法上还是比较注重对整个区域的考量,比如研究中最为常见的回归分析,而没有很好地针对各个作为热点的微观地理

空间进行思考。现在大多的研究都没有对微观地理空间进行有效的把握、细致的分析,往往将各种地理空间一视同仁,一刀切地进行分析和研究。这样就难以发现微观地理空间之间细微的不同以及这些差异对于热点分布的影响。而这些细微的差异事实上却是极为重要的。正如本研究所指出的那样,对两侧空间相互独立的道路类型应采用双侧制图,对普通的道路类型应采用单侧制图,如果不进行区分则容易得出不准确的结论。

六、基于双侧核密度路段制图的犯罪治理策略优化

本研究中,双侧核密度路段制图为我们提供了更加精确的热点定位,也促使我们更加细致地审视了热点的空间环境因素。在这些基础上,我们也应该进一步思考如何制定更有针对性的防控策略,以最低的警力投入,产生最佳的犯罪打击效果。下面,笔者以本研究区的热点路段为例,探讨以双侧核密度路段制图为根据的犯罪治理策略的优化方案。由于二级热点路段的形成相对复杂,它们存在一定的差异需要分类讨论。笔者将二级路段分为两类:第一类是处于繁华的十字路口的商业区以及大型写字楼路段 A 与路段 B;第二类是位于沿街店铺聚集区域,正对公交车站,且附近存在小区进出口以及交叉路口的路段 C 与路段 D。

(一) 一级热点对策:固定警务岗

设置警务岗是一种常见的街面犯罪防治手段。其对于街面犯罪有着极强的威慑作用,能够在第一时间发现犯罪、逮捕罪犯,但是由于需要常驻警员,这容易导致警力的浪费。所以警务岗应当设置在街面犯罪密度最高的区域以最大化地发挥其威慑作用,并降低警力浪费的可能。在本研究区中,一级热点路段最适宜进行警务岗的设置。

上文已经对于该一级热点路段进行了描述。该路段由于受到作为标志性建筑物的大型商业中心的影响,成为整个研究区街面盗窃犯罪密度最高的热点区域。这段热点路段本身并不长,仅仅百米多,但却拥有研究区中将近一半的街面盗窃犯罪。对该路段进行重点布防投入小、收益高,这是其他区域所不能比拟的。所以,本研究区的街面犯罪布防重点应该放在这短短百米的路段上。而在该路段上,作为标志性建筑物的大型商业中心是其中的关键因素。拥有标志性建筑物的大型商业中心为该路段带来了大量的人流量还有财物的高度聚集。面对这样稳定而又高密度的人、财、物的集中,仅仅安排定时巡逻难以起到良好的作用,因为这会产生大量的警力真空时间以供犯罪人实施犯罪行为。而同时,该区域也难以寄希望于商户进行第三方警务的防控,因为大量的人流量,带来大量

的交易机会,商户会将主要的精力投入到商业活动之中,无法拥有更多的精力来实施第三方警务。所以针对这样的重点路段,设定专门的警务岗是最好的防治策略。综上所述,面对这样街面盗窃犯罪高度集中的热点路段,固定的警务岗能够最大化地发挥其威慑作用,在第一时间发现并制止犯罪的发生。而同样因为街面盗窃犯罪的高度集中,设定固定的警务岗并不会造成警务资源的浪费,相反能使警力发挥出最大的作用。

（二）一类二级热点对策:视频监控

视频监控的意义不仅仅是在案件的侦查阶段为办案人员提供证据与线索,其还能够作为情景预防手段对犯罪分子起到威慑作用。目前很多监控区域都设置有提示牌以宣告该区域受到监控,这在很大程度上正是出于这样的考量。当然视频监控也需要考虑成本收益的问题,宽阔而视野良好区域是最为理想的视频监控空间。

二级路段A、B正符合这样的要求。它们处于繁华的十字路口,视野开阔,采光良好,即使在夜间也有良好的照明,能够很好地发挥视频监控的作用。同时,虽然这两个一类二级热点受繁华的十字路口的影响,拥有良好的流通性,并且其所在的位置不是商业聚集区就是大型写字楼,使得其拥有足够的人流量以及钱财物的集中,为街面盗窃犯罪的产生提供了条件,但是相比一级路段中作为标志性建筑物的大型商业中心,其犯罪吸引力并没有那么强烈,其犯罪密度无法与一级路段相当。如果像一级热点路段一样设定固定警务岗,很可能会造成警力的浪费。故而笔者以为,针对这样的区域适宜布置监控装置,并通过提示牌等手段发挥出监控装置的威慑功能,从而能够在很大程度上抑制街面盗窃犯罪的发生。

（三）二类二级热点对策:第三方警务

第三方警务意指,警察通过劝说或强迫非犯罪行为人采取超出其日常活动范围之外的行动,以期间接减少其他人造成的混乱并较少犯罪发生的可能性的一种手段。[①] 第三方警务最终目标仍然是实际的和潜在的犯人,但第三方警务的直接目标是被认为对罪犯实施犯罪的空间环境有一定处分权力的非犯罪人。[②] 这样的非犯罪人可以是家长、商店老板以及土地所有人。第三方警务能够在几乎不增加预算的情况下,大大增加打击犯罪的力量。但须注意,第三方警

---

① Michael E. Buerger & Lorraine Green Mazerolle, Third-party policing: A theoretical analysis of an emerging trend, 15 Justic Q., 301 - 327(1998).

② Michael E. Buerger & Lorraine Green Mazerolle, Third-party policing: A theoretical analysis of an emerging trend, 15 Justic Q., 301 - 327(1998).

务能够有效实施的一个关键因素在于作为第三方的参与者的积极程度以及他们对于犯罪环境所能产生的影响。而这两者在二类二级热点路段上并不成为问题。

二类二级热点路段——路段C与D,是受到交叉路口、小区进出口、公交车站、沿街店铺群这四种空间环境因素的交互影响而产生的。但是这四种空间环境因素所起的作用有强弱之别。小区进出口以及交叉路口只是起到辅助、强化犯罪吸引力的作用。公交车站所在的沿街店铺群才是吸引街面盗窃犯罪的主要因素。所以相对来说,我们应该将更多的注意力放在这两种空间环境因素之上。公交车站所带来的大量人流会受到沿街店铺群的吸引,从而为街面盗窃犯罪提供机会,这是该类热点得以产生的基础。所以沿街店铺群所在路段是实施街面盗窃犯罪活动的主要空间环境。而这些沿街店铺群并不会像作为标志性建筑物的大型商业中心的店铺群一样面对长期大量的高密度人流,它们的经营管理者完全有精力和能力来控制以及改变该路段的空间环境以协助街面盗窃犯罪的治理。而且为了能够提供安全的购物环境以提高交易的可能性,这些店铺的经营管理者也会有意愿提供协助。因此,笔者以为,对于这些区域,第三方警务是一条值得尝试的策略。

另外,由于该类路段正对公交车站,所以还应当考虑到公交车站所带来的人流量的波动情况。笔者以为,针对该类热点路段,可以在实施第三方警务之外,在类似上下班高峰时间,适当地增加巡逻次数,增加每次巡逻时间,以降低街面盗窃犯罪的风险。

A New Method and the Furtherance for Detecting Urban Street Crime Hotspots

Ruan Chongjun

Abstract: Traditional hotspot-detecting methods have not paid attention to micro space and ignore the unique pattern of spatial distribution of street crime. To solve this problem, I suggest a new detection method called "street profile based on kernel density" which combines Kernel density method with Street profile method. And for the roads which both sides are lack of spatial association, I suggest the two-side detection method. This research shows the new methods are more accurate and scientific. This research reaffirms the aggregation of street theft crime and shows that, as the landmark building, the large-scale commercial center has a very strong attraction to street theft crime. The research also finds the combination of the attractiveness of crime from two overlapping spatial environmental factors, and the interactions of the attractiveness of crime among various spatial environmental factors approaching. And this research reveals the necessity of integration between Environmental Criminology and Criminal Geography, and the importance of focusing on micro geographic units in research methods. With this research result, I further put forward the concept and method of individual prevention of crime hotspots. Based on the urban street crime map, the strategy of crime prevention and control in the hotspots is also suggested.

Keywords: Street Crime; Crime Mapping; Urban Criminology

（责任编辑：徐凌波）

行政法学

公私合作的域外适用范围及其行政法治启示

邹焕聪[*]

[摘　要]　当今时代公私合作大力推行的价值意义毋庸置疑,然而在不适当的领地恣意推行公私合作的新模式,可能会带来诸如危及公平公正、忽视公众利益、模糊政府责任等系列负能量。法国的政府核心公务保留、日本的公共领域扩展适用、美国的本质上政府职能标准为人们深入认识公私合作的适用范围提供了典型的、个性的经验,同时德、日、韩等国公私合作的具体适用领域存在着"共性",具体表现在给付行政和秩序行政的适用范围宽窄度上。透过域外公私合作适用领域纷繁复杂的表象,寻找对我国公私合作适用范围完善的行政法治启示,须从担保国家理念的确立、合法行政原则的遵循、适当性原则的约束以及范围清单制度的构建等加以提炼提升。

[关键词]　公私合作;适用范围;法治规律;适用领域;行政法治

一、问题的提出

随着西方公共管理改革思潮的引入和服务型政府的推进,私人参与到原先由政府垄断提供的公共服务渐成燎原之势,不仅基础设施开始向民营资本开放,而且政府承担的公共职能也转由民间组织提供,公共服务由直接生产转为向民间购买,专家参与、行政助手等日益被政府所倚重,所有这一切说明公私合作这种发挥政府之长而又兼采市场优势的公共服务或公共产品治理新机制呈现出勃勃生机。可以说,作为游走在"单纯组织私法化"和"任务完全民营化"两个民营化光谱极点间的模式,公私合作现已成为当代公共行政改革的最新模式。这一新的治理模式不仅有望改变我国长期以来奉行大政府模式,实现政府由生产者向保障者的转变,而且也可能解决因政府垄断经营缺乏竞争造成了公用服务质

---

[*] 邹焕聪,江苏大学法学院。镇江:212013。本文为国家社会科学基金一般项目"政府与社会资本合作协议司法审查问题研究"(18BFX055)、江苏省高校哲学社会科学研究重点项目"政府和社会资本合作(PPP)合同的行政诉讼难题研究"(2018SJZDI035)阶段性成果。

量低劣、效益不佳等严重问题。在我国,国家发展改革委员会、财政部近年来也陆续相继发布了多项有关公私合作(PPP)的文件,比如《国家发展改革委关于开展政府和社会资本合作的指导意见》(发改投资[2014]2724号)、《关于推广运用政府和社会资本合作模式有关问题的通知》(财金[2014]76号)等在公共政策层面对政府和社会资本的合作予以指导和规范,试图通过"允许社会资本通过特许经营等方式参与城市基础设施投资和运营",利用公私合作模式或政府和社会资本合作模式来解决公共治理的深层问题,同时公私合作的行政立法也已经被提上议事日程,力图尽早将公私合作纳入法治化的轨道。

然而,公私合作并不是解决传统弊病丛生的公共行政之"万能妙药"。公私合作犹如一把双刃剑,既可能实现双赢,又可能带来危机。可以说,在不适当的领地恣意推行公私合作的新模式,可能会带来诸如危及公平正义、忽视公众利益、模糊政府责任等一系列负能量。因此,如何约束公私合作的适用范围就成为不可绕过的重要法治话题,特别在我国相关法律制度缺失的情形下,如何借鉴域外公私合作适用范围的有益经验,总结出可资我国效法的一般行政法治规律等,成为促进公私合作法治发展的重要环节。

二、公私合作域外适用范围的典型国家考察:以法、日、美为例

作为公私部门合作完成行政任务的模式,公私合作来自西方国家的新公共管理改革运动。西方国家对民营化、公私合作等具有较为成熟的法治经验,但是这些国家相关法治经验的借鉴离不开应有评判态度的秉持。本文将管中窥豹,选择开展公私合作时间较早、PPP适用范围较为成熟的法国、日本和美国为例,以论证这些国家公私合作适用范围的个性特征。

(一)法国:政府核心公务保留

在法国,公务这个概念在行政法上占有重要的地位。公务的核心特征在于公共利益是行政主体之所以创设公务的直接目的,即当行政主体认为如果不从事某种活动,公共利益的需要就不能满足或不能充分满足,从而决定承担某种活动时,这种活动就成为"公务"。即使被认定为公务,但也并不意味着只能适用同样的法律,更不意味着公私合作的适用范围和密度完全一致。当代公务类型主要有四种:行政公务、工商业公务、社会公务和职业公务。其中,行政公务作为一种传统的公务实施方式,原则上适用同一的公法规则,适用私法规则是例外;主要通过自己的结构来进行,所以形式意义上的公务与实质意义上的

公务互相符合。①而其余三种公务属于新兴的公务类型，兼备公私法活动的特点，是一个公法和私法混合的领域。这些公务要么在管理方式的基本精神上与公私合作模式中的特许经营、公民合资事业之经营、公权力委托等几乎如出一辙（如工商业公务），要么在公私法交融上与公私合作相互契合（如社会公务），因而，从理论上适用公私合作是不成问题的。

尽管总体上探讨公务是否完全适用的学者并不多见，但是亦有学者从本质上不得缔结契约的领域来对此进行分析——既然行政任务委外的载体是契约，那么不得缔结契约的领域即为不得委外的领域。"有些特定领域，本质上与契约之性质不相容，若以契约的方式转移至私人时，将被视为是职权的抛弃，故不得以契约方式来实现。法国判例将租税权、警察权及命令权视为与契约不相容的领域；严格而言，此三项权力皆属公权力的一部分，其实就是国家主权的化身……警察权是以管制为主要内容，以强制力为手段，其目的无非是要确保公共秩序与公共安全。此项职权向来被视为国家的核心任务，不得转移由私人代为行使。"②有学者认为，法国PPP模式中的公私合作领域和范围，大致分为特殊行业项目、委托公务合同、临时占有许可、合伙合同等几大部分③。最近在法国PPP法规中载明了根据各行业的不同特性选择相适应的PPP模式，该项法规适用中央政府以及各地方政府和部门，包括不动产管理、警察、宪兵、司法、公共教育、公共卫生、公益救援、高科技、公共交通、公共能源、大众用水/水处理、城市垃圾处理。这说明，即使是传统的政府核心公务也存在变迁的可能性。

（二）日本：公共领域扩展适用

由于社会经济全球化的发展，中央与地方财政状况的日益艰难和民众需求的多样化，如何提供最有效的公共服务则成为公共部门所面临的课题。因此，相对于传统行政服务是由公部门提供的做法，一种以"金钱的价值审计"为基础的思考模式（亦即如何将有限的财源有效使用以发挥最大效果），则成为公共部门在从事公共建设或提供公共服务时的重要考量基础。此时，公部门如能与民间

---

① 形式意义上的公务，也称为机构意义上的公务，指处理行政主体公共事务的机构，是包括人员和物质在内的一种组织；实质意义上的公务，也称为功能意义上的公务，是指行政主体为了直接满足公共利益的需要而从事的活动，以及私人在行政主体控制之下，为了完成行政主体所规定的目的而从事的满足公共利益的需要的活动。参见王名扬：《法国行政法》，北京大学出版社2007年版，第380页。

② 陈淳文：《公法契约与私法契约之划分——法国法制概述》，载台湾行政法学会主编《行政契约与新行政法》，元照出版有限公司2002年版，第140—141页。

③ 参见徐琳：《法国公私合作（PPP模式）法律问题研究》，载《行政法学研究》2016年第3期。

部门或非营利组织合作被认为是可以考虑尝试的一项途径。在公共领域与民间领域之间的中间领域,亦即同时具有公共性和收益性的共同领域,则由政府部门和民间部门共同出资所组成的第三部门作为事业主体来进行服务的供给,此乃传统日本公私协力的做法①。

然而,由于公私部门在权职划分上的不明确,以及公私合作的实施结果容易使得原本收益性较高的领域因政府介入而降低利润,甚至原来收益性较低的公共领域,也因此无法发挥该领域的特性,致使传统公私合作的做法在目标的达成上受到相当限制。基于此,一种以PFI(即民间资金主导公共建设)为中心的新形态的公私合作模式逐渐取代传统的公私合作模式。如果比较两者的差异,日本传统公私合作的范围局限于中间领域,而新的公私合作范围不仅适用于中间领域,还扩展到公共性较强、收益性较低的公共领域。"此种变化除了意味公共服务供给范围的扩展之外,还代表政府部门对于公共性保障的认知已经有了很大的转变,愿意开放公共性较强的领域让民间业者或非营利组织,甚至地方居民等多元行动主体加入,并与之共同协力的实质意蕴。"②总之,如果把日本的公私合作范围划分为公共领域、中间领域和民间领域三大块,那么传统的公私合作适用范围主要适用于中间领域,而随着时代的发展,新的公私合作适用范围则扩展到公共领域。日本公私合作适用范围的转移和扩展,实际上验证了一个普遍的规律,即公私合作适用范围随着人们对其认识的不断深化,有不断扩展的时代趋势。今后,随着委托私人行使公权力的持续增加倾向,"权力作用私化"此一现象在立法、司法及行政三个国家权力中均可能发生③,私人行使公权力固然有其宪法上限制,例外情形委托私人行使公权力时,不但须对其予以各种法律统制,且因其公共性之故,更需要统制架构。④ 可以说,在日本委托私人行使公权力的发展已呈现多样性,公私合作的适用范围值得高度关注。2015年日本修改的《关于利用民间资金促进公共设施完善的法律》第2条规定,本法中所谓"公共设施"是指下列设施:(1)公路、铁路、港湾、机场、河流、公园、自来水管道、下水道、工业水道等公共设施。(2)政府办公用房、宿舍等公用设施。(3)租赁住宅以及教

---

① 参见林淑馨:《日本型公私协力之理论与实务:北海道与志木市的个案分析》,载《公共行政学报》2009年第32期。

② 林淑馨:《日本型公私协力之理论与实务:北海道与志木市的个案分析》,载《公共行政学报》2009年第32期。

③ [日]山本隆司:《日本公私协力之动向与课题》,刘宗德译,载政治大学法学院公法中心编《全球化下之管制行政法》,元照出版有限公司2011年版,第309页。

④ [日]米丸恒治:《公私协力与私人行使权力》,刘宗德译,载政治大学法学院公法中心编《全球化下之管制行政法》,元照出版有限公司2011年版,第371页。

育文化设施、废弃物处理设施、医疗设施、社会福利设施、矫正保护设施、停车场、地下街等公益设施。(4)信息通信设施、供热设施、新能源设施、循环利用设施、观光设施以及研究设施。(5)船舶、飞机等的运送设施以及人工卫星。(6)类似前述各项所列设施而由政令规定的设施。① 由此可见,仅仅在公共设施领域,日本公私合作的范围也是非常广泛的。

(三)美国:本质上政府的职能标准

作为市场化程度最高的国家,美国政府公共服务外包(outsourcing)作为公私合作最为重要的表现形式,实际历时已久。政府不仅将一般的辅助性、服务性的职能外包给私人部门,而且将许多关键性职能外包给私人,甚至涉及政府核心职能,比如监狱、国防等事务的外包。这一"过度"的政府职能外包引发了政府及公众的忧虑,关于何种职能可以交由私人履行、何种职能应该由政府保留,再次成为问题的焦点。针对过度外包的问题,美国发展出"本质上政府的职能"这一术语,并将其作为法律和政策的限制和识别标准。有关"本质上政府的职能"的法律框架,由一系列法律文件组成,包括1998年的《联邦政府活动目录改革法》、预算与管理办公室的A-76号通知"商业活动的履行"、《联邦采购条例》、联邦采购政策办公室的第92-1号函"本质上政府的职能",尤其是预算与管理办公室所属的政府采购政策办公室的第11-01号函"本质上政府与关键职能的履行"。第11-01号函于2011年9月12日发布,旨在对本质上政府的职能以及与履行职能密切相关的关键性职能进行界定。其核心内容是确立了本质上政府的职能的两个新标准:"职能性质",只要涉及美国主权的行使,就属于本质上政府职能的范畴,因为具有"独特的统治性质",而不论涉及的裁量类型或程度;"行使裁量"标准,禁止行政机关外包行使裁量的情形是,政府需要在两个或以上的行动进程中进行选择,而决定没有受到现有政策、程序、指示、命令以及其他导则的限制或指引;首先就整体政策或行动方向,确定可接受的决定或行为的具体范围;同时裁量权的行使受到行政机关官员的最终批准或日常监督。② 同时还对本质上政府的职能以及关键性职能进行了列举。列举的本质上政府的职能有直接进行犯罪调查;指挥军队,尤其是领导正在进行战斗、战斗支持或战斗服务支持的军事人员;战斗;进行外交以及确定外交政策;确定行政机关的政策,诸如确定规制的内容与适用;预算政策、导则和策略的确定;确定联邦项目优先顺序或者预算请求等24项。一般而言,这些本质上政府的职能的服务,是政府政策及法

---

① 参见顾功耘主编:《当代主要国家公私合作法》,北京大学出版社2017年版,第417页。

② 参见毕洪海:《本质上政府的职能》,载《行政法学研究》2015年第1期。

律宣示的公私合作"禁区",尽管实际中这些所谓的"禁区"往往被突破。

三、公私合作域外适用范围的具体领域评析:以德、日、韩为例

如果说前述典型国家考察是为了了解域外公私合作适用范围的"个性"的话,那么接下来要考察的是域外公私合作具体适用领域的"共性"。毫无疑问,公私合作的适用领域是公共行政,而且"因为经济活动的复杂多变使得公私合作制适用范围非常宽泛",①但是是否所有的公共行政领域都能适用公私合作呢?回答是否定的。由于行政的多样性、多义性及复杂性,虽经学界长期的努力,但迄今仍未有通说的定义出现,无论是消极说、积极说、综合说还是特征描述说都无法准确界定②。德国学者 E.Forsthoff 甚至在其所著的《行政法学总论》一书中,开宗明义指出:"行政只能加以描述,而无法予以定义。"由于受到 E.Forsthoff 上述名言的影响,晚近行政法学者大多采取消极说而以特征描述说为补充,不再对行政加以积极定义。我国台湾学者以特征描述的做法,从各个不同的角度,观察行政的内容与特色,认为行政具有以下特征:一是行政是广泛、多样、复杂且不断形成社会生活的国家作用——行政性与整体性;二是行政是追求利益的国家作用;行政是积极主动的国家作用;行政应受法的支配——合法性与合目的性之兼顾;行政的运作应注重配合及沟通;行政系作出具体决定的国家作用。③只有把握了上述特征,才能因应行政本质上的多样性和复杂性。不过这种抽象的描述仍然难以解决公私合作的适用领域问题,有待于对其具体领域进行逐一的剖析。

目前中外行政法学界对行政的分类几乎是五花八门、莫衷一是,可以说尚未取得比较一致的看法。譬如,德国学者沃尔夫等从行政的内容和活动方式为标准将行政划分为秩序行政、给付行政、计划行政、可持续发展行政、后备行政和经

---

① 李以所:《德国公私合作制促进法研究》,中国民主法制出版社 2012 年版,第 7 页。
② 持消极说的学者如 Otto Mayer 等人认为行政乃除了立法及司法以外,国家或其他公权力主体的行为;持积极说的学者如 Fleiner/Gerstner 认为行政乃是实现公益的国家行为;持综合说的学者如 K.Stern 对行政的定义,系先从"消极"的观点,将国家作用中的立法行为、政府行为、引导国家的计划行为、军事国防行为及司法行为等排除于行政概念之外;其次再从"积极"的观点,将行政界定为:执行权的机关及其所属特定权利主体,在法律的拘束之下,本于既定的目标,基于自我责任而以具体措施持续地处理公共任务者;持特征说描述说的学者如 Ernst Forsthoff 认为行政具有形成的功能,这种形成作用并非以追求个案的合目的性与适当性为已足,尚须顾及分配正义与交换正义之法的要求。转引自翁岳生编:《行政法2000》(上),中国法制出版社 2002 年版,第 3—8 页。
③ 翁岳生编:《行政法 2000》(上),中国法制出版社 2002 年版,第 13—21 页。

济行政。①韩国学者金熙东认为,根据目的的不同,行政可以划分为秩序行政、给付行政、诱导行政、计划行政、公课行政、需求行政等多种类型。②如果采用德国学者沃尔夫等人的分类,同时结合日本和韩国学者的观点,可将行政划分为秩序行政、给付行政、计划行政、可持续发展行政、后备行政和经济行政的话,那么,公私合作可以说是完全适用于给付行政、可持续行政、后备行政、经济行政,而部分适用于秩序行政、计划行政领域。

(一)域外公私合作整体适用的行政领域

1.给付行政。在德国,给付行政是指为共同体成员提供或改善生活条件,通过给付生活条件,通过给付直接或间接协助或者追求利益的行为。另外,还包括以间接方式建设公共设施、提供服务或与行政机关合作的机会,共同执行行政任务等,具体包括:(1)基础设施行政,即通过各种设施,为共同体成员整体提供工业技术文明的基础发展条件,例如交通、通讯、能源、教育等;(2)担保给付行政,即为了实现共同福祉,以管制、参与或者监督等形式为设施提供各种保障;(3)社会行政,即为共同体成员个人提供预防性的生存保险,尤其是社会保险、社会保障和社会救助;(4)促进行政(刺激行政),即为了实现特定的商业、经济、社会、环境或者文化的政策目标,采取措施改善特定生活领域的结构,如提供补贴刺激经济增长;(5)信息行政,即通过提供设施、数据和其他知识促进或减缓交流、行政活动和决策过程,提高行政的透明度,构筑"信息社会"。③在日本,给付行政一般是指设置、管理道路、公园、设置、运营社会福利设施,进行生活保护,给予个人及公众便利和利益的行政,目的在于确保文化的、健康的生活,其兴起原因在于社会保障领域的扩大和个人生活对于国家、地方公共团体的依存性的增加等。①在韩国,给付行政是指为了积极地提高国民的福利而进行的授益性行政作用,包括交通、通信设施,生活必需服务,文化、教育服务,保健、福利设施的提供活动等"供给行政";公共补助、社会保险、社会福利活动等"社会保障行政";以及资金的助成、交付、青少年保护、培养、知识、技术的提供等"造成行政"三个

---

① [德]汉斯·J·沃尔夫、奥托·巴霍夫、罗尔夫·施托贝尔:《行政法》(第一卷),高家伟译,商务印书馆2002年版,第29页。

② [韩]金东熙:《行政法Ⅰ》(第9版),赵峰译,中国人民大学出版社2008年版,第13页。

③ 参见[德]汉斯·J·沃尔夫、奥托·巴霍夫、罗尔夫·施托贝尔:《行政法》(第一卷),高家伟译,商务印书馆2002年版,第31—33页。

① 参见[日]盐野宏:《行政法》,杨建顺译,法律出版社1999年版,第9页。

方面。①笔者认为,鉴于给付行政各自的特点,基础设施行政或供给行政是目前公私合作广泛展开的主要领域和典型领域;担保给付行政因是公共行政私有化或民营化的表现,无疑具有公私合作适用的广阔空间;社会行政或社会保障行政、促进行政、信息行政、造成行政等是将来公共部门与私人部门合作的重点和有待发展的领域。日本学者也曾经针对德国的设施行政,认为其中许多行政活动与民间活动存在竞合,两者之间的界限的设定往往因时代不同而有所差异。②

2. 可持续行政。与生存照顾行政的区别是,可持续行政是面向未来及后代的发展和基本生活条件的预防性保护。可持续行政是未来保障行政,强调谨慎原则和可持续发展原则,不着眼于对个人的具体给付,因此是对传统的危险排除行政模式的超越。它包括:(1) 环境保护行政。为保护基本的自然生存条件,采取与现行技术相应的技术措施,避免和减少环境负担,实施环境适宜性审查。生态行政制度应当实行尽可能高的环境标准。(2) 文化保护行政。指保护重要的文化财产和文物。③罗尔夫·施托贝尔教授发展了这一思想,认为环境保护着眼于环境承受能力、可持续发展和生态企业,应可被经济辅助所涵盖,而经济辅助是公共体和国家的任务,是服务行政和善待行政。④笔者认为,由于可持续行政涉及每一个人及子孙后代的切身利益,关涉法益面尤为广泛,国家或政府往往专业知识及有关能力不足,广泛地借助私人的智力、财力、物力来实现可持续行政已经成为各国优先考虑和重点实行公私合作的行政领域。

3. 后备行政。后备行政指提供为执行行政任务所必需的人员和物质手段(家务行政),行政机关像消费者那样筹备必需品。具体而言是行政领导机关(政府、首长办公室)、预算和财务行政、采购行政(公共采购)、公产管理、设施管理、信息和数据处理行政、法律顾问。不过德国的这一分类在我国台湾地区似乎大体可以归为辅助行政及行为的范畴。所谓辅助行政行为,系指以私法方式辅助行政的行为,即行政机关以私法方式获致日常行政活动所需的物质或人力,例如与人民签订私法契约等。此种行为的特点在于,其并非直接达成行政目的,而系以间接的方式,辅助行政目的的完成。例如新设机构成立时,为筹置办公处所,

---

① 参见[韩]金东熙:《行政法Ⅰ》(第9版),赵峰译,中国人民大学出版社2008年版,第13—14页。

② [日]大桥洋一:《行政法学的结构性变革》,吕艳滨译,中国人民大学出版社2008年,第168页。

③ [德]汉斯·J·沃尔夫、奥托·巴霍夫、罗尔夫·施托贝尔:《行政法》(第一卷),高家伟译,商务印书馆2002年版,第33—34页。

④ [德]罗尔夫·施托贝尔:《经济宪法与经济行政法》,谢立斌译,商务印书馆2008年版,第469页。

而以私法方式购买土地,发包与建办公大楼,并购置办公桌椅、文具及相关设备,同时将日后大楼清洁及安全维护事项外包等。行政机关在从事此类行为时,其与人民系立于相同的地位,均受私法相关规定的规范,若有争议,应由普通法院管辖。① 由于后备行政或辅助行政系私经济行政范畴,适用公私合作或完全民营化都应该不存在法律障碍,可以整体适用。

4. 经济行政。经济行政指以营利或者非营利的方式参与经济生活,行政机关像生产和服务企业那样活动,主要是经营活动和公企业活动。笔者认为,德国的这一经济行政分类在我国台湾地区实际上可归为行政营利行为领域。所谓行政营利行为,系指国家以私法方式参与社会上的经济活动,其主要目的在于增进国库收入,有时也肩负执行国家政策的任务。它实际上可以分成两种形态:一是由国家或行政主体以内部机关或单位直接从事营利行为,例如台湾省烟酒公卖局所为烟酒的销售行为;另一为国家或行政主体依特别法或公司法等规定,投资设立公司而从事营利行为,例如设立公营银行、钢铁公司、石油公司、造船公司、糖业公司等。国家从事这种行为时,以获利为目的,因此它与私人企业并无不同,故应受私法及经济法的拘束,例如民法、公司法、证券交易法或公平交易法等。② 经济行政或行政营利行为领域作为私经济行政(与公权力行政相对应)领域之一,适用公私合作各种形态应不存在重要争议。

(二) 域外公私合作部分适用的行政领域

一是秩序行政。所谓秩序行政指形成共同体秩序、依法规制相对人追求其利益的活动,其中特别是干涉公民个人自由的侵害行政,如许可保留、命令、即时强制等,具体而言包括狭义的警察行政、安全行政和秩序行政、监控行政(指特定领域的危险排除活动,如建筑监控和经济监控)、税务行政(指筹集为共同体机构执行其任务所需要的金钱手段的活动,如营业税、关税、规费、收费、特别税等)、引导行政(指为实现特定的经济目标对特定的行政领域进行直接的调控)、监督行政(指对下级或独立的行政主体进行专业或法律监督)。③ 日本学者也认为规制行政作为与给付行政相对应的行政,是指通过限制私人的权利、自由,以实现其目的的行政活动。④ 一般而言,由于这些行政直接关系到公民的权利义务,因此保留给国家行使为常态,但并不意味着秩序行政就一律排除私人的介入或者

---

① 翁岳生编:《行政法 2000》(上),中国法制出版社 2002 年版,第 25 页。
② 参见翁岳生编:《行政法 2000》(上),中国法制出版社 2002 年版,第 25—26 页。
③ 参见[德]汉斯·J·沃尔夫、奥托·巴霍夫、罗尔夫·施托贝尔:《行政法》(第一卷),高家伟译,商务印书馆 2002 年版,第 30—31 页。
④ 参见[日]盐野宏:《行政法》,杨建顺译,法律出版社 1999 年版,第 9 页。

与私人进行合作,即使在秩序行政的核心领域现今也出现了民营化的趋势,比如当下热议的治安承包、监狱的民营化以及长期以来在封闭空间内对船长、飞机机长行使警察权的授权等等,都说明在传统由国家保留的领域也出现了公私合作的新景象,虽然私人因素和成分在其中表现不等并且普遍比较弱。同时,对于那些可能发生给付效果的秩序行政,往往需要公民的合作,因此也有公私合作适用的空间。

需要特别指出的是,经济监督虽然属于秩序行政的一环,但是其经济监督行政在当今时代日显重要。而在经济监督行政领域,公私合作多种形式均能适应。比如在德国,人们批评传统的经济监督制度,认为它费用太高,其管理太官僚主义、太僵硬,过多局限于要求和禁止。为此,改进的方案是"精简型国家"或者主张自我管理优先于国家等级管理的"积极国家"模式,其要点在于促进私人的积极性和自我管制,体现了合作原则和公私伙伴关系。比如资产负债会计师从事法律规定的企业年审,根据德国《公共会计师法》第57a条以下的规定,对于这些人员,由其外面的同行按照同级评审程序,进行方法和制度方面的质量检查。[①] 这一重大转折引发了许多放松管制的举措,开发出国家和企业之间进行合作的许多形式。这些合作形式包括由私人来完成经济监督任务,将监督任务重新转移到经营层面,等等。具体而言,在德国通过私人来完成经济监督任务大体有三种方式:(1) 私人参与国家经济监督和进行功能私有化和行政委托,比如,由专家检查需要监督的设备或许可的设备等。(2) 认证与环境宣示。根据欧共体设定的标准,认证由独立的审查所进行。作为审查实验室或者认证机构,这些审查所在特定的任务领域有权从事审查,能够发放证明(CE标记)。这些审查所的许可按照DIN EN 45003或者《产品仪器安全法》第11条和第17条规定的认证程序进行,在该程序中审查许可的前提是否满足(专业知识、可靠性等)。认证意味着有关能力得到证明,被国家正式承认。(3) 服务领域的德国规范研究所(DIN)规范。参照技术规范,德国规范研究所制定越来越多调整服务行业的资格和质量的DIN规范。这些规则的优点在于其被广泛接受,有可能被国际化,使得有时候不再需要制定相应的法律规范。[②]

二是计划行政。计划行政是依赖当今社会的多个部门,在其目的、内容、功能等方面,以多种形态存在的行政行为形式。由于形式内容的多样性,很难对其

---

① 参见[德]罗尔夫·施托贝尔:《经济宪法与经济行政法》,谢立斌译,商务印书馆2008年版,第452—453页。

② 参见[德]罗尔夫·施托贝尔:《经济宪法与经济行政法》,谢立斌译,商务印书馆2008年版,第454—456页。

定义,可暂且将其定义为比较、衡量相关部门的一切相关权利、利益,具体地研究相关事项后所行使的计划性形成作用。[①]它是确定未来的发展方向,不针对具体的事件和执行,而是确定普遍的框架,预先决定未来的行政措施。为此需要综合权衡和协调目标冲突,具体而言包括土地规划行政、城市规划行政、行业规划行政和环境规划行政。但由于计划的多样性,行政所需要的资源和能力的不充分性,私人拥有技术的先进性,计划的制定和实施无疑需要通过公私部门的合力来进行,专家参与等公私合作方式无疑能够在计划行政的特定领域适用。但是,需要注意的是,并非所有的计划行政都能适用公私合作,也不是所有的公私合作形态都能适用计划行政。

四、公私合作域外适用范围的行政法治启示

由于受国情、政策、历史等多种因素制约,法、美、德、日、韩公私合作适用的具体范围几乎是一个"变数",但是同时也蕴含着"共性",所以,我们仍然可以根据这些共性因素寻找到对我国公私合作适用范围原理具有共性的规律及对我国的行政法治启示。

(一)担保国家理念的确立

公私合作的适用范围实际上体现了担保国家的理念,是政策制定与担保执行任务模式的展开。德国学者 Reichard 认为,担保国家强调国家与社会关系的重新界定,将两者关系加以功能性整合,促使政策形成与任务安排有更多的空间。国家转变为担保者之后,对于任务采取光谱式的理解,以责任概念掌握此理解,并对任务执行采取阶段式划分,由私人来执行公共任务,以补充或取代国家在公共任务之执行与方式,国家角色与任务以不同责任而表现。[②]也就是说,担保国家的理念和运作,并非意味着国家已经在社会福利政策上退缩或放弃其应有的角色与责任,而是尊重市场法则与对民间资源的利用,进而以公部门和私部门之间合作机制选择与安排达成和确保公共任务。一方面国家在合作中要提供框架和游戏规则,另一方面,要根据任务背景、事实条件以及政策需要,与私人部门进行协商、谈判,与更多的私人部门进行多方面的合作。因此,执行任务由谁执行以及如何执行,不仅要从立法层面和司法层面提供法律保障,而且在很大程

---

① 〔韩〕金东熙:《行政法Ⅰ》(第9版),赵峰译,中国人民大学出版社2008年版,第14页。

② 转引自许登科:《德国担保国家理论为基础之公私协力法制》,台湾大学2008年博士学位论文,第212页。

度上是公共政策特别是行政决策决定和选择的结果,公私合作的概念和运作正是这种制度选择的表现。为了更好地约束公私协力的适用范围,首先在立法上要制定担保行政法规范,以便解决秩序行政法、给付行政法在约束公私协力服务的制度困境;在司法救济上需要借鉴德国担保国家理论,建构公私协力的"救济担保"模式,从理念上、性质上、结构上等多个方面实现对公私协力的公法救济转型,同时也为公私协力的行政诉讼机制等公法救济体系革新奠定基础。[1]

与此同时,要关注公私合作的适用范围与该国家机关特别是行政机关公共政策选择度的一脉相连关系。一方面,从主体上看,国家对于公共任务到底由自己履行还是私人部门履行具有政策决定权。根据国家保留理论,除了核心国家任务保留于国家之外,国家是否应由自己承办或私人来执行具有开放性。也即国家任务到底是国家自己来执行还是交与民间公共来执行,是政策决定的结果。[2]如果将公共任务交由私人或与私人合作完成,那么公私合作无疑能够适用该公共任务领域。另一方面,从方式上看,国家对于公共任务的实行方式也具有政策决定权。将任务分配为行政任务,原则上并非表示行政机关必须就行政任务以自己资源手段采取一定的方式和密度来履行,因此,行政手段不必是高权方式,更不一定必须采用公法上行为或组织形式,而在法规范秩序内具有一定形成和选择自由。正如德国学者 Aßmann 指出的那样,国家任务之形成和采取方式,并不全然是执行宪法的结果,而是政策性决定。[3]一般而言,如果一国倾向于采用与私人部门合作完成公共任务,则该国公私合作的适用范围越大,反之,其适用范围则越小。可以说,在既定条件下,公私合作的适用范围与该国政策选择度成正比关系。

(二)合法行政原则的遵循

公私合作的适用范围到底有多广、到底有多深,是与该国宪法、法律的依据息息相关的,这也是合法行政原则在公私合作的具体化。如果说公私合作的客体是公共行政事务,那么到底哪些事务可归结为公共行政事务,则与该国的宪法、法律的规定息息相通。"公共行政是以行政的方式处理公共事务的活动"、

---

[1] 邹焕聪:《论公私协力的公法救济模式及体系现代化——以担保国家理论为视角》,载《政治与法律》2014年第10期。

[2] 参见许登科:《德国担保国家理论为基础之公私协力法制》,台湾大学2008年博士学位论文,第57—58页。

[3] 转引自许登科:《德国担保国家理论为基础之公私协力法制》,台湾大学2008年博士学位论文,第58—59页。

"公共"意味着"范围不确定的人群",①因此,公共事务是超越政治共同体成员个体的、共同的、一般的事务。不同的国家对公共事务的界定不尽相同,且其范围也并非一成不变。某一特定国家、特定地区内的人们对当地何种事务属于公共事务可能有较为统一、明确的认识,但不同国家、不同地区的人们对公共事务的认识,则因各国政治体制、行政体制、教育系统、社会等级、经济技术、民族传统、宗教信仰等因素的不同而有所差异。②而且,公共事务也并非当然地成为行政事务,只有国家运用其物理强制力纳入自己行政管辖范围内的公共事务才能够称之为公共行政事务。③因此,从静态的角度而言,行政所涉及的公共事务与国家的实定法规范密切相关;换言之,一个国家可以通过立法确定行政的边界,即哪些事务属于行政,哪些事务不属于行政。随着现代国家行政给付功能的扩大,公共行政所涉及的公共事务涵盖国家立法部门授权国家行政部门管理的与国家利益和社会利益相关的所有事务,一般包括政治、经济、文化、教育、科学、财政、卫生、体育、外交、邮政、交通、民族事务、国防、治安等各个方面。④反之,如果一国内有关事务没有宪法和法律的依据,那么这些事务难以说是公共行政事务或者国家任务,从而要成为公私合作广为适用的领域,无疑存在法律上的障碍。为此,要确认和扩大公私合作的适用范围,最关键的是要从宪法加上确认,并在立法上进行修正和完善,以便提供明确、可预期的法治化保障。

从相反的角度看,如果法律、法规对公私合作的适用明确表示反对,那么毫无疑问不能违反法律、法规的规定而采行公私合作。比如在美国,有些州通过两种方式来限制公私伙伴关系,一是对项目设置数量限制,二是每个项目需要经过国会立法的批准。⑤这实际上涉及法律保留这一重要问题。有学者论道:"国家行政任务之核心内容为何,及其是否专属于行政主体方可遂行,向来并未存有先验之假设;而多将行政需求究应由谁来担当之问题,基于因当时国家政治、经济、社会、文化环境、时空背景之差异,委由当时之政治性判断加以确定;而某项公共任务是否确属公权力主体之特殊任务,必须依据特定时空背景下之具体法秩序,

---

① [德]汉斯·J·沃尔夫、奥托·巴霍夫、罗尔夫·施托贝尔:《行政法》(第一卷),高家伟译,商务印书馆2002年版,第22页。
② 参见邓生庆、吴军主编:《公共行政学》,四川人民出版社2000年版,第5页。
③ 参见詹镇荣:《国家任务》,载《月旦法学教室》2003年第3期;陈爱娥:《国家角色变迁下的行政任务》,载《月旦法学教室》2003年第3期。
④ 参见宋国:《合作行政的法治化研究》,吉林大学2009年博士学位论文,第24页。
⑤ R. David Walker, *Enabling the Privatizing of Toll Roads: A Public-private Partnership Model for New Jersey*, 6 Rutgers J. L. & Pub. Pol'y. 263(2009).

亦即宪法以及所有合宪性规范之规定来决定。"①这说明公私合作适用范围的确定并不是一个简单的问题,不仅要考虑所谓的"政治性判断",更要符合"宪法以及所有合宪性规范之规定",遵循合法行政原则的要求。

(三) 适当性原则的约束

从行政法基本原则的角度看,如果根据公共任务等级的不同,我们可以发现公私合作适用范围等级实际上也并不一致,这实质上体现了适当性原则的要求。它要求公共任务或行政任务实现公私合作时,应当正确行使自由裁量权,公共部门选择的公私合作范围必须与实现公共服务、保障人权的目的相互一致,合乎比例。只要私人参与公共任务执行的领域,有利于实现行政法的目的,或者说公私合作适用范围的广度和程度对于保障公民权利来说是适当的,都是适用推行公私合作的领地。如果盲目推行公私合作或对于公私合作一概排斥,都是违背适当性原则的做法。以我国台湾地区高雄市实施垃圾清运民营化为例,市政府为防止业者发生劳资纠纷,而使收垃圾的作业停顿,乃决定实施民营化的行政区域不超过一半,以便政府得保持一定人力,随时支援青黄不接区域的垃圾清运,必要时并收回国家自己经营。②又如,日本在其国铁民营化的改革中,为保障偏远地区或亏损路线使用者的交通权,并没有将其彻底的民营化,而是将部分欲废除的偏远线路改由第三部门铁路来营运,从而确保公民享有具有公共利益性质的基本服务。③虽然从总体上看,各国公私合作完全适用于给付行政等领域,而部分适用于秩序行政领域,但是,基于保障人权的基本要求,对于秩序行政领域的公私合作仍须持谨慎态度,禁止对公民的基本权利造成过度之侵害,即使对于给付行政领域的公私合作,也不可实现完全的公私合作,国家或政府需要根据对公民权利分配的影响实现密度不同的公私合作,同时也不排除政府自身仍然成为给付行政的主体,只是政府在公私合作中的角色也从之前的"给付主体"日益变迁到"保障给付的主体"。

公共行政乃至公共任务,尽管分析视角不同,学界对此也仁者见仁、智者见智,但是两者在很大程度上是重合的,在公私合作的适用范围都应当受到适当性原则的约束。如果将公共任务进行广义的理解,那么根据国家介入的程度可以将公共任务划分为不同的等级。我国有学者将公共任务划分为六个等级,其中

---

① 陈爱娥:《公营事业民营化之合法性与合理性》,载《月旦法学杂志》1998 年第 36 期。
② 参见许宗力:《论行政任务民营化》,载翁岳生教授祝寿论文编辑委员会编《当代公法新论(中)——翁岳生教授七秩诞辰祝寿论文集》,元照出版有限公司 2002 年版,第 595 页。
③ 参见林淑馨:《日本型公私协力理论与事务》,巨流图书股份有限公司 2010 年版,第 94—97 页。

前四个等级并非国家任务,第五等级具有国家与私人任务双重性质,第六等级才是国家任务,并且认为当能够通过较低等级的方式来完成公共任务时,国家通常不得首先选择较高一级方式,体现了国家辅助性原则。[①]笔者认为,这种对公共任务进行等级划分的做法有益于深化认识;并且认为根据公私部门在公共任务中的角色不同,可以将公共任务大体上分为以下五个等级:第一等级是国家"退隐"、私人完成的公共任务。私人部门通常愿意和有能力完成公共任务,国家只须做出框架性规定进行保障而无须其他任何方式的介入,从而完全将任务留给私人去完成。它近似于完全民营化的领域。第二等级是国家规划监督、私人履行的公共任务。由于涉及公共利益,国家往往要对公共任务进行规划,并对私人履行公共任务的情况进行监督。第三等级是国家协助、监督私人完成的公共任务。国家通过提供人才和物质等方面的支持来协助社会个体或团体完成公共任务并对履行任务的过程进行监督,对结果进行审查。第四等级是狭义公私合作的公共任务。私人部门无法完全胜任某一具有重大公共利益的任务,而国家又不必完全接管该任务,尤其出于减轻财政负担等因素的考虑,国家选择与私人部门建立某种合作伙伴关系,这种合作的模式被称为公私合作制。第五等级是国家保留的公共任务。国家可能亲自从事该项任务,比如边防、税收;也可能通过契约或其他形式将该任务委托给受其控制和约束的私法主体来完成。笔者认为公私合作绝非局限于第四等级的狭义公私合作的公共任务,实际上不仅在第一等级即国家"退隐"、私人完成的公共任务领域,可以使用公私合作的特定形态,而且在第五等级即国家保留的公共任务中,也存在诸如公权力委托私人行使等公私合作特定模式的可能性。但是,根据适当性原则的要求,公共任务的不同等级,确实在很大程度上决定了公私合作具体模式的使用。

（四）适用范围清单制度的构建

在行政任务变迁的背景下,国家保障的"生存照顾"日益成为透过市场自由竞争方式而提供的私经济活动。国家对从事涉及人民生存照顾的私经济活动,通过引导、管制以及监督等各种措施,以确保人民生存所需的相关物质与服务得以同由自己提供一般,亦能够由私企业普及、无差别待遇、价格合理,且质与量兼顾地提供。[②]随着时代的发展,除了私经济行政之外,在传统为国家为垄断的公权力行政领域也出现了公私合作的新景象,即使在警察行政及其他干涉行政中也出现了公私合作模式适用的情形。因此,公私合作的适用范围具有随着时代发展而不断扩展的趋势。从法国、日本、美国行政任务公私合作适用范围的理论

---

① 参见陈征:《公共任务与国家任务》,载《学术交流》2010年第4期。
② 詹镇荣:《民营化法与管制革新》,元照出版有限公司2005年版,第277页。

与实践视角,不难发现它们之间存在一些共性规律,即秩序行政领域的行政任务譬如警察、税收因涉及强制力的行使,对公民权利影响较大,一般应保留给国家来履行;而给付行政领域的行政任务一般是赋予公民相关权益,故可以委由私主体来完成。但是,行政法实务中其划定的公私合作范围及疆域往往被突破,核心任务不断地被"蚕食",公私合作的范围不断地被扩展。

现代行政的多元性、复杂性、变动性在某种程度上说明了给公私合作的适用范围列出详细清单的做法无疑难度很大,而法秩序中划定的适用疆域屡屡被突破,使得人们对公私合作罗列清单的思路仍有疑虑。不过,从法律的明确性、安定性的要求看,公私合作适用范围清单仍然值得深入探究。

一是公私合作适用的负面清单制度。无论是法国的政府核心公务保留,还是日本的公共领域扩展适用,抑或是美国的"本质上政府的职能"标准,都用不同语汇表达出同一种态度:即核心公共任务或者本质上政府的职能标准等都是属于国家或政府保留的事项,是公私合作的"禁区"。因此,要采取类似"负面清单"制度,宣示和明确"政府不能购买哪些内容",而必须由政府行政亲自履行,禁止私人部门参与该公共服务,比如涉及国家安全、保密事项、司法审判以及行政决策、行政许可、行政审批、行政强制等行政行为不适合外包。具体而言,在作为我国公私合作的重要模式的政府购买公共服务中,不得向社会力量购买的公共服务事项有以下方面:(一)不属于政府职能范围的服务事项。如果不是属于政府职能范围的公共服务事项,比如系人大立法事项、司法事项等等,那么显然不能成为政府购买公共服务的事项;如果过去属于政府职能范围的公共服务事项,而现在不属于政府职能范围的公共服务事项,那么也不能成为政府购买公共服务的事项;如果不是属于政府职能范围而纯粹属于市场机制解决的事项,那么显然不是属于政府购买公共服务的事项;如果属于应该由市场、社会、政府共同承担的事项,那么就需要引入辅助原则进行解释——首先应当让市场和社会发挥作用,政府在其中承担辅助的作用和功能。(二)是应当由政府直接提供、不适合社会力量承担的公共服务事项。"应当由政府直接提供"说明该事项是属于政府职能范围的事项,而不是民事或市场机制能提供的事项,这些公共服务事项不适合由社会力量承担,比如做出政府预算等决策、指挥军队、进行外交以及确定外交政策,等等。这些事务虽然属于政府职能的范畴,但是由于事关政府核心职能,因此必须实现"政府保留",必须由履行公职的公务员来具体履行这些公共服务职责。放弃职权(责)或随意外包给社会力量,即意味着失职、渎职,需要承担相应的法律责任。然而,哪些职能可以称为政府"核心职能"?在我国台湾地区,李震山教授在分析以法律课予私人完成行政任务时指出:"国家公权力行使不可放弃的核心领域(譬如国防、治安、刑罚、行政制裁等),其涉及重大法益之保护且私人显无能执行者,应保留由国家亲自执行,不应轻易将此种国家义务以法律课予私人执行,将国家责任转嫁。"[1]进而言之,判断核心职能的基本标准大致包括:(1)是否关系到公民的基本权益,比如人身权、财产权、社会权等;(2)是否由政府履行更为适合,如制定度量衡的标准、材料、外交事务等;(3)是否具有政治敏锐性;(4)是否涉及公权力的行使,如决定公民是否具有享受"低保"的资格。如果上述标准之一或更多答案为"是",则此职能为政府"核心职能"。[2]这类职能的特点是具有很强的权力属性,其行使需要有法律的明确授权,价值取向是责任、平等、民主、合法、公正,效率在这里不仅有与合法、责任等同等的价值。比如,政府教育职能可以分为非核心教育职能和核心教育职能,前者可以通过市场机制实现政府购买,而后者则由于包括教育政策制定、教育规划、教育资源配置、教育财政投入等,其核心职能不仅就不能外包,而且随着前者的让渡,反而还应当通过核心职能的实行从而承担起监督者的角色。

二是公私合作适用的范围清单制度。在政府和社会资本合作(PPP模式)的项目适用范围方面,《国家发展改革委关于开展政府和社会资本合作的指导意见》(发改投资[2014]2724号)确定了主要适用于政府负有提供责任又适宜市场化运作的公共服务、基础设施类项目。燃气、供电、供水、供热、污水及垃圾处理等市政设施,公路、铁路、机场、城市轨道交通等交通设施,医疗、旅游、教育培训、健康养老等公共服务项目,以及水利、资源环境和生态保护等项目均可推行PPP模式。各地的新建市政工程以及新型城镇化试点项目,应优先考虑采用PPP模式建设。还以政府购买公共服务为例。对于政府来说,就像"权力清单"将"法无授权不可为"明晰化、明确化为"权力清单上未列者不可为"一样,[3]"范围清单"将"政府可以购买什么"明晰化、明确化为"范围清单上未列者不可为"。很明显,范围清单有利于厘清政府购买的"公共服务"的最大范围,有利于勘定社会组织参与承接公共服务的最大边界,有利于强化公众对政府购买公共服务中的自由裁量权等特殊权力的制约和监督。一方面,要厘清公共服务的范围,建立政府购买公共服务范围的指导目录。在我国实务中普遍的划分方法是将公共服务分为基本公共服务与非基本公共服务。基本公共服务,指建立在一定社会共识基础上,由政府主导提供的,与经济社会发展水平和阶段相适应,旨在保障全体公民生存和发展基本需求的公共服务。享有基本公共服务属于公民的权利,提供基

---

[1] 李震山:《以法律课予私人完成行政任务之法理思考》,载《月旦法学杂志》2000年第8期。

[2] 杨欣:《公共服务合同外包中的政府责任研究》,光明日报出版社2012年版,第33页。

[3] 姜明安:《政府的"三张清单":概念、逻辑与补充》,载《前线》2015年5月6日。

本公共服务是政府的职责。①而基本公共服务,系指除了基本公共服务之外的其他公共服务。从总体上上看,无论是基本公共服务还是非基本公共服务,都应该纳入政府购买公共服务的范围之列。为了更为直观地方便承接主体以及广大公众了解公共服务范围,今后应当实现政府购买公共服务的"范围清单"制度——凡是纳入"范围清单"及指导性目录的公共服务事项,应当实施购买服务。另一方面,要实行政府购买公共服务范围的动态调整机制。政府购买服务范围应当根据政府职能性质确定,并与经济社会发展水平相适用。在经济不发达的时期或地区,政府购买的公共服务往往局限于社区服务、养老、助残、救孤等带有扶弱救困性质的领域,而随着我国市场经济的发展、国家财力的增长,政府购买公共服务内容也不断扩大和逐步深化——从主要关爱弱势群体的基本温饱型公共服务向主要满足整个人类发展需求的环境保护、交通通信、公用设施、文化体育服务、公共安全等领域不断扩展;从基础性边缘性的社会服务内容,向高层次的社会服务内容发展,在教育、医疗、社会治安、政策制定等方面政府购买服务内容的比重逐渐加大。因此,随着经济的发展、社会的进步,政府购买公共服务的服务或内容势必呈现出不断扩大的趋势,而且日益向精细化、专业性方向发展。为此,要根据经济社会发展的实际变化情况,不断调整政府购买公共服务的范围。与此同时,要依据政府职能转变的实际及公众的多样化需求,建立政府购买公共服务范围的动态调整机制。根据实用性原则,从实际情况出发,从广大公众最基本、最紧迫的需求设计政府购买公共服务范围,坚持受益广泛、群众急需、服务专业的方针。坚持城乡平等原则,着重通过政府购买公共服务的新模式解决农民的公共服务需求问题,消除农村在公共设施建设、基本公共服务、社会公益服务等方面与城市存在着巨大的鸿沟。坚持创新原则,通过创新政府购买公共服务的领域和内容,不断满足社会各层次人群的高层次的公共服务需求。通过政府购买公共服务的供给模式,将部分公共服务的事项交给企业、市场、专业机构和社会组织进行生产,发挥它们多样性、灵活性、创新性的优点,为社会公众提供政府不愿、不便或不能提供的公共服务,使投资方式多元化、服务主体公众化、运营模式和服务内容更加多样化,不断提高公共服务供给质量,从而更好地满足社会各类群体对公共服务供给多元化、专业化的需求。

五、结　语

作为发轫于西方公共行政改革浪潮中的新型模式,公私合作(PPP)在法、

---

① 参见《国家基本公共服务体系"十二五"规划》(国发〔2012〕29号)。

日、美等国走过了相对较长的历程,也积累了一定的法治经验。当然,任何域外法治经验都需要结合本土国情加以批判性吸收。法国的政府核心公务保留、日本的公共领域扩展适用、美国的本质上政府的职能标准为人们深入认识公私合作的适用范围提供了个性的经验,当然从德、日、韩等国的情况来看,公私合作的具体适用领域存在着"共性"规律。从比较行政法治的视野分析,确立担保国家理念、遵循合法行政原则、实行适当性原则的约束以及构建范围清单制度,是实现我国公私合作适用范围制度化、法治化的必由之路。

The Application Scope of Foreign Public Private Partnership and its Enlightenments of Administrative Rule of Law

Zou Huancong

Abstract: It is of great value for the implementation of Public-Private Partnership(PPP) in today's society but it may bring negative effects, such as endangering fairness, ignoring public interests, obscuring government responsibility if the new model used in inappropriate territory. Such typical countries as France, Japan and the United States provide typical and personal experiences for the applicable scope of the PPP, while there is a "common" in the specific applicable areas of PPP, embodied in the applicable breadth of leistung sverwaltung and ordnung sverwaltung. If we look at the complicated views of the application fields of PPP and seek the enlightenments of the administrative rule of law on the scope of application of ppp in China, it is necessary to refine and promote the establishment of the concept of the guarantee states, the following of the principle of the legitimate administration, the restriction of the principle of appropriateness and the construction of the scope list system and so on.

Keywords: Public-Private Partnership(PPP); Applicable Scope; Rule of Law; Applicable Field; Administrative Rule of Law

(责任编辑:宋亚辉)

《南京大学法律评论》稿约及投稿格式

《南京大学法律评论》系中文社会科学引文索引(CSSCI)来源集刊,每年分春、秋两季号,由南京大学出版社出版。

本评论拟登载高质量的法学学术文章。竭诚欢迎中外法律学人踊跃投稿。对所有来稿实行匿名评审制度,如决定刊用来稿,编辑部将在两个月内予以答复。一经刊用,即致稿酬。两个月后未接到用稿通知者,可自行处理稿件,编辑部将不再另行通知,切勿一稿多投。

翻译稿请自行处理好版权转让事宜,投稿时,须附上翻译原件及相关签名同意翻译刊用资料。

投稿格式要求

一、来稿须采用 word 文档格式或者与之兼容的格式。

二、一律使用新式标点符号,除破折号、省略号各占两格外,其他标点均占一格。书刊及论文均用"《 》"号,此点尤请投稿人留意。

三、文章以及标题序号用"一、二";二级序号用"(一)、(二)……";三级序号用"1、2……"

四、数字用法

1. 表示公元纪年及公制度量衡值,用阿拉伯数字;纪年书写要完整,如 1980 年,不可写成 80 年;"年代"前须标明世纪,如"20 世纪 90 年代"……

2. 夏历及清代以前纪年一律用中文数字,提及帝王年号,须加公元纪年如"康熙二年(1633 年)……"中华民国纪年用公历阿拉伯数字。

3. 杂志卷、期、号等用阿拉伯数字。

4. 惯用语、缩略语、词组、约数等用中文数字,如"八国联军""一二·九运动""五年来""五六人"。

五、注释体例

1. 一律使用脚注,每一页重新编号。用自动插入的"○"内"1、2……"序号。序号在标点符号之后。

2. 报刊引用,依次标明注号、作者、篇名、报刊名、年代卷次、出版日期,如"金克木:《主题学的应用》,载《读书》1986 年第 3 期"……报纸须注明到第×版;不同地点出版的同一报刊,应在报刊前加注出版地如"天津《大公报》"……

3. 引用书籍首次出现时,依次标明注号、作者、书名、出版单位、出版年、版次、页码。再次出现时可不标明版本。

4. 译著须标明序号、作者国别、作者、书名、译者、出版单位、出版年月、版次、页码等。如"[美]本杰明·卡多佐:《司法过程的性质》,苏力译,商务印书馆2007年版,第×页"。

六、投稿须附300字左右的中英文摘要、关键词及题目的英文翻译。

七、本刊文章将提供给相关期刊数据网,以便读者检索、引用。投寄本刊作者,视为同意此约定。凡不符合本刊投稿格式要求者,作为无效稿件处理。

八、本刊采用自动投稿模式,请登录 http://njfl.cbpt.cnki.net 投稿。

编辑部地址:南京市汉口路22号南京大学法学院,210093;编辑部电话:025-83594109。

英文注释体例

一、著作

注明：作者，文献名（斜体），版次（如有），出版社，出版时间，页码。

〔1〕 H. L. A. Hart, *The Concept of Law*, 3rd ed., Oxford University Press, 2012, p.10.

编著在编者姓名后加"(ed.)"（一人）或"(eds.)"（多人）。

〔2〕 Jules Coleman & Scott Shapiro(eds.), *Oxford Handbook of Jurisprudence and Philosophy of Law*, Oxford University Press, 2004, pp.23-26.

译著在文献名后注明译者。

〔3〕 Hans Kelsen, *Pure Theory of Law*, trans., Max Knight, The Law Book Exchange, 2009, p.260.

二、论文

期刊文章注明：作者，文献名（斜体），卷号 期刊简写 页码（年份）。

〔4〕 Richard A. Posner, *The Law and Economics of Contract Interpretation*, 83 Tex L. Rev. 1581, 1590(2005).

文集文章注明：作者，文献名（斜体），编者，文集名称（斜体），出版者，出版时间，页码。

〔5〕 D.N. MacCormick, *Rights in Legislation*, in P.M.S.Hacker & J. Raz (eds.), *Law, Morality and Society: Essays in Honour of H.L.A Hart*, Clarendon Press, 1977, pp.189-196.

三、外国法规及判例

遵照其本国常用注释体例，例如：

——美国法院案例注释体例

〔6〕 Beanstalk Group, Inc. v. AM Gen. Corp., 283 F.3d 856, 859 (7th Cir. 2002).

——欧盟法院案例注释体例

〔7〕 Case C-137/12, *Commission v. Council*, EU:C:2013:675, para.58

——国际法院案例注释体例

〔8〕 *LaGrand (Germany v. USA)*, Judgment, ICJ Reports 2001, p. 466, para.88.

四、辞书

注明:辞书名 页码(版次和出版时间)。

〔9〕Black's Law Dictionary 402 (10th ed. 2014).

五、研究报告

注明:报告题目(斜体),文件发布机构及编号,发布日期,页码或段落。

〔10〕*Protection of Civilians in Armed Conflict*,*Report of the Secretary General*,S/2018/462,14 May 2018,para.10.

六、互联网资料

注明:作者姓名(如有),文章名称(斜体,首字母大写),+at+网址+括号(括号内注明访问具体时间)。

〔11〕Michael Schmitt,*Precision Attack and International Humanitarian Law*, at https://www.icrc.org/en/international-review/article/precision-attack-and-international-humanitarian-law (Last visited on 6 August,2018).

图书在版编目(CIP)数据

南京大学法律评论.2018年.秋季卷/解亘主编.
—南京:南京大学出版社,2019.1
ISBN 978-7-305-21382-3

Ⅰ.①南… Ⅱ.①解… Ⅲ.①法律-文集 Ⅳ.①D9-53

中国版本图书馆CIP数据核字(2018)第291474号

出版发行	南京大学出版社
社　　址	南京市汉口路22号　　邮　编　210093
出 版 人	金鑫荣
书　　名	南京大学法律评论(2018年秋季卷)
主　　编	解　亘
责任编辑	潘琳宁　　　　　　编辑热线　025-83592401
照　　排	南京紫藤制版印务中心
印　　刷	南京鸿图印务有限公司
开　　本	718×1000　1/16　印张25　字数462千
版　　次	2019年1月第1版　2019年1月第1次印刷
ISBN 978-7-305-21382-3	
定　　价	78.00元

网址:http://www.njupco.com
官方微博:http://weibo.com/njupco
销售咨询热线:025-83594756

* 版权所有,侵权必究
* 凡购买南大版图书,如有印装质量问题,请与所购图书销售部门联系调换